KB126878

우토로
여기 살아왔고, 여기서 죽으리라

ウトロ　ここで生き、ここで死ぬ

나카무라 일성(中村一成) 글

정미영 옮김

* 본문의 사진 가운데 특별히 장소를 밝힌 사진 외에는 모두 교토부 우지시에서
  촬영된 사진입니다.(촬영_나카야마 카즈히로中山和弘)

들어가며

교토부京都府 우지시宇治市 이세다초伊勢田町 우토로ウトロ.

본래 지명은 우지(宇治) 땅으로 들어가는 입구를 뜻하는 한자인 <宇土口^{うどぐち}>였는데, '口'를 가타카나 'ロ(로)'라고 착각한 이들의 오독(誤讀)으로 통칭되었다고 하며, 우지시(宇治市)가 발족하는 1951년까지는 그대로 정식지명이었다. 우토로는 식민지시대에 일본으로 건너간 조선인들이 일본 각지에서 형성한 재일조선인 집단 거주 부락 가운데 하나다.

우토로 마을이 형성된 원인은 당시 체신성과 민간 비행기제조회사가 계획하고 교토부가 추진한 군사비행장 건설이었다. 고도 경제성장기를 거치며 전국에 산재했던 많은 조선인 부락이 소멸되어 갔는데, 우토로는 그 자리를 지키며 공고한 재일조선인 커뮤니티를 유지해 왔다. 썰물이 지나간 자리에 남겨진 포말, 혹은 만조로 홀로 솟은 갯바위처럼 주위로부터 고립되어 '정예 (좌파)분자의 부락', '자이니치(在日) 극빈부락' 등이라 불리며 때로는 동포들에게조차 백안시되었다.

내가 취재를 위해 우토로에 처음 들어간 때는 당시 소속된 신문사의 인사발령으로 교토에서 근무하게 된 2000년 봄이다. '자이니치(在日)'에 관한 기사를 써 왔던 나에게 우토로는 최우선으로 취재하고 싶은 희망지역이었다.

총면적 2.1ha, 동서 약 330m, 남북 약 90m. 회랑 형태로 펼쳐진 마을에는 길 하나가 척추처럼 관통한다. 아무도 모르게 혼자 '우토로 긴자銀座'라 이름 붙인 거리다. 그럴듯한 점포들이 즐비해서가 아니라 제대로 된 길이라곤 그곳밖에 없기 때문이었다. 동서로 뻗은 척추로부터 갈비뼈 같은 골목들이 남북으로 이어지고 골목 양쪽에는 목조주택과 조립주택들이 밀집해 있었다.

우토로에 드나들기 시작한 2000년은 부동산회사가 제소한 '퇴거소송' 끝에 대법원에서 주민들의 패소판결이 나온 해이다. 역사성을 무시하고 우토로의 존재를 그저 '토지 소유권' 분쟁으로 치부한 재판이었기에 주민들이 승소할 가망은 없었다.

당시 '우토로 회랑'을 걷고 있노라면 현관 앞에 나와 있던 주민들의 주의 깊은 시선이나 방충망 안쪽에서 바깥을 살피는 날카로운 눈빛과 마주치기도 했다. 부동산업자로 여긴 것이다. 실제로 합법적인 가옥철거가 언제 시작되어도 이상하지 않은 시기였다. 한적한 마을 풍경과는 달리 때때로 묘한 긴장감이 감도는 가운데, 나는 집회와 주민회 회의 등을 취재하며 주민들의 얼굴을 익혔고, 저마다의 심정을 고스란히 담고 있는 가옥을 방문했다. 당시만 해도 수십 명은 되었던 1세들, 그리고 그들과 가장 가까운 2세들을 만나 차분히 이야기를 들었다.

비행장이 건설되던 시기의 중노동, 열악한 환경의 함바(飯場 장기간의 대규모 토목공사, 광산 등의 건설현장에 임시로 지은 인부들의 급식소 겸 합숙소_옮긴이 주), 해방 후의 빈곤, 마을과 인접한 주둔지에서 자신들의 고향땅을 점령하고 출격하던 미군과의 우호와 대립. 일본 경찰들에게 당한 수차례의 탄압, 구할 수 있는 재료를 조리해서 이웃들과 나눠 먹었던 음식들, 그리고 강제철거 위기와 재판, 패소까지……

질문을 거듭하며 기억의 지층을 발굴해 나갔다. 취재가 끝나면 식사를 대접받기도 하고 함께 술잔을 기울이기도 했다. 농밀한 인간관계에서 느끼는 갑갑함도 있었겠지만 마을 전체가 거대한 가족이었다. 일본 국적자가 아니라는 이유로 사회보장에서 배제되었기에 서로를 살펴야 했다. 엄혹한 상황을 살아 내야 했기에 '피차일반', '상부상조'가 뿌리를 내린 마을. 우토로는 주민 전체의 공유재산이자 말 그대로 '환대의 의무'를 몸으로 보여주는 커뮤니티였다.

그런데 나를 매료시킨 우토로의 매력은 '환대의 문화' 뿐만은 아니다. 풍성한 '일탈' ― 밀조주와 암거래 담배의 제조와 판매, 군사훈련장에 몰래 들어가 탄피를 모으고, 구리선을 빼내기 위해 전신주에 올라가는 이가 있는가 하면, 논밭의 경계를 부숴 외부인과 실랑이를 벌인 이도 있었다. 지스러기 채소를 줍는 일도 위법과 합법의 경계를 오갔다. 사회보장제도의 적용이나 일자리 알선을 요구한 행정투쟁도 극과 극을 넘나들었다. 비난하는 것이 아니다. 마이너리티가 '고상하게' 살아갈 수 있을 만큼 우토로를 둘러싼 일본 사회는 공평·공정하지도 않으며 다정하지도 않다. 주민들의 '투쟁'은 일본 사회가 부정의 토대 위에 형성된 사실, 기만을 폭로하는 것이기도 했다.

 재판이 시작되면서 분출된 우토로의 '토지 문제'는 역사적 책임을 내동댕이쳐 온 일본정부, 행정기관의 태도와 '패전 후'에도 주민들이 강요당해 왔던 구조적 폭력의 결과 이외에 그 무엇도 아니다. 그리고 그것은 1990년대가 상징하는 일본 사회의 '전환점'과 중첩되어 있다.

 1970년, 히타치日立제작소의 조선인 취업차별, 이로 인한 재판으로 점화된 반차별 투쟁은 지문날인 거부 운동으로 번져 90년대에 이르러서야 그 성과를 얻어 간다. 재일조선인의 공무원 임용이 점차적으로 실현되고, 1995년에 나온 대법원의 판결부언에 힘입은 지방참정권 획득운동이 기세를 더해 갔고, 전후 보상 문제 해결의 기운이 거세진다. 1993년에는 고노 요헤이 관방장관이 '위안소' 설치와 관리, '위안소' 이송에 관해 천황의 군대가 직접, 간접으로 관여했음을 인정하는 담화를 발표, 1997년에는 중학교의 모든 역사교과서에 '위안부'에 대한 사실이 기재된다. 그러나 1996년의 <새로운 역사교과서를 만드는 모임>이나 1997년의 <일본회의>, <일본의 앞날과 역사교육을 생각하는 의원연맹>이 결성되는 등 보수·우파의 반동이 일어났고, <여성을 위한 아시아 평화 국민기금>으로 상징되는 일본의 좌파·자유파의 미망(迷妄)이 노골화되어 간 것도 이 무렵이다. 그리고 2000년, 도쿄 도지사였던 이시하라 신타로가 자위대 기념행사에서 한 '3國人 발언'에 이어 2002년에는 일본인 납치문제가 드러나자 일본 사회가 오랫동안 축적해 온 레이시즘(인종차별주의)의 오물들이 일제히 분출되어 '도의', '책임', '윤리' 같은 단어는 힘을 잃어 갔다.

 그 탁류가 집어삼킨 것처럼 보였던 우토로의 상황은 생각지도 못한 전기를 맞는다. 궁지에 몰린 상황을 돌파한 원동력은 '피를 먹고 자라는' 민주화 과정을 거친 한국 시민사회의 저력이다. 그리고 그것을 꽃피운 토양은 주민들과 재일본조선인총연합회(조선총련) 지부, 우토로 밖에서 온 지원자들의 협력이다. 이른바 이 '작은 통일'이 역사에 새겨져 향후의 가능성과 전망을 탄생시켰다.

2017년 말, '방치된 가옥들'과 자리를 바꾸듯 <이세다 우토로 시영주택> 제1동이 완공되어 우토로 지역에도 시 도로가 들어왔다. 동쪽 절반에 있던 가옥들은 이미 철거되어 빈 땅이 되었다. 이 책을 집필 중인 지금은 제2동과 우토로의 역사를 남길 평화기념관(祈念館) 건설이 진행 중이다. 서쪽 절반도 몇 년 안에 철거되면 과거의 마을풍경은 모두 사라지게 된다.

내가 우토로에 드나든 것도 어느새 20년이 지났다. 1세들은 모두 세상을 떠났고 적지 않은 2세들과도 작별했다. 우토로의 역사를 목격해 왔던 함바와 집회소, 남쪽 끝에 있는 펜스 등 이곳에 있었던 혹은 지금도 존재하는 말없는 '증인들'을 찾아가 그곳에 얽힌 사람들의 기억을 발굴해 그, 그녀들의 기록으로 남기고 싶었다. 이 작업은 우토로 사람들에게서 적지 않은 시간과 증언들을 감사히 받은 한 사람으로서 의무이기도 하다.

이 책을 쓰면서 정한 원칙이 있다. 시민사회적 가치관이나 상식으로 그, 그녀들의 증언을 균일화하지 않는 것이다. 'respectability(시민적 가치관)의 정치'에는 가담하지 않겠다는 의미다. 식민주의와 차별, 빈곤에 시달려온 마이너리티의 실존이란, 앞서 언급한 그들의 '일탈'이 있었기에 고찰되어야 마땅하다. 그, 그녀들의 증언과 몸짓을 다수자의 감각으로 선별해 표본처럼 가둔 행위가 당사자들 사이에 분단을 초래하고 우리의 상상력을 협소화시켜 말과 표현의 강도까지도 깎아내 왔다고 생각한다.

과거 우토로 입구에 세워져 있던 간판들에 새겨진 문장들이 떠오른다. 대법원 패소가 확정되고 상황을 돌파할 방법이 없었던 2002년, 그럼에도 불구하고 끝까지 싸우기로 결정한 단결집회에서 채택된 선언들이다. 주민들의 기억과 바람을 하나로 모아 향후 투쟁의 다짐으로 기록한 <어머니의 노래>는 다음과 같은 말로 끝난다. ― '우리는 이곳에 살면서 싸운다'

끝을 모르고 후퇴해 가는 일본 사회에서 다양한 위상으로 그 땅에 머무르며 끝까지 싸웠던 사람들. 이 책은 그들에 대한 기록이다.

목 차

제1장
함바(飯場)

우토로에 마지막 남은 옛 함바. 1943년 무렵에 지어진 이후로 줄곧 이 자리에서 마을과 사람들의 변천을 지켜봐 온 '말없는 증인'이다. 2021년 여름에 철거되었고, 그 중 일부는 <우토로 평화기념관>으로 옮겨졌다.(2015년 12월 28일 촬영)

지난 세월을 이야기할 때 문광자는 연달아 담배를 손에 들었다.(2007년 7월 4일)

"가혹한 노동현장에 가정을 꾸린 세대가 몰려들 정도로 조선인의 상황이 엄혹했다"고 말하는 김임생.(1997년 5월 26일)

자택 옆에 있는 옛 함바 앞은 강경남의 지정석이었다.(2008년 8월 26일)

역사의 지층을 발굴하듯 수작업으로만 이뤄진 철거작업.(2021년 7월 12일)

우토로와 외부를 구분하는 수로.(중앙) 태풍과 큰 비가 올 때마다 물이 넘쳐 주변보다 낮은 우토로(좌측)가 침수되었다.(2005년 2월 23일)

침수된 흔적을 보여 주는 김군자.(2008년 8월 26일)

위태로운 상황을 그대로 드러낸 <입간판의 집>은 우토로의 랜드마크였다.(2005년 7월 5일)

긴테츠近鉄 교토선京都線 이세다伊勢田 역. 교토 역에서 약 30분, 특급열차도 급행열차도 정차하지 않는 작은 역이다.

역 앞에서 서쪽으로 뻗은 비탈길을 내려간다. 포장 상태가 좋지 않은 길을 따라 10분 정도 걸으면 우토로의 '현관'에 닿는다. 2016년, 재개발로 인해 철거되기 전까지는 입간판에 둘러싸인 이 빈집이 우토로의 랜드마크였다. 이곳을 지나 마을 안으로 들어가면, 한때 우토로 회랑을 남북으로 가로질렀던 중심거리 '우토로 긴자'가 있었다.

우토로 긴자 서쪽에는 몇 곳 남지 않은 옛 함바가 있다. 과거 이곳에는 좌우로 길게 지어 칸막이로 구분해 놓은 가설 함바가 십여 개 있었는데 그중 남아 있는 일부이다. 조선인 노동자들이 허기를 채우고 고단한 몸을 뉘었던 가설 합숙소는 우토로 역사의 '출발점'이기도 하다. 현재 남아 있는 함바의 일부는 필드워크를 할 때 빼놓을 수 없는 포인트여서 방문객들로 북적일 때도 많았다. 오래전부터 비어 있어서 마음껏 살펴볼 수 있을 뿐 아니라 방문자들의 소란에 주민이 불편을 겪을 일도 없는 최적지였다.

'숙소'라고는 하지만 불에 구운 삼나무 껍질을 겹겹이 붙이고 함석을 지붕으로 올린 움막에 지나지 않는다. 설명이 없다면 여기서 사람이 살았다고는 상상할 수 없을 정도다. 하지만 이런 판잣집이라도 지을 수 있었던 1943년 당시보다는 훨씬 더 '집'에 가까운 형태였다. 애초에 구조 자체가 열악했다. 기둥에 폐자재를 덧대고 지붕은 삼나무 껍질을 얹었을 뿐이다. 이런 식으로 동서로 길게 만든 합숙소를 다시 칸막이로 나눠 각각 6~8칸이나 12~16칸으로 만들었다. 한 칸의 내부는 약 3평 넓이의 방 하나와 그 절반 넓이의 토방이 있을 뿐이다. 뒤쪽 출입구는 없고 기다란 합숙소의 동쪽과 서쪽 끝에 있는 현관 외에는 채광 공간이 없다. 가족 수와 상관없이 한 세대에 할당된 숙소는 한 칸뿐이다. 해방 후 이곳에 남은 사람들이 칸막이 판자를 뜯어내거나 처마를 2m쯤 덧대어 거주공간을 넓혔고, 가능한 이들은 할당된 공간에 집을 지었다.

남향으로 지은 이 함바도 북쪽 뒤편으로 주택들이 들어서 있어 겨우 남아 있는 네 채만이 왕년의 모습을 고스란히 보여준다. 지대가 낮은 곳에서 올려다보고 있으면 그다지 좋은 비유는 아니지만 마치 관들이 늘어서 있는 것처럼 보였다.

함바의 노후화는 확연히 진행되었다. 2018년 9월, 간사이국제공항을 침수시킨 태풍 21호(제비)가 상륙했을 때 입구 주변에 있던 함석지붕이 날아가 버린 이후로 노후되는 속도가 두드러졌다. 녹슨 지붕은 휘고 거대한 함석 무더기가 뜯겨져 뒤편에 있는 주택을 덮칠 것 같은 광경은 처절하고 위험하기까지 했다. 그럼에도 이 함바는 수십 년 동안 이 자리에서 마을의 풍경과 사람들이 들고 나는 모습을 지켜봐 왔다. 산증인이라 해야 마땅할 함바 앞에 누군가 팬지꽃과 앵초꽃을 심은 화분을 나란히 놓았던 것도 기억에 남는다. 방문자들에 대한 대접이었을까, 아무 거리낌 없는 외지인의 시선을 견디어 준 옛집에 대한 배려였을까, 아니면 '굶주림과의 싸움'으로 하루하루가 저물었던 시절을 이겨낸 스스로에게, 이제야 보내는 고운 빛깔이었을까.

두 명의 재일在日 1세

2021년 7월, 이 함바의 철거작업이 시작되었다.

남아 있는 네 채 가운데 한 채는 2022년 봄에 준공될 <우토로 평화기념관(祈念館)>에 이전하기로 결정되었다. '쳐다보기도 싫다'며 기피한 주민도 있었고 '보존해야 마땅하다'는 이들도 몇몇 있었다. 여기서 살라는 말에 살기 시작한 세월을 '불법 점거', '온갖 불평으로 손에 넣은 곳'이라 매도당한 이들에게 이 움막은 자신들의 원점을 말해 주는 '증거'였다.

중장비는 일절 쓰지 않고 수작업으로만 철거가 진행되었다. 함바 안에 남아 있던 옷장과 문짝이 밖으로 나왔다. 깨진 유리창을 대신해 붙여 놓은 잡지에는 왕년의 아이돌 스타가 환하게 웃고 있었다. 철거 전문가 두 명이 지붕에 올라가 장도리로 못을 빼내고 뜯어낸 처마 부분을 밑에서 대기하고 있던 이가 건네받아 쓸 만한 부분을 골라 보관한다. 안에 남아 있던 달력은 1986년도 것이었다. 고도성장의 '파도'가 우토로에도 밀려와 일정한 '부'를 손에 넣은 주민이 마을 밖으로 이사하거나 개축·신축이 이뤄진 시기로, 마침 그 무렵에 이 '집'의 주인도 이곳을 떠난 것 같다. 그 후의 소식은 알 길이 없다. 곧바로 '토지 문제'가 불거져 우토로의 주택보수 붐은 멈춰 버린다. 그 때문에 이 함바도 철거되지 않은 것이다. 그로부터 30여 년, 마치 '토지 문제'가 해결되는 것을 끝까지 지켜본 것 같은 철거였다.

슬레이트를 걷어내자 함석이 드러났고 함석을 벗겨내자 밑에 있던 콜타르가 우르르 쏟아진다. 쏟아진 콜타르를 걷어내면 또 다시 함석이 나온다. 곳곳에 판자를 덧대어 보수했는지 썩은 목재 파편이 끝도 없이 나온다. 주민들이 작업현장에서 주워 온 폐자재나 콜타르를 얹고 함석을 한 장씩 덮어 빗물과 이슬을 막았던 궤적이다. 태풍이 올 때마다 지붕을 새로 얹어야 했던 체험담도 여러 주민에게 들었다.

역사의 지층을 발굴하는 현장을 지켜보면서 만약 생존해 있다면 어김없이 이 자리에 함께했을 두 명의 재일조선인 1세를 떠올렸다. 한 명은 허리를 곧추 세우고 말없이, 또 한 명은 담배를 입에 문 채 아무나 붙들고 말을 걸면서 함바가 철거되는 모습을 지켜봤을 것이다.

문광자(文光子)와 강경남(姜景南).

말투도 행동도 대조적이었지만 두 사람 모두 '해방'되기 전에 남편의 노무동원을 피하려고 가족과 함께 우토로에 들어왔다.

"옛날 얘기? 그런 건 묻지도 마세요."(문광자) "얘길 해주면 뭐 해, 무슨 말인지도 모를 텐데."(강경남) 이렇게 말하면서도 사람들이 찾아오면 가능한 함바 앞에 멈춰 자신의 경험을 들려주고 언론의 취재에도 응했던 '이야기꾼'들이었다.

문광자는 마을 서쪽 끝에 지은 집에 살고 있었다. 1988년, 우토로 토지 문제가 표면화되기 직전에 마을에서 마지막으로 지은 신축가옥이다. 만반의

14

준비를 거쳐 지었던 만큼 튼튼하고 멋진 집이었다.

"취재하러 오는 사람들이 모두 우리 집으로만 옵니다. 와서 뭐든 물어보려 해요." 이것이 내가 기억하는 문광자의 첫마디다. 이미 대법원에서 패소가 결정된 때였다. 이야기꾼을 자청하면서도 질문하는 쪽의 상상력 결여와 사소한 정확성을 따지고 드는 취재행태에 불만이 많았던 모양이다. "여태까지 그 당시 얘기를 수도 없이 했는데, 뭐 하나 해결된 게 있나? 조국도 여전히 남북으로 갈라져 있고, 이건 우리들의 운명입니다." 그녀의 표정에는 고단함조차 엿보였다.

남향의 4평 남짓한 안방이 그녀를 인터뷰하는 장소였다. 열어놓은 창문을 향해 문광자가 앉고 내가 창을 등지고 앉는 것이 지정된 위치인데, 그녀의 왼쪽에는 담배쌈지와 잎담배 한 갑, 100엔짜리 라이터가 놓여 있었다. 옆방 문을 열어 공간을 최대한 넓게 해 두는 것이 일상이었다. 창문으로 쏟아져 들어온 풍부한 햇살이 이따금 그녀가 뿜어내는 담배연기에 반사된다. 넓고 밝은 공간을 고집하는 모습에서 그와는 정반대였을 과거 함바 시절이 조금은 상상이 되었다.

문광자는 1920년, 경상남도 마산의 농촌에서 태어났다.

고향 마을에서의 기억은 종주국 일본의 식량수탈에 허덕이는 마을 사람들의 모습이다. 이미 일본을 위한 쌀을 생산하는 산미증산계획이 진행되었고, 종주국의 상황에 맞춘 단작 농업이 강행되던 시기였다.

일본 군인을 본 기억도 선명했다. "6살인가, 7살 때쯤 밖에서 놀고 있는데 일본 군인이 말을 타고 더그덕 더그덕 마을로 들어옵디다. 그걸 보고 어머니가 '일본 군인이 왔다, 무섭다'면서 우리를 불러들이더니 문을 걸어 잠갔던 기억이 납니다." (『장구소리가 들려오는 마을』(미간행) 이하 『장구소리』) 3·1독립운동에 대한 탄압은 그보다 몇 년 전이었다.

농사를 위한 관개수로 정비 등에 드는 비용은 농민들에게 부과되었고, 빚에 시달리다 몰락한 소작농민들은 유동성 높은 저변노동력이 되어 갔다. 근대화를 표방한 것은 일본인들의 구실이었고 조선인들의 희생이 따라야

15

만 했다. "작은 봇짐을 꾸려 눈물을 머금고 마을을 떠나던 사람들을 본 기억도 납니다." 문광자가 7세가 되던 해, 그녀의 일가 또한 고향을 떠날 수밖에 없었다. 아버지가 원인이었다고 한다.

"어머니는 외동딸인데 '문 씨가 친척 간에 사이도 좋고 집안도 좋다'는 말에 시집을 왔다고 해. 헌데 셋째 아들인 아버지만 유독 오지랖이 넓은 양반이었어요." 너그럽기로 소문난 아버지는 마을의 농사꾼들에게 보증을 서줬다. "문 씨가 보증을 서면 은행에서 돈을 빌려준다며 온갖 사람들이 찾아왔는데, 그러다 돈을 못 갚으면 야반도주를 했어요. 결국 아버지가 빚을 떠안아야 하잖아. 한두 집이면 갚았겠지만 더는 버틸 수 없던 아버지가 행방불명이 되고 말았어. 집에는 어머니, 나, 남동생, 그리고 부리던 일꾼이 한 명 있었어. 어머니가 어린 동생까지 업고 농사를 지었는데, 가을에 벼가 누렇게 익어도 빚쟁이들이 몰려와 수확도 못하게 했어요. 걱정이 된 아버지가 어느 날 몰래 상황을 살피러 왔는데, 그때까지 일본에 건너가 있었던 거예요. 집이랑 돈이 될 만한 것들을 죄다 팔아서 갚을 수 있는 빚은 갚고 도쿄로 건너갔어요. 야반도주 하듯이." 큰아버지가 어린 문광자를 업고 마산역까지 배웅했다. 싸구려 술집에서 눈물을 훔치며 술잔을 나누던 아버지와 큰아버지의 모습은 슬프고도 묘한 풍경이었다.

부산에서 배를 타고 시모노세키下關를 거쳐 도쿄에 도착했다. 고모의 아들이 도쿄에서 대학을 다니고 있어서 그곳을 의지했다고 한다. "조선 사람이라고 집을 안 빌려줘요. 간신히 들어갔다가도 쫓겨나기도 했고. 일본인 주인집 2층에 세를 들어 살았어요. 부엌도 따로 없어서 양동이로 물을 길어 2층까지 올라가야 했어. 베란다에 화로를 놓고 밥을 지었는데, 계단을 올라오다 조금이라도 물을 쏟으면 일본 여주인한테 어찌나 혼이 났던지. 살벌하게 쏘아보던 눈빛이 아직도 생생해. 지금은 일본어 표준어도, 간사이關西 사투리도 다 알지만 그때는 일본말을 알기나 했나, 겨우 외워 왔던 '스미마셍, 스미마셍'을 혼나면서 수도 없이 반복했지…."

이사만 해도 7, 8차례에 이른다. 같은 '신민'이었지만 내지 호적과 외지 호적(민적, 조선호적)으로 구분해 취급했던 '외지인'은 2급 신민이자 차별대상이었다. 관공서가 엄격한 '도구'를 제공해줌으로써 조선인을 멸시하고 공격하도록 '장려'했다. 문광자의 가족은 셋집을 구하기 위해 일본인 보증인을 구해야 했고, 그때마다 일본식 통명을 바꾸며 살았다고 한다. 그녀가 호적 이름인 '분도(紛道)'가 아닌 '광자(光子)'를 쓰기 시작한 것도 이 무렵이다.

"간신히 아사쿠사浅草에 집을 빌렸는데, 일본에 그나마 적응한 것이 열살쯤이었어. 가난해서 학교는 못 가고 일해야 했고, 이미 연령이 지나서 창피해서 안 갔는데 그래도 다녔으면 좋았을 걸. 지금도 까막눈이거든." 만년이 될 때까지도 조선말은 읽고 쓸 수 있었지만 일본어는 히라가나를 읽을 수 있는 정도였다. 피차별과 빈곤의 체험을 이야기할 때 배움의 기회조차 없었던 원망을 여러 차례 언급했지만, 그 때문에 일상생활에서 당한 불이익과 불편에 관해서는 좀처럼 입에 담으려 하지 않았다.

식민지배라는 완전한 강제 속에서 가산을 정리해 바다를 건너 온 이국땅이었지만 생활은 여전히 고달팠다. 아버지는 막노동을 나갔는데 일이 있는 날이 한 주에 2, 3일 정도라 입에 풀칠하기도 힘들었다. 어머니도 할 일을 찾았지만 성인 여성에게까지 돌아올 일은 없었다. 하는 수 없이 꽃이나 사탕, 장난감 등을 팔러 다녔다. 오빠는 인쇄회사에 취직했고, 문광자도 고무공을 만드는 공장에 일자리를 얻었다. 당시 11세였다. 나이를 두 살 올려 소학교를 졸업했다고 속였다. 임금은 하루에 20~25전을 받았다고 한다. 집에서는 집안일을 도맡아야 했다. "밖에서 밥을 하다 잠시 한눈을 판 사이에 밥솥째 도둑을 맞은 적도 있어요." 옷을 살 수 없었던 것이 가장 서글펐다. "조선 옷을 입고 있으면 '조센징, 더럽다!', '조센징, 역겹다!'며 돌멩이를 맞기도 했어. 그래서 일본에 올 때 받았던 기모노만 계속 입고 있었지."

당시 인상에 남은 기억은 헤이세이平成 천황 아키히토의 출생을 축하하는 퍼레이드다. "<전하가 탄생하셨다>는 노래가 나오고, 꽃 장식을 한 전차가 다녔어. 굉장했지." 노동으로 하루가 저물었던 그녀에게 소소한 즐거움은 영화였다. "영화관에 자주 갔어요. 평소엔 일을 마치고 집에 올 때 아버지가 마중을 나왔는데, 영화를 보러 갈 때는 '오늘은 잔업'이라고 거짓말을 했어요."(웃음)

도쿄에서는 8년 정도 살았다. 간혹 간사이關西 사투리가 섞여 있긴 해도 문광자의 일본어는 기본적으로 깔끔한 '표준어'여서 알아듣기 쉬웠다. 언론의 취재가 그녀에게 집중되는 이유 중 하나이기도 하다. 육체노동으로 입에 풀칠을 했던 적지 않은 재일조선인 1세 여성들이 '오레俺', '와시わし' 같은 1인칭 남성어로 자신을 지칭하거나 거친 남성어를 구사하는 것과는 대조적이었다.

나중에 조선총련(재일본조선인총연합회)의 활동가로서 행정기관에 드나들 때도 그 일본어가 도움이 됐다고 한다. 일본인답게 행동해야 했고 '제대로 된' 일본어를 구사하지 않으면 다수자들이 귀를 기울여주지 않았던 경험의 산물, 그것이 그녀가 쓰는 '고운 일본어'이다.

일가족 모두가 일을 해도 형편은 나아지지 않았다. 하는 수 없이 도쿄에서 오사카로 이주한다. 어머니가 산후조리를 제대로 못한 것이 직접적인 계기였다. "어머니가 이러다 죽을 것 같다고 했어. 돈도 없어서 입원할 수도 없었는데, 어머니의 숙부가 오셔서 '걱정 말고 오사카로 오너라' 하셨지. 오사카엔 동포들도 많으니 일자리도 있을 거라면서." 오사카에 온 후 곤혹스러웠던 것은 사투리였다고 한다. "처음엔 무슨 말인지 못 알아들었어." 이 때문에 벌어지는 사고나 억울한 일도 많았던 것 같은데, 도쿄보다는 '낫다'고 생각했다. "동포들이 많잖아, 조선 옷을 입고 있어도 차별하는 사람도 없었고."

오사카에서 18세에 결혼했다. "같은 마산 출신으로 아홉 살 많았는데, 그땐 다들 중매였지. 부모끼리 미리 정해서 '시집가라'고 하면 식을 올리고 갔어. 거울공장 직원이었는데, 일 잘하기로 소문난 사람이었거든." 한편 남편인 이성길(李成吉)은 어린애를 다루듯이 문광자의 젓가락질까지 잔소리를 하는 성격에 술만 마시면 거칠어졌다.

"밖에서 안 좋은 일이라도 있으면 술을 마시고 집에 있는 것들을 모두 때려 부쉈어. 내가 두들겨 맞은 적은 없지만, 대체 뭐가 맘에 안 드는지 별안간 탁자를 '벌러덩' 엎어버리고, 유리창을 깨고, 다다미를 다 뒤집어엎기도 했으니 집안이 엉망진창이지. 그러다 2, 3일 지나면 직접 유리를 사 와서 창문을 고치기는 했지만. 거울 기술자였으니까 직접 고쳤어. 어머니가 집에 와서 보니 집안이 난장판이었던 거야. 그럼 어머니가 남편에게 이렇게 말해. '마누라를 한 대 때리고 풀 것을 왜 물건을 때려 부숴?' 그 말에 남편이 '때리면 죽어버릴지도 모르고 병원에 실려 가기라도 하면 남사스러워서' 하는 거야."

충격적인 경험인데도 어딘가 해학이 묻어 있다. 나를 바라보는 눈빛도 '여긴 웃어야 되는 지점'이라고 알려주는 것 같았다. "밖에서 싸움을 하거나 식구들을 때리지는 않았지만, 그래서 난 술 마시는 사람은 싫어. 평생 술은 입에 안 대겠다고 결심했거든. 밥을 먹을 때도 뭔가 맘에 안 들면 밥상을 젓가락으로 '팟' 소리가 나게 쳤어. 전구 알도 '팟' 하고 깼고. 그러면 별안간 방안이 온통 캄캄해. '팟' 하면서." "'팟'이라구요?" "그래, 팟."

흥이 났는지 문광자가 벌떡 일어나더니 오른손을 가라테처럼 휘두르며 연신 '팟, 팟, 팟'을 외치는 모습에 웃음이 났다. 카랑카랑한 기합소리와 동작이 재미나서 나도 모르게 따라하며 소리쳤다.

'팟' '팟' '팟' ―

"전구니 유리창이니 다 깨뜨려서 손이 찢어지기도 했는데, 어찌된 일인지 어느새 상처가 아무는 거야. 신기한 양반이었어. 죽을 때도, 그렇게 힘셌던 사람이 순식간에 갔으니까."(웃음)

당시에도 동포들이 많았던 오사카시 이쿠노구生野區(현재의 이쿠노구生野區 나카가와中川)에 정착해 거기서 장남을 낳았다. 입덧이 심해 담배를 배우게 된 것도 오사카에 살던 시절이란다. "입덧이 나면 아무 것도 못 먹잖아. 먹기만 하면 다 토하니까 물만 마셨어. 그래서 담배를 배웠어. 남편이 월급을 받으면 다음 월급 때까지 피울 담배를 사 왔거든, 그걸 몰래 한 갑 뜯어서 반 개피 피우고 껐다가 또 절반 피우고. 남편이 '왜 담배가 늘 열려 있지, 이상하네' 하기에 낮에 손님이 왔었다고 둘러댔지."(웃음)

격심해지는 공습을 피해 야마구치현山口縣 시골로 피난을 간 적도 있었다. "촌이라 (아무런 위험도) 없을 거라 생각했는데, 차별은 마찬가지야. 학교에 가던 아이가 '조선으로 가버려!' 하며 집에 돌을 던졌어. 유리창이 다 깨진 적도 있으니까."

그러다 문광자의 가족에게 큰 계기가 찾아온다. 대륙침략을 감행하는 일본에 미국은 경제제재 조치로 무역을 중지시켰고, 그 여파가 남편의 회사까지 미친다. 실직한 남편이 집을 비운 사이 남편에게 출두명령이 날아온다. 사정을 설명했지만 경찰은 문광자가 남편을 숨기고 있다고 의심하고 집요하게 추궁했다. 1941년 무렵이었다고 한다.

우토로 지원단체인 <우토로를 지키는 모임>에서 과거에 주민들의 구술 기록을 할 때였다. 그 당시의 기억을 이야기하던 문광자가 갑자기 '아이고… 남편을 어디다 숨겼냐고 또 찾아와서 물으면 어떡하지'라며 패닉 상태를 보인 것이다. 기록을 하던 이가 "(남편은) 한참 전에 돌아가셨잖아요"라고 말하자 "아아, 맞아. 그랬지…." 하며 현실로 돌아왔다.

만약 남편이 어디론가 끌려가면 어린 자식을 안고 살아갈 일이 막막했다. 자신의 아버지가 빚 독촉에 시달리다 자취를 감추자 온갖 고생을 한 어머니를 보고 자랐고, 징용으로 끌려간 이의 자녀들이 어떻게 사는지도 여러 번 보았다고 했다. 애를 태우던 그녀에게 들려온 소식이 '교토 비행장 건설'에 관한 얘기였다. "국가가 하는 일에 종사하면 징용은 안 가도 된다고. 살 곳도 주고, 배급도 있다고 들었습니다. 당시에 신문은 별로 없었지만 라디오에서는 계속 그 얘기가 나왔으니까."

노동력으로 종주국에 흡수되어 각지를 전전한 조선인들이 교토비행장 건설현장으로 향했던 큰 이유는 문광자의 경우처럼 노무동원에 대한 공포였다. 이탈과 거부가 전혀 불가능한 '징용'이 시작된 것은 이보다 몇 년이 지나서인데, 실상은 그 이전부터 지배자와 피지배자의 역학관계에 따른 '강제노동'이었다.

'노무동원'에 대한 공포는 1세인 강경남도 마찬가지였다.

토목공사장, 찻잎 따기, 제초작업…… 야외 육체노동의 흔적이 그대로 남은 그을린 얼굴, 야위고 긴 양팔을 늘어뜨리고 우토로 마을을 산책하다 아무 곳에나 쪼그려 앉아 담배를 입에 물었다. 우토로의 명물, 취재하는 이에게는 최고의 피사체이다. 강경남은 우토로의 1세 가운데 가장 사진이 많은 인물일 것이다. 그 중 한 장은 주민들이 공유하는 창고 앞에도 걸려 있었는데, 2021년 8월에 당시 22세의 일본인 청년이 벌인 방화사건으로 소실됐다.

길에서든 우토로 마당에서든 마주치면 그대로 노상 인터뷰를 했다. "옛날 얘긴 다 까먹었다"고 하면서도 말문이 터지면 멈출 줄을 몰랐다. 길바닥이 지붕의 연장이고 사교장이었던 우토로다운 취재였는데, 문제는 쉼 없이 달려드는 모기떼였다. 낮은 습지대에 하수도가 없는 마을 곳곳의 웅덩이들은 모기떼들의 최적의 번식지였다.

손과 발, 얼굴까지 달려드는 모기들 때문에 입을 막아 가며 질문하는 나를 보다 못한 그녀가 "그럼, 집으로 갈까" 하며 자리에서 일어나면 그제야 실내에 앉아 취재가 이어지는 일이 다반사였다.

강경남의 집은 서두에서 언급한 옛 함바의 바로 뒤편이다. 과거 '이곳에 살라'는 말에 들어와 살기 시작한 공간에다 좁기는 했어도 2층을 만들고 기와를 얹어 집을 지었다. 이곳은 말 그대로 그녀의 역사였다. 안으로 들어가자 0.5평 남짓한 현관마루가 있고, 오른쪽으로는 3평 남짓한 안방, 그 옆에 식사를 하는 공간이 있다. 마룻귀틀에 내가 걸터앉고, 강경남은 '불량스러운 자세'로 방안에 쪼그려 앉은 채 이야기를 나누었다.

그녀는 1925년 경상남도 사천의 '산골'에서 태어났다. 어릴 때는 어머니와 단둘이 살았다고 한다. 아버지는 그녀가 태어나고 곧바로 '내지'로 건너갔고 오빠, 언니가 그 뒤를 따랐다. 사실상 외동딸이었다.

"어릴 때만큼은 행복했었지" 강경남이 입버릇처럼 하는 말이다.

산골에서의 기억을 떠올리기 시작하면 멈추지 않았다. "멧돼지가 많아서 잡으면 동네사람들이랑 같이 먹었어. 난 고기를 안 좋아했지만. 집에 정구지도 심고, 마늘도 심었고, 배추랑 시금치도 심었어. 벼농사도 짓고, 된장도 간장도 담고. 삶은 콩으로 메주를 만들어서 짚으로 매달아 뒀다가 된장을 만들지. 옷도 집에서 만들었는데 마로 만들었어. 마는 두 가지가 있는데, 갈색 마는 씨를 심고, 하얀 마는 뿌리가 많이 뻗어. 그걸 잘라내 쪄서 껍질을 벗기고 실을 뽑아. 그리고 목화도 키웠고. 목화는 꽃이 졌을 때 (꽃받침을) 핥으면 달짝지근해."

"어머니는 어떤 옷감이든 풀 먹이는 솜씨가 여간 아녔어. 그게 서툴면 좋은 옷감이 안 나와. 그땐 일본사람이 한국까지 왔어. 지주인데 옷감 짜는 계절만 되면 어머니를 부르러 와. 산에서 내려가면 버스가 댕기는 길이 있어. 그때는 자동차가 거의 안 다녔는데, 그 근방에 일본사람이 많이 살았어. 과자나 담배를 파는 점방도 있었고. 그 앞에 우리 동네만한 땅을 가진 지주가 있었는데 거기서 어머니가 일했어."

길쌈 철이 되면 어머니는 아예 한두 달을 그 집에서 지냈다. 어린 강경남은 그런 어머니를 자주 찾아갔다. "우리 동네만한 땅을 가진 지주라서 사과, 배, 없는 게 없어. 땅주인이 먹어도 된다고 해서 배를 그때 처음 먹어 봤어. 정말 먹어도 된다 했냐고? 참말이지! 맛있었냐고? 처음 먹어 봤으니 맛을 아나. 집 입구에 달려 있던 딸기도 먹었어, 처음으로. 먹어 본 적이 없으니 뭐, 맛을 알 리가 있나. 남는 땅에 돼지도 쳤는데, 떨어진 배나 사과는 돼지한테 줬어. 멀쩡한 건 따서 먹고. 뽕나무 열매도 있어서 나무에 올라가 따먹기도 했지. 어머니가 일하는 곳이 높은 지대에 있었는데 거기서는 바다가 보였어. 재밌었냐고? 재밌는지 어떤지 뭘 알았겠어."

바짓단 사이로 비어져 나온 거뭇한 무릎, 리듬을 타듯 한 손으로 무릎을 두드리며 강경남은 이미 그 시절로 돌아가 있었다. 추억의 바닷가를 떠올리는 사이 대화 속에는 조선말 어휘가 늘어났고, 차츰 내 눈치를 살피며 아예 조선말로 이야기를 계속했다. 동네 공장에서 일하며 살기 위해 몸에 익힌 일본어가 아니라 감정 그 자체이며 그렇게 세상을 알아 간 조선말이었다.

냇가나 산에서는 또래들과 함께 뛰놀았다. 학교에는 갈 수 없었다. "옛날엔 여자가 공부하면 건방져 진다고 학교에 안 보냈어. 일본도 그랬지. 애들 다 키우고 야간중학교라도 갈까 싶어 슬쩍 말했더니, '이제 와서 무슨 바람'이냐고 애들이 반대해서."

공부할 기회도 갖지 못하고 집안일을 떠맡아야 했던 문광자와 마찬가지였다. "표주박 속을 파내고 말린 두레박으로 저수지에서 물을 길어 왔어. 아궁이 땔감을 구하러 갈 때도 있었고. 그 시절은 먹을 것이 부족하진 않았어. 아버지도 오빠도 집에 없잖아. 눈치를 볼 일도 없지. 어머니가 온갖 곳을 다녀야 했으니까 집에 일꾼이 하나 있었는데, 쌀이랑 보리를 섞어 밥을 하면 쌀밥 쪽은 일꾼이 먹고, 그 다음에 내가 쌀밥을 먹고 남은 걸 보리밥이랑 섞었는데, 마지막은 거의 보리밥이라 어머니는 보리밥만 먹었어." 수확한 쌀을 감자와 바꾸기 위해 항구에 나갈 때도 따라가서 거기서 바로 쪄서 먹기도 했다. "맛있었냐고? 싫고 좋고가 어딨어, 주는 대로 그저 먹는 거지."

표준 일본어로 '우아하게' 말하는 문광자와는 대조적으로 강경남은 연신 담배에 불을 붙여 푸른 연기를 내뿜으며 오사카 남서부 특유의 에두른 표현과 거친 말투였다.

이따금 "잠깐 멈춰 봐" 하고는 부엌으로 가서 종이팩에 든 사케를 따라 목을 축이고 돌아왔다. 낮술이다. 내 표정이 너무 간절해 보였는지 강경남은 '성가신 녀석'이라는 표정으로 "기다려 봐라" 하고는 다시 부엌으로 가서 종이팩에 든 우유를 갖고 온다. 그리고 충고를 하듯 말했다. "이거 마셔, 몸에 좋으니까."

여러 번 같은 상황이 반복되었는데 나에겐 언제나 커피우유 아니면 캔 커피를 내주고 술은 한 번도 대접하지 않았다. '내 집의 술은 내 것'이라는 의미였는지, 아니면 진심으로 나를 생각해서 그랬는지는 알 수 없다. 부모를

23

떠나보내고 남편도 먼저 세상을 뜬 후 '적적해서 홀짝이게 되었다'고 한다. 집중적으로 취재를 한 시기는 2002~3년 무렵인데, 당시엔 그녀가 친하게 지낸 1세들이 아직은 몇 명 생존해 있어서 집에 찾아가 함께 잔을 기울이기도 했다. 어느 날은 나도 한 어머니의 집에서 저녁 반주를 하고 있을 때였는데 강경남이 '난입'한 적도 있었다. 누가 묻든 말든 한바탕 얘기를 늘어놓고 나서 '그럼, 간다!' 하며 갑자기 일어섰다. "이렇게 한바탕 떠들고 나면, 여기(가슴) 쌓였던 것이 쑥 내려간다니까."

강경남은 문광자보다 8년이 늦은 1934년에 어머니와 둘이서 고향을 떠났다. 진주에서 부산으로, 거기서 다시 시모노세키下關로 건너왔다. 오사카에서 아버지를 처음 만나 사카이시堺市에 정착했다. 그로부터 2주 후 처음으로 태풍을 경험했다. "조선에서는 없었어. 우리 집과 길 하나를 사이로 건너편 쪽이 완전히 바다야. 물이 빠진 후에 나가 보니까 밭에 심어 놓은 것들이 모두 엉망진창. 소금물에 젖은 감자는 삶아도 딱딱해서 못 먹어. 매일같이 죽은 사람들을 옮기더라고. 어딘가에서 화장시켰겠지?"

주위에는 동향의 조선인 가족들이 모여 살았지만 타국으로 흡수된 조선인은 어린애들조차도 또래들과 놀 만한 여유가 없었다. 아버지는 막노동을 하고 어머니는 기술을 살려 면직공장에서 일했다. 강경남도 문광자와 마찬가지로 나이를 속이고 철물공장에서 일했다. "소학교를 안 나오면 공장에서 안 써줘. 그래서 13세라고 속였어." 공장에선 전구를 만들었다. 노골적인 차별을 경험한 것도 '내지'에서다. 조선 옷을 입고 밖에 나가면 얼굴도 모르는 사람에게 돌팔매질을 당하기도 했다.

만 17세에 결혼했다. 역시나 중매, 부모들끼리 이미 상대를 정해 놓았다. 남편은 게다 신발의 끈을 끼워 넣는 가내수공업을 했는데, 일터와 집의 구분이 없었다. 함께 살았던 시어머니는 상당히 엄한 분이었던 것 같다. "힘들었지. 옛날엔 시어머니는 하늘이고 며느리는 땅이야. 어떤 소리를 들어도 고분고분해야 했으니까."

얼마 후 공습이 시작되었다. "공장엔 폭탄이 떨어지고 집에는 소이탄, 큰 건물은 눈에 잘 띄는지 폭탄이 떨어져. 공습이 끝나면 시커먼 비가 내렸어. 여기 있다가는 다 죽겠다, 어디로든 피하자는 시어머니의 말에 이코마生駒로 간 거야." 그날로부터 13일 후, 살고 있던 사카이堺의 집에 소이탄이 떨어졌다고 한다. "이코마에서 오사카가 불타는 것이 보였어, 우리 집 주변이 훨훨 타더라고. 거기에 제일 먼저 소이탄이 떨어졌어. 뭔가 중요한 물건을 두고 왔다며 가지러 갔던 이웃 아주머니도 거기서 죽었어."

미군이 오사카를 폭격한 공습은 1944년 12월부터 총 50회 이상 기록되어 있다. 이 가운데 100기 이상의 B29기가 출격한 대규모 공습은 1945년 3월 13일부터 8월 14일까지 총 8회였다. 이 기록으로 추측하면 강경남이 이코마에 갔던 때는 3월 무렵으로 보인다. 사람이 총에 맞아 죽는 모습도 보았다고 한다. "폭격이 끝나면 기관총으로 걸어가는 사람을 그냥 쏴서 죽여, 내가 이코마 근처에 뭔가 하러 갔을 때야. 마치 까마귀 떼랑 똑같아. 기겁해서 나무 사이로 피하다 엉덩이를 심하게 찢어서 꼼짝도 못했어. 오사카에서 온몸에 화상을 입고 온 처녀도 봤어. 그 공포는 겪어 보지 않으면 몰라. 오사카에 남은 건 기차역뿐이야. 다른 건 죄다 불타서 아무 것도 없어."

(<우토로를 지키는 모임>이 2003년에 정리한 구술 기록)

하룻밤에 10만 명 가까이 목숨을 잃은 1945년 3월 10일의 도쿄 대공습 당시 희생자들의 약 10%가 조선인이었다고 한다. 지배, 피지배의 관계이면서도 피해는 일본인과 똑같이 입었다. 1만 5천 명 이상이 희생된 오사카 공습도 비율은 비슷하다고 하는데, 어디까지나 인구 비율로 계산한 추계다. 사망자 명부에 올라 있다 해도 창씨개명 때문에 바뀐 일본이름은 정확한 조사를 방해했다. 죽어서까지도 그, 그녀들은 강요당해 왔던 '이름' 속에 갇혀 있다.

강경남도 남편이 징용될까 봐 두려웠다. 전쟁 막바지에 이르면서 병력동원이 가열되는 동시에 강제화되어 갔다. 징용령은 아무런 제한 없이 확장되었고, 재일조선인은 이미 징용대상이었다. 군수회사에서 일하는 사람은 징용신분으로 간주되었다. 그렇게 되면 더 이상 명령거부나 이탈이 인정되지 않는다.

"집에서 근근이 게다 신을 만들고 있었는데, 다들 징용돼서 끌려가는 거야. 그대로 있다가는 짚신짝처럼 엮여서 끌려갈 판이었어. 징용에 끌려가면 어디로 가는지조차 몰라. 우리 오빠가 여기 먼저 와서 일을 했어. 이미 처자식도 있었으니까, '비행장 일을 하면 국책사업이라 징용은 안 끌려간다'고 했지. 그래서 남편도 여기로 온 거야."

교토京都 비행장

식민지배가 원인이 되어 바다를 건너와 차별과 빈곤 속에 일본 각지를 전전했던 조선인들. 그, 그녀들을 <교토비행장 건설계획>이 흡수해 갔다. 우토로 지역이 형성된 원인인 이 프로젝트는 어떤 것이었을까.

문광자와 강경남이 일본으로 건너온 후에도 일본은 계속해서 전쟁을 확장해 나갔다. 이른바 '만주사변'으로부터 6년이 지난 1937년 7월, 루거우차오 사건을 계기로 일본군은 대륙침략을 본격화하고 남경대학살을 자행한다. 이듬해에는 국가총동원령을 시행해 모든 것을 침략전쟁에 동원할 태세를 갖춘다.

그리고 1939년, 체신성(遞信省 현재의 총무성, 국토교통성항공국, 일본우편(JP), 전신전화(NTT)등의 전신_옮긴이 주)은 국내 5개 지역에 국영항공 승무원양성소와 부속비행장 건설을 계획하고, 이듬해 예산에 5,000만 엔을 계상한다. 중일전쟁이 장기화되고, 2년 뒤에는 미국과의 전쟁에도 돌입할 상황이었기에 공군력 증강을 꾀한 것이다. 이 사업의 파트너는 비행기 수요를 예측하고 설립된 민간기업인 '국제공업'이었다.

교토시, 교토항공협회, 상공회의소 등은 장래 교토지역 발전의 초석이 될 것이라며 교토부와 협동해 체신성에 적극 유치활동을 벌였고 결국 계획을 실현한다.

사업 후보지는 교토부 남부 지역이었다. 한 곳은 조성공사가 종반에 접어

들었던 오구라巨椋 호수 간척지, 또 한 곳은 사야마佐山/사코佐古지역(현재의 교토시 후시미구伏見區, 우지시宇治市, 구미야마초久御山町에 이르는 지역)이었다. 전자의 경우, 호수 매립으로 농사를 지을 수밖에 없게 된 어부들에게 토지 불하가 불가능해진다. 게다가 식량증산을 목표로 조성된 간척지에 비행장을 건설하는 것은 해당지역뿐만 아니라 교토부도 반대했다. 결과적으로 우지시宇治市와 구미야마초久御山町에 이르는 약 320ha(약 97만 평)의 토지에 비행기제조회사와 공장, 체신성과 병용하는 비행연습장, 파일럿양성소가 딸린 시설 등을 건설하기로 한다.

그러나 이 일대는 교토부 안에서도 손꼽히는 우량 경작지였다. 개간되고 얼마 안 된 농지와 조상 대대로 경작해 온 전답과 과수원이 사라질 위기였다. 농민들의 반발이 거셌다. 1940년 1월에는 아카마츠 고토라赤松小寅 교토 부지사가 사코佐古심상소학교에 약 600명의 해당 주민들을 모아 설명회를 열어 "대대로 경작해 온 토지를 잃게 될 원주민의 고충이 큰 것은 매우 지당하며 충분히 이해하지만, 시대적 변화와 미래를 위해 대지주들이 어느 정도 희생해 주어야 한다"라고 했다.(당시 오사카아사히신문 1월 25일자)

신문보도와는 달리 실제로는 훨씬 더 고압적이었다. 설명회에 참가했던 한 고령자의 증언이 남아 있다. "'당신들, 농사를 계속 짓고 싶으면 만주에 넓은 땅이 있으니까 모두 거기로 보내주겠다'고 지껄였다. 다들 아무 말도 못하고, 지사는 군부의 앞잡이가 되어 권력으로 마을 주민들의 입을 막았다."(『구미야마초사久御山町史』)

주민들은 생활보장을 받는 쪽을 택할 수밖에 없었다. 2월 6일에는 교토부가 주민들에게 '국제공업' 우선취업과 대체 경작지 알선을 약속하자, 매우 어려운 일이지만 국가를 위해서라면 힘든 상황을 감수하고라도 오히려 협력하겠다고 수용한다. 오사카아사히신문은 이 내용을 '시국에 협력한 미담'으로 보도했다. '국책', '국가', '전시상황' 같은 단어가 '생활'을 집어삼키는 시대였다.

수용을 표명한 날부터 20일이 지나자 예정 부지에는 울타리가 쳐졌고, 4

월에는 육군 관료와 체신성 간부들이 참석한 기공식이 열렸다. 강행 공사였다.

비행장 건설의 첫 삽을 뜬 이는 교토부지사 대리와 가네가부치방적鐘淵紡績 경영자이며 국제공업 사장이었던 쓰다 신고津田信吾였다.

부지는 교토부가 매입하고 '일본국제항공공업'과 체신성 명의로 소유권 등기를 마친다. '일본국제항공공업'은 착공 이듬해인 1941년에 육군의 요청으로 국제공업과 일본항공공업이 합병해 국책사업을 수행하기 위해 설립된 민간기업이다. 1943년 10월에 군수회사법이 공포되자 일본국제항공공업은 1944년 1월, 1차로 선정한 150개 군수회사에 포함되었다. 비행장 정비공사와 비행장, 공장부지 정비, 건설공사는 각각 체신성과 일본국제항공공업의 위탁을 받아 교토부가 진행한 직영공사였다. 공장과 격납고 건설, 활주로, 전체 부지 땅고르기, 여기에 일본국제항공공업 사택까지 다양한 분야의 공사였다.

가장 힘든 중노동은 토목공사와 땅고르기 작업이었다. 비행장의 최저표고(국제항공기준)가 11m로 결정되어 평균 약 50cm의 흙을 쌓아야 하는데 875,645㎡의 토사가 필요했다.

이 토사를 채취한 장소가 긴테츠近鉄 이세다伊勢田 역과 오쿠보大久保 역 사이에 서쪽으로 펼쳐진 구릉지로 현재의 우토로와 자위대 주둔지 자리였다. 불도저도 전동 삽도 없던 시절이다. 작업은 오로지 인해전술이었다. 대밭과 초목들을 제거하고 삽과 곡괭이로만 토사를 채취해야 한다. 채취한 토사를 자루에 담아 광차에 실은 후 기관차로 견인해 활주로 예정 부지 등에 쏟아 놓으면 사람 손으로 지면을 평평하게 다졌다. 광차 600대, 기관차 27대, 부지 내 선로는 총연장 40km에 이른다. 기관차 1대가 하루에 광차 15대~20대 분량의 토사를 운반했다. 1일 2,000명이 꼬박 매달려야 하는 이 작업에 투입된 인력이 조선인 노동자들이며 그 수는 1,300명에 달했다고 한다.

중노동의 기억

　당시 공사에 종사했던 조선인 남성의 증언이 몇 가지 남아 있다.

　우토로 지원운동의 원조가 된 시민단체 <야마시로山城 조선 문제를 생각하는 모임>에서 채록한 재일조선인 1세 정상석(鄭相奭 1904년생)의 증언이다. 그는 교토부 건설사무소에 임시고용직 사무직원으로 채용되어 비행장 공사 현장사무소에 배속되었다.

　"우토로 부근의 산은 그다지 높지 않아서 대밭과 작은 소나무들이 많았는데, 거기서 파낸 흙을 구미야마초久御山町 미마키御牧까지 운반해 와서 활주로를 다졌고, 활주로 외에도 평지로 만들었습니다." 이 작업은 오로지 광차로만 흙을 운반해서 체력적으로는 고되지만 위험도는 낮았다고 한다. 정상석이 파악한 사례로만 재해사망사고는 1건이다. 광차에 기름칠을 하던 일본인 노동자가 무너져 내린 토사에 깔려 목숨을 잃었다.

　"신체적 학대는 별로 없었다. 조선인이 1,300명 정도 일했는데, 그 사람들도 직접 연행되어 왔다거나 혹은 모집되어 왔다는 이는 없었다. 다만 체신성의 사업, 그리고 교토부의 사업은 징용을 안 가도 되었다. 그런 이유로 민간 공장에서 일하던 사람도 징용에 끌려가고 싶지 않으니까 그만두고 이곳에 왔다. 아니면 다른 지역에서 막노동을 하다가 이곳에서 일하면 낫다고들 해서 자연히 모여들었다."

　그 당시 정상석은 교토시 남구 깃쇼인吉祥院에서 현장까지 통근을 했다. 당초 노동자들의 가설 합숙소는 활주로 끝에 몇 곳이 있었다고 한다. 1942~3년 무렵에는 활주로 공사가 거의 끝나서 서쪽에 있는 일본국제항공공업의 공장 부분(나중에 '닛산차체' 교토공장이 되는 곳과 자위대 주둔지(닛산차체 교토공장은 2001년 3월 폐쇄))의 건설과 땅고르기 작업이 주된 공사였다. 그 때문에 이미 토사채취가 끝나 저지대가 되어 버린 우토로에 여러 개의 함바를 통합시켜 가설 합숙소를 만든 것이다. 오토리구미大鳥組, 오쿠라구미大倉組(현 다이세이大成건설), 다케나카구미竹中組(현 다케나카 공무소) 등에서 곳곳에 함바를 만들었고, 조선인 십장이 관리를 맡았던 것 같다. 우토로의 옛 이름인 '宇土口'의 '宇土'는 움푹 파인 장소를 의미한다. 조선인 노동자들에게 토사채취를 시켜서 글자 그대로 '宇土'가 된 곳에다 조선인들을 몰아넣은 '판잣집箱'을 만든 것이다. 1960년대 이후 우토로 주변도 빠르게 택지화되었는데, 큰 비나 태풍이 올 때마다 지대가 낮은 우토로로 빗물이 유입되어 집안이나 마루 밑까지 침수되는 피해가 빈번했다. 우토로는 말 그대로 이 지역의 강우량을 측정하기 위한 '유수 풀장'이었다. 이런 상황은 2016년에 재개발이 시작되기까지 그대로 방치되었다.

처음 이러한 경위를 알았을 때 내게 떠오른 것은 산악지대를 이동하는 군대가 처형시킬 포로들에게 직접 무덤을 파게 해 시체유기를 은폐하려 했던 장면이다. 그러나 우토로 주민들은 파묻히지 않았다. 이곳에 끝까지 남아 저항함으로써 결국 '법치국가'라 자칭하는 이 나라 최고 사법기관의 결정조차도 굴복시킨다.

한편, 인부들을 공사현장에 대는 십장으로 우토로에 들어온 김임생(金任生 1912년생)의 증언에 의하면 우토로에 함바가 생긴 것은 1943년경이었다. "대동아전쟁이 시작되자 조선에 젊은 사람이 남아나지 않았어. 남동생도 규슈 탄광으로 끌려왔지. 징용이야. 전쟁이 심각해지자 군인들을 조선에서도 데려왔지. 징병검사가 있었어. 일본 국내 같으면 목숨은 건지겠지만, 징병되어 외국으로 끌려가면 죽어서 돌아왔으니까. 전쟁은 점점 더 격해졌지. 징용되면 큰일이다 싶어서, 그래서 나는 다케나카구미竹中組로 들어갔어. 이곳 오쿠보 비행장, 일본국제항공공업이 본격적으로 작업을 시작한 것이 쇼와 16년(1941)무렵부터인데, 끊임없이 막노동을 하려는 사람들이 들어왔어. 내가 들어온 것은 아마도 쇼와 18년(1943) 1월이야. 다케나카구미竹中組의 합숙소는 큰 것이 4곳 있었는데, 내가 맨 먼저 들어갔어. 어떤 일을 하러 갔냐 하면 다케나카구미竹中組가 격납고를 만들려면 일본국제항공공업에 있는 제재소가 필요했거든. 목재를 모을 수 있는 산도 있어야 하고.

누가 산을 샀냐 하면, 그 당시 감독이 '고오리ゴウリ'라는 사람인데 목재조달 담당이야. 그 밑에 조장들이 30명쯤 되는데, 여기저기 다니며 벌목할 수 있는 산을 사야 했어. 매입한 산에 인부들을 데리고 가서 벌목한 다음, 큰 것은 거기서 자르고 작은 것은 여기 제재소로 가져왔어. 거기서 소를 64마리나 키웠어. 제재소가 다케나카구미竹中組에 일을 줘서 소를 몰러 간 거야. 벌목한 나무들을 소가 끌어서 일본국제항공공업으로 배달해. 그걸로 아파트도 전부 짓고 집도 만들었어. 모두 다 일본국제항공공업 사택이야, 고용주는 제재소의 감독이고."(『장구소리』)

직책에도 엄연한 차이가 있었다. "관리자는 일본인, 교토 시내에서 출퇴근을 했지. 일당은 별로 차이가 없었는데, 똑같은 일을 해도 높은 사람은 다 일본인이야. 현장감독 같은 거라 실제로 일을 하는 사람은 없어. 그래도 다들 직함이 있었지. 실제로 일하는 사람들을 보고 참 딱하다고 생각했어. 그때는 조선인이 비참한 존재였어."(『장구소리』)

김임생은 당시 다케나카구미竹中組에 5~600명의 인부가 있었다고 증언했다. 이처럼 고된 작업현장에 '모두 처자식이 있는 이들'이 모여들 정도로 조선인이 처한 상황이 엄혹했다.

함바 시절

그런 인부들 가운데 한 사람이 문광자의 남편이었다. 1941년, 사야마무라佐山村(현 구미야마초久御山町 사야마佐山)에 있는 함바에 들어가 활주로 공사 현장에서 일했는데 할당된 숙소는 인근 농가의 창고였다. 문광자는 그곳에서 시어머니와 함께 인부들의 밥을 지었다. 당시 그녀의 시아버지가 10여 명의 조선인 노동자를 데리고 있었다고 한다.

익숙하지 않은 중노동으로 녹초가 된 남편을 보는 것이 견디기 힘들었다. "자루 두 개를 막대기 양쪽에 매달아서 흙을 담아 어깨에 지고 나르는데, 매일 어깨에 피딱지가 생겼어. 쇠사슬에 맞은 것처럼. 윗옷도 어깨 부분이 빨리 닳았고. 거울공장에서 일한 사람이라 막노동이 익숙하지 않아서였는지 늘 '힘들다'는 소릴 입에 달고 살았어. 현장감독은 좋은 사람이었지만 고약한 사람도 있어. '이거 해라, 저거 해라' 호되게 일을 시키고 '운반한 흙이 적다'고 고함을 지르기도 했으니까."

당시 비행장에서 일한 노동자는 현장감독과 그의 조수를 제외하고 3종류로 나뉘었다. 제1종은 공부工夫, 운전수運轉手, 기공技工, 정부定夫, 운전부運轉夫. 제2종은 소사小使, 급사給使. 제3종이 일반노무자였다. 조선인 노무자의 대다수가 제3종이다. 3종 노무자들은 1종, 2종과는 달리 임금인상이나 휴무일이 없었다고 한다.

그렇긴 해도 교토부가 관할하는 직영공사다. 민간회사가 도맡아 건설하는 댐이나 광산노동이 아니다. 폭력적인 함바에 갇혀 있다가 도주한 사람이 감시역할을 한 야쿠자에게 폭행을 당해 반죽음의 고초를 당하거나 회복불능의 부상을 입은 사례가 우토로에는 전혀 없었지만, 많은 조선인 노동자가 노동자로서의 권리를 인정받지 못하고 혹사당했다. 완전한 '징용'은 아니었다고 해도 이러한 실태는 반드시 짚어야 할 것이다.

문광자의 가족도 사야먀佐山에서 우토로의 함바로 옮겨온다. 그때의 충격과 분노, 낙담은 만년이 될 때까지도 선명했다. 창고살이를 벗어나니 그 다음은 3평 남짓한 방 하나와 토방이 전부였고 그마저도 폐자재와 삼나무 껍질로 만든 움막이었다.

"그건 집이 아니야. 얘기가 전혀 달랐어." 징용은 안 한다, 배급이 있다, 집이 있어서 가족이 함께 살 수 있다, 이것이 교토비행장 건설공사의 이점이었다. 하지만 눈앞에 있는 함바는 집과는 거리가 멀었다. 서두에 언급한 함바와는 비교할 수 없이 열악한 곳이었다.

문광자에게 우토로 함바 시절을 물으면 "그 서러웠던 시절은 묻지 마소. 옛날 일은 별로 얘기하고 싶지 않아"라고 질문을 물리며 연달아 담뱃불을 붙였다.

"사람이 살 만한 곳이 아니었어. 처음엔 흙을 이겨서 아궁이를 만드는 것부터 시작했어. 벽에 틈새가 얼마나 많았냐 하면 '성냥 좀 빌려줘' 하면 옆집에서 그 틈새로 성냥갑을 넘겨줬어. 정말 말로 다 못해." 여기서 말하는 성냥은 찻집 등에서 주는 작은 성냥갑이 아니라 덕용성냥이다. 그런 성냥갑이 통째로 건네질 정도였다.

"지붕도 삼나무 껍질을 그저 얹은 것뿐이야. 얼마 못 가서 삭아버리니까 방안에서 별이 보이더라고. 비가 내리면 온통 빗물이 새서 비를 맞고 우는 애를 업고 이리저리 옮겨 다녔어. 어찌나 서글프던지. 그 시절 고생은 말로 다 할 수가 없어. 벽도 남은 판자를 덧대서 만든 거라 겨울이 되면 그 틈으로 눈발이 들이쳐. 좁아서 똑바로 누울 수도 없으니까 다리는 방 가운데로 놓고 머리는 벽 쪽으로 놓고 누웠어. 사람이 살 곳이 아니야. 요즘 사람들은 말해도 모를 걸. 그 비참한 얘긴 하고 싶지도 않아. 그때 일은 떠올리고 싶지도 않고. 아아, 꿈이라 해도 겁나……."

퇴거소송 재판이 점입가경으로 치달아 언론의 취재가 빈번했던 1990년대 이후, 문광자는 대표적인 취재대상이었다. 카메라와 취재진을 아랑곳하지 않고 함바 안을 종종걸음으로 오가며 당시의 생활을 증언하는 문광자의 모습이 몇몇 TV방송에 영상으로 남아 있다. 활동가로서의 책임감이나 아직은 판결이 나오기 전이라 사법에 기대를 걸었던 시기였기에 취재에도 응했지만, 고꾸라질 정도로 서두르던 그녀의 모습은 처참했던 기억과 직결된 장소에서 가만히 서 있을 수 없는 심정이었을 것이다.

사야마佐山에서 우토로로 온 문광자는 함바에서 둘째 아들과 둘째 딸을 낳았다.

"수도도 없이 우물뿐이야. 중노동을 하고 왔는데 씻을 곳도 없어서 공중목욕탕에 가거나 가까운 연못에서 씻었어." 공동우물이다. 펌프질을 하면 처음에는 벌건 물이 나왔다. 때로는 기름 같은 것이 떠 있기도 해서 모래에 우물물을 거른 다음 끓여서 썼다고 한다.

한꺼번에 많은 비가 내리면 하천과 수로에서 넘친 물이 흘러 들어와 재래식 변소의 내용물이 역류했다. 배수시설도 열악해서 여름만 되면 무더위를 견디기 힘들었다. 함바의 벽은 구멍투성이지만 창문다운 창은 없었다. 찌는 더위에 잠들지 못하고 바깥으로 나와 봐도 습기의 원흉인 열악한 배수 환경 때문에 모기떼가 극성을 부렸다. 모기향을 살 돈도 없다. 베어온 잡초를 태워 모깃불을 피우며 조금이나마 선선해지는 한밤중까지 모깃불 곁에 앉아 있는 것이 함바의 풍경이었다. 그럼에도 여인네들은 다음날 새벽 3, 4시부터 일어나 밥을 지어야 했고, 사내들은 일출과 함께 일터로 나갔다.

같은 사택이라도 일본인 전용 사택은 전혀 달랐다. 건설용 목재로 지은 사택은 이세다伊勢田 역 동쪽의 높은 지대에 있어 비와 이슬을 피하는 건 물론이며 수해와는 거리가 멀었다. 일본인 사택은 직책에 따라 사쿠라桜, 가에데楓, 마츠松로 구분되어 있었다.

남편의 중노동은 계속되었다. 해가 떠서 질 때까지 하루 14시간을 일할 때도 있었다.

하지만 노동이 끝난 후 돌아갈 '집'은 개집보다 못한 초라한 움막이다. "집에 오면 씻고, 밥 먹고, 소주를 들이켠 후 자리에 눕는 게 다야." 남편은 술에 취해 난동을 부리는 빈도가 점점 줄어들었다. 애초에 마음껏 때려 부술 만한 '집'도 아니었다. 간혹 전구를 깨뜨리는 경우는 있었다고 한다.

"배급은 있었지만 양이 적으니까 쑥이나 미나리 같이 산이나 들에서 먹을 만한 걸 뜯어 와서 밥에다 섞었어. 배가 고픈 설움만큼은 안 겪게 하려고 했지. 감자 줄기까지 넣어서 먹었으니까. 여하튼 양을 불리려고 안간힘을 썼어. 그런 고생은 젊은 사람에게 말해줘도 모를 걸. 정말 말도 못하게 힘들었어."

당시 배급량은 1인당 하루에 2슴 3勺(약 335g)이었다. 다만 국책사업이었기에 편법도 있었다. 김임생의 증언이다. "그땐 비행장에서도 배급을 했으니까, 예를 들어 내가 다케나카구미竹中組의 십장이고, 인부 10명을 데리고 있다고 합시다. 10명이면 100명 정도의 쌀 배급표를 받지 않으면 충분히 먹을 수가 없어. 우토로 내에 조합장이 있었는데, 실제 인부가 10명밖에 없어도 100명 정도 있는 걸로 도장을 찍어 주지. 그 배급표를 현장사무소에 가져가면 쌀을 줘. 100인분 배급표니까 100인분을 줄 수밖에."(『장구소리』)

이처럼 양을 부풀리는 것을 '유령'이라 불렀다. 2006년, 실제로 이 일을 담당했던 사람에게 증언을 들었다. 최한신(崔漢信), 당시 교토시 남구 히가시쿠조東九条에 살고 있었다. 그는 1924년에 경상남도에서 태어나 8세 때 아버지를 따라 일본에 왔다. 중학교를 졸업해 일본어를 읽고 쓸 수 있었던 그는 다케나카구미竹中組의 함바 책임자였던 친척의 권유로 1943년에 교토 비행장 공사장에서 회계 일을 했다.

"나는 제1종이었어. 공사현장에 나간 사람과 들어온 사람을 장부에 기입하고, 그만둔 인부는 삭제하기도 했지. 특고(특별고등경찰)가 시도 때도 없이 왔어. 광차 1대당 나무표찰 1장을 내고 돈을 받는 보합제인데, 인부들은 하루 종일 일해도 6엔 정도야. 당시 신문구독료가 1엔 20전, 아사히신문도 마이니치신문도 똑같이 1엔 20전이었어. 토목공사, 땅고르기 작업, 비계 공사도 있어서 고소작업을 하는 도비鳶도 있었지. 도비공은 하루 18엔이었으니 막노동 인부보다 3배 정도 많아. 나? 12엔 받았어." 그의 증언에는 없었지만 인부 수의 변동이 심해서 교토부에서 조사를 나온 적이 많았다고 한다.

인터뷰 당시 그는 뇌경색으로 오른쪽 반신을 잘 쓰지 못했다. 이야기 도중에도 자주 답답한 표정을 지으며 뜻대로 움직여 주지 않는 오른손을 왼손으로 연신 주물렀다. 이야기가 이리저리 흩어지긴 했지만 말투에는 힘이 느껴졌고 구체적인 숫자는 거침없이 나왔다.

사무직이었던 그의 눈에도 현장노동은 가혹했다. 김임생과 마찬가지로 최한신도 '도저히 볼 수 없을 지경', '너무 딱했다'는 말을 거듭했다. "1인당 335g의 배급으로 그 중노동을 견딜 수가 없지." 이 때문에 생겨난 관행이 부풀려진 '유령 청구'였다. "위에다 미리 얘기해서 1인당 3명까지의 유령은 눈감아 주게 되었어. 드나드는 특고경찰에게도 손을 썼고. 그렇게 3명이나

5명까지 유령을 만들었어. 추석이나 설에는 오사카 히라카타시枚方市에 사는 특고 간부 집까지 차량으로 쌀을 몇 섬이나 싣고 갔으니까."

권력자에게 뇌물을 건네고 부풀린 배급량 청구를 묵인하게 만든 것이다. "늘어난 배급은 물론 먹기도 했지만, 서기의 특권으로 팔기도 했어." 그는 그 돈으로 인근 농가에서 더 좋은 품질의 쌀을 암거래로 구입해 함바에 있는 사람들에게도 되팔았다고 한다.

"벌이가 괜찮았지. 그 때문에 농민들이 함바까지 몰래 쌀을 팔러 자주 왔어."

최한신의 가장 중요한 업무는 대외적인 장부기록과 실제로 일하는 인부수를 기록하는 이중장부 작성과 관리였다고 한다. 이 때문에 함바의 관리자였던 그의 친척이 피붙이인 그를 보필로 스카우트한 것이다. 최한신은 1970년대 초반까지는 우토로에 살았던 것 같다. 그 후에 히가시쿠조東九条로 옮겨 살았고, 고향인 경상남도에서 눈을 감고 싶다고 했지만 이루지 못하고 2007년에 세상을 떠났다.

계속되는 공습

전쟁의 패색이 짙어지자 인력과 물자 부족이 심각해져 갔다. '국민징용령'에 이어 '학도동원령', '여자정신대 근무령'이 발령되자 이미 가동되고 있던 일본국제항공공업 공장에도 학생들이 동원되어 왔다. 공장에서는 '아카톰보赤とんぼ'라는 연습용 비행기 조립이 시작되는데, 눈에 띄는 '빨간색' 기체를 보관할 격납고가 물자 부족으로 완성되지 못했다. 비행기를 가려 놓는 업무는 조선인 노동자들의 부인들에게 할당되었는데, 여자들은 대밭이나 산에 올라가 대나무와 나뭇가지 등을 잘라 왔다.

잘라 온 나무들을 활주로와 파일럿 양성소가 있는 구미야마久御山까지 운반하는 것도 역시 조선인들의 일이었다. 열차나 차량이 아니다. 소를 몰아 운반한 것이다. 결국 승무원 양성소는 1944년에 그 기능이 정지된다. 물자 부족으로 더는 운영할 수 없게 된 것이다.

그 무렵의 항공사진이 남아 있다. 1944년 12월, 활주로에서 공장부지까지 담긴 사진에는 공장과 사무소, 식당, 기숙사와 병원 등 건물마다 번호가 적혀 있다. 공장 북측으로 십여 동의 함바가 늘어서 있는 지점이 바로 우토로인데, 거기에도 번호가 적혀 있다. 폭격용으로 쓰기 위해 미군이 촬영한 사진이다. 군수공장은 우선적인 공습 대상이었다.

강경남이 우토로에 들어온 것은 그 이듬해인 1945년 초여름이다. 교토비행장 건설 공사장에 먼저 와 일하고 있던 오빠를 의지해 들어왔는데, 눈앞에 펼쳐진 광경은 지금까지 본 적이 없는 비참한 모습이었다. 강경남의 기억에 강하게 남은 것도 역시 함바, 도저히 집이라 할 수 없는 열악한 곳이었다. "그건 움막도 아냐. 삼나무 껍질을 벗겨 와서 얹어 놨으니까. 그러니 비가 오면 어떻게 됐겠어. 벽도 너덜너덜, 시멘트 봉투를 벽에 발라 놔서 손가락에 침을 묻혀 구멍을 뚫으면 옆집이 훤히 보여. 옆집도 그렇지만 옛날엔 주변에 집도 없었고, 그 시절엔 (직선거리로 700m 정도 앞에 있는) 지금의 오쿠보大久保 역 출입구까지 다 보였어."

이 시기에는 물자 부족으로 건설공사 등이 중단되는 경우가 잦았던 것 같다. 토목공사 중노동은 계속되었지만 일거리 자체가 격감했다.

"해제(해방)될 때까지, 여기서는 집안일만 했지." 강경남은 이렇게 말했다. 여자들은 남편을 일터로 보낸 후 함바 주변에 땅을 일구어 벼와 채소를 길렀다. 닭을 키우는 집도 많았다. 자위대 주둔지가 된 지금은 우토로 마을과 주둔지 사이에 펜스가 설치되어 있는데, 당시는 작업현장과 함바 사이에 칸막이조차 없었다. 주택가가 된 지금은 상상하기 어렵지만 당시 함바 주변은 잡초와 잡목들이 무성한 맹지였다.

"닭을 키워서 남편한테 계란으로 반찬을 해줬어. 그땐 산이나 마찬가지였어. 어느 날 들개가 내려왔는데, 가만히 앉아서 이쪽을 쳐다보는 거야. 한참을 그렇게 앉아 있길래 '쉿, 쉿' 소리치며 쫓았지. 그랬더니 슬그머니 가 버렸는데 꼬리를 보니까 여우였어. 듣던 대로 정말 여우는 뒤를 돌아보더라고. 아마 우리가 키우던 닭을 노리고 온 거야."

강경남이 우토로에 들어오고 얼마 지나지 않았을 때 북서쪽에 있는 풀밭에 미군비행기가 추락한 것을 보았다고 한다. 공습을 마치고 돌아가던 B29기가 격추된 것이다. 우지시宇治市의 기록에 따르면 1945년 6월 5일 아침 8시경, 고베시神戸市를 무차별 폭격하고 마리아나 기지로 귀환 중이던 미군 폭격기가 교토 부근에서 고사포탄을 맞고 이세다伊勢田 지역 상공에서 불이 붙은 채로 공중분해 되면서 감자밭에 추락한 것이다. 6명 정도가 추락 전에 낙하산으로 탈출했는데, 인근에 살았던 일본인들이 죽창과 농기구, 날붙이 등을 들고 몰려가 비행기에서 빠져나와 총을 들고 위협하는 군인들을 에워쌌다.

이 사건은 전쟁 중 우토로에 살았던 주민들에게서 들은 거의 공통된 기억이었다. 앞서 나온 최한신도 묻지도 않았는데 "내가, B29기가 떨어졌을 때도 거기 있었어"라고 말했고, 그 외에도 여러 명의 고참 주민들이 목격했다고 했다. 승무원 중 한 명은 여성이었다는 증언도 있었는데, 그녀는 일본인들이 붙잡으려 하자 불타는 비행기 잔해 속으로 뛰어들어 '자결'했다는 소문을 들은 사람도 있었다.

적이 오면 지상에서 그들을 퇴치하는 것이 신민의 '상식'이었다. 애초에 '같은 신민'들의 머리 위에는 소이탄을 쏟아부었던 '적'들이다. 적지 않은 우토로 주민들도 마을에서 북서쪽으로 600m 정도 앞에 있는 추락현장으로 갔다. 그 중에는 농기구 등을 들고 간 사람도 있었을 것이다.

강경남의 말이다. "콰광— 하고 떨어졌으니까 우리도 보러 갔지. 가 보니 (미국)군인이 죽어 있었어. 다들 죽창을 들고 모여 있었는데…. 죽은 사람한테 다가가서 돌을 던지더라고. 그 사람들(돌을 던진 사람)도 나라에서 시키니까 한 것이겠지만, 죽은 사람한테 돌을 던져서 무슨 소용인가 싶었지. 나는 안 던졌어…." 달변은 아니지만 과묵과는 거리가 먼 강경남이 이 사건에 대해서는 이따금 침묵하며 당시 상황을 상세히 말하려 하지 않았다.

실상은 입에 담지 못할 정도로 처참했다. 군사훈련을 받은 대로 적군에게 몰려간 몇몇 일본인 청년들은 큰 부상을 입고 피투성이가 된 미국인을 삽과 괭이로 후려친 후 날붙이로 찌르고 이미 숨이 끊어진 군인의 사체에서 옷과 시계, 반지 등을 빼앗았다. 일본국제항공공업에 주둔하던 일본군인이 달려와 모여든 사람들을 쫓고 거의 맨몸뚱이가 된 미군 6명을 헌병에게 인계했다.

우토로 주민들이 현장에 도착한 것은 추락 후 십여 분이 지난 후라 먼발치에서 현장을 지켜볼 수밖에 없는 상태였다. 마을 바로 옆에 추락했다면 주민들도 '하수인'이 되었을지 모른다. 주민들은 죽창과 곤봉, 날붙이를 손에 들고 '적군'을 처벌하는 이들에게 갈채를 보냈을까, 증오로 일그러진 일본인들의 표정에서 인간 본연의 야만을 보았던 것일까, 아니면 아직 기억에도 생생한 관동대지진 당시 조선인 학살의 기억이 떠올라 일본인들의 폭력이 언제 자신들에게 향할지 알 수 없는 현실에 다시금 공포를 느꼈을까.

헌병들에게 매장을 지시 받은 일본인들은 가까운 강가에 시체를 묻었다. 잔악 행위를 솔선한 청년은 그 일을 무용담으로 떠벌렸다. 귀신, 짐승과 같은 미국인과 영국인을 몰살한다는 의미로 국가가 선동한 슬로건이었던 '鬼畜米英'을 충실히 실천한 사례였다.

이 사건은 패전 후 미군에게 알려져 조사가 시작되었는데, 지역사회에는 함구령이 내려진다. 자초지종을 알 길이 없었던 미군은 린치에 가담하지 않은 우토로 주민들을 주목하고 1946년 6월, 주민들을 대표하는 형식으로 남상한(南相干)·남종우(南淙祐) 부자에게 당시 상황을 들었다. 둘 다 좌파계 민족단체인 조련(재일본조선인연맹)의 활동가였다.

GHQ법무국 조사보고서에는 두 사람이 현장에 도착하자 피투성이가 된 미군을 에워싼 일본인들이 무기를 들고 '죽여' '죽여' 하며 절규하던 광경과 여성 승무원의 '자살설'은 미군을 조롱하기 위한 허위선전이었다는 남종우의 진술기록이 남아 있다.

인계된 미군 포로들은 그 후 1명이 오사카에서 처형되는 등 전원이 일본에서 사망한 것으로 밝혀졌다.

강경남이 이주한 시기를 전후로 우토로 주변에도 공습이 본격화된다. 하루에도 수차례 공습경보가 울려 함바와 방공호를 왕복해야 했다. 주민들의 대피소는 토사 반출로 인해 생겨난 마을 동쪽 끝 급경사면과 북서쪽에 있는 제방이었다. 방공호라는 이름은 붙었지만 수직으로 판 굴에 삼나무 껍질로 지붕을 덮은 것이 고작이어서 공중에서만 보이지 않을 뿐 옆에서 들이치는 폭풍과 파편을 피하는 정도밖에는 안 되었다. 방공호 바닥에서 솟아나는 물을 피하기 위해 발을 디딜 발판을 깔았지만, 그 위에 지탱하고 서 있기에는 고난도의 기술이 필요했다고 한다.

한편에선 이렇게 말하는 이도 있다. "나는 방공호에 안 들어갔어. 매일 거기 들어가야 했으니까 죽을 때만큼은 보잘 것 없는 집이라도 이불에 누워 사람답게 죽자고 다 함께 집에서 이불을 뒤집어쓰고 있었지." 인부를 조달했던 책임자의 권유로 남편과 함께 아이들을 데리고 23세에 우토로로 이주한 1세 정귀련(鄭貴連)의 말이다. 당시엔 아직 어렸던 2세들은 이렇게 말했다. "방공호에 들어가는 것이 일이었어." 밤에도 전등을 켜지 못했다. 7월 24일, 28일, 30일에는 공장을 표적으로 세 차례의 폭격이 벌어져 일본인 여자근로정신대원 여학생 6명이 즉사했고 공장도 파괴되었다.

'해방' ─ 또 다른 고난의 시작

해방은 별안간 찾아왔다. 문광자는 주민들과 함께 한 대의 라디오 앞에 모여 천황 히로히토의 무조건 항복 성명을 들었다. "처음엔 무슨 말인지 몰랐는데 일본이 졌다고, 전쟁이 끝나서 식민지배가 끝났다고. 그래서 너무 좋아했어." 일본국제항공공업과 하청 토목회사의 사원, 교토부 관리자 등 일본인들은 어느 사이엔가 현장에서 사라졌다. 현장뿐만 아니라 이세다伊勢田 역 동쪽에 있었던 제1, 제2 사택에서도 직원들은 자취를 감추었다. 전쟁범죄를 추궁당할 것이 두려웠던 것이다.

"만세! 만세! 외치면서 다들 집에 있는 음식들을 가져와서 축하를 했어요.

애지중지 키웠던 닭인데 오늘은 이 집, 내일은 저 집에서 닭을 잡아 축하를 했으니까."

고난의 출발점인 식민지배의 종말이었다. 하지만 그것은 아무런 걱정 없는 기쁨이 아니었을 것이다. 오히려 이제부터 다가올 고난, 앞날에 대한 각오를 해야 하는 까닭에 지금 이 순간을 즐기려 했을지도 모른다. 얼마 안 되던 급료도 나오지 않았다. 사실상 중노동 시절에는 그나마 나오던 배급도 중단되고 말았다. 그렇게 앞날이 보이지 않는 실업자 촌이 탄생한 것이다.

강경남은 말한다. "집밖으로 뛰쳐나와서 좋아하는 사람도 많았지만, 솔직히 난 좋은 일인지 뭔지 몰랐지. 스무 살 무렵인데 뭘 알아. 분명 해방은 돼서 좋았지만 먹고 살 일이 까마득했으니까. 내가 시집오기 전에는 배를 곯은 적은 없었어. 어머니 덕분에 그런 일은 안 겪었으니까. 그런데 여기 온 후로는 하루에 150g 정도의 쌀로 죽을 쑤어 먹기도 했어. 그것조차도 안 나온다는 거야."

당시 일본에는 약 210만 명의 조선인이 있었던 것으로 추산된다. 징용 피해자들 가운데 일본 체류기간이 짧은 이들이 가장 먼저 귀향을 서두른다. 그들보다 이전에 온 사람들은 당초만 해도 눈사태와 같은 '귀향'의 움직임은 없었는데, 연합군총사령부(GHQ)가 그해 10월에 치안유지법 등을 폐지하고 특고경찰 해체를 요구하는 '인권 지령'을 내린다. 상황을 '관망'하고 있던 조선인들 사이에 '일본의 괴멸이 불가역'이라고 여긴 사람들이 많았을 것이다. 징용 피해자는 물론 그 이전부터 정착한 사람들 중에서도 고향으로 돌아가기 위해 시모노세키^{下関}와 마이즈루^{舞鶴} 항구로 향하는 이들이 급증한다.

우토로에도 귀국 붐이 일어난다. '반년만에 150세대가 5~60세대로 줄었다.'(문동기(文東起) 아사히신문사 편저 『이웃사람』) 한편, 이미 고향에 생활기반이 없거나 돌아갈 여비가 없는 이들은 남았다. 더불어 타 지역에서 굶주림에 허덕이던 사람, 아직 우토로에는 일거리가 있을 것으로 오해한 이들, 귀국할 때까지만 비어 있는 함바에서 지내려던 이들이 우토로로 유입되었다.

대부분의 사내들은 일자리를 찾아 각지로 흩어져 몇 주에서 몇 달씩 집을 비웠다. 어딘가에서 재해나 큰 사고가 나면 반드시 보수공사가 있을 것을 예측하고 집을 나서는 사람도 있었다. 여자들은 함바 주변을 개간해 감자나 호박을 심고, 돼지를 기르고, 공사현장에 방치된 광차 선로를 뽑아 오거나, 5~6km 떨어진 미군 훈련장에 숨어들어 탄피를 줍기도 했고, 널려 있는 폐품더미를 헤집어서 쇠붙이 등을 골라내 돈으로 바꿨다. 내가 취재를 시작한 2000년 무렵에도 비어 있는 땅은 물론이며 아스팔트 틈새에 이르기까지 '먹을 수 있는' 무언가가 심어져 있었다. 해방 이후로도 수년간 계속된 '배고픔'의 기억 때문일 것이다.

강경남은 말한다. "남편은 일이 없어졌으니까 집을 떠나 일거리를 찾아 돌아다니기도 하고, 다른 함바에 일하러 갔다 오기도 했어. 우리도 할 일이 없어져서 쇠붙이를 모아다 팔아서 입에 풀칠을 했지. 불에 타고 있는 쓰레기를 뒤져서 쇠붙이가 나오면 주워서 팔고, 산에 있는 훈련장에 큰 보자기를 들고 가서 쇳조각을 담아 짊어지고 왔어. 전쟁 때 만든 쇠붙이들을 전부 다 쓰지는 못했으니까 녹슨 철도 사 줬거든." 잔반을 거둬 모아 아직 상하지 않은 부분만 사람이 먹고 남은 것은 돼지나 닭에게 주었다.

문광자도 빈터에 먹을 것을 심고, 쇠붙이를 모아 돈으로 바꾸고, 풀이나 감자줄기를 삶아 먹으며 얼마 안 되는 배급 설탕과 담배를 시골에 갖고 가서 쌀과 바꿨다. 아침에 일어나면 '일거리'를 찾아 헤맸다. 직업안정소에 가 봐도 조선인에게 돌아올 일자리는 없었다. 장남을 낳고 난 후부터 한동안 손대지 않았던 담배가 줄담배로 바뀐 것도 이 무렵이다. "비가 내린 날이었는데 밭일을 하다 보니 흙속에 지렁이가 꿈틀대는 거야. 속이 메스꺼워서 담배를 피웠는데 그 후로는 손에서 놓지 못하게 됐어." 이 말이 끝나기가 무섭게 담배를 입으로 가져가며 성냥을 찾았다.

150g 밖에 안 되는 쌀에 들풀을 섞어 죽을 끓였다. 그저 풀만 넣고 끓여 국물만 목으로 넘길 때도 적지 않았다. "날마다 죽 아니면 풀 국이었어. 죽만 먹었으니까 아들이 늘 배를 곯았지. 매일 아침부터 '밥 줘, 밥 줘' 하며

큰소리로 울어."

그러던 어느 날이었다. 늘 그렇듯 어린 아들은 '밥'을 달라며 울음을 그치지 않았지만 아무 것도 줄 것이 없었다. 자식을 배곯게 하는 처지를 원망하고 있는데 벽 틈으로 밥공기를 내미는 팔뚝이 보였다. "옆집 사람이 '이거 받아' 하면서 밥을 가득 담아 벽 틈으로 내밀었어." 자신들의 몫으로 나온 배급을 아껴 이웃집 우는 아이를 위해 동포가 내어준 한 공기의 밥. "참 고마웠지. 평생 잊을 수가 없어…." 그때의 감격이 떠올랐던 것일까, 문광자는 눈시울을 붉혔다. 우토로를 찾아온 사람들을 위해 옛 함바 앞에서 이야기하던 그녀의 모습이 떠오른다. 그곳엔 최악의 삶의 기억과 그 속에서도 존재했던 웃음과 기쁨까지도 배어 있을 것이다.

문광자는 귀향을 단념했다. 생활 기반도 의지할 친척도 여비도 물론 없었다.

강경남은 말한다. "갈 준비는 했지. 가고 싶은 마음은 있었어. 하지만 그럴 여유가 있어야지. 지금은 '안 가길 잘했다'는 생각도 들어. 해방되고 나서 둘로 갈라졌잖아. 전쟁도 터졌고. 먹을 것도 없다느니, 쑥 한 포기도 안 남았다고, 소문이 아주 안 좋았어. 그래서 하나로 합쳐지면 가야지 하고는, 우린 그대로 조선적朝鮮籍으로 있었어. 그러니 여간해선 갈 수가 없었지, 지금은 한국 국적으로 바꿨지만. 이제는 한 번 가볼까도 싶은데."

그 후 강경남은 2000년대 중반 무렵에 다시 한국 땅을 밟았는데, 어째서인지 동행한 아들이 권유한 고향방문은 고사했다고 한다.

재일(在日)을 '선택'한 문광자와 강경남이 가장 고집스럽게 여긴 것은 교육이었다. 둘 다 일본어를 읽고 쓰기가 쉽지 않았다. 우토로에서는 누군가에게 물으면 되었으니 불편이 없었지만, 마을 밖에서는 글을 몰라 억울함을 맛보기도 했고 부끄러웠던 적도 있었다. 강경남에게 통한으로 남은 것이 딸의 이름이다. 딸의 이름은 강경남의 일본식 통명과 똑같다. 자신의 이름을 물려주려고 한 것이 아니다. 시청에 출생신고를 하러 갔을 때 우지시청 담당자가 서류를 내밀며 딸의 이름을 물었다. 출생 신고서를 읽지 못한

강경남은 직원이 자신의 이름을 묻는 줄 알고 '아, 사치코(幸子)인데'라고
대답한 것이다. 그런 경험 때문에 강경남의 가장 큰 자랑은 자식 여섯을 모
두 학교에 보낸 일이다. 그저 글을 배우고 숫자를 배워서가 아니다. 조선인
으로서 자신을 깨달아 가는 장소인 '조선학교'에 보낸 것이다.

　문광자도 마을 내 성인학교 운영은 물론이며 자녀들 또한 조선학교에 보
냈다. 2세대 이후의 세대들이 정체성을 잃지 않는 것이야말로 재일조선인
의 생명선이라 여겼다. "여기서 태어나면 자기가 누군지 알지 못하게 돼요.
그렇기 때문에 교육이, 민족교육이 꼭 필요합니다." 이것은 많은 재일동포
들에게 공통된 심정이었다. 우토로에는 해방 후 얼마 안 되어 조선인들의
배움터가 만들어진다.

1944년 12월에 미군 측이 촬영한 항공사진. 활주로 공사와 부지 모습이 담겨 있다.
(우토로 평화기념관 제공)

제2장
학교, 그 후

우토로 중심부에 있는 '집회소'는 해방 직후 주민들이 이곳에 만든 조선인학교가 그 시작이다. 정치적 입장과는 상관없는 <우토로의 집>이며, 집회소 앞마당(옛 운동장)은 각종 교류모임의 행사장이 되어 수많은 만남들을 탄생시켰다.(2015년 5월 10일 촬영)

오랫동안 주민회장을 맡아 토지 문제 해결에 힘쓴 김교일과 그의 아내이자 초대 부인회장 한금봉.(2015년 9월 12일 자택 앞)

황순례는 민족학교 1기생이다. 당시 학생들의 호기심이 학교를 만들게 했다.(2016년 3월 10일 자택)

자전거가 트레이드 마크였던 여군자도 우토로 민족학교 출신이다. (2009년 1월 23일)

가장 빠른 주자였던 정귀련은 동포 운동회의 '스타'였다.(1990년 4월 29일)

1940년대 후반 무렵의 <집회소> 앞에 모인 민족학교 학생들. 황순례, 김교일, 여군자도 있다.(주민 제공)

강도자의 민족학교 시절은 어른들의 결정에 따라 자주 바뀐 환경으로 곤혹스러웠다.(2016년 3월 10일)

우토로 민족학교 학생이었던 강순악은 민족교육을 둘러싼 투쟁을 지켜봐 왔다.(2016년 3월 2일)

우토로 학생의 가정방문을 꾸준히 했던 전 오구라소학교 교감 마쓰이 토시코.(2021년 3월 23일)

지금은 철거되어 없어진 우토로의 '현관'을 지나 '우토로 긴자'와 교차하는 지점에 닿으면 상자처럼 보이는 건물이 있다. 주민들이 '집회소'라 부른 <미나미야마시로南山城 동포생활상담센터>이다. 과거엔 함바 관리자가 살았던 집이다.

2층 철골 건물로 연면적은 약 200㎡. 현재 소유자는 조선총련 미나미야마시로 지부이다. 입구 왼쪽으로는 공유 공간인 '한겨레 방'이 있다. 주민들의 회의나 방문자들을 위한 강연, 이곳을 찾는 언론사 기자, 저널리스트, 연구자들이 주민들을 취재하는 장소가 이 방이다. 바로 옆 넓은 공간은 1세들이 모이는 장소로 사용되기도 했다. 80년대 후반에 불거진 토지문제 당시, 멋대로 토지를 매입하고 전매한 자칭 주민회장이 주민들에게 지탄을 받은 곳이 2층에 있는 사무소이다. 그리고 이곳은 '역사 부정'과의 투쟁에서 만들어진 '우토로 농악대'가 연습하는 장소이기도 했다.

2022년 봄, 상담센터는 우토로 평화기념관으로 이전되어 건물 자체는 철거된다. 좌파 민족단체가 유지·관리하는 건물이 주민들에게 개방되어 말 그대로 우토로의 '배꼽'으로서 정치적 입장을 불문하고 주민들의 안식처가 되어 온 사실은 우토로의 역사가 어떠했는지 당당히 말해 준다.

연합군 주둔, 굶주림과의 싸움

1945년 9월 25일 아침, 와카야마和歌山에 미군 중심의 연합국군 제6군 3,000명이 상륙한다.

당시의 국철 나라선奈良線을 이용해 우지시宇治市 '신덴新田' 역에 도착한 그들은, 그 길로 일본국제항공공업 건물로 들어가 그곳을 거점으로 주둔을 개시한다.

점령군이 주둔한 지역에서는 국민학교와 여학교 등이 10일간 휴교를 실시했고, 행정기관에서는 '여성은 혼자서 다니지 말고', '외국인에게 틈을 보이지 않도록' 주의하라고 당부한다.

정부는 일본국제항공공업과 비행장, 파일럿 양성소 부지를 점령군에게 내주는 한편 황실과 관련된 장소에는 출입하지 못하게 만드는 데 성공했다.

온순히 복종하는 한편으로 최대한 자신들의 이익을 추구한 행태는 지자체나 민간도 마찬가지였다. 우지시宇治市 관광을 담당하는 부서에서는 여관이나 음식점에 영어회화 서적과 외국인 접객 지침을 배포했다. 의자와 테이블을 갖출 것. 된장국, 장아찌, 사시미는 피할 것. 계란찜이나 양념 장어구이, 김을 비교적 선호한다, 입실할 때는 노크를 할 것, 재래식 화장실은 환기를 철저히 하고, 반드시 잠금장치를 만들 것 ─ 지시사항은 상세하고 다양하다. 지역경제를 윤택하게 만들 기회로 여긴 것이다. 오쿠보大久保에서는 지자체 의원이 경영하는 카바레가 문을 열었고, 바(Bar)와 스낵바 등이 잇달아 개업했다.

점령군을 '맞이할 태세'를 갖추어 나가는 그들과는 달리 인접해 있던 우토로는 그야말로 최악의 빈곤 상태였다.

열악한 주거환경에 대해서는 앞서 언급했다. 잔반이나 버려진 농작물을 먹었던 얘기도 헤아릴 수 없을 만큼 들었다. 깻묵튀김을 먹었다는 사람도 여럿 있었다. 처음에는 소, 말, 돼지의 내장을 삶아 거기서 우러난 기름으로 튀긴 음식일 것이라 생각했는데 아니었다. 곡물 씨앗에서 기름을 짜내고 남은 찌꺼기, 농작물에 주는 비료였다. 밭에 버려진 감자와 섞어 경단으로 만든 것이다. 해방 후 우토로로 시집온 1세 김군자(金君子 1928년생)는 눈물을 글썽이며 당시를 얘기했다. "정말 먹을 것이 아무 것도 없어. 하루를 해결하고 나면 '내일은 또 어쩌나' 그 시절엔 그 생각뿐이었어…."

이런 생활 속에서도 어른들은 우토로에 아이들을 가르칠 곳을 만든다.

우토로의 학교, 이곳은 어른들이 제안해서 만든 것도 아니며 조직단체의 의도로 만들어진 것도 아니다. 아이들의 배움에 대한 '욕구'가 자연스럽게 학교를 만들게 한 것이다. 그 아이들 가운데 한 사람이 황순례(黃順禮)다.

1970년대 우토로 마을 중심부에 지은 그녀의 집은 우토로 긴자에서 가까웠다. 1층 주방에는 커다란 창이 있어서 마을에 누가 드나드는지 한눈에 보인다. 강제 철거의 위기 때에는 우토로의 '관리인실' 같은 장소였다.

취재를 위해 마을을 걷다 보면 방충망 너머로 "잘 되어 갑니까?", "식사는 했나?" 하며 인사를 건넸다. "급하지 않으면 잠깐 들어와." 캔에 든 주스나 과자, 간식을 받을 때도 많았다. 집 동쪽에는 탁주를 담아둔 항아리가 놓여 있었다. 그 항아리도 시영주택 건설이 결정되어 재개발이 시작되자 이 집과 함께 치워졌다.

황순례는 1932년, 교토시 히가시야마東山에서 태어났다. 철이 들었을 무렵엔 이미 아버지는 세상을 떠나고 없었다. "남편도 아버지가 안 계셔서, 우리 둘 다 '아버지'라고 불러본 일이 없는 게 서글프다"고 입버릇처럼 말했다.

장사 수완이 좋았던 친척의 도움으로 동시대 여성으로는 드물게 쓰키노와月輪 국민학교(1947년 쓰키노와 소학교로 개칭, 2014년 폐교)에 다녔다. '전쟁 때는 훈련이니, 공습경보 때문에 공부를 제대로 못했다'라고는 했지만, 배움의 기회조차 없었던 이들이 많은 우토로에서는 보기 드문 존재다.

어느 날, 히로시마를 파멸에 이르게 한 신형폭탄이 '다음엔 교토에 떨어질 것'이라는 소문이 돌았다. 난리를 피하려고 어머니와 언니, 오빠와 함께 형부가 일하고 있던 우토로에 들어왔다. 13세 때다.

"다들 시골로 피난을 가는데 우린 갈 곳을 정하지 못하다가 비행장 건설일이 있다는 얘길 듣게 됐어." 교토 시내에서 군사시설 옆으로 거처를 옮긴 것은 '피난'이라고 할 수 없었다. 연일 공습경보가 울렸다. "하늘이 오렌지색이야. 밤에는 서치라이트를 비추며 '공습이다!' 하면 방공호로 뛰어 들어갔어. 계속 반복이야. 어린 애들은 방공호에 들어가는 것이 일이었는데, 어른들은 그럼에도 불구하고 일을 해야 했으니까."

물자 부족으로 건축공사는 중단되었지만 토목공사는 계속 되었다. 절반 이상의 노동자가 조선인이었으며 이들을 다루는 행태는 점점 더 가혹해져

갔다. "어느 날 아침, 늘 지나던 논두렁에 허수아비가 쓰러져 있는 거야. 누더기로 만든 허수아비였는데 불에 탄 구멍이 여기저기 뚫려 있더라고. 사람으로 착각해 비행기에서 총을 쏜 거겠지. 소름이 끼쳤어."

우토로 주민들의 공통된 기억인 B29기 추락사고도 목격했다.

"낙하산으로 사람이 내려오는 걸 봤어. (땅으로 내려온 군인이) 우리를 모두 죽일 거라며 경계경보가 울렸다. 흰색 낙하산인데 베이지색으로 보여서 꼭 관람차 같더라고. 떨어진 곳에 가 보니까 여자가 우리 쪽으로 권총을 들고 뭔가 말했는데 영어라 무슨 말인지 몰랐지. 죽창을 들고 쫓아가서 군인들과 대치하는 사람도 있었어. 그러다가 헌병이 와서 그 여자의 눈을 가리고 사이드카에 태워 데려갔어. 다른 데서는 미군 하사의 부인이 불속으로 뛰어들었다나, 그런 얘기도 들었거든. 진짜인지 아닌지, 지금 생각하면 잘 모르겠지만 '자존심이 대단하네' 그런 생각도 들었지." 여성승무원의 기록이 없다는 것은 1장에서 언급했는데, 당시 어린아이였던 황순례의 기억이다.

그녀의 눈에 비친 당시의 우토로는 마치 밀림과 같았다.

"우리보다 키가 큰 갈대랑 억새풀이 많아서 마치 산 속 같았어. 활주로를 만들던 1세들이 쪼그려 앉아 일일이 억새를 베어내고 길을 만들어 줬거든. 우리는 쑥 같은 걸 뜯으러 다녔지. 잡초가 굉장했거든. 억새밭을 걸어 다니면 (살갗이 드러난 부분이) 베여서 온통 상처투성이야. 앞서 가는 사람이 '빨리 오라'고 하는데, 어느새 앞사람이 안 보였으니까. 그때는 닛산(닛산차체 교토공장. 일본국제항공공업은 1951년에 닛산으로 귀속되었다)이 있는 한 가운데쯤이 커다란 연못이었는데, 거기에 모터를 설치해서 농사용수로 썼어. 여름에는 미역도 감았고, 씻을 곳이 거기밖에 없었으니까."

자신의 표현대로 그 밀림 속에서 일본 패전의 날을 맞이했다.

"어른들이 집밖으로 나와서 '만세, 만세' 외치며 좋아했고, 1세들은 '이제 중노동을 안 해도 된다!'라고 소리쳤어. 밤새 장구를 두드리며 아침까지 좋아하던 사람도 있었으니까. 그런데 인부들을 지휘하던 사람들이 어느새 사라지고 없는 거야. 현장감독이나 하청 직원들, 다 일본인들이야. 그러니 1세들이 일을 팽개쳐두고 아무 것도 안 했어. 왜 저렇게 놀기만 하나, 그런 생각도 했거든."(웃음)

이후로 끼니를 해결하기 위한 전쟁이 시작된다. 황순례가 기억하는 것은 급격히 늘어난 사람들의 이동이었다. "먹을 것도 할 일도 없으니까 우토로를 빠져 나가는 사람도 있었는데, 반대로 공습 때문에 집을 잃은 사람들이 '우토로에는 조선인들도 있고 비행장 건설 일도 있다'는 말만 듣고 오는 사람도 많았어. 오사카나 고베에서도 왔던 것 같아."

그렇게 흘러들어온 이들은 비어 있는 함바에 들어가 어딘가에서 주워 온 소나무 판자와 폐자재로 벽과 지붕을 보강하고 자신들의 생활공간으로 삼았다. 시멘트 봉투를 꿰매 놓은 실을 풀어 콜타르와 섞어서 벽 틈을 메우는 사람도 있었는데 얼마 못 가서 우르르 떨어졌다.

"소나무는 옹이가 많아서 애들이 손가락으로 쑤시면 구멍이 뚫려서 반대쪽이 훤히 보였어. 어느 집이나 다 마찬가지야. 그 구멍으로 옆집이 다 보였으니까 '저 집은 저렇게 좋은 걸 먹네. 반찬도 많다'며 투덜대니까 아예 다 같이 모여서 먹기도 했어. 다들 가난했지만 사이가 좋았지. 서로 도우며 살았고. 그랬으니 그 시절을 버텨 냈지. 서로 돕고 살았던 따뜻한 정이 여긴 아직까지도 남아 있거든."

당시에 먹은 반찬은 길가에 저절로 자라난 쑥과 미나리, 감자 줄기 또는 인근 농가에서 버린 상하기 직전의 채소를 주워 와 삶은 것들이었다. 조선의 음식 같은 건 당시로선 그림의 떡이었다. 무엇보다 재료를 구할 수 없었다. 그런 형편에도 동포들과 나누어 먹은 음식이 이루 말할 수 없이 맛있었다는 이야기는 황순례뿐만 아니라 당시를 알고 있는 여러 주민에게 들었다.

일거리를 찾아 전국을 떠돌며 수개월에 이르는 함바 생활을 마친 사내들이 돌아오면 때마침 식사 준비를 하고 있던 집에서 그들을 불러 배부르게 먹이고 마시며 고생을 위로했다. 이것이 우토로였다. 자신과 식구들의 몫까지 내놓았을 것이다. 그런 문화는 지금까지도 곳곳에 남아 있다. 우토로에 갈 때마다 '밥은 먹었나?', '식사 했어?' 같은 말은 늘 듣는 인사다. 늦은 시각까지 취재가 이어지는 날에는 각오를 해야 한다. 점심과 저녁을 합쳐 하루에 6~7끼를 먹을 때도 허다했다.

당시 어른들은 옆 동네 산에 있는 군사훈련장으로 탄피와 쇠붙이 등을 주우러 갔다. 일상적으로 사격훈련을 하는 곳에 몰래 들어가 금속류를 주워 오는 지극히 위험한 '일'이다. 황순례도 그 일에 나서 가계를 도왔는데 역시나 어른들이 그냥 두지 않았다.

"두랄루민(알루미늄 합금)이 제일 값이 나가지. (훈련장에) 몰래 들어갔다가 들켜서 목숨 걸고 도망쳐 오는 사람도 있었는데, 여하튼 먹고는 살아야 하니까. 산에 가서 먹을 수 있는 풀을 뜯어 오기도 했지. 그러나 저러나 주변 환경이 너무 열악했어. 조금이라도 비가 오면 마을이 온통 물에 잠겼으니까. 공동변소 안에 있던 내용물이 둥둥 떠다녀서 '진지로게'처럼 걷지 않으면 못 다녀."

"'진지로게'가 뭐예요?" 나도 모르게 물으니 황순례가 대답했다.

"응? '진지로게'가 '진지로게'지 뭐야. 그게 뭐냐고 물으면……. 여하튼 사람이 살 만한 곳이 아니야."

애매한 답변을 하는 것도 황순례만의 스타일이었다. '진지로게'는 1961년에 발매된 모리야마 가요코森山加代子의 코믹송이다.

땅딸보 반들반들 대머리
새빨간 부엌데기
신사에서 빌었던 일은
비밀로 하지요
진지로게 진지로게
도-레동 가라갓타 호-레츠 랏빠노 쓰-레쓰
마조린 마징가라 초이초이 힛카리고마타키 와-이와이 (渡舟人 작사)

반복적인 주문을 뒤섞어 놓은 것 같은 가사는 도무지 의미를 알 수 없었다. 황순례가 그 단어로 무엇을 말하려 했는지 나로서는 전혀 알 수 없었는데, 내 질문엔 아랑곳없이 그녀의 이야기는 빠른 스피드로 앞서 나갔다.

"비가 내리면 밖에 나가지 못하니까 이웃 어른들이 돌다리를 놓아 주었어. 어른들이 베어 온 풀을 깔고 돼지도 치고, 닭도 기르고. 다 자라면 구미 야마초久御山町 사야마佐山 같은 곳으로 팔러 갔어. 집에 돌아오면 리어카를 끌고 밖으로 나가서 버려진 양배추나 시금치를 주워 와서 삶아 먹고 돼지한테도 줬어. 그때는 돼지가 큰 재산이라 사람보다 좋은 걸 먹였지. 감자도 주웠고. 어쨌든 인디언 같이 살았어. 정말 고생한 사람들은 1세들이야. 이루 말할 수 없이 고생했어. 어렸지만 그 고생을 아니까 우리도 미나리나 민들레 같은 거라도 뜯어 왔지. 말하자면 우린 거지 부락이야. 마구간 같은 판잣집에 사는 인디언 부족처럼."

기운이 넘치는 그녀의 이야기에는 늘 해학이 들어 있었다. 그러다 진지한 얼굴로 이렇게 말했다. "그래도 우리는 사람을 죽이거나 그런 짓은 안 했으니까. 부끄러울 일도 없어. 그저 먹을 것, 입을 것이 없었을 뿐이었지. 별로 창피하다고도 생각 안 했으니까."

처음 만난 '우리말'

굶주림과 싸워야 했던 황순례와 또래들도 아직은 10대 아이들이었다. 또래 아이들과 숨바꼭질이나 돌멩이 차기에 열중하며 시간가는 줄 몰랐다. 가장 중요한 놀이터 가운데 하나가 활주로다. 1세들의 피땀이 스며들어 있는 곳이며 우토로에서 파낸 흙으로 다져 만든 평지다. 실제로는 해방 전부터 감시의 눈을 피해 친구들과 뛰어 놀았던 장소였다.

"주변은 온통 조릿대 밭이었는데 거기만 깨끗한 평지였어. 자주 놀았지. 태어나 처음으로 눈도 보았어. 눈이 많이 내려서 모두 뛰어나가 눈싸움을 한 기억도 있어."

활주로는 군인 100여 명의 주둔 거점이다. 활주로를 뛰어다니다 미군에게 들키면 거미 떼가 흩어지듯 마을 안으로 도망쳐 왔다.

연합군이 주둔한 후에도 한동안은 격납고에 비행기가 있었다고 한다. 훈련용 비행기 '아카톰보赤とんぼ'다. 그것들은 얼마 지나지 않아 '군의 도시·우지시'를 상징하는 군사시설인 오바쿠黃檗화약고에 있던 화약으로 폭파되었다.

그 무렵, 한 사내가 마을에 들어왔다. 10대 아이들이 봤던 대로 기술하면 중간 정도의 키, 빡빡머리에 몸집이 좋았다. 나이는 중년으로 군복 같은 옷을 입고 있었다.

"남는 시간에는 할 게 없어서 숨바꼭질이나 돌차기를 하며 놀았지. 어느 날 군복을 입은 사람이 들어왔어. '공습 때문에 집을 잃었다', '조선인 부락이라는 말을 듣고 왔다'고 했지. 그 무렵엔 타지에서 들어오는 사람도 많았어. 다들 게을러서 (풀베기조차 하지 않아) 온통 잡초밖에 없는데 그걸 다 베어서 길을 만들어 줬어. 밤이 되면 모아 놓은 마른풀과 나뭇가지를 태웠어. 우리는 돌멩이를 차며 놀았는데, 돌멩이가 장작불 속으로 튀어 들어가면 팟—하고 불꽃이 피어올라. 그게 너무 예뻤어. 신이 나서 계속 돌멩이를 찼거든."

짓궂었던 아이들이 사내가 피워 놓은 장작불 속으로 잇달아 돌멩이를 차 넣으며 피어오르는 불꽃의 궤적에 환성을 질렀다. 그러다 그 사내가 황순례와 아이들에게 말을 걸었다.

"조선인은 미국인, 일본인한테도 당했는데 억울하지 않냐? 우리말도 모르는 인간이 되고 싶은 거야?" 질퍽거리는 땅에는 아이들 키만 한 잡초가 무성하고, 사람과 가축인 돼지가 혼연일체가 되어 살았던 당시 우토로. 혼돈 이외에 달리 표현할 말이 없는 곳에 흘러 들어와 밤이 되면 마른풀과 폐자재를 태우며 불꽃을 바라보던 사내가 담담히 한 말이었다.

"첫 번째, 두 번째는 아무 소리 안 했어. 그러다 세 번째 돌멩이를 찼을 때였지. 불꽃과 연기가 화악 피어올랐거든. 그러자 우리한테 손짓을 하며 '잠깐 이리 와 봐' 하는 거야. 드디어 혼나는구나 싶었지. 다들 주춤주춤 다가가니 '너희들은 이렇게 살아도 괜찮아? 억울하지도 않아? 부끄럽지도 않아?' 뭔가 알쏭달쏭한 느낌이었어."

"그때는 그 아저씨 이름도 몰랐는데 야마시타(山下)라는 사람이었어. 전쟁터에서 돌아와 보니 자기가 살았던 고베가 공습을 당해 집이 없어졌다고, 조선인들이 많이 산다고 해서 우토로에 왔다는 것 같아. 옷가지도 없는 사람이었지. 그 외에는 잘 몰라. 내가 12, 3세 무렵이라. 전쟁이 끝나고 얼마 안 지났을 때야."

황순례는 식민지 출신자들까지 전쟁에 동원되던 시대에 교육을 받았다. 황민화정책이 철저히 진행되는 속에서 자란 그녀에게 '본명'이라는 개념은 존재하지 않았다. 만약 자발적으로 쓴 것이었다 해도 식민지배로 인해 강요당한 이름인 '야마시타' 만이 황순례가 사내를 기억하는 끈이었다.

어쩌면 동포였는지도 모르지만 고베에서 왔다는 것 말고는 신분도 알 수 없는 인물이었다. 귀국 붐으로 빈집이 된 함바에 혼자 들어가 그곳을 거처로 삼았다. 낮에는 다른 주민들처럼 일거리를 찾아 다녔고, 밤이 되면 우토로로 돌아와 길을 만들려고 베어 놓은 잡초와 나뭇가지들을 태웠다. 단벌옷은 목깃이 때에 절어 번들거렸고 군데군데 해져 있었다.

"그때는 이상한 소릴 하는 사람이라 생각했지. 아니, 솔직히 그 시절은 나도 한창 왈가닥이어서 '뭐야, 이 아저씨. 타지에서 온 주제에 잔소리는. 그런 소릴 할 거면 꺼져!' 이렇게 생각했으니까.(웃음) 그런데 집에 돌아오면 어째서인지 모르지만 그 아저씨가 친근하게 느껴지는 거야. 역시 내가 말귀를 알아들었던 거야."

무언가가 어린 황순례의 마음에 와 닿았던 것이다. 그 사내에게 조금씩 흥미가 생겨났다.

'왜 그런 말을 했을까.' '무슨 뜻이었을까······.'

이런 마음은 다른 아이들도 마찬가지였던 것 같다. 비록 아이들이었지만 거대한 실업자 부락의 삶이라는 현실에서 벗어날 수 없었다. 아직 어렸지만 할 수 있는 것은 무엇이든 해서 가계를 도와야 하는 일상이었는데, 미지의 세계에 대한 아이들의 호기심만큼은 아무도 말릴 수 없었다.

다음 날, 아니면 그 다음 날이었을까, 황순례를 포함한 여자아이 셋은 굳게 마음먹고 사내에게 다가갔다. 돌멩이는 차지 않았지만 흥미진진했다.

"그쪽으로 가도 돼요?"

"그럼."

황순례는 이렇게 대답하는 사내의 왠지 모를 흐뭇한 표정을 기억했다.

장작불을 둘러싼 4명의 얼굴에 불빛이 아른거렸다고 한다. 사내는 한 명한 명의 눈을 보며 말했다.

"너희들은 날마다 공부도 안 하고 놀기만 하니 좋으냐? 창피하다는 생각은 안 해? 너희들 우리말을 알아?"

차분하고 힘 있는 목소리로 아이들에게 물어보던 그때, 머리 위에 까마귀가 울고 있었다고 한다.

"그걸 보고는 '너희들, 지금 하늘을 날고 있는 저걸 뭐라고 부르는지 알아?' 하는 거야. 우리가 '카라스(カラス)'라고 하니까 '조선말로 해야지!' 하며 화를 냈어. '저건 까마귀야. 까마귀는 엄마를 찾느라 우는 거다. 너희들은 엄마를 모르겠지. 너희도 엄마를 찾는 저 까마귀와 같아. 말도 역사도 모르면 어떤 사람이 되겠어, 우리 어른들 같은 인생을 살지 않으려면 공부를 해야 해' 하더라고."

사내는 장작불 속에서 타다 만 나뭇가지를 하나 끄집어내더니 땅바닥에 대고 뭔가를 힘주어 쓰기 시작했다. 바닥에 그어지는 선이 각도와 곡선을 그렸고, 규칙적인 기호들이 새겨졌다. 한글이었다. "그러고는 나뭇가지로 바닥에 일본어 'ア(아)'를 가타카나로 쓰는 거야. 그 다음에 イ(이), ウ(우), エ(에), オ(오)를 쓰고 밑에다 한글로 소리를 써 주었어."

그는 자음과 모음을 나타내는 기호를 땅바닥에 다 쓰고 나서 말했다.

"봤지, 이것이 우리 글자다. 이걸 서로 맞추면 말이다, 세계 어느 나라의 말이든 다 쓸 수가 있어."

"한글로 글자를 쓰고는 '어느 나라 말이든 그 소리를 다 쓸 수 있다'니. 정말 흥미진진했거든. 한 번 생각해 봐, 그 시절에 우리가 우리말 같은 걸 배운다는 건 생각지도 못할 얘기야, 있다는 것도 몰랐으니까. 우리 글자로 전 세계의 말을 소리 낼 수 있다는 거야, 게다가 쓰지 못하는 소리도 없다는 말에 '진짜야?!' 생각했으니까. 너무 감격스러워서."

아이들은 땅바닥에 늘어서 있는 글자들을 외웠고 집에 돌아가서는 그걸 복습했다. "'아, 야, 어, 여, 오, 요…' 이렇게 외웠지. 돌멩이 차기나 깡통 차기를 하면서도 다 함께 배운 우리말을 노래처럼 불렀어. 어릴 때라 외우는 것도 빠르지. 당시는 일본어밖에 몰랐거든. 그렇게 배운 말로 부모님한테도 '어머니', 아니지, 그땐 어려서 애들 말로 '엄마'라고 했더니 엄마가 '뭐라고? 누구한테 들었어?' 하며 놀라는 거야. 당시엔 야마시타 씨 이름도 몰랐으니 '혼자 사는 아저씨'가 가르쳐줬다고 했지."

길바닥 우리말 교실은 계속되었다. 배움에 대한 아이들의 욕구는 끝이 없었다.

"매일 길가에 모여서 말을 배웠어. 나는 집안일도 해야 했는데, 글자를 외우고 있으면 어머니가 와서 '밥은 해야지!' 하며 혼냈지만, 역시 공부가 더 재밌는 거야. 그래서 솥단지를 아궁이에 걸고 장작을 몽땅 집어넣고는 장작이 타는 동안 정신없이 공부를 했는데, 아닌 게 아니라 어머니한테 혼났지."(웃음)

아이들에게 '우리말'은 지적 호기심의 대상이 아니라 '금지'의 발견이었다. 일거리를 찾아 헤매느라 하루가 저무는 황순례의 어머니는 자식에게 조선말을 가르칠 여유조차 없었다. 황순례와 같은 아이들은 일본어를 모어로 쓰며 자랄 수밖에 없었다. 그렇게 아이들은 구 종주국의 언어를 매개로 민족의 언어를 만나 마른 모래처럼 흡수했고, 스스로 탈피해 나갔다. 당시

아이들의 초롱초롱한 눈빛이 상상이 되었다.

이야기를 듣던 중 문득 의문이 생겨 물어보았다.

"그런데 까마귀 이야기는 어떤 의미로 예를 든 것인가요?"

나의 질문에 황순례는 한동안 생각에 잠겼다. 그러고는 말했다.

"의미? 그걸 내가 어찌 알겠어. 무슨 뜻인지 잘 몰랐지만 그냥 감동했으니까."

이렇게 말하고 그녀는 호쾌하게 웃었다.

"'가 자에 이응하면 강 하고~' 이렇게 배운 말을 노래로 만들어 부르며 놀았지. 부모들이 '무슨 말이냐'고 묻는 거야. '야마시타 씨가 가르쳐 줬어. 화도 안 내고 자상하게 가르쳐 줘.'"

길바닥 교실에서 공부하는 아이들의 모습이 어른들에게 화제가 되기 시작했다. 일상에 허덕이느라 자녀들의 교육에는 손이 닿지 않았다. 걱정을 하던 부모의 채근에 못 이겨 길바닥 교실에 나온 아이도 있었다고 한다.

"그러다 공부를 계속하고 싶은 애들 5, 6명이 지금의 <에루화> 자리에 모여서 공부를 시작했어.(<에루화>는 2002년 6월에 개설된 1세 대상의 데이서비스 센터. 이용자 수 감소로 2013년 11월 폐쇄) 글자를 가르쳐 줬지. 개구리나 물 같은 말. 다들 열심히 글자를 외웠어. 화투 같은 것으로도 배웠지. 개구리가 버드나무에 뛰어드는 그림을 보여주면서 '오노노 코마치(小野小町, 실제로는 오노노 코마치가 아니라 오노노 토후小野道風이다)'는 훌륭한 사람인데, 이 그림은 무엇이든 한 번에 성공할 수 없다는 뜻이다' 이런 얘기도 해 주었고, 노트를 살 수 있는 애들은 노트를 가져 왔지만 종잇조각에 쓰기도 했어. 처음엔 땅바닥을 노트처럼 썼으니 뭐든 상관없었어. 말이나 역사도 배웠지만 '사람은 역시 여행을 떠나 봐야 된다'느니, 들려주는 얘기들이 깊었다고 할까, 굉장한 말을 아주 많이 알려 줬어."

아이들의 배움에 대한 갈망은 점차 어른들의 관심사가 되어 갔다. 얼마 지나지 않아 지역의 유지들이 모여 함바 관리자가 살았던 곳에 국어강습소

(조선인학교)를 만들었다. 매일 끼니를 걱정해야 했음에도 우토로 주민들은 소박하게나마 아이들이 공부할 공간을 마련한 것이다. 이러한 강습소가 전국 각지에 생겨났다. 우토로만큼의 빈곤 상황은 그다지 듣지 못했지만 하루하루 끼니를 걱정해야 하는 것이 집주지역의 현실이었다. 그 와중에도 어른들은 돈과 힘을 조금씩 보태 아이들에게 민족의 말과 문화를 가르치려 했다.

1945년 8월, 일본의 패전 직후에 약 20만 명이었던 재일조선인 아동 대부분이 일본학교를 그만두고 조선인학교에 입학했다. 당시엔 귀국을 앞둔 이유도 있었겠지만 그 이상으로 유린당한 자신들의 말과 문화를 되찾겠다는 심정이 느껴진다. 일상은 녹록치 않았으나 그렇기 때문에 더욱 학교를 만들었다. 그것은 빼앗긴 존엄을 되찾는 일이며, 인간을 먹고 자는 존재로만 취급하려 한 현실에의 저항이기도 했다.

"민족학교가 생겼을 무렵에 야마시타 씨는 마을 밖에서 부인을 얻어 나갔어. '결혼할 나이가 됐다'면서. 그 후에 우리는 새로운 선생님과 공부했으니까, 그 뒤로 야마시타 씨가 어떻게 됐는지는 모르겠어. 고향으로 갔던 사람이 다시 돌아오기도 했고, 그 시절은 밀항도 많았으니까 그 사람도 밀항자가 아니었을까. 어쩌면 한국으로 돌아갔을지도 모르고. 그래도 그 사람한테 배웠던 말이 지금 나한테는 기초가 됐어. 그 사람 덕분에 우리가 말을 배운 거야. 한국에 갔을 때도 우리말로 얘기 했으니까."

2004년 9월, 강원도 춘천시에서 개최된 <한·중·일 거주문제 국제회의>에 참가했던 일을 말하는 것이다. 점심시간에 발언 기회를 얻은 황순례를 비롯한 주민 4명은 한복을 입고 단상에 올라 강제철거의 위기에 처한 우토로의 절박한 상황을 호소했다. 회의장에 온 언론사들이 우토로 주민들의 호소를 대대적으로 보도했다. 우토로 문제가 한국에서 사회적 관심을 이끌어 내는 데 큰 계기가 되었다. 신문에 나온 주민발언 대부분이 황순례의 말이었다. 가장 모국어를 잘했기 때문이다.

"한국말로 또박또박 말했지, 차분하게 얘기했어." 이후로 한국에서 우토로를 찾아오는 이들이 이어졌고, 국내외에서 우토로에 대한 지원이 늘어갔다. 당시 황순례는 이렇게 말했다. "옛날에는 우토로를 멸시하고 기피했는데, 지금은 곳곳에서 지원하러 와요. 지금이 인생 최고의 순간이야."

나중에 한 잡지사에서 마을 내 여성주민들에게 가장 좋아하는 장소를 고르게 한 적이 있다. 그곳을 촬영한 사진에 직접 쓴 짧은 글을 넣는 기획이었는데, 황순례는 망설임 없이 옛 학교를 골랐다.

우토로의 조선인학교

1945년 10월, 각지의 민족단체를 규합한 형태로 재일본조선인연맹(이하 조련)이 결성된다. 조련의 최대 과제 가운데 하나가 글자와 말을 되찾는 일이었다. 1940년 시점에 약 124만 명이었던 재일조선인 가운데 2세가 30만 명에 달했다. 조련은 한 달 후인 11월에 각 지방조직 앞으로 '문화 활동에 관한 지시'를 내려 교재 작성과 강사 파견을 추진, 전국 각지의 '국어강습소'를 조련 산하의 학교로 만들어 간다. 1947년 10월에 개최된 조련전국대회의 보고에 따르면 당시 일본 전역에는 초등, 중등을 포함해 총 578개의 조선인학교가 있었고, 63,000명에 가까운 학생들을 약 1,500명의 교원들이 가르치고 있었다.

형태는 다양하다. 일본학교를 빌려 쓰거나 자비를 들여 학교를 만들기도 했다. 그 외에도 동포의 집이나 교회, 목욕탕 2층을 교실로 쓴 예도 있고, 구 일본군의 막사 일부나 조선인의 동화정책을 도맡았던 단체인 <협화회> 사무소를 교실로 쓴 '앙갚음'과 같은 케이스도 있다. 이런 학교들의 적잖은 수가 우토로처럼 '노상 교실'에서 출발했을지 모른다.

우토로의 학교는 조련 교토부 본부 구제ㅅ世지부 소관의 <조련 구제ㅅ世학원>이 되었고, 나중에 <조련 니시진西陣소학교·구제ㅅ世분교>로 교토부 지사로부터 사립소학교 인가를 받는다. 우지시宇治市 소재의 학교가 어째서 행정구역이 다른 교토시 니시진西陣소학교의 분교가 되었는지는 알 수 없으나 학교 인가 심사 형편에 따른 것일 수도 있다. 많은 재일조선인이 교토 직물산업의 저변을 지탱한 니시진西陣 지역은, 히가시쿠조東九条 지역처럼 자이니치在日조직이 강했고 동시에 경제력도 있었다.

학교는 '긍지'이자 '굴레를 벗는 장소'였는데 우토로에도 적지 않은 사진들이 남아 있다. 1946년에 촬영된 가장 오래된 사진 한 장에는 판잣집 학교를 배경으로 당당한 표정의 아이들과 어른들이 앉아 있는 모습이 담겨 있다. 앞줄에는 양복을 입고 넥타이를 맨 사람들이 있다. 블라우스와 스카프로 멋을 낸 선생님도 보인다. 앞줄 중앙에 굳게 쥔 양손을 무릎 위에 올려놓고 온화하면서도 강한 눈빛으로 정면을 바라보는 이는 미군기 추락사건으로 GHQ의 조사를 받았던 남상한(南相干)이다.

흥미로운 것은 제각각인 아이들의 체격이다. 교사와 구분이 안 된다면 조금 과하겠지만 초등학교인데 아무리 봐도 갈래머리의 여자 2명은 중학생 이상으로 보인다. 그 중 한 명이 당시에 이미 중학교에 다닐 나이였던 황순례다. 같은 교실에서 연령이 제각각인 아이들이 함께 공부했다. 나이에 상관없이 모두 같은 출발선에서 시작했음을 알 수 있다. 교사는 도일하기 전에 일정한 교육을 받은 1세가 중심이었는데, 동서 대립으로 긴장이 고조되던 고향을 떠나 일본으로 온 사람도 있었다고 한다.

학습내용은 제대로 갖춰지지 않았던 것 같다. 황순례의 말이다. "글자와 말을 가르쳐 주었지. 개구리, 버드나무 같은 단어. 그리고 옛날 역사도 말이야. 한국의 시조는 단군이고, 이토 히로부미에 대해서도. 길바닥에서 가르쳐 주었던 것과 비슷해."

당시 영어 수업은 없었지만 러시아어 수업이 있었다고 한다. "박 씨라는 사람이었어. '반(反)요시다吉田 운동'을 하는 활동가인데, 아주 열심히 좌익 활동을 하는 사람이었지. 러닝셔츠 하나만 입고 러시아어 노래를 부르면서 우토로를 돌아다녔어. 그래서 나도 러시아어로 숫자 정도는 셀 수 있다니까. 해 볼까. '이, 얼, 산, 쓰, 우' —"

황순례가 말한 '숫자'는 어찌된 일인지 중국어였다. 그리고 그녀는 박 씨가 불렀다는 노래의 멜로디를 흥얼거렸는데 나로서는 어떤 노래인지 도무지 알 길이 없었다.

해방과 조국 건설에 대한 기대와 비례해 학교는 점점 더 커져갔다. 1946년 11월 6일에 촬영한 사진은 1주년을 기념해 찍은 것 같다. 어느새 50명이 넘는 아이들이 모여들었고, 지금은 대한민국의 국기가 된 태극기도 걸려 있다. 놀라운 것은 전체 학생이 치마저고리 교복을 입고 있는 것이다. 비용은 어떻게 마련했을까. 부모들의 뜨거운 열의도 물론 있었겠지만 '조련'이라는 조직의 힘, 기세가 느껴진다.

1946, 47년 당시의 운동회 사진도 있다. 연단 위에는 태극기와 더불어 소련과 미국, 영국, 게다가 중국 국민당 깃발도 걸려 있다. 전승국과의 관계를 중시한 이유였을까. 조선인 학생과 미군의 이인삼각 경주나 혼합 릴레이 같은 게임도 있지 않았을까 상상해 본다.

1947년 초, 조련이 전국의 지방조직으로부터 취합한 데이터에 따르면, 우토로를 포함한 조련 구제ㅅㅄ지부 관내에 당시 2개교가 있었고, 4명의 교원이 118명의 학생들을 가르쳤다.

전 마을회장 김교일(金教一 1939년생)과 부인회장이었던 한금봉(韓金鳳 1938년생) 부부도 우토로 민족학교의 학생이었다. 김교일이 일본 소학교에서 전학을 온 것은 1946년이다. 당시 이야기를 물으니 멋쩍은 듯 말했다. "아이고— 나는 기억력이 안 좋아서. 이제는 한글로 내 이름도 잘 못 써요. 학교에서 어떤 수업을 했더라. 말이랑 글자 같은 걸 배우긴 했는데 자세히는 기억이 안 나네요." 우토로의 학교는 함바 우두머리가 살았던 집이다. 당시 마을에서는 '높은 사람'이 사는 집이었는지도 모르겠지만 다른 집들과 다름없는 판잣집이었다. 비가 내리면 수업은 중단되었고 아이들도 깡통이나 대야 등을 가져와 교실 안에서 우왕좌왕 했다. 김교일은 교사가 바닥의 빗물을 닦으며 '누더기를 입었어도 마음만은 비단'이라 했다며 웃었다. 빼앗긴 민족성을 되찾겠다는 심정과 '조국 실현'에 공헌하고 싶은 열의가 아이들을 가르치는 원동력이었다.

한편으로 그런 열의가 과열되는 측면도 있었다. 단적으로 말하면 스파르타식 수업이다. "정말 힘들었어요. 난 배운 걸 자꾸 까먹어서 체벌도 받았거든. '바짓단 접어 올려' 하고는 대나무 회초리로 피가 날 정도로 종아리를 때렸으니까. 아주 회초리가 너덜너덜할 때까지 말이야. 무턱대고 때렸어. 한번은 우리 아버지가 교사를 불러서 역정을 낸 적도 있어. '교육열이 뜨거운 건 좋지만 아무리 그렇더라도 너무 심하잖은가!' 하셨지."

『장구소리』에도 비슷한 체험담이 다수 남아 있다.

"선생님도 무슨 자격이 있는 게 아니고, 지금이야 교사 자격증이 있으니 얘기가 다르지만 그때는 약간 지식이 있는 사람이 우릴 가르쳤으니까…. 책상도 의자에 앉는 책상이 아니라 그냥 바닥에 풀썩 앉아서 쓰는 책상이야. 둘이 반반씩 나눠서 책 같은 걸 넣을 수 있게 되어 있어. 그러면서도 일본사람한테 지면 안 된다며 80점은 되라 했지. 이 시험은 80점 이상 받아야 된다며 75점 맞으면 나머지 5점은 찰싹, 찰싹, 찰싹… 맞았으니까." 모자란 점수만큼 맞은 것 같다. 양동이에 물을 담아 (머리) 위에 올리고 서 있게 했는데 그게 제일 힘들었어. 팔이 덜덜 떨리니 물이 쏟아지잖아. 100점이 아니면 안 된다며, 98점은 우토로를 한 바퀴 돌게 했어, 애들 모두 다. 그러니 공부를 안 할 수가 없지. 선배들이 얼마나 힘들게 공부했는지 우리가 알아야 된다는 얘기였겠지. 거기에 지면 안 된다면서. 일본어 한자 같은 건 아직 일렀지만 수학은 말이지, 지금으로 말하면 대학에서 배우는 피타고라스 공식 같은 것, 소학교에서 그런 걸 배웠으니까, 저쪽(일본학교) 학교에 갔더니 선생이 우리보다 못해. 오히려 쉬운 건 못 풀어. 연립방정식 같은 건 풀었는데, 쉬운 문제를 못 푸는 거야. 선생이 고개를 절레절레 흔들었어. 1학년 때 곱셈을 배우잖아, 1단부터 9단까지 (구구단을) 조선말로 모두 그 자리에서 외우지 못하면 집에 못 갔으니까."

"일본학교 같으면 3학년이나 되어야 배우는데 1학년부터 배웠어. 안 하면 대나무로 종아리를 맞았는데 얼마나 아프던지. 그땐 우리도 이미 15~6살이니 다 큰 처녀야. 그런데 선생이 매를 댔으니 부모들이 따지러 왔지. 다 큰 처녀를 때렸다면서. 때린 선생도 젊은 총각이야. 그렇게까지 때릴 필요가 뭐 있냐고. 나이도 별 차이 안 나잖아, 선생이랑."

"그래서 부모들이 전부 모였지, 이렇게는 안 되겠다면서. 부모도 안 때리는데 학교 선생이 애들한테 그래서야 되겠느냐고, 그렇게 선생들과 대화한 후엔 어지간히 괜찮아졌어. 선생들도 학교 다닐 때 일본인한테 호되게 당한 사람도 있었겠지. 그러니 일본인한테 지고 싶지 않다고 했을 거야."

"그때부터 차츰차츰 우리나라 사람들도 말이야, 머리가 좋고 똑똑한 사람은 교육을 받고 조선학교 선생으로 나가게 된 거예요."(『장구소리』)

김교일은 1년 정도 우토로 학교에 다닌 후 어머니의 의향에 따라 오구라小倉 소학교로 전학했다고 한다. "자세한 건 모르지만 '일본에서 태어난 이상, 일본의 교육을 받아야 된다'고 생각하신 것 같습니다."

해방 후의 '귀국 러시'는 이미 가라앉아 있었다.

해방된 해부터 이듬해에 걸쳐 약 150만 명이 일본을 떠났는데, 이미 일본에서의 체류기간이 10년, 20년이 넘은 이들에게 '귀향'은 쉽게 결정하지 못할 선택이었다. 생활기반, 언어문제 등 이유는 다양하다. 귀향길에 해난 사고가 빈번하다는 정보도 그들의 발길을 막았다.

무엇보다 본국의 정세가 문제였다. 천황 히로히토의 '일격 강화론'에 따른 항복 지연이 소련의 참전을 야기했고, 조선에는 미군과 소련군이 진주한다. 1945년 12월, 미·영·중·소 4개국이 조선을 5년간 신탁통치 한다는 결과가 발표되자 시비를 둘러싼 대립과 혼란이 촉발되었고 민중은 좌우로 분열된다. 동족 간 충돌과 암살이 횡행하고 심각한 실업난과 식량난, 전염병 창궐은 혼돈을 더욱 심각하게 만들었다.

'귀향'했던 조선인이 역류하는 현상도 일어나고 있었다. 미 점령군이 조선인들을 '계획송환'(1946년 4월~12월) 한 것도 이런 와중에 이뤄졌다. 게다가 송환 당시 지참금은 1,000엔이며 휴대할 수 있는 재산의 무게가 약 113kg으로 제한되자 55만여 명이 귀향을 포기했다. 1946년 12월, 점령군은 재일조선인이 일본에 계속 거주할 경우에 '모든 국내법과 규칙에 따르라'는 성명을 발표한다. 일본을 점령한 '지배자'가 재일조선인들을 해방민족으로 취급하지 않겠다고 한 것이다.

한금봉(韓金鳳)은 취학 연령보다 두 살 늦게 민족학교에 입학해 남편인 김교일(金教一)의 1년 후배가 된다. 6세 때 오사카에서 우토로로 옮겨 왔다. 친부는 어릴 때 세상을 떠났고 어머니의 재혼 상대가 비행장 건설 공사장에서 일하고 있었다.

해방 후에도 학교에는 가지 못하고 쇠붙이 등을 주워 가계를 도왔는데 드디어 학교가 생기자 동포의 권유로 민족학교에 입학했다. 역시 한금봉도 '어떤 공부를 했는지 기억나지 않는다'고 했다.

즐거웠던 기억은 소풍이다. 당시 학생들이 집합해 있는 사진도 남아 있다. 50명 이상의 아이들이 돌계단 앞에 서 있다. 2대 1 정도로 여학생이 많다. 여학생은 치마저고리를 입었고 남학생은 인민복이나 목깃이 있는 교복을 입은 학생도 있다. 교원 중에도 학생복 차림이 몇 명 보인다. 실제로 학생이었는지도 모른다.

"여긴 후시미伏見에 있는 모모야마桃山 성(城). 숫자를 쓴 종이를 땅 속에 묻어 놨었어. 상품 이름을 써서 넣기도 했고. 그걸 다 같이 찾는 거야. 아, 옛날 생각난다." 한금봉도 얼마 안 지나 일본학교로 '전학'한다. "나는 의붓자식이잖아요. 안 그래도 늘 주눅이 들어서 눈치만 보며 지냈어. 2년쯤 지나서 여긴 싫으니 '일본학교'에 가겠다고 했어." 농밀한 인간관계가 어린 마음에 부담이었다고 한다. "일본학교에서는 어디서 왔냐고 물어도 '우토로'라고 하지 않고 '저—쪽' 이라고 얼버무렸지."

오사카부 사카이堺 시에서 태어난 재일2세 강순악(姜順岳 1939년생)은 한금봉과 동급생이다. 아버지 혼자 먼저 우토로에 와서 일을 했는데, 공습 때문에 불바다가 된 사카이를 떠나 조부모와 남동생까지 모두 6명이 우토로에 들어왔다. 5세 때다.

전쟁 말기였다. "방공호로 뛰어 들어간 기억밖에 없어. 그게 하루 일과였던 것 같아. 나는 기억이 안 나지만 사이렌이 울리면 내가 혼비백산해서 방공호로 뛰어갔다고 해요."

어느 사이엔가 생겨난 민족학교에 다니게 된다. 당시엔 그것이 '당연한 일'이었다. 강순악이 다닐 무렵은 1~3학년과 4~6학년이 2개 교실로 나뉘어 있었다.

"공부다운 공부는 못 했지." 기억나는 것은 조례시간의 풍경이다. "민족학교에서는 한국이 있는 방향으로 정렬해 서서 묵념을 하기도 했어요. 지금의 니시우지西宇治중학교(우토로 동측에 있는 학교)에서 그 모습이 훤히 보였다는데 굉장히 멋진 광경이었다고 해요. 학예회라든가 무슨 행사가 있을 때에는 치마저고리 교복을 입었어요. 한글은 발음이 너무 어려웠는데, 남 씨(김군자, 마을에서는 남편의 성으로 호칭했다)의 시아버지(남상한)가 노래처럼 가르쳐 줘서 지금도 생각나요. 그나마 글자는 읽었는데 뜻은 몰라서 말은 못해. 한국 드라마를 보면서 조금씩 의미를 알게 됐지. 마을에서 일상적인 대화는 일본어였어요. 고령자들은 한글을 쓰기도 했지만."

인부들을 현장에 대는 일을 했던 부모를 따라 1945년 4월에 남동생들과 함께 우토로에 들어온 2세 여군자(余君子 1942년생)는 1947년 무렵 학교에 입학했다.

그녀 또한 공부보다는 학교에서 교사와 아이들이 함께 놀았던 기억이 많다. "겨울이 되면 활주로에 눈이 쌓여요. 비행기가 없을 때는 가방을 팽개치고 다 같이 눈싸움을 하며 놀았어. 여름에는 닛산차체(구 일본국제항공공업) 안에 있는 연못에서 미역도 감았고. 학교에서는 어떤 공부를 했는지 별로 기억이 없어. 바람이 불면 교실에 그대로 들이닥쳤고, 알전구가 몇 개

켜져 있었지. 돈이 있는 집 애들은 노트를 샀지만 우린 그냥 종이를 찢어서 썼어. 남자 애들은 장난이 심했는데, 그러면 선생님이 다리를 잡고 거꾸로 매달기도 했어요. 그래도 그때가 제일 좋았지요."

큰 즐거움은 운동회였다. 학교 앞, 지금의 우토로 마당이 운동장이었다. 점령군과는 '우호적인 시기'였는지 당시 운동장은 현재 자위대 주둔지 쪽으로 많이 들어가 있었다. 당시엔 집도 몇 채 없어서 축구를 할 수 있을 만큼 넓었다고 한다. "연필이나 생활용품 등을 상품으로 줬어요. 형편이 좋지 않아도 그때는 모두 먹을 것을 가져왔지요. 그땐 무얼 하든 일치단결했거든." 하이라이트는 주민들이 총출동한 단거리 경주다. 여군자의 어머니 정귀련은 마을을 통틀어 가장 빠른 주자였다. "1, 2등을 해서 공이나 부삽 같은 걸 항상 받았지. 잘 뛰는 사람은 민족학교끼리 대항전이 있어서 릴레이 경주도 나갔지. 한 번은 발이 걸려 넘어지는 바람에 공중제비를 넘었는데, 정말 완벽한 한 바퀴였어."

학교와 마을은 하나였다. "다들 돼지를 키웠잖아요. 여물로 얻어온 감자를 이웃 아주머니가 삶았는데, 마침 학교에서 돌아오는 그때 다 익는 거야. 그럼 아주머니가 '다들 모여—' 하고 부르지. 애들이 모여들면 아주머니가 여물로 삶은 감자 속에서 먹을 만한 걸 골라주면 그 위에 김치를 얹어서 먹는 거야. 거기도 학교 같았지, 참 맛있었어."

강제 폐쇄되는 조선인학교

그러나 이곳에도 먹구름이 드리운다. GHQ는 조선인학교가 '공산주의자의 둥지'라고 판단해 뿌리를 뽑아야 한다는 논리를 내세우며 일본정부와 함께 조선인학교 폐쇄에 나선다. 1948년 1월, 문부성 학교교육장 명의로 <조선인이 설립한 학교의 취급에 관하여>라는 통고문을 각 지자체에 보낸다. 내용은 <학령기 아동은 일본의 공립, 사립학교에 보낼 것>, <조선인학교는 학교교육법에 따라 사립학교 인가를 받을 것>, <법령을 따르지 않는

독자적 교육은 인정하지 않는다> 등의 3가지 주요 기준으로 조선인의 민족교육을 전면 부정했다. 이를 근거로 3월 이후에는 야마구치山口, 오카야마岡山에 군과 경찰이 동원된 탄압이 시작된다. 직접 담판으로 현 지사에게 폐쇄령을 철회하게 만든 고베神戸와 경찰의 사격으로 16세 소년 김태일이 사살당한 오사카에서의 투쟁으로 <4.24 한신교육투쟁>이라는 이름의 저항운동이 펼쳐진다.

당국과 비교적 관계가 좋았던 교토에서는 이 해에 내려진 학교 폐쇄령은 피했으나, 1949년 9월 8일, 점령군과 일본정부가 조련을 '단체 등 규정령(후에 파괴활동방지법)'에 따라 강제 해산시키고 재산을 몰수, 관계자들을 직책에서 몰아낸다. '점령군의 행동을 방해했다'는 것이 '이유'였다. 게다가 이때 압수된 재산은 매각되어 1953년, 일본정부의 일반회계 예산으로 흡수되었다. 당시 금액으로 총 약 1억 엔이다.

일본정부는 1949년 10월 12일, <조선학교에 대한 처리 방침>을 내각에서 결정한다. 앞서 언급한 통고문보다 더 강경한 어조로 '조선인이 설립한 학교에는 국가와 지자체가 지원하지 않는다'는 내용이 추가된다.

이 결정에 따라 교토부 지사는 10월 19일에 부내 14개 조선인학교에 명령서를 보내 2주 안에 문부성의 인가를 받거나 아동·학생들을 일본의 공립학교로 전학시키도록 요구했다. 조선민주주의인민공화국을 지지하는 조련계와 대한민국을 지지하는 대한민국거류민단(민단, 94년에 '거류'를 삭제) 이 개별적으로 인가를 신청했는데, 문부성은 양측의 합의가 불가능하다는 걸 뻔히 알면서도 일원화 신청을 요구하며 개별신청을 받아들이지 않았다. 공산당계 지역신문 『라쿠난洛南 타임즈』가 이 사실을 <조선인학교 구제ㅈㅐ분교 폐쇄인가!>라는 타이틀로 보도했다.(12월 10일자) 신청을 기각한 사유는 '조선인학교의 아동 수가 적다', '학교설비 불량', '조선인교육회(민단계)와 합병하지 않으면 인가할 수 없다'는 것이었다. 이 신문은 이를 '일방적인 탄압'이라 단언하며 관계자들의 담화를 함께 실었다.

- 민족교육을 지키겠다 -

니시진西陣 조선인학교 구제ㅅ쁘분교 교장 손영모(孫永謨) :

이번 조선인학교 폐쇄 문제는 조선인의 민족교육을 전면적으로 말살하는 행위다. 일본인학교로 전학시키더라도 민족교육을 지키기 위해 집단으로 전학시키고, 현 교사를 오구라小倉소학교 분교로 지정, 조선인 교원을 채용할 것을 요구하며 끝까지 민족교육을 지키겠다.

-분산 입학을 원한다-

오구라무라小倉村 주민회장 고야마 겐이치(小山元次郎) :

저로서는 가능한 분쟁이 일어나지 않도록 양측에 선처하고 싶고, 관계 당국과 협상해 현재의 구제ㅅ쁘 분교를 개선해서 학생들을 분산할 장소를 만들고 싶다. 이를 위해 조선인들과도 의논하고 싶다.

오구라小倉소학교 교장 무카이(向井) :

분산 입학을 수용하겠지만 아동들이 일본어를 얼마나 알고 있을지 염려된다. 어쩔 수 없는 경우엔 분교도 고민하고 있다. 민족교육도 할 생각이지만 어떻게 될지는 알 수 없다.

니시진西陣 조선인학교 구제ㅅ쁘분교 학생대표 정대춘(鄭大春 14세) :

일본어도 잘 모르고 조선말도 배울 수 없는 일본인학교에는 가고 싶지 않다.

"부모님이 마구 화를 냈던 생각이 나." 당시 2학년이었던 여군자가 기억하는 광경이다. 우토로는 이미 밀조 담배와 관련해 거듭된 경찰 수색으로 소란스러웠다. 강순악은 당시 조선인 교사의 모습이 선명하다고 했다. "젊은 선생이 책상을 치면서 눈물, 콧물까지 흘리며 울었어요." 강순악은 오른손바닥으로 책상을 내려치는 동작을 반복했다. "몇 번이나 이렇게 치면서 '이제 소용없어, 이걸로 여긴 끝이야. 나는 너무 억울해…….', '너희들은 저쪽(일본학교)에 가서도 꼭 본명을 써야 된다' 하면서."

민족교육을 위해

우토로의 조선인학교는 1949년 12월에 폐쇄된다. 이듬해 1월 10일에는 아동 60여 명이 오구라小倉소학교 각 학년으로 편입되고 조선인 교원 3명은 강사 자격으로 채용되었다. 앞서 언급한 기사에 나온 교장의 발언 등을 지렛대 삼아 행정당국과 협상 끝에 민족교육을 지속할 수 있게 만든 것이다. 그런데 이 소학교는 전년도에 일어난 화재로 건물을 사용할 수 없었고, 보수가 끝나는 가을까지는 수업이 불가능한 상태였다.

당시 『라쿠난洛南 타임즈』에는 '조선인학생 수용' 이후 발생한 문제에 대해 지속적으로 취재한 기사들이 있다.

1950년 3월 11일자에는 오구라소학교 제2분교장에서 교원과 학부모들의 간담회가 열렸는데, 일본인 아동의 괴롭힘에 조선인 아동이 한 달에 1주일~25일까지 결석하는 일이 문제가 되었다고 보도했다. 교원은 '제대로 주의를 줘서 앞으로 이런 문제가 발생하지 않도록 노력하겠다'고 답변했다. 교장은 이 자리에서도 '조선인 학생의 민족교육은 앞으로도 지속한다'고 약속했다. 11월에 새 교사가 완공되었지만 조선인 학생들을 위한 민족과목 수업은 한동안 우토로에 있는 옛 학교에서 이뤄진 듯하다.

이 해에 오구라소학교에 부임한 이가 마쓰이 토시코(松井敏子 1932년생)다. "교사가 되고 2년째였어요. 오구라소학교는 강당과 체육관만 빼고 화재 때문에 전소됐잖아요. 학교 건물이 없으니까 당시엔 학구 내 공민관 5곳에 아이들을 분산시켜 놓고 교원들이 자전거로 돌며 수업을 했습니다." 우토로의 옛 학교에 왔던 기억은 없다고 한다.

드디어 학교에서 수업이 시작되자 우토로 아이들과도 만나게 된다.

패전 후 5~6년이 지난 시기라 아직 일본사회도 대부분 가난했지만 우토로 아이들의 빈곤은 확실히 눈에 띄었다. "복장도 그렇고, 신발도 짚신 같은, 도시락을 못 가져오는 아이도 많았어요. 나중에는 급식이 도입되었지만, 그때는 일주일 내내 급식을 한 게 아니었어요. 토요일은 급식이 없잖아요. '슬그머니' 밖으로 나가서 점심시간이 끝날 때까지 노는 아이가 있어요. 우토로 아이가 많았어요. 그래서 제가 집에서 주먹밥을 잔뜩 만들어 왔죠. 어머니가 이상하게 여겼는데 사정을 얘기하니까 함께 만들어 주어서······."

나중에 당시 조선인 학생을 길에서 만난 적이 있다. 함께 있는 가족에게 '주먹밥을 주신 선생님'으로 소개했다고 한다. 모든 아이들을 인격체로 대하자는 마음에 우토로 아이들의 가정방문도 수차례 다녔다. 주위에서 격리된 분위기, 판자와 함석 무더기처럼 보이는 움막들이 빽빽하게 들어찬 모습을 기억했다. "그래도 마을 사람들이 언제나 반겨 주었어요. 돌아올 때는 아끼던 막걸리를 주시기도 했습니다."

한편 일본학생들의 이지메와 교사의 태도에 화가 난 학부모가 학교로 쫓아오는 일도 적지 않았다. "이지메 같은 건 딱히 제 기억에 없지만 아이들은, 오히려 사내아이들은 장난이 심한 애들이 많았지요. 교사들 중에는 젊고 독단적인 사람도 있었던 것 같아요. 학부모들이 저녁에 주민집회를 한다음 다 함께 학교로 왔어요. 교장선생님이 직접 대화에 나섰는데, 그러다다들 격분해서 조선말로 바뀌더군요. 저는 아직 20대였으니까 좀 무서웠어요."

그 무렵, 마쓰이 토시코가 만난 사람이 민족학급 강사였던 김지형(金知亨)이다. 조련 니시진西陣소학교를 거쳐 1951년 봄에 오구라소학교에 부임했다. 교무실에 책상 하나를 배정받아 민족학급 운영을 맡은 것이다.

마쓰이 토시코의 말이다. "제가 퇴근하는 시간에 김지형 씨가 출근했어요. (화재가 났던) 곳에서 나오면서 '앞으로 리츠메이칸대학 야학에서 공부할 겁니다'라고 했어요. 굉장히 열심히, 정열적이어서 학부모들과 문제가 생기면 그가 해결해 주었고, 아이들 문제도 자주 의논했습니다."

김지형의 증언이 『이웃사람』에 남아 있다. "당시 오구라소학교의 전체 학생은 약 600명, 조선인은 10% 정도였던 것 같아요. 민족학급은 1, 2학년생과 3, 4학년생, 5, 6학년생, 이렇게 세 반으로 나누었는데, 저 말고도 두 명의 조선인 교원이 가르쳤습니다. 일본인 학생과 같은 교실에서 지내다가 조선어나 사회과목 등을 배우는 민족학급 시간에만 따로 모으는 '추출' 방식으로 시작했어요. 얼마 후엔 조선인 학생과 일본인 학생을 따로 편성해서 모든 수업을 민족학급에서 하게 되었죠. 데라다寺田소학교 같은 곳에서 오구라소학교 민족학급까지 오는 조선인 아이도 있었어요." 초기에 모였던 '민족학급'은 우토로의 옛 학교를 말하는 것 같다. 그 후 사실상 조선인 아동을 위한 민족학급을 일본학교인 오구라소학교 내에 만든 것이다.

이러한 시기는 분명치 않다. 교원 임명장에 있는 김지형의 근무기간도 1953년부터 3년간으로 되어 있어 그의 증언과는 차이가 있다. 다만 확실한 것은 이 모두가 민족교육을 요구한 투쟁의 결과였다는 사실이다.

1952년 3월 10일에 우토로 어머니들이 우지시 당국에 민족학급 강사의 급여를 보상하도록 요청한 사실이 보도되었다.(3월 15일자 『新宇治』, GHQ의 발행정지 처분을 받은 『라쿠난 타임즈』가 한때 명칭을 바꾸었다) 우지시 측의 답변과 시의회 보고에서 재일조선인에 대한 우지시 당국의 인식이 드러난다.

"민족교육을 하는 학교 건물을 개선하고, 3명의 교원에게 1인당 3천 엔의 보조를 해 달라. 생활보호 가정의 아동에게 교과서 비용을 지급하라." 어머니들의 이러한 요구에 시장은 '문교위원회에서 검토하겠다'고 응대하고, 당일 열린 위원회에서는 '여하튼 골치 아픈 사람들'이라고 속내를 드러냈다.

이 이야기를 들은 시의회의 다나카田中 문교위원은 '조선인들의 민족교육은 일본에선 과외교육이기 때문에 보조금을 지급하지 않아도 되지만, 상대가 상대인 만큼 얼마쯤은 지급하고 나머지는 학부모들에게 부담시키자'라고 발언했고, 사쿠마佐久間 부위원장은 '나는 교사 1명에게만 4천 엔을 줄 생각이다'라고 답변했다.

수선비조차 내지 못하는 처지의 조선인에게 오구라소학교 교실을 제공하는 문제에 대해 질문하자 마쓰이松井 교육과장은 '방과 후 조선인에게 소학교를 대여하면 교내 비품이 도난당할 우려도 있고, 신축한 지 얼마 안 된 건물에 삐라라도 붙이면 곤란하다'라며 억지를 부렸다. '시의원'이나 행정 담당자들이 시정의 역할을 토론하는 자리에서 이와 같은 차별발언이 거리

낌 없이 오갔다.

　이 같은 제약들을 돌파하고 오구라소학교 내에 사실상 민족학교를 설치하게 된 계기는 다름 아닌 아이들의 목소리였다. <4.24 한신교육투쟁>으로부터 4년이 지난 1952년 4월 24일, 조선인 아이들이 오구라소학교 과학실에 모여 "지금부터라도 조선말을 가르쳐 달라!"라며 실력행사에 나선 것이다. 아이들은 26일에도 과학실에 집합했는데, 교실로 돌아오라는 담임의 재촉에도 아랑곳없이 곳곳에 흩어진 아이들과 교사 사이에 실랑이가 벌어졌다. 사태수습을 위해 이날 오후부터 긴급 교직원회의가 열렸고, 조선인 교원과 학부모들도 참가해 심각하게 논의가 진행되었다. 고함소리가 오가던 토론은 차츰 차분한 분위기로 바뀌었고, 결국 고이케^{小池} 교감이 '비공식적으로 교실을 대여하겠다'는 안을 내놓았다. 오구라소학교에 민족학급 설치를 위한 움직임이 시작된 것이다. 오전에 있었던 소란으로 체벌을 받은 아이의 부모가 화를 참지 못하고 고함을 치는 장면도 있었는데, 주위에서 말려 그대로 돌아갔다고 한다.

　조선인들이 학교를 불법 점거하고 교감을 위협해 하는 수 없이 교실 2개를 제공하게 되었다고 보도한 것은 『교토신문』(4월 29일자 석간)이었는데, 이튿날 『新宇治』 신문은 '날조'라며 비난했다.

　김지형의 기억처럼 당초에는 조선인 학생들을 '추출'한 형식이었는데, 학부모들의 불만이 거세졌다. 여군자의 말이다. "부모님이 학교에 수업을 보러 왔는데, '이런 식으로는 안 된다!'라며 여러 번 항의를 왔었어." 결국 나중에는 완전히 분리되었는데, 이른바 소학교 내 분교처럼 운영하며 일본의 교육과정은 거부하게 된다. 이 조선인 아이들에게 소학교 졸업자격을 부여할 것인지가 큰 문제가 되었다고 『新宇治』가 보도했다.(1952년 9월 15일자)

　일본 소학교의 커리큘럼을 마치지 못한 학생에게 졸업증서를 줄 수 없다는 행정당국의 태도에 조선인 측의 반론이 흥미롭다. 일본학교 졸업증서 따위는 원하지도 않는데다 이미 수준 높은 교육을 실시하고 있기 때문에 중학교 진학은 문제없다고 한 것이다. 이처럼 사실상 '공립 민족학교'로 운영된 형태가 언제까지 이어졌는지는 명확하지 않으나, 1954년 『라쿠난 타임즈』(8월 8일자)에서도 학교폐쇄 문제가 등장한다. 주민의 증언에 따르면 '추출 방식'으로 되돌아간 형태로 민족학급이 이어지다가 교토 조선제1초급학교가 개교한 1960년에 폐쇄된 것 같다.

GHQ와 일본정부가 없앤 민족교육의 장을 인정하게 만드는 것은 지극히 당연한 권리를 요구하는 싸움이었다. 다만 이로 인해 아이들의 학교생활은 격심한 변화에 휘둘렸다. 일본학교에서 민족학교로 전학, 강제 폐쇄, 다시 일본학교로 전학, 추출 방식의 민족학교…….

"민족교육이 중요하긴 하지만 간신히 안착되었다고 생각했는데 또 바뀌는 거야. 정신없이 바뀌어서 수업내용을 기억할 여력이 없었어요." 여군자의 말이다. "우리는 민족학교 쪽이 더 좋았으니까 자주 일본수업을 거부했어요." 몸이 불편해 오구라소학교까지 통학하는 일도 부담이었던 것 같다. 민족학급의 여자 교원이 집까지 여군자를 데리러 왔는데, 선생님의 등에 업혀 학교를 다녔던 것도 그녀의 추억이다.

통합된 민족학급에서는 이지메도 있었다. 강순악의 기억이다. "이건 消しゴム(지우개), 이건 エンピツ(연필), 일본어 알아?" 이런 놀림도 받았다. 이렇게까지 무시를 당하며 '민족학급'에 다닐 수는 없었다. 강순악의 말에 따르면 이중삼중으로 바뀌는 환경 때문에 아이들 사이에서 피로감이 커진 측면도 있었다고 한다. "'조선인은 민족교육을 반드시 받아야 한다' 이런 얘길 들으면 책상 밑으로 숨어 버렸어. 왜 그랬는지는 모르겠지만. 어린 마음에도 자꾸 학교가 바뀌는 게 더는 싫었고, 편하게 앉아서 공부하고 싶었던 것 같아."

강순악의 여동생 강도자(姜道子 1945년생)도 비슷한 얘기였다. "일본학교 교실에 있으면 민족학급으로 오라고 불렀는데, 몇 년이나 일본학교 공부를 해왔잖아요. 이제 와서 '아야어여'를 해 봐야 무슨 소용이 있나. 솔직히 애들을 모아 놓고 뭘 하고 싶었던 것인지 모르겠어. 일본인 선생한테

'민족학급에 가고 싶지 않다'고 하며 울기도 했어. 어른들끼리 이미 다 결정한 일이라 그 선생님도 곤혹스러웠을 거야."

그뿐만이 아니다. 생활고가 아이들의 배움까지 압박해 온다. 패전 후의 혼란과 인플레이션이 진정되자 일본사회는 차츰 안정되어 간다. 이른바 '반(半)난민'들이 기술과 배짱, 기지로 살아갈 수 있었던 격동기는 지나고 조선인들은 '차별 대상'이 되어 노동시장에서 배제되어 간다.

강순악도 학교를 자주 쉬게 되었다. "전쟁이 끝나고 아버지가 천식으로 몸져누웠어요. 원인은 잘 모르겠는데, 그 때문에 내가 우지대교 근처의 의사한테 늘 약을 받으러 갔어. 자전거를 타고 갔는데 도중에 오구라 비탈길에 묘지가 있잖아요? 지금은 벽돌로 둘러싸여 보이지 않지만 그때는 훤히 보였어. 밤에 거길 지나려면 묘지에 켜 놓은 촛불이 흔들거리는 게 너무 무섭고 싫었어. 어머니는 아버지 병을 고치려고 좋다는 건 뭐든지 했어. 쑥을 뜯어다 깨끗이 씻어서 돌로 찧어 짠 즙을 밤새 이슬을 맞혀서 마시게도 했고, 민달팽이를 삼키게 하기도……."

이 이야기를 하다 갑자기 강순악은 오열했고, 한동안 말을 잇지 못했다.

"……출산이 끝나면 태가 나오잖아. 어머니가 그걸 얻어 와서 칼로 잘게 다져서 아버지에게 먹이기도 했어요. 그랬더니 정말 병이 낫더라고. 의사도 신기하다고는 했지만…. 그 후로 아버지는 농사를 지었는데, 집안의 기둥은 어머니야. 암시장에 내다 팔 쌀을 보자기에 싸서 허리에 두르고 팔러 가기도 했어요. 찻잎 따는 철이 되면 찻잎도 따러 가야 하잖아요. 나도 학교를 빠지고 거기 따라갔고 모내기도 자주 도와야 했어요. 저녁에는 지퍼를 다는 수공업도 했고, 부모님을 도와야겠다는 생각에 열심히 했어. 역 반대쪽 조요城陽까지 비탈길을 넘어가서 아궁이 땔감이나 코크스를 가지러 운반용 자전거로 몇 번씩 다녀오는 게 내 일이었어. 그 자전거가 굉장히 무겁거든. 돼지에게 줄 잔반을 모으는 것도 내 일이었지. 동생(강도자)은 생선가게에 가서 살을 발라내고 남은 뼈(돼지 여물)를 얻으러 가는 게 일이었는데, '일본 친구들이 볼까 봐 창피해서 싫다'고, 좋아하는 남자애랑 마주치면 철로에 뛰어들거야!'라면서 자주 울었어."

주위의 곱지 않은 눈초리도 알고 있었다. "나는 우토로 안에만 살았으니까 잘 몰랐지만 냄새가 상당히 고약했는지 '이세다伊勢田 역에 내리면 코를 찌르는 냄새가 진동'한다고 여러 사람한테 들었어. 돼지 때문이야. 가난했으니까 주전부리도 돈 주고 사는 그런 건 없었고 메뚜기를 잡아 와서 프라이팬에 볶아 먹거나 논에 있는 우렁이를 잡아 반찬으로 먹기도 했고. 태풍이 올 때면 떨어진 여름 감귤이나 감을 주우러 갔어요. 학교에서 놀림을 당하기도 했고."

점점 더 학교에서 발길이 멀어졌다. 그런 그녀에게 가장 서글펐던 기억은 소풍을 가지 못한 일이다. 여비를 마련하지 못해서였다. "소학교 선생님이 와서 '우리가 어떻게든 해 보겠다'고 말했는데 결국 가지 못했어. 그때는 집안일을 했던가, 뭔가 했을 거야. 소풍날 집 앞에 나가 봤지. 우토로에서는 학교(니시우지西宇治중학교)가 훤히 보였는데, 다들 배낭을 메고 나서는 것이 보였어요. 지금이야 버스를 타고 가지만 그땐 전부 학교에서부터 걸어서 갔지. 소학생 때였는데 우토로에서 그 모습을 보고 있자니 나도 모르게 눈물이 나서……. 왜 그랬을까, 정말 그때는 너무 울었어. 부모님이 중3 수학여행만큼은 보내 주셨어요. 버스 창밖으로 후지산이 보였는데, 아름다웠어…. 그건 기억나요."

나중에 토지 문제가 불거졌을 때 주민들과 함께 닛산차체 본사까지 항의하러 가던 중 차창 밖으로 보았던 후지산을 떠올리며 강순악은 말했다. "수학여행 때 본 것처럼 아름답긴 했지만 내 기분은 달랐지. 닛산이 우릴 대하는 태도가 고약했으니까. 경비원이 문도 안 열어 주고…."

빈곤은 아이들이 교육 받을 기회도 빼앗아 갔다. 교토시 남구와 사쿄左京구 등에서 다시 문을 연 조선학교에 다니는 아이도 있었지만 여군자는 단념했다. "역시 일본학교에선 차별을 당했으니까 민족학교에 가고 싶었어. 난 민족에 대한 마음도 있었으니 아마 다녔으면 달라졌을지도 모르지. 아버지가 아팠으니 어머니가 일을 해야 했고, 또 전차비도 드니까 학교에 가고 싶다는 말을 못 했어. 몸도 불편해서 중학교 때도 자주 쉬었어. 지금까지 우토로 밖으로는 나가 본 적도 없어요. 그래도 학교는 정말 가고 싶었는데….."

여군자는 이루지 못했던 꿈에 대해 한참 동안 생각했다. 나중에 우토로 집회소에 만들어진 성인학교에서 조선말을 배운다. 조선총련이 개설한 <읽고 쓰기 교실>이다. 부락 해방운동의 식자교실과 비슷한 곳이었다. "(조선말은) 어르신들의 말을 듣고 자랐으니까 들리긴 했는데, 경상남도 사투리야. 그래서 표준어는 잘 몰라."

이 성인학교 운영에 온 힘을 쏟았던 이는 앞서 나온 이들처럼 교육의 기회를 빼앗겼던 문광자였다.

1940년대부터 50년대, 동서 냉전은 격심해졌고 분할 통치를 받는 고향에서는 전쟁이 발발한다. 여기에 편승한 일본정부의 조선인 차별은 더욱 거세져 노골적인 추방 정책을 추진한다. 1950년대에 들어서자 우토로는 동서 대립의 최전선이자 치안 당국의 표적이 된다.

제3장
펜스 – 위법과 합법의 경계

일본군 육군 자위대 기지와 우토로 마을 사이에 국경선처럼 설치된 펜스.
식민지배라는 '원인'과 그 '결과'인 우토로를 절단하려는 폭력의 철책이다.(2022년 3월 8일 촬영)

우토로 남측의 자위대 오쿠보 주둔
지.(2005년 10월 17일)

교토시 중심가에서 행진하는 김선칙.(우측 끝)
"우토로에서 조선의 문화와 인간답게 사는 소중함을
배웠다." 교토시 사쿄구에서,(1994년 5월 28일)

'인간 사슬'을 잇고 있는 정준희.(우측 끝)
독특한 시점으로 우토로를 증언했다.(1998년 12월 23일)

우토로에는 1952년 6월 27일, 대규모 수색 장면
이 담겨 있는 사진이 남아 있다.(2022년 3월 5일)

이야기꾼인 문광자(중앙)는 우토로를 대표하는
좌파 활동가였다.(1990년 4월 29일)

이미 소멸된 곳을 비롯해 재일조선인 집주부락은 일본 전국에 산재되어 있는데, 군 주재소와 나란히 위치한 대규모의 집주부락은 우토로 정도일 것이다.

일본 육상자위대 오쿠보大久保주둔지. 과거 이곳에 주둔했던 연합국군과 자리를 바꾸듯 1957년 2월에 설치된 군사시설이다. 미국과 그 속국이 강행한 2003년 이라크전쟁 때는 이곳에서도 자위대가 파병되었다.

미군에게 넘겨 받은 바통을 이어 궁극의 폭력장치가 정비된 장소와 과거 좌파 조선인운동의 거점이었던 우토로. 물과 기름 같은 양쪽을 구분해 놓은 것은 동서로 길게 설치된 펜스다. 높이 약 2m, 1.8m 간격의 기둥 상층부엔 가시철선이 휘감겨 있고, 약 30도 각도로 우토로 마을 쪽으로 굽어 있다. 비스듬히 서서 바라보면 마치 일렬종대로 늘어선 장신의 군인이 손바닥을 내보이며 'STOP!' 하고 위협하는 것 같다.

펜스 안에는 2m가 넘는 제방과 경사면 곳곳에도 둥글게 가시철선을 휘감아 놓았다. 제방 위는 기지 내 주 도로다. 자동소총을 든 보초병이 폭 2m정도의 주 도로를 정시 순찰하는 모습은 우토로의 일상적인 풍경이다. 도로 남측에는 키 큰 나무들이 들어서 있다. 펜스, 제방, 나무 울타리까지 3단계 방비태세로 외부의 시선을 차단한 것이다. 재개발로 인해 지금은 우토로 서쪽 절반이 매립되었는데, 과거엔 펜스 너머 우토로 쪽에 당시 방위청이 파 놓은 수로까지 있었다. 애초부터 우토로 쪽에는 낙하방지 울타리조차 없었는데, 수중 식물을 채취하려던 아이가 익사하는 사고가 일어나자 주민들이 항의해서 방위청이 우토로 쪽에도 울타리를 설치했다. 마을 북쪽의 '이세다伊勢田 8호 수로'처럼 방위청이 파놓은 '수로'도 큰 비가 올 때마다 범람해 마을에 엄청난 수해를 입혔다.

노동자들의 가설 합숙소와 군인들의 직장 사이에 합법과 '불법'을 명확히 구분한 펜스가 설치된 것은 1950년대다.

이웃한 '주둔군'

1945년 9월, GHQ는 군사비행장과 일본국제항공공업 공장 등을 접수, 오쿠보大久保 일대가 점령군의 거점이 된다. 좌파 조선인부락인 우토로와 그곳 주민들의 고향을 분할 통치하는 미군이 이웃하는 상황이 만들어진 것이다.

우토로에는 팽팽한 긴장감이 흘렀다고 한다. 정치적 의미에서의 긴장감이 아니다. 황순례의 말이다. "우리는 이미 다 컸을 때잖아. 여동생이랑 미군이 오면 책상 밑으로 숨는 연습을 했어."

문광자는 더 구체적으로 증언했다. "그들이 여기 온 후로는 밤에 나갈 수 없었어. 뭐, 알다시피, 그 예쁜 여자들만 지프에 태워서 가면 상관없지만. 사실이야, 정말이라고. 혼자 돌아다니면 지프에 태워서 어디론가 데려가 버렸으니까."(『장구소리』) 노동으로 녹초가 된 여성들이 숨을 돌리는 시간이 목욕 시간이었지만, 미군들이 무서워 가까운 오쿠보大久保 목욕탕을 놔두고 5~6명이 함께 후시미구伏見區 모모야마桃山에 있는 목욕탕까지 다녔다.

미군이 마을에 들어오자 여성들은 문고리를 밧줄로 동여매고 숨을 죽였다. 군인들에게 세탁을 부탁받은 이도 있었다. 문광자의 말이다. "빨래를 해준 사람도 있어. 초콜릿이나 설탕, 비누 같은 것을 받은 사람도 있었지. 수도가 없으니까 나는 못했어." 실제로는 그녀도 옷을 세탁해 주었던 것 같은데 만년이 되어서는 다른 사람의 일처럼 말했다.

그들의 모습이 익숙해지자 '손님'에게 가벼운 식사나 술을 제공하는 집도 나오기 시작했다. 황순례도 그런 경험을 얘기했다.

"주먹밥 같은 건 맛있게 먹었어. 양념을 한 김도 먹었고. 여러 가지를 넣어 만들었는데 볶은 콩깻묵을 제일 잘 먹더라고. 고소하고 맛있다며. 그래도 타코(문어)만은 못 먹던데.(웃음) 그리고 막걸리. 어떻게 대화했냐고? 그야 당연히 제스처지. 주둔군 중에 높은 사람도 왔어. 막걸리를 거르고 남은 지게미를 익혀서 설탕을 뿌려 애들 간식으로도 줬거든."

답례품뿐만 아니라 '대금'도 받았다고 들었다. 미군은 위협과 동시에 귀중

한 '외화벌이' 수단이었고, 무엇보다 아이들에게는 호기심의 대상이기도 했다. 그 중에는 미군을 상대로 술집을 연 사람도 나왔다. 시가滋賀에서 온 여성 몇 명을 고용해 접대를 하게 했다고 한다. "그래서 내가 처음 배운 영어가 'Ohhh, You are Fucking girl.'이야." 이런 귓속말을 한 이도 있었다. 밤만 되면 흐릿한 눈의 미군이 인근을 어슬렁대고 교성이 들렸다. 주민들이 눈감아 줄 수 있는 범위가 아니었다. 몇 명이 '영업'을 중단하라 요구하며 실랑이가 벌어졌다.

"먹고 살아야 되는 건 알겠지만 장소를 가려서 해야지!"

"나가라고 할 거면 죽여! 죽이고 나서 부수든지 말든지 해!"

고성이 오가고 드잡이 직전의 싸움이 벌어졌다. 몇 명의 아이들이 그 광경을 멀리서 조심스레 지켜보았다. 마지막은 실력행사였다. 요구를 거부한 사내에게 주민들이 바가지로 퍼 온 분뇨를 뿌리자 한 발짝도 물러서지 않았던 사내도 버티지 못하고 도망쳤는데, 그의 등에도 분뇨가 뿌려졌다. 그는 인근에 잠시 머물다 결국 우토로에서 자취를 감추었다.

긴장감 속에서도 양측의 왕래는 계속된다.

연합군 주둔 초기에 그들이 토지 양도를 요구했다고 문광자는 말했지만 실태는 가벼운 귀국 권유였던 것 같다. 우토로는 일찌감치 민족학교가 생겨난 좌파지역이었는데, 운동회 날에 성조기가 게양되었던 것을 보면 처음에는 우호적 관계였다. 적어도 그렇게 지내려고 노력했다. 당시 신문을 살펴보아도 대립이 첨예화되는 것은 1952년 이후다. 한국전쟁이 발발한 직후에도 관계가 그리 나쁘지는 않았던 것이다.

2세 정준희(鄭準禧 1939년생)는 그 시기를 그리워하기도 했다. 그녀는 아버지 정상석(鄭相奭)을 따라 1947년에 교토시에서 오쿠보大久保에 왔고, 4년 후 가족이 모두 우토로로 들어왔다. 아버지 정상석은 1985년에 타계했는데, 취재가 진행 중이던 2005년 무렵에는 마을 중심부에 있는 집에서 어머니 전정년(田丁年 1917년생), 남동생 정우경(鄭佑炅 1941년생)과 셋이서 살고 있었다.

"그 무렵엔 펜스가 없었어요. 넓은 간격으로 말뚝이 박혀 있고, 그 사이에 철사를 살짝 감아 놓았던가. 그마저도 띄엄띄엄. 아, 그것도 나중이었나? 미군에 대한 나쁜 인상은 없었어요. 젊고 굉장히 코가 높은 사람들이었어. 머리칼 색이 달라서 재밌었지. 지금으로 말하면 한류 배우 같다고 할까.(웃음) 게다가 비행장 쪽은 풀도 말끔하게 깎아 놔서 깨끗했고."

정준희는 교토시 남구 깃쇼인吉祥院에서 태어났다. 어릴 때부터 몸이 약해 자주 열이 났다. 몸 안에 있던 결핵균이 척추로 들어가 발병하는 척추 카리에스였다.

"이웃사람에게 들었는데 어릴 때부터 다리를 끌며 걸었다고 해. 손으로 문지르면 무릎에서 열이 나고 아프다고 하니까 교토부립 병원에 데려갔는데 의사가 '별 것 아니다'라고 했대. 전쟁 때라 의사도 인턴들밖에 없었지. 그러다가 무릎 아래로 종기가 생기더니 터져서 고름이 났는데 냄새가 고약했어. 척추 마찰로 화농이 생겼대. 여러 번 입원을 하느라 소학교 4학년쯤 나이에 겨우 깃쇼인吉祥院소학교에 입학했어. 그리고 5학년쯤에 국립병원에 가니까 무릎에 병이 생겼다고 해, 다리를 펴는 것도 구부리는 것도 안 되었지. 수술로 인공뼈를 넣으면 괜찮다고 해서 곧바로 수술을 했어요. 온전한 의술도, 장비도 없고, 마취약도 효과가 없었어. 말소리가 다 들렸는데, '(마취가 안 되어) 이상한데, 이상해' 하는 거야. 뼈를 두드리는 소리도 들리고, 13명이나 있는 넓은 병실에서 며칠 동안 열에 시달리다 폐렴에 걸려서 죽을 뻔 했어요. 나중에 열이 떨어져서 살아났지. 부모님 덕분입니다." 부모들은 아픈 정준희를 유독 아꼈다. 1장에서 서술한 것처럼 아버지 정상석은 교토부 임시직원으로 군수공장 건설에 종사했다.

"다들 누더기 옷을 입던 시절이었죠. 그런데 아버지는 양복을 입고, 구두를 신고 출근했어요. 길을 걸어가면 다들 뒤돌아보았으니까." 당시 정상석의 사진이 남아 있다. 여성 2명을 포함한 55명이 사무소 앞에 네 줄로 서서 찍은 사진이다. 작업복이나 학생복 등 복장도 제각각이다. 전원이 카메라를 주시하는데 양복차림의 정상석만이 왼쪽 아래에 시선을 둔 채 근심어린 표정이다. 그는 일본의 패전 후 상근직원이 될 수 없는 차별에 화가 나 퇴직하는데, 이미 이때는 마음을 굳힌 것처럼 보이는 사진이다. 그 후 정상석은 민족운동에 몰두해 재일본조선인연맹(조련)에서 지역 전임활동가가 되어 오쿠보大久保 부근으로 파견되었다.

"조직의 지시니까 따랐겠지만 사실은 오쿠보大久保에도 가고 싶지 않았던 것 같아요. '아이들 교육상 안 좋다'고 했어요. 거길 무시해서가 아니에요. 위생상태도 좋지 않고, 내 몸이 약했던 이유도 있었을 거예요. 젊든 나이가 들었든 다들 일이 없었잖아요. 좋은 일도 아니었고. 아버지는 절대로 화를 내는 사람이 아니었는데, 오쿠보로 갈 때는 큰오빠에게 딱 한 번 얘기했어요. '경찰에 붙잡히는 일을 저질렀다가는 데리러 가지 않겠다'라고 했어요. 아버지는 대중들과 함께하는 사람이었어요. 과묵하고 온후하고 훌륭한 분이었습니다. 화를 내서 문제를 해결하는 사람이 아니었어. 조직 활동가였으니 아버지는 수입이 없었죠. 어머니가 돈을 벌어야 했어요. 우지시에는 실업대책사업이 없었으니까 가사기야마(笠置山 군사훈련장) 산까지 가서 고철을 모았어요. 못 하나도 돈이 되던 시대였죠. 민가가 많은 곳에 가면 구리 같은 것도 꽤 버려져 있었어요. 니시무라西村에 있는 차 도매상에 가서 찻잎 따기도 하고, 아침 5시부터 저녁 6시까지. 나는 5시까지만 일을 도왔어요. 다른 사람들만큼 할 수 없었지만 아침공기를 마시러 가는 거죠. 지금은 기계를 쓰지만 옛날엔 날씨에 의지할 수밖에 없었어요. 찻잎을 잔뜩 건조시키다 비가 내리면 다 걷어야 했어. 보리를 볶기도 했고. 수입한 양모 있잖아요? 분뇨가 묻은 털을 싸게 들여와서 후루카와古川 강에 들어가 허리까지 빠지며 깨끗이 씻어서 내다 팔았어요. 그 후유증으로 무릎이 안 좋아요. 그래도 어머니가 일하는 만큼은 못했어요. 정말 훌륭한 부모님이셨지요."

양친에 대한 기억을 얘기할 때 정준희는 그야말로 눈빛이 달랐다. 깨지기 쉬운 보물을 조심스레 상자에서 꺼내 친구들에게 자랑하는 것처럼. 그리고는 반드시 우토로에 왔을 때의 당혹스러움도 말했다.

"여기 와서 정말 깜짝 놀랐어요. 차별하는 것은 아니지만 판잣집이었으니까. 지붕도 낮은데다 그마저도 짚을 얹었어요. 지붕에도 풀이 수북했고. 키가 큰 사람은 드나드는 것도 멈칫거리게 돼요. 게다가 누가 살고 있는지도 잘 모르겠고. 음, 우리 집은 1962년에 다른 사람한테 사서 죽도록 일해서 다시 고쳤어요. 집 앞에 도랑을 파서 생활용수도 그냥 흘려보냈어. 화장실도 5가구나 10가구가 같이 쓰는 공동변소예요. 울타리를 만들고 폐자재를 덧대어 만든 화장실. 밑에는 발을 디딜 판자도 없이 항아리만 놓아둔 것뿐이라 속이 훤히 다 보였지. 길도 제멋대로 밭으로 만들었는데, 분뇨가 어느 정도 차면 그걸 퍼다 밭에 뿌려서 채소를 키웠어. 먹을 것이 없잖아요. 농사짓는 이들이 뽑아서 버린 무도 주워다 먹어요. 나는 주워 오진 않았어, 다른 일이 바빴으니까. 이웃이 갖다 주면 먹었어요. 돼지를 키우는 사람도 많았거든. 아휴, 우리 집은 돼지는 안 키웠어요. 땅도 비어 있으면 울타리를 치고 다다미 한 장을 살 때마다 거기 깔고는 '내 땅이다' 했었지. 그렇게 지은 집도 있어요. 음, 이 집은 다릅니다, 1962년에 샀어요. 오래 돼서 다시 지었습니다, 1982년에."

아버지 정상석은 마을에서 '선생님'이라 불렸다. 배우기도 했고 일본사회 구조도 속속들이 알고 있어서 집에는 늘 조언을 구하는 사람들이 왔다. 고향의 정세에도 밝았던 아버지가 귀환을 서두르는 이들을 설득했던 것도 기억한다고 했다. 지역 동포들은 자신들의 고향 절반을 점령하고 우토로 마을과 이웃하게 된 미군을 어떻게 생각하는지가 관심사였다. "앞을 내다보셨던 겁니다. 그다지 대립하지 않았던 시기였음에도 아버지는 '미국과 일본은 우리민족의 적이다'라고 분명하게 말하셨으니까."

그녀가 미군에게 친근함을 느낀 것은 우토로에 들어오기 전, 오쿠보大久保에 살았을 때다. "지금의 개찰구 바로 앞이에요. 지금은 파친코가 생겼는데, 그 앞에 작은 영화관을 빈 시간에 통째로 빌려서 민족운동을 하는 장소로 썼어요. 무대도 있고, 소극장이었으니까. 모여든 젊은 사람들을 나눠서 교육 같은 걸 하기도 했어요. 그런데 거긴 높은 곳이잖아요. 위에서 내려다보면 주둔군이 사용하는 풀장이 있었는데, 깨끗한 물이 가득 차 있고 많은 미국인들이 헤엄을 치고 있는 거야. 내가 학교를 쉴 때가 많았잖아. 창문에서 손을 흔들면 그쪽도 손을 흔들어 주었어."

"우토로에 와서도 그랬어요. 기지가 있는 쪽은 영화 같은 세계였어. 젊으니까 멋지잖아. 부시 대통령처럼 화난 얼굴도 아니야. 철사선이 있었을 때는 그 틈으로 악수를 하기도 했고 '헬로~ 헬로~' 하고 말을 걸기도 했어요. (철조)망이 있는 곳까지 와서 감독관이 못 보게 뒤돌아서 담배를 피우는 군인도 있었어. 다들 체격이 좋았는데 (꽁초를) 버리면 안 되었는지, 다 피운 꽁초를 양말 속에 넣는 거야. 전부 몸집도 좋고 도련님들 같았어요. 잡초도 말끔히 베어 놔서 깨끗했고. 대장이 우릴 봐도 모르는 척 해주어서 한 5~6분 정도 놀았어요. '헤이! 헤이!' 부르면 캐러멜이나 껌, 초콜릿 같은 걸 한두 개 주었어. 그래도 난 그런 거 안 받았어요."

"동경했었나요?"

"그야 물론이죠. 내 뒤로는 엉망진창인 마을이었으니까. 달리 말하면 영화 속 세계 같잖아. 아마 그들도 생각했을 걸요, '참 대단한 곳에 사는 구나' 하고. 그 시절은 다들 그리 풍족하지 않았지만, 특히나 우토로는 하나같이 어디서도 팔지 않는 너덜너덜한 누더기만 입었어."

가식 없는 표현은 그녀만의 독특함이었다. 당시 우토로에 대해서는 혹독한 이야기도 했지만 '건너편 세상'에 관해 말할 때는 표정이 누그러졌다. 철책에 매달려 기지 안쪽을 바라다볼 때도 많았다고 한다. 등 뒤에 펼쳐진 현실과는 극과 극이었던 장소를 그녀는 어떤 표정으로 바라보았을까.

'현실'이 집어삼킨 '해방'

팽팽한 긴장 속에 이뤄진 이들의 '교류'는 변화하는 시대가 잠식해 갔다. 우토로와 주둔군 사이에 '평화로운' 관계가 얼마나 이어졌는지 분명치 않지만, 애초에 점령군은 '점령정책'을 방해하지 않는 범위 내에서만 조선인을 '해방민족'으로 간주했다. 일본국 신민이었으니 적국인 취급을 해도 문제가 없다는 것이 그들의 일관된 방침이었다. 점령정책은 조선인들의 생각과 존재를 유린하는 형태로 바뀌어 갔다. 일본을 반공의 보루로 삼는 것을 최우선으로 여겨 침략에 대한 책임추궁은 방기한 것이다.

우토로의 경우 일본국제항공공업이 부활하면서 그것이 명백히 드러난다.

점령군이 주둔한 직후인 12월, '일본국제항공공업'의 사장인 쓰다 신고津田信吾가 A급 전범으로 구속되는데, 이듬해 2월에 점령군은 '죄를 묻지도 않고' 석방했다. 점령정책과 미국의 세계전략에 이바지했다는 판단이었다. 전전과 전후의 구분도 없이 해고당한 과거 노동자들의 굶주림은 눈감은 채 일본국제항공공업은 버젓이 '전후'를 스타트한다.

『닛산차체 50년사』에 따르면, 1945년 9월에 GHQ가 발표한 <제조공업의 조업에 관한 각서>로 군수공업 가운데 일정 범위는 민수로 전환이 가능했다. 일본국제항공공업도 서둘러 허가를 신청한다. 1년 후인 1946년 9월에 허가가 나오자 곧바로 교토공장에서 트럭과 버스의 차체를 생산하기 시작한다.

10월, 민수 전환과 산업부흥을 지원하기 위한 기업재건정비법이 시행되자 일본국제항공공업은 회사 자체를 신구(新舊)로 분리한다. 트럭과 버스 생산에 주력할 '신일국공업新日国工業'과 군수회사 시절의 자산을 정리하고 해체시킬 요량으로 구 회사인 '일국공업日国工業'으로 각각 분리했다. 구 회사의 자산매각 수익과 신 회사의 트럭, 버스 생산에 힘입어 부흥을 위한 발판을 마련해 나간다.

한편 우토로 주민들에게는 그곳에서 살기 위한, 혹은 그곳을 떠나기 위해 필요한 보상조치를 일체 취하지 않고, 구 회사의 청산대상이었던 토지도 방치하였다. 주민들에게는 용서할 수 없는 부정행위였다. 일방적으로 자신들을 해고시켰던 군수회사가 '보상'은커녕 재고용조차 하지 않은 것이다.

주민들도 가만히 있지는 않았다. 분노는 '일자리를 제공하라'는 투쟁으로 분출한다. 우토로 주민들이 대거 회사로 몰려간 일도 있었다. 당시 이 회사 노조위원장을 역임했고 나중에는 구 사회당 교토부의회 의원과 시의원을 지낸 오타 다카시(太田孝 1918년생)는 사원 입장에서 주민들과 만났다.

"1947, 8년 무렵이죠. 250명 정도는 될 거예요. 남자도 있고 여자도 있었죠. '일자리를 달라'거나 '무슨 일이든 일이 있을 것 아니냐'고 소리쳤어요. 끝부분을 태운 죽창을 든 사람도 있었는데, 대나무를 태워서 기름기를 빼고 나면 아주 단단해요. 주민들끼리는 조선말로 대화를 하니까 무슨 말인지 알 수 없어서 회사 간부들이 겁을 먹고 떨었어요. '자네가 어떻게 좀 해보라'고. 주민들 대부분이 좌파계열이라는 건 회사 측도 알고 있었으니까, 말하자면 노조에 있는 사람이 나서면 얘기가 통할 것이다, 어떻게든 되리라 생각했던 거죠. 결국 누군가는 대응할 수밖에 없어서 내가 나갔습니다. '일자리를 달라고 했지만 노동조합에는 그럴 권한이 없는데다 할 수 있는 것과 할 수 없는 일이 있다, 어쨌든 회사 측과 얘기 해보겠다'라고 설명했습니다. 그렇게 말하니까 이해해 주더군요. 누구 하나 소란을 피운 일도 없고 완력을 쓰는 사람도 없었죠. 여하튼 당시엔 다들 기세가 굉장했어요."

한편으로 이 회사 사원들 중에는 평사원, 관리직을 불문하고 우토로에서 막걸리를 즐기는 이들도 있었다. 조직적인 운동에서 보면 공격의 대상이었지만, 돈벌이가 되는 '손님'으로서는 '환영'도 했던 것이다.

오타 다카시는 말한다. "민수民需도 속임수였다." 한국전쟁이 발발하자 군 당국이 이 회사에 발주한 것은 군용차량이었다. 그 뿐만이 아니다. 이 무렵 교토시 시모교구下京區에 있는 사무소에서 근무한 오타 다카시는 우연히 방문한 교토공장 창고에 무작위로 널려 있는 금속관을 보았다.

"공장 안에 이리저리 굴러다녔어요. 판금을 해서 외관을 만든 걸 줄지어 놨더군요. 알루미늄 색도 아니고, 검은색도 아닌 은빛으로 반짝이는 것들. 아아, 이것이 네이팜탄이구나. 거기 있던 건 외관뿐이었어. 그 속에 화약 같은 걸 넣는 작업은 다음 단계라 완성품은 아니었죠." 외관의 크기를 묻자 오타는 가슴 높이까지 올려 든 양 손으로 둥근 외관의 직경을 보여주었다.

"40cm×2m 정도 됐어요. 따로 텐트를 쳐서 숨겨 놓지도 않았죠. 말하자면 일이 없었으니까 뭐든 상관없었던 거예요. 도시락 통도 만들고, 농기구를 만들기도 했으니까. 주먹구구식이라 해도 할 말은 없지만, 다들 묵인한 거죠. 아마 반년 정도는 만들었지. 무기는 안 된다고 하는 사람도 있었지만, 회사에 '그만 두라'고까지는 못했으니까."

노조에서는 반대의견도 있었지만 멈추게 할 수도 없었다. 구 식민지에 초래될 전쟁의 결과 따윈 이미 '남의 일'이었다. 조직 내에서 의원을 배출할 정도로 힘이 있었던 사회당 계열의 노조조차도 이 지경이었다.

그리고 '신일국공업新日国工業'은 1951년에 닛산자동차와 제휴를 맺고 1962년에는 '닛산차체공기日産車体工機'로 사명을 변경했다. 대기업 그룹의 일원이 된 것이다. 1971년에도 사명을 변경해 현재의 '닛산차체日産車体'가 되었다.

가축과 사람의 구분이 없는 마을

이처럼 격동기의 1950년대에 우토로를 비롯한 미나미야마시로南山城 지역에서 활동했던 이가 김선칙(金善則 1923년생)이다. 조련 시기에 좌파운동에 뛰어들어 조선총련 지부의 간부로서 지역의 변천을 지켜봐 왔다.

"당시엔 험악한 분위기였지요. 그때는 나도 어려서 '겨우 해방됐는데, 숨 돌릴 틈도 없이 공격하다니!' 그런 생각이었던 거죠. 하나의 정부를 만들려던 참에 미국이 주도한 연합군 이름으로 전쟁이 시작됐어요."(김선칙은 6·25 이전부터 남조선이 공격한 것에 대한 반격이라는 DPRK의 주장을 신뢰했다. 필자 주) "들리는 이야기로는 여하튼 저쪽(주둔지)에서 프로펠러 소리가 안 들리는 날이 없었다고, 다들 저 소리는 미국의 군수물자를 운반하는 것 아니냐고, 그게 우리나라 사람들 머리 위에 떨어지는 것 아니냐며, 이곳 사람들도 그것 때문에 격분했어요. 말로는 표현할 수 없는 기분이었죠. 험악한 감정을 갖게 된 거죠. 언제 어느 때 우리들에게 피해가 올지 알 수도 없고. 게다가 전쟁을 하기 위해 일본에 있는 저항세력을 없애려고 조련도 해산시켰던 겁니다. 그 당시 조련에는 북도 남도 없었어요. 이런 곳에 사는 우리들까지도 같은 마음으로 다들 격분해서 뭐든 할 수 있는 게 있으면 싸워야 된다고, 그런 마음이었어요. 그땐 민족이라는 개념이 지금보다 훨씬 가까웠거든.”

그를 취재한 때는 2005년 여름, <우토로의 집> 2층에 있는 조선총련 지부 사무소에서다. 몸집은 작았지만 품위가 느껴지고, 철저한 자제력이 엿보이는 눈빛은 박력이 있었고 이따금 내 시선을 감지하면 등줄기를 곧게 폈다.

김선칙의 고향은 전라남도 광양으로 소작농이었다고 한다. “먹고 사는 건 괜찮았지만 가을이 되면 공출이 있어요. 그러고 나면 7인 가족이 석 달 먹을 양식밖에 안 남아서 나중엔 잡곡을 먹죠. 감자나 옥수수, 무, 들에 난 풀을 뜯어 삶아서 쌀이나 밀가루를 섞어서 먹었죠. 그런 상태가 언제까지 계속될지도 몰랐고 모아 놓은 돈도 없었고. 먹는 입을 줄이는 방법밖엔 없다고 생각해서 일본으로 왔습니다. 그 시절엔 이미 신국神國 일본이라 해서 위압적인데다 조선인을 깔보고 하찮게 여겨서 ‘이렇게까지 무시를 당해야 하나’ 그런 말들을 했었죠. 같은 면에서 일본에 여러 번 갔다 온 사람에게 부탁을 했어요. 1941년입니다. 현재의 기즈가와시木津川市 야마시로초山城町(당시엔 가미코마초上狛町)에 있는 작은 공장에서 취식하며 일했는데 면직공장이었어요. 거기서 해방을 맞아 고향으로 돌아갈 생각이었죠. 먹을 것이 없어도 내 나라였고, 더 이상 공출도 없을 것 같아서. 부모님도 돕고 형제들도 돕고 사이좋게 지내면 행복할 거라고 좋아했는데, 주위에서 ‘그렇게 서둘지 않는 게 좋겠다’고 했어요.”

일본에 온 지 4년, 공장에서는 이미 중요한 ‘인력’이었다. 정세 불안을 걱정한 조언이었지만, 그래도 고향에 돌아가 가족과 살고 싶었다. 하지만 생각대로 일이 풀리지 않았다.

“인근의 조직 사람들과 이웃들이 송별회를 해 주었지. 닭도 잡고, 생선도 사 오고, 불고기도 굽고. 2~3일에 걸쳐 돌아갈 준비를 하던 어느 날, 라디오에서 조국에 돌아가려는 사람들로 시모노세키 항구가 인산인해라고 해요. 배가 뜨기를 기다리지 못한 사람들이 3, 4톤짜리 작은 배로 일본을 떠나고 있다고. 그러다 전쟁 때 미군이 설치한 기뢰에 부딪혀서 침몰했다느니, 온통 그런 얘기만 나왔지. 1시, 2시, 3시, 7시 뉴스에 계속 그 얘기야. 그렇게 죽었다간 개죽음이라는 생각이 들어서 여기 남았어. 송별회까지 했던 터라 면목도 없었지. 직장에서 얼굴을 들 수가 없었어."

그러던 중 연배가 있는 동포가 김선칙을 찾아왔다.

"나는 교토에 있는 동포들을 몰랐어. 직장도 일본인들뿐이었고. 당시엔 특고경찰이 관리하는 <협화회>라는 곳에 우릴 집합시키기도 했는데, 그럴 때나 동포들과 만날 수 있었지. 게다가 일도 힘들었고. 당시 아침 6시부터 밤 8시, 9시까지 일을 했으니까. 말도 안 되는 얘기지만 쉬는 날도 없어. 그 아저씨가 찾아와서 여러 얘기를 해 주었지. 선을 보라는 얘길 하러 온 거였는데, 결혼을 하면 고향에 가는 것이 더 늦어질 것 같았어. 그래서 싫다고 했더니 '한창 젊은데 혼자 이런 데서 일해서야 되겠나. 내가 우토로에 살고 있으니 가끔 놀러 오게' 하셨는데. 그래서 처음 우토로를 알았고, 동포 1세들이 많이 산다는 것도 알았어. 그게 종전 후 몇 달도 안 되었을 때일 거야."

김선칙은 우토로로 갔다. 일본인 커뮤니티에서 살았던 김선칙이 입을 다물 수 없을 정도로 놀랐던 것은 극도로 열악한 주거환경이었다고 한다.

"여하튼 사람이 살 만한 곳이 아니었어. 돼지와 사람이 바로 코앞에 살았어. 코앞이라면 거짓말이겠지만, 밖으로 나가면 온통 돼지야. 분뇨와 여물이 부패하는 냄새. 하수도도 없으니까 그대로 흘려보내고 씻어내지도 않고. 그것들이 켜켜이 쌓여서 더 고약했지. 비가 내리면 아예 늪처럼 질퍽거려. 집에 있든 돼지우리에 있든 똑같은 냄새가 나. 거기서 파리가 날아들어 왔지."

"파리요?"

"날아다니는 파리. 파리도 보통 파리가 아냐. (검지를 한 손으로 붙잡고) 이 정도 2, 3cm는 되지. 다리가 길고 누런 파리가 집안으로 들어와 음식에 앉아. 비위생적인 곳에서 동물과 사람이 함께 지냈어. 인간이 기르는 것이 가축인데 여기서는 인간이 동물처럼 키워졌어. 돼지는 대부분 키우지 않았을까. 돼지를 치면서 다른 일거리가 있으면 하러 갔지. 돼지는 키우려면 시간이 걸리니까. 3, 4개월은 걸려. 일을 마치고 돌아오면 부인들이 리어카를 끌고 나가 여기저기서 쌀뜨물이나 버리는 채소를 얻어 와서 그걸 삶아 돼지한테 줬어. 정말 살 만한 곳이 아니었지. 내 키의 두 배쯤 되는 통나무를 땅을 파서 묻고, 옆에 기둥을 박아서 울타리를 치고, 콘크리트 패널을 깔고, 그 위에 왕골을 깔고, 돗자리를 사 와서 깔았어. 천장에는 기름종이를 발랐지. 까만 종이를 판자 위에 또 발라요. 그게 시간이 지나면 햇빛에 삭아서 갈라지기도 하고 금이 가기도 하니까 비가 내리면 빗물이 다 새지. 집이라 할 수 없을 만큼 형편없었어. 다 주워온 목재들이야, 돈을 주고 사도 제대로 된 목재는 없었어. 뻐갠 장작 같은 것이었지. 그런 식으로 계속 만들었으니까 모양도 똑같고 도로 폭도 똑같아. 다 똑같아 보여서 길을 헤매느라 집까지 가는 것도 큰일이었어. 가스 줄을 끌어 와서 프로판가스를 연결해 쓰기도 힘들어서 당시는 연탄을 많이 썼어. 돈도 없고 그럴 여유도 안 되니까. 어느 정도 나이가 든 사람도 그렇지만 청년들은 어딘가 토목회사에 가서 '일거리 좀 줄 수 없겠냐'고 물어보고, 이미 (다른 곳에서) 입찰 받은 것을 중간에 가로채서 몇 퍼센트 정도 손해를 보면서 모든 책임을 지고 공사를 마무리했지. 다들 그렇게 살았으니까."

그럼에도 계속 드나든 이유는 우토로의 매력 때문이었다.

"사람들과 나누는 친근함이 있었지. 조선의 관습 같은 것도 많이 배웠고. 일본에 살고 있으니까 일본의 관습은 익숙해지는데, 문서를 통해서도 알고. 타국에 있어도 조선민족으로서 알아 둬야 한다고 생각했어. 우토로에 가면 정중히 집에 오라고 하거나 놀다 가라고도 하고, 인간적으로 소중한 것을 많이 배웠지."

김선칙은 좌파운동에 몰두해 간다.

"1949년, 기즈木津의 시모가와라下河原에 동포들이 모여 사는 긴 판잣집에 빈 곳이 하나 있어서 조그만 사무소를 차리고 간판을 내걸었죠. 나는 거기서 활동했습니다. 주로 성인학교지. 일본에 있다고 해서 조국건설에 지장을 주면 안 되니까, 적어도 말이라도 통하게 하자, 글자를 가르치자고. 거기서 가르치기 전에 지역별로 40, 50, 60대 남녀를 빈집 같은 곳에 모아서 우리 글자를 가르치고, 단어도 가르치고, 회화도 가르쳤는데, 동포들이 상당히 좋아해서 더운 날도 추운 날도 마다않고 했어요. 집안일도 바쁜데다 낮에 일을 하니까 밤이 되면 힘들었지만, 글을 가르치는 마음도 중요하게 생각했죠. 1년 내내 인내심을 갖고 해 나갔어요. 나는 소라쿠相楽나 쓰즈키綴喜에 가서 그 일대를 담당했어요. 협화회가 있던 시절에는 조선의 글자를 가르치느라 '아, 야, 어, 여' 소리가 밖으로 새나가기라도 하면 신고를 당해 경찰관이 흙발로 들이닥쳤지. 나라가 엄연히 있는데, 그 국민이 자국의 언어를 알아야 되잖아요? 침략해서 자기들 멋대로 하려면 그걸 생각했어야지, 나라가 바다 속에 가라앉기라도 했으면 몰라도. 그랬다면 귀화해서 일본인이 됐을지도 모르겠지만. 한번 침략하면 결국은 똑같이 겪는다는 것도 모르면서 우리가 순순히 따를 거라 생각하면 안 되지. 글자를 배우고, 역사를 배우고, 민족의 긍지를 갖고 사는 것은 제아무리 박해를 받아도 하게 돼 있어. 그걸 못하게 한 것이 일본의 잘못이야. 이곳에 초가지붕 학교가 있던 시절엔 이미 조련의 간부가 있어서 (성인학교) 운영도 맡고 있었어."

그러던 중 조련이 강제 해산된다.

"어느 날, 사무소에 나가보니 간판을 내리고 있었어. 교토부 출장소에서 나와 해산명령이 떨어졌다는 거야. 나는 말단이었지만, 거기 있던 사람이 말하기를 책상이니 뭐니 전부 들고 가버렸다고 해. 한국전쟁이 시작되기 전에 우린 저항세력이니까 없애려 든 것입니다."

"그렇게 조련이 해산되고 나서 결혼을 했지. 돌아갈 예정도 딱히 없었고, 불안하기도 했고, 한국의 정세도 좋지 않았어. 우리는 한국에 가도 자유롭지 않았겠지. 아마 일본보다 더 심한 꼴을 당했을 걸. 나 같은 사람은 돌아갔다가는 죽을지도 몰랐으니 목숨이라도 부지하는 게 낫겠다는 생각에 결혼을 했어. 직장? 그대로 다녔어. 고마운 마음 때문에 그만두고 다른 곳에 가는 건 의리가 아니었지, 부끄럽긴 했지만. 결혼하고 나서 다양한 사람들을 알게 되었어. 인간을 알게 되었지. 아주 큰 재산이야. 일본어도 배웠어. 17살에 일본에 와서 당시엔 글자도 몰랐거든. 일본에서 조선 글자도, 일본 글자도, 단어도 전부 독학했어. 날마다 신문을 읽는 것이 즐거움이었지. 맨 먼저 보는 것이 정치면, 1면을 읽어. 당시는 『마이니치신문』이었어. 그걸 읽어 나갔지. NHK도 같은 뉴스를 보도했으니까 그걸로 모르는 한자는 읽는 방법을 체크해서 집에 오면 옮겨 적으며 외웠어. 쉬는 때든 언제든 일본어를 공부했어. 실력이 늘지 않을까 봐 일본 사람들도 만났지. 밤에도 여러 가지를 했어, 우토로에서도 일본말, 사투리, 단어 같은 걸 배웠고. 그래서 내 일본어는 시골 사투리가 섞여 있는데, 간사이 사투리도 많이 섞여 있지. 신문은 기본적으로 발음이 안 적혀 있으니까 일본 시골 사투리가 많아."

한편으로 조직운동이 재건되어 갔다. "언제까지 이렇게 억눌려 살 것인가. 해방이 되었어도 해방된 게 아니었어. 그래서 지역에서는 조련이 해산되고 이후의 조직으로서 해방동맹이란 것이 생겨났어요."

조련의 강제해산으로 뒷받침을 잃은 좌파 조선인운동은 일본공산당과 연을 맺고 힘을 키워 간다. 1950년 11월, 일본공산당은 조선인 당원을 지도하는 민족대책부를 설치한다. 한국전쟁이 발발한 후에는 각지에서 조국방위대를 발족시켰다. 민단은 재일청년 지원병을 파병했다.(『교토 한국민단사』에는 우토로에서도 '재일의용군'이 1명 지원했다고 했는데, 한국에 남아 있는 명부에 같은 이름은 없다.) 한편 조국방위대는 일본 국내에서 반전투쟁을 전개한다. 그리고 1951년 1월, '조국의 완전독립', '외국군대 철퇴', '재일(在日)의 권리옹호, 민족교육' 등을 내건 통일전선 <재일조선통일민주전선>(민전)이 결성된다. 그 다음 달에 열린 제4회 일본공산당 전국협의회에서는 반미 무장투쟁 노선을 발표, 10월에 열린 제5회 전국협의회에서 이를 실천과제로 삼는다. 최전선을 담당한 이들은 조선인들이었다.

샌프란시스코 강화조약이 발효되면서 투쟁은 격화되었다. 재일조선인들의 생활보호 즉시 적용을 주장한 '나가타長田 구청 시위(1950년 11월)'와 집주부락 접수에 항의한 나고야에서의 대규모 행정투쟁(12월), 노동쟁의와 관련

되어 체포된 당원의 석방을 요구하며 오쓰大津지방검찰청으로 몰려가 경찰과 난투극을 벌인 사건(12월) 등 과격한 활동으로 체포자가 줄을 이었다.

김선칙이 말한 것처럼 우토로의 좌파운동은 '민전'을 표방하지는 않았지만 다양한 활동들이 전국적인 투쟁과 연동되어 있었다. 지역신문에는 앞서 나온 일본국제항공공업의 노조까지 참여해 한국전쟁 협력을 반대하는 운동이 펼쳐졌다고 보도했다. 그 선두에 섰던 것도 우토로 주민이었다.

이미 패전에서 부흥해 고도 경제성장기의 궤도에 올라 좌우를 불문하고 일상에 순응해 간 일본인들과는 그 '절실함'이 전혀 달랐다. 일본의 지배를 벗어난 고향은 미·소 대립의 최전선으로 동족상잔의 전쟁터가 되어 있었다. 그리고 극빈하게 살아가는 우토로 주민을 괴롭힌 것은 잔혹하게 뒤틀려 버린 관계였다.

"고철을 주워다 팔았는데 그게 결국 우리나라의 전쟁에 쓰였다는 생각이 듭니다. 하지만 먹고 살기 위해 자전거도 없이 그걸 등에 지고 다녔어. 내 나라를 없애는 데 쓰라고 고철을 가져다 준 셈이야. 당시엔 그런 걸 몰랐지. 그저 먹고 살아야 했으니까. 우리 애가 종이에 그림을 그렸는데, 뭐냐고 물으니까 아버지의 고철이라고. 길에 쇠붙이가 떨어져 있으면 주워 오는 거야. 아버지가 떨어뜨린 거라면서. 그 애가 벌써 25세입니다. 전봇대 아래서 공사 같은 걸 하잖아요? 구리선이 밑에 떨어져 있기도 하거든. 어머니, 이거 구리선이라며 주워 와요. 길을 걷다 못 하나라도 있으면 주워 왔어. 부모가 하는 걸 보았으니까. 안쓰럽기도 하고, 내 맘이 어땠겠어요. 우리도 그랬으니까 그저 잘 했다고만 하지, 그러면 안 된다는 말을 못 해요. 애들도 부모가 열심히 일하는 걸 보고 배우니까. 그래서 그런지 애들이 다 성실해요. 이제 와 생각하면 참 바보 같지만 당시엔 왜 조선인으로 태어났나. 일본인이었으면 좋겠다고 생각한 적도 있습니다."(『장구소리』)

1952년 3월 15일자 『新宇治』 신문에는 5일 전에 시내를 행진하는 시위대의 모습이 실려 있다. 아이들을 업고 '전쟁 반대' '요시다吉田 내각 타도' 등을 외치는 여성들은 우토로의 어머니들이다. 2주 전에는 시청에 찾아가서

'우지시는 강제송환에 반대할 것', '민족교육을 지원할 것', '우토로의 위생
환경을 정비할 것', '논밭 압수 반대' 등을 요구했다.

여기서 '강제송환 반대'를 주장한 이유를 보충해 두고 싶다. 1947년 <외국
인 등록령>에 이어 1950년에는 오무라大村수용소가 개설되어 조선에서 오
는 '밀항자'(객관적으로는 대부분 난민)와 형법 위반자들을 한국으로 소환
하는 시스템이 갖추어진다. 시위가 일어나기 전년에는 <출입국 관리령>이
제정되었다. GHQ의 반대도 있어 '아직은 일본국적을 소유한 재일조선인'
은 이 단계에서는 적용 대상이 아니었지만 완전한 관리, 감시, 추방의 대상
으로 포석하려 했다. 시위 당시에는 한·일 예비회담과 제1차 회담도 진행되
고 있었는데, 민전은 이 협상으로 '골치 아픈 조선인의 송환이 획책되고 있
다'고 주장했다. 더불어 1952년 4월 28일에는 샌프란시스코 조약 발효로 일
본이 주권(=자유로운 재량)을 회복했다. 강제송환이 격심해질 것이라는 우
려가 시위의 근거였다. 자신들이 송환 대상이 되었을 때 지자체가 나서서
주민인 자신들을 보호해 달라는 간절한 호소였다.

잇따른 탄압과 고립

반공 최우선주의로 돌아선 점령군, 거기에 편승해 조선인을 억압하는 일
본정부, 그 수족이 되어 주민의 복지조차도 거부하는 우지시宇治市……. 우
토로 주민들이 목소리를 내며 직접 행동에 나서자 당국은 철저한 탄압에
돌입한다. 밀조담배 적발 등 이전까지도 '단속'은 간혹 있었지만 한국전쟁
이후로는 그 강도가 이전과는 비교가 안 되었다.

첫 번째 대규모 수색은 반전시위가 있은 후 3일이 지난 3월 13일이다. 15
일자 『新宇治』 신문에 따르면 13일 밤 0시가 지난 시각, 우토로 주민들이
오구라小倉주재소와 이세다伊勢田에 있는 순사의 집으로 몰려갔다. 주민들
은 '순사를 죽여라' 고함치며 주재소 앞문과 유리창 등을 파손, 순사의 집
밖으로 늘어진 나무를 잡아 흔들고 앞문 유리창과 나무울타리를 파손했

다. 우지시경은 국가지방경찰(현재의 교토부경 본부)과 주변의 구제久世, 쓰즈키綴喜, 소라쿠相楽 등에 지원을 요청해 총 440명의 경찰이 보복수색에 나섰다고 한다.

당시의 모습을 야담처럼 서술한 기록이 『경관대 기습, 현지 르포』에 남아 있다.

《오늘 오전 7시, 조선인 부락은 깊은 잠에서 겨우 깨어나 민가 아궁이에서 연기가 피어오르는 평화로운 풍경 그 자체였다.

7시 20분, 현장에 도착한 경관대는 이곳을 완전히 포위하고 부락에서 나오는 조선인들을 엄중 경계했다. 등교하는 학생은 가방까지 열어 조사했다. 이 때문에 시험에 늦는다고 울며 항의하는 조난城南고등학교 학생도 있었다. 만반의 준비를 갖춘 경관대는 오전 8시가 되자 헬멧을 쓰고, 곤봉을 들고, 부락입구에 크게 써 놓은 <개(경찰)는 무단침입 금지> 입간판을 지나 일제히 부락 안으로 난입, 방금 전까지 평화로웠던 부락은 돌연 아이들과 부인들의 고함, 울음소리, 아우성으로 소란스러워졌고, 남자들은 물론 처녀와 아장아장 걷는 어린이, 갓난아이를 업은 주부까지, 부락민이 총출동해 경관대의 진입을 저지해 충돌했는데, 어디선가 돌멩이와 옥수수 뭉치도 날아들어 현장은 아비규환의 수라장이 되었다.

경관대는 곳곳에서 주민들과 충돌하며 집집마다 이 잡듯이 수색, 어느 조선인 일가족이 문을 열지 않아 이를 수상히 여긴 경관이 그 자리에서 수색영장에 무언가를 기입하고 그것을 제시하며 집안으로 들어가려 했다. 조선인 측이 큰 소리로 천천히 그것을 낭독한 후 '이걸로는 소용없다'고 버티자 점점 더 수상히 여긴 경찰이 실력행사를 해 집안에 들어가니 개 한 마리가 경찰들을 향해 짖었을뿐이다.

또 경관대는 부락민들의 강력하고 교묘한 방해를 물리치고 비어 있는 집까지도 자물쇠를 비틀어 열고 흙발로 들어가 돼지우리와 변소까지 샅샅이 수색, 나중에는 조선인학교의 유리창과 민가 출입문까지 파괴해 이 부락을

대혼란에 빠뜨렸다. (부락민담)

어느 집에서는 삐라가 발견되어 그 집의 청년을 체포했는데, 청년의 어머니가 '추우니까 옷이라도 갈아입게 해 달라' 애원했음에도 청년을 체포, 그 바람에 노모가 반은 정신이 나간 사람처럼 '아들과 함께 나도 끌고 가라'며 아들의 뒤를 쫓아왔는데, 결국은 경관에게 돌멩이를 던지거나 몸을 부딪치는 등 덧없는 저항을 할 뿐이었다.》

대대적인 수색에 대해 묻자 문광자는 단호하게 말했다.

"그때는 마을에서 원자폭탄이라도 만든다는 소문이 났는지 다다미까지 들추고 수색했어. 개어 놓은 옷들도 전부 펼쳐보고. 정말 어처구니가 없었지. 사람 취급이 아니야. 그러더니 밖으로 내쫓았어. 모두 나가라는 거야. 아아, 정말, 그런 곤욕을 치렀어. 아이고, 생각만 해도 끔찍해."

이 같은 소동과 몰려든 경찰의 기세는 당시 어렸던 2세들도 기억했다. "일하려던 참인데 밖이 시끌시끌했어. 경찰과 말싸움을 하는 어른도 있었고, 1세 어른들끼리 말다툼을 하더라고." 황순례의 기억이다.

여광남(余光男 1943년생)은 연이은 수색이 우토로의 '고립화'를 가속시켰다고 말한다. "밀주 때문에 경찰과 국세청에서 여러 번 단속을 나왔지. 경찰이 마을을 둘러싸고 우릴 학교에도 못 가게 했어. 당시엔 먹고 살려고 마을 사람들이 다들 술을 만들어 팔았거든. 그것 때문에 마을을 수색해서 없애려한 거야. 우토로 이미지가 점점 나빠졌지. 그런 기억 때문에 난 지금도 '경찰'이나 '순경'이라고 절대 안 해. '어이, 폴리(police), 폴리(police)' 하지. 그날 때문이야. 정말 충격이었어."

강순악에게는 혼란과 더불어 잊지 못할 장면이 있다. "저벅저벅 발소리가 나서 창문을 열어 보니 온통 시커먼 거야. 경찰이 우토로를 완전히 포위했어. 고양이 새끼 한 마리 지나가지 못할 정도로. 그러고는 집집마다 흙발로 들어가 서랍부터 걸려 있는 옷의 주머니까지 다 뒤져서 삐라 같은 걸 가져갔어, 별것도 아닌데. 몇 명인가 끌려간 사람도 있어. 어른들은 경찰한테 항의하며 화를 냈는데, 바로 그때, 어떤 사람 집에 소주를 정제시키는 커다란 막걸리 항아리가 몇 개 있었어. 발효 중인 것도 있었는데 경찰이 달려들어서 뒤집어엎더니 다 쏟아버리는 거야. 목간통이 들어갈 정도로 큰 나무통을 몇 사람이 달려들어 쓰러뜨렸어. 그러자 막걸리가 밭고랑을 지나 시궁창으로 떠내려갔지. 우리는 다들 멍하니 바라만 보았는데 사발을 들고 나온 어른들이 깨끗한 부분만 떠서 마시기 시작하는 거야. 남자들은 막걸리가 아깝다고들 했고, 경찰도 그건 말리지 않았어. 애들은 구석에서 재미있다고 구경을 했어. 정제할 때 쓰는 유리탱크 3, 4개 정도였나, 모두들 집으로 들어간 후에 그걸 트럭 1대에 가득 실었어."

강순악이 말한 '어떤 사람'이란 탁주를 만들어 돈벌이를 하며 인부들을 알선한 함바 관리자였다. 잇따른 수색을 견디지 못한 그는 결국 우토로를 떠나 나고야名古屋로 갔다. 일거리가 없었기에 할 수밖에 없었던 경제활동을 '위법'이라며 단속하고 삶의 희망까지 빼앗았다. 이 또한 경찰 수색의 '목적'이었다.

경찰 앞을 막아선 여성을 비롯한 주민 9명을 공무집행 방해와 주조법 위반, 공안조례위반 등으로 체포하고 정제된 소주와 정제기계를 압수했다. 정작 중요한 순사의 자택 '습격범'은 이미 도주한 뒤였고, 집에 남은 각목을 근거로 지명수배를 내린 사실이 보도되었다. 주조법 위반은 침입을 위한 구실에 지나지 않았다. 샅샅이 털면 뭐든 나오리라 여긴 것이다. 『新宇治』 신문도 <경찰부대의 조선부락 기습은 실패—정작 범인은 이미 미꾸라지처럼 빠져나가고 텅 빈 집. 밀조주 적발에 무려 400명의 경찰 동원>이라고 야유했다.

"경관한테 물을 뿌려서 붙잡힌 여자도 있다"라는 말을 한 주민으로부터 들었는데, 언젠가 강순악의 여동생 강도자(姜道子)에게 그 이야기를 물으니 그녀가 웃으며 '그건, 이거야' 하고는 국자로 뭔가를 흩뿌리는 동작을 했다. 물이 아니라 '분뇨'였다. "그 일 때문에 우토로 평판이 안 좋아졌지." (웃음)

그날부터 경찰서로 주민들이 몰려가 '도둑 경찰은 주민들을 돌려보내라' 며 시위를 거듭했고 피켓을 사이에 두고 몸싸움이 벌어졌다. 이후에도 지역 신문은 연일 시위모습과 '공무에 방해'가 된다고 앓는 소리를 하는 경찰서 직원, 무슨 소리만 들려도 '습격인가?' 허둥대는 경찰관들의 모습을 우스꽝스럽게 보도했다.

주민들이 주재소와 순사의 집을 습격한 원인과 진상은 알 수 없었다. 내가 취재를 시작한 2000년 이후는 이미 대부분의 1세가 세상을 떠났고, 좌파 활동가 대부분은 '귀국'한 상태였다. 무엇보다도 일본 사회의 '이해'를 얻는 것이 상황 타개의 열쇠가 될 상황인데, 시민들의 '사고방식'으로는 받아들여지지 못한 투쟁의 역사가 그대로 봉인된 것은 '증언의 부재'가 큰 이유였다.

우토로의 투쟁이 일본 국회에서 거론된 것도 이 무렵이다. 1952년 4월 21일에 열린 중의원 행정감찰특별위원회다. 탄광 경영으로 급성장해 업계의 장을 역임하고 정계에 입문한 자유당의 다부치 코이치田淵光一는 조선인에 대해 노골적인 발언을 서슴지 않았다. "밀조나 하면서 게으름을 피우는 무리들에게 생활보호법으로 한 가족 당 한 달에 2,000엔씩 생활보조를 한다. 우리 국민은 진짜 노동을 하며 고생하고 있다." 그리고는 우토로를 언급했다. "우토로 부대라는 이름을 달고, 게다가 '견공(경찰) 출입금지' 같은 간판을 내걸고 있다. 이러한 일들이 끝없이 조장되고 있다." 또 우토로 주민들 같은 '불령(不逞)한 무리'는 '부산으로 추방해 버리도록 결의해야 마땅하다'고 선동했다. 이런 언동은 식민 시기부터 계속되어 온 레이시즘(racism)이다. 이처럼 차별 배외주의가 '정치가'들에 의해 계승되어 현대의 헤이트(hate) 시위로 이어지고 있는 것이다.

경찰의 기록으로는 1952년에 발생한 '사건'만 해도 총 270건에 달한다. 공산당 주도의 실력투쟁이 첨예화되자 요시다 시게루吉田茂 내각은 4월 국회에 <파괴활동 방지법>을 상정하기에 이른다.

5월 1일에는 황궁 앞에서 '피의 메이데이' 사건이 발생한다. 2명이 사망, 2,000명이 중경상을 입은 사건으로, 광장에 쏟아져 나온 사람들 대부분이 조선인이었다고 한다. 당시 사진에는 DPRK의 깃발도 찍혀 있다. 이 무렵 프랑스 파리를 방문 중이던 존 포스터 덜레스 전 국무장관 고문은 아이젠하워와 '극동 문제'를 논의한 후 기자회견에서 "현재 일본에는 약 100만 명에 이르는 북조선인들이 있고, 대부분이 공산주의자이다. 도쿄 메이데이 사건처럼 시위를 주도하는 이들은 주로 북조선인들이다." 재일조선인들을 치안관리 대상으로 본 것이다.

그 후 6월에는 '스이타吹田사건'과 '히라카타枚方사건'이 일어난다. 스이타 사건은, 한반도로 운반될 무기와 탄약이 집결되는 스이타 조차장에 시위대가 몰려가 경찰과 충돌한 사건이다. 히라카타 사건은 우지시 오바쿠黃蘗 탄약고와 동양 최대의 무기 공장인 <오사카 포병 공창>을 연결하는 분공장이 있던 오사카 히라카타 시의 고마츠小松제작소에서 미군에 제공될 포탄이 제조된다며 시한폭탄을 설치한 사건이다. 두 사건 모두 실행부대 대부분이 조선인이었다.

일본공산당이 무장투쟁으로 치달은 것은 국제 공산주의운동의 비판 때문이었다. 의회제 룰을 통해 '혁명'을 달성하려 한 노사카 산조野坂参三 계의 주장을 코민포름이 지탄하자 일본 공산당은 큰 혼란에 빠졌고 과격투쟁 노선으로 전환한다. 말단 대원들을 이용한 무력행사는 간부들이 소련과 중국에 복종한다는 '의지'를 보여주려 한 것이다.

하지만 무력투쟁의 최전선에 선 조선인들의 인식은 달랐다. 스이타 사건 당시 시위를 지휘한 혐의로 체포되어 소요죄로 기소된 부덕수(夫德秀)는 다음과 같은 말을 남겼다. "무기 운송을 1분이라도, 10분이라도 지연 시킨다면 동포의 목숨을 살릴 수 있으리라 진심으로 믿었다."(『재일 1세의 기억』)

치안당국도 가만히 있지 않았다. <히메지姬路에서 조선인부락 급습>(1952년 4월 14일 아사히신문, 이하 동일) 기사에는 '구 조련계 급진분자 19명을 체포'했다고 보도된다. 3월 13일, 우토로의 '파출소 습격' 사건과 수색이 벌어진 것도 같은 날 석간 사회면 3단 기사로 나온다. 타이틀은 <우지宇治에서 파출소 습격한 조선인 10명 체포>다. 그 위쪽에는 군사법정에 회부된 공산당 군

사위원장의 진술서로 '일본공산당 군사조직'의 전용이 '폭로'되었다고 적혀
있다.

여기에 인용은 안 했지만 『마이니치』, 『요미우리』를 비롯한 각 신문지면
에 감도는 것은 당국과 일체화된 기자들의 시선이다. '피의 메이데이' 사건
과 관련해 도쿄의 조선인부락 '에다가와枝川'를 대규모 수색해 21명을 체포
했다는 5월 27일자 기사에는 요약문에 괄호를 붙여 <도쿄의 북선北鮮>으로
까지 표현했다.

이런 가운데 6월 27일, 우토로 역사상 최대 규모의 수색이 벌어진다. 강경
남의 이야기 속에는 반드시라 해도 좋을 만큼 이 사건이 언급된다.

"해제(해방) 되고 잊지 못할 일은 그거야. 일본 사람인지, 조선 사람인지
몰라도 이곳에 스파이가 있다고 보고한 것 아닐까. 이상한 발소리가 들리는
거야, 새벽 5시에. 아침밥을 하려던 참이니 어둑할 때야. 쏴-아 하고 빗소리
같은 소리가 나기에 일어나 보니 밖에서 저벅저벅 발소리가 들려 나가 보
니까 오쿠보大久保 입구에서 시커먼 옷을 입은 사람들이 몰려오더라고. 자세
히 보니까 경찰들이야."

오쿠보 입구란 당시 GHQ에 접수된 곳이다. 그곳을 가로질러 온 경찰의
진입은 미군의 '이익'까지 생각한 작전이었음을 보여준다. "그러더니 애들
이 자고 있는 방에 구둣발로 그냥 들어오는 거야. 죽을 때까지 못 잊어. 신
발을 신은 채 들어와서 애들이 자는 것도 아랑곳없이 무슨 짓이야, 인간이
할 짓인가!"

6월 30일자 『新宇治』신문에는 국가지방경찰 교토부 본부와 교토시경, 우
지시경 등에서 단속한 것이라고 보도됐지만, 오사카 넘버의 차량도 있었다
고 한다. 인근에서 지원까지 받아 들이닥친 대대적 수색이었다. 경찰들은
약 60가구의 집을 분담해 에워싸고 마을 안과 밖을 차단했다.

"그렇게 시간이 지나서 애들을 학교에 보내야 하는데, 밖으로 못 나가게
해. 아무것도 못하게 해. 외부에 연락할지 모르니 안 된다고. 흙발로 들어와

서, 천장도 약해서 삐끗하면 그대로 떨어져. 그런데 거길 올라가는 거야. 변소도 안 보내주고."

경찰들은 벽을 뜯어내고 새로 깔은 다다미를 들춰 엎으며 부락 안을 이 잡듯이 수색했다. 변소도 학교도 빼놓지 않았다. 어떤 혐의였는지도 알 수 없다. 경찰이 다량의 체포영장을 갖고 왔다고 한 증언이 있다. 실제 영장이었는지 알 수 없지만 혐의도 적당히 만들었을 것이다.

"우지시 경찰뿐 아니라 오사카, 교토, 우지시, 여기저기서 지원을 왔지만 증거는 하나도 못 찾았어. 그리고 우리가 키운 게 아니고 웅덩이에 자라난 벼를, 지금은 기계지만 그땐 다 손이야. 조릿대에 널어서 벼를 말렸으니까. 땅에 박으려고 뾰족하게 잘라 놓은 대나무가 있었어. 그땐 닭도 키워서 닭장에 대나무를 넣어 뒀는데, 경찰이 닭장 문을 열고 들어가 벼를 말리느라 얹어 놓은 대나무를 들고 나오더니, 지금의 (니시우지)중학교에 가서 마이크로 방송을 하는 거야. '죽창을 찾았다!' 증거가 없으면 체면이 안 서니까 방송을 해댄 거야. 죽창을 준비해 두었다고. 그 일만은 절대 못 잊어."

각 언론사에는 사전에 '정보'를 흘렸던 것 같다. 내가 기자 시절, 『마이니치신문』 사진 데이터베이스에서 '우토로'를 검색하면 맨 먼저 나오는 사진이 바로 이 수색 광경이었다. 『교토신문』(6월 28일자 석간)은 사회면 톱기사로 다뤘다. <허를 찔려 무저항>이란 제목으로 죽창 등의 압수물 사진까지 게재되어 있다. 수색이란 명목으로 벌인 정치적 탄압이었다.

이날 수색으로 7명이 체포, 산탄총 1정과 실탄 7발, 그리고 죽창 20개가 압수되었다고 한다. 다음날에는 이 지역의 지도자가 『新宇治』신문의 취재에 응해 '함바를 없애려 한 것이 단속 목적'이라고 단언했다. 『교토신문』의 제목과는 달리 실은 전날 밤에 수색이 있을 거라는 정보가 있었는데, '경찰이 노리는 급진분자'는 사전에 피했다고 한다. 산탄총은 주민 하나가 사냥을 했기 때문에 갖고 있었다. 죽창은 벼를 말리기 위한 것이고, 화염병 같은 '신병기'가 이미 있는데 대나무를 무기라고 한 것은 난센스라고 반론했다. 7명이 체포되긴 했지만 3월에 있은 수색 때보다 저항을 하지 않은 이유를 묻자 '<저항하는 놈은 패고, 그래도 저항하는 놈은 죽여라>라는 경찰지령이 있었다는 정보'를 미리 알았다고 대답했다. 어차피 사전에 준비가 되어 있어서 강력한 저항은 필요 없었다. 경찰의 수색은 3월에 이어 또 다시 실패라고 평가했다.(『新宇治』 6월 30일자)

"지금도 우지경찰서 앞을 지나면 부아가 치밀어." 만년이 될 때까지 강경남은 이 말을 입버릇처럼 말했다. 무엇보다 괴로웠던 것은 주변지역의 시선이었다. 경찰이 대규모 수색을 벌여 인근지역에 '위험지대', '반사회 집단의 소굴'이라는 이미지를 뿌려 지역사회에서 고립시킨다. 지금도 공안당국이 쓰는 상투적 수법이다. 우토로는 말 그대로 '육지의 외로운 섬'이 되어 갔다.

"그 일로 평판이 나빠졌어. 경찰이 시도 때도 없이 오니까 나쁜 짓이라도 했다고 생각하는 거야. 일본인은 아무도 여길 안 지나갔어. 두 번 다시 경찰은 오지 말라고 <개(경찰) 무단침입 금지>라고 써 놨는데, 이웃사람들이 오지 않게 돼 버렸지. 그때 고생한 건 지금 다 말할 수도 없어. 도저히 살기 힘들다며 마을 밖으로 나가 봐도 우토로는 소문이 나빴어. 괴롭히고 무시하고."

강경남은 길거리에서 겪었던 일도 씁쓸히 털어놓았다. "앞서 가던 불량해 보이는 녀석이 어디선가 나쁜 짓을 했는지 경찰인가 누군가한테 잡혔대. '너 어디 사냐?' 물어서 '난 우토로 사람이다!' 하니까 그냥 보내 줬다는 거야. 내가 그 녀석한테 가서 '나도 우토로에 사는데, 넌 어디쯤이냐?' 하고 여러 번 물었거든. 그 녀석은 내 얼굴을 기억하겠지? 난 쉽게 잊어버리지만, 그 녀석은 나를 기억하겠지. 혹시라도 어디선가 마주치면 무슨 짓을 당할지 몰라서 내가 제대로 대답을 안 했어."

공권력과의 대치가 '같은 동포'에게 가혹한 표현으로 나타난 경우도 있었다. 이 시기에 '스파이', '남한 계열'로 지탄을 받아 오물을 뒤집어 쓰고 결국 마을에서 쫓겨난 남성 주민의 사례가 『라쿠난 타임즈』와 『교토신문』에 실렸다. 7월 15일자 『라쿠난 타임즈』의 기사 내용만 보면 지인을 속여 푼돈을 챙긴 사기꾼처럼 보이지만, 마을에서는 그가 주민들의 정보를 경찰에 제공한다는 의심을 받았다고 한다. 6월 28일자 『교토신문』에 따르면, 하루 전날 이뤄진 27일의 우토로 수색은 이 폭력사태를 '이유'로 실시한 것이었다.

반미투쟁

이후 『라쿠난 타임즈』에는 우토로의 반전투쟁을 다룬 기사가 늘어 간다. 일본의 패전으로 인해 폐쇄되었던 오바쿠黃蘗탄약고가 부활할지 모른다는 소문이 돌았을 때는 이런 기사까지 등장했다.

"우토로의 조선인은 이렇게 외쳤다. '일본에서 폭탄이 만들어지고, 비행기가 뜨고, 우리의 고향은 폭격을 맞아 황폐되어 간다. 이것은 일본인의 책임이 아니다. 하지만 조선의 비극을 하루 빨리 끝내서 일본에도 이런 비극이 두 번 다시 오지 않도록 우리는 미나미야마시로南山城의 재 군사기지화 반대에 목숨 걸고 싸우겠다.'"(7월 30일자) 1953년 봄, 우토로를 비롯한 오쿠보大久保 일대에 미군의 새 비행장 건설계획이 표면화되자 지역대표가 기지로 쫓아갔다.(4월 2일자) 미군의 태도도 이전과는 달랐다.

5월 25일에는 주둔군이 멋대로 정한 경계선에 울타리를 설치한다. 주둔군과 우토로 주민의 대립이 첨예화되어 갔다.

문광자는 당시를 이렇게 회상한다. "뭐가 못마땅한지 모르겠지만 여하튼 우리를 쫓아내려 들었어. 총을 든 군인들이 함바 주변을 담처럼 둘러싸고. 아침, 밤낮 할 것 없이 '조선으로 돌아가라'고 했지. 교토대학을 나온 활동가가 마을에 왔는데, 박 씨라고 했어. 그가 이것저것 가르쳐 줬어. 아무 것도 모르는 우리도 '양키- 고- 홈'만큼은 외웠다니까.(웃음) 총(개머리판)으로 머리를 맞아 피투성이가 된 사람도 있고, 발밑을 향해 쏜 총에 맞은 사람도 있었어. 강 씨라는 사람이었는데, 그 후 어딘가로 가버렸지만. 마을 쪽으로 라이트를 비추니까, 내 남동생이 외발자전거를 타고 가까이 가서 돌을 던졌더니 탕! 소리가 났대." 마치 전쟁영화의 한 장면 같다. 6월 11일자 『라쿠난 타임즈』도 비행장 확장문제로 대대적인 반대운동이 펼쳐졌다고 했다. 투쟁에 참가한 단체와 집단의 선두에 선 것은 '우토로 조선인부락'이다.

강순악이 기억하는 것은 인간 울타리다. "내가 어렸을 때는 우토로와 미군 주둔지 사이에 헌병이 줄줄이 서서 이쪽을 위협했어. 지금 생각해 봐도 군인들이었어." 주둔군은 우토로 안으로 침범한 형태로 울타리를 박은 후 밤에는 서치라이트로 '경계선'을 비추며 주민들을 견제했는데, 주민들은 불빛을 피해 기지 안으로 숨어들어 가서 울타리를 뽑아 기지 안쪽으로 다시 박아 넣었다. 정준희의 말이다. "나는 입원도 자주 하고 누워 있을 때도 많았잖아. 며칠쯤 지나서 나가 보면 울타리 위치가 기지 안쪽으로 들어가 있을 때도 있고, 마을 쪽으로 나와 있기도 하고 자꾸 바뀌는 거예요."(웃음)

'나가라'는 것 자체가 지극히 부당하지만 점령군이 기지 내로 '흡수'시키려 한 토지는 우토로 주민들이 살기 위해 개간한 논밭이었다. 저항투쟁에는 아이들도 나섰다. 조국방위대 전국위원회의 기관지 『신조선』에는 '기지 반대투쟁'을 수차례 했던 '우토로 소년단'의 익명 인터뷰가 남아 있다. 소년들의 적은 영토를 확정지으려는 오만한 철책이었다. 주요 '전술'은 우토로에서 기지 안으로 공을 던져 위병의 주의를 끈 뒤 그 틈에 울타리를 자르는 것이었다.

어째서 기지 울타리를 잘랐냐는 질문에 소년들은 저마다 이렇게 답했다.

'야구를 하다 공이 날아가도 주울 수 없으니까', '밭에 있는 보리나 감자를 캘 수 없으니까', '얼마 전 울타리를 세울 때 반대했던 우리 어머니와 선생님을 곤봉으로 때렸으니까', '우리나라를 침략하려고 비행장을 만드니까'(1953년 7월 31일자)

1953년 8월, 결국 미군 당국이 '기지 확장은 안 한다'고 약속했다.

같은 해 10월 24일자 『라쿠난 타임즈』에는 <우토로의 투쟁을 재평가하자>는 사설이 실렸다.

《전후, 우지시 민주진영의 전위병으로서 경찰들의 수차례 탄압에도 굴하지 않고, 일본의 독립과 평화를 위해 협력하며 용감히 싸우는 이세다초^{伊勢田町} 우토로 부락 조선인에 대해 악질적인 소문과 낮은 정치의식이 드러난 오해들이 침수피해 후 시내 곳곳에 퍼지고 있다.》

침수피해는 9월에 있은 '태풍 13호(테스)'로 인한 피해로 짐작된다. 공산당계 지역신문이 내부를 향해 일부러 이런 내용의 사설을 게재한 것은, 안정궤도에 들어선 일본사회에서 우토로 주민들의 '과격함'은 진영 내에서도 곤혹스러웠다는 것을 보여 준다. 일본공산당의 무장투쟁 노선은 파탄이 나고, 이보다 앞선 '피의 메이데이' 사건 직후에 실시된 총선거에서는 1949년 선거에서 얻은 35석의 공산당 의석을 모두 잃었다.

미국의 <아브라함 링컨 대통령 도서관>에 남아 있는 퇴역군인들의 체험담과 사진 아카이브에는 1953년 11월 26일에 기지 쪽에서 촬영한 사진이 남아 있다. '기지 옆에 있는 공산주의자들의 마을'이라는 캡션이 붙은 한 장의 사진에는 일정한 간격으로 박힌 울타리 사이에 철사 줄이 둘러쳐진 모습도 담겨 있다. 이 무렵에 직접적인 충돌이 있었다는 증언이나 기록은 없다. 다만 이세다·오쿠보 지역에서는 미군을 둘러싼 또 다른 긴장이 고조되었다. 범죄사건이다.

앞 장에서 서술한 '행정지도'나 의원들이 솔선해서 개업한 '카바레'를 필두로 오쿠보^{大久保} 외곽은 50년대 '기지촌'의 '미군 환락가'처럼 되어 갔다. 창부들이 대량 적발된 기사도 여러 차례 나왔는데, 주둔한 미군 병사들의 강력범죄, 특히 강간사건이 속출했다. 1954년 2월에는 11세 소녀가 미군에게 강간당한 사건도 보도되었다.

노선 전환

이와 같은 격동기에 일본공산당과 좌파 조선인의 공투(共鬪) 관계는 드디어 종말로 향한다.

재일조선인을 '소수민족'으로 규정해 일본의 '혁명', '민주화'에 동원하는 방침에 곳곳에서 이견이 분출하자 DPRK와의 관계를 전면에 내세웠던 당내 민족파가 힘을 얻어 간다. 1954년 8월에는 DPRK의 남일南日 외상이 재일조선인은 '공화국 공민'이라는 성명을 발표한다. 패전 후 초대 공산당 서기장이었던 도쿠다 큐이치德田球一가 중국에서 사망하면서 당내 대립이 완화되기도 했기에 일본공산당은 운동방침을 변경한다. 1955년 5월 24일, 민전의 해산이 결정되었고, 다음날인 25일에는 조선총련이 결성되자 일본공산당은 약 2개월 후에 개최한 제6회 전국협의회에서 무장투쟁 노선을 '극좌 모험주의'라 비판하며 어이없게도 자신들의 투쟁에 스스로 막을 내린다. 야마무라山村공작대, 중핵자위대, '피의 메이데이'로 대표되는 수많은 사건들에 대해선 그 누구도 책임지지 않았다. 그 무책임은 지금까지도 이어진다.

1955년 11월 9일자『라쿠난 타임즈』에 <우지宇治의 조선인단체, 전술 대전환>이란 타이틀이 시선을 끈다.

《경찰과 일전을 벌이고, 시청에 몰려가기도 하고, 집단 폭력행위로 수차례 경찰의 단속을 받은 우지시, 구제군久世郡지방의 조선인 단체는 과거 과격했던 운동방침을 깊이 비판하고 향후의 전술을 대전환, 조직 또한 일본에 거주하는 외국인으로서 일본인과 손잡고 평화를 향해 새롭게 나아가기로 했다.》

노선 전환이었다. '경찰에 대한 적대행위를 그만둔다. 일본의 내정에는 일체 관여하지 않는다'라고 했다. 그동안의 희생을 감안한 총련의 '내정 불간섭' 방침에 맞춰 우토로의 운동도 전환된다.

1956년 10월, 미군은 약 11년 간의 주둔 끝에 일본에서 철수한다. 일본국제항공공업은 이 기회를 놓치지 않고 방위청에 우토로의 토지반환을 요청한다. 미군이 반환한 토지를 방위청이 사들여 이듬해 2월에 자위대 기지를 설치, 현재 위치에 견고한 펜스가 세워졌다. 이로써 군사시설과 노동자들의 옛 함바, 이른바 '원인'과 '결과'를 절단하는 선이 그어졌다.

우토로 주변에 있던 일본국제항공공업 소유의 빈 땅은 농림수산성이 사들여 주변 주민들에게 싼값에 매각했다. 우토로 남동쪽에 농림수산성 소유의 토지가 일부 있었던 것도 그 이유이다. 그 한편으로 우토로만은 양도도 매각도 불하도 되지 않고 '불법 점거지'로 방치된 것이다.

제4장
언덕 위의 학교

'일본 국민의 영역'에 우토로 가옥이 '침입'하는 것을 막으려는 듯 콘크리트 벽이 서 있다.
그 위에 있는 건물이 우토로의 2세, 3세가 다녔던 니시우지중학교다.
학교는 그들이 <우토로의 재일조선인>임을 깨닫게 하는 장소이기도 했다.(2018년 1월 7일 촬영)

니시우지중학교에서 내려다 본 우토로 마을.
2세들이 교실에서 보았던 부락의 광경은 많이 달라졌다.(2015년 12월 16일)

니시우지중학교 아래의 자택에서
강제동원피해자 진상규명위원회의
취재에 응한 최중규(왼쪽 끝)와 아
내 석옥선.(중앙)
(2005년 4월 25일)

우토로 출신을 밝히거나 본명
을 쓸 수 없었다는 여광남.
(2016년 3월 10일)

송진우.(중앙에서 오른쪽) 과묵했지만, 집회나 시위는
빠지지 않았다.(1998년 3월 36일)

철거 차량의 진입을 막기 위해 연좌시위 연습을 하고 있는 신점순.(앞줄 오른쪽 끝)
옆에는 사이가 좋았던 김군자(오른쪽 두 번째), 황순례도 있다.(왼쪽 끝) (2005년 9월 25일)

30년 이상, 주민회 부회장을 맡은 가와모토 히데오.(하수부)
시영주택 착공 전 지진제에서 첫 삽을 떴다.(2016년 11월 7일)

정광자의 친족은 거의 북으로 귀국
했다. 자신은 시부모의 병환으로 일
본에 남았다.(2017년 9월 26일)

우토로에서 두 번째로 지은 기와집 자택에서 이야기하는 김교
일, 한금봉 부부. 식탁에는 김교일이 가장 좋아하는 꽃게탕이
있다.(2016년 2월 16일)

'토지 문제'가 해결되고 재개발이 시작되어 부지가 반듯해지기 전까지, 우토로 회랑 동쪽에는 그다지 높지 않은 언덕이 있었다. 이곳은 남서쪽 구미야마초久御山町까지 두 개의 활주로를 만들기 위해 우토로 서쪽부터 토사를 채취하며 동진한 흔적이다. 동쪽 끝 지점에서 급경사면을 만들며 공사가 멈추었고 약 5미터 높이의 '벼랑'이 생겼다. 이곳이 토사 채취장 종점이다. 이 지점에서 일본은 패전을 맞아 비행장 건설이 중단된다. 경사면과 벼랑 자체가 식민지배와 침략전쟁의 증인이다.

이윽고 깎아지른 듯한 벼랑은 콘크리트로 뒤덮였고, 벼랑 위에 설치된 펜스는 일방적으로 정해진 불법과 합법의 경계선이 된다.

벼랑 위에서 바라보면 목조가옥과 조립주택들이 거대한 판 초콜릿 같은 벽돌담을 향해 벼랑을 기어올라 경계를 부수려는 생물 같기도 했다. 펜스 너머에는 지금도 과거 국책회사의 부속병원을 그대로 쓰는 니시우지西宇治 중학교가 있다. 마을이 한눈에 내려다보이는 이 중학교에는 우토로의 많은 2세, 3세들이 다녔다. '빈곤', '차별', '태풍과 수해' 그리고 '귀국사업'……. 언덕 위의 학교는 특히 2세들의 다양한 기억과 연결되어 있다.

조건부 입학

병원이 학교로 전용된 시기는 1948년으로, 이곳에 구제久世중학교가 개교한다. 우지시宇治市와 인근 조요마치城陽町(현 조요시城陽市)가 협동조합으로 학교를 운영했다. 우토로에서 입학한 1기생은 3명, 그 중 한 사람이 황순례(黃順禮)다. 재일본조선인연맹(조련)에서 파견한 우토로 민족학교 강사가 추천해 입학했다.

"손 씨라는 분인데, 조선에서 대학인가를 나온 사람이 선생님으로 왔어. 친척이 우토로에 있는 사람이었어. 굉장히 몸집이 좋고, 배운 것도 많고. 여기 와서 곧바로 요샛말로 필드워크를 했어. '여긴 대체 뭐지?' 그렇게 생각했겠지. 엄한 선생님이었어. '일본인한테 지지 마라', '몇 점까지 안 나오면 못 쉰다' 그 덕분에 공부는 열심히 했지만. 우리 후배들 생각도 했던 것 같아. 내가 15세 때였나, '너희들, 지금까지 왜 일본학교에 안 갔냐'라고 했어. 그때는 일본의 중학교에서 우토로 사람은 안 받아 줬거든. 그래서 손 선생님이 구제久世중학교에 가서 아이들을 받아 달라고 하니까 '성적표를 갖고 오라'고 한 것 같아. 일단은 몇 명만 시험 삼아 받아 주는데 그 애들이 모범적으로 생활하고, 공부도 열심히 하고, 문제를 일으키지 않으면 다음 아이들도 받아 준다고, 그 조건으로 성적이 좋았던 3명이 먼저 들어갔지. 입학할 때 손 선생님이 '무조건 끝까지 해내라'라고 말했어."

"첫 번째 담임 별명이 '왕다리'야. 왜냐고? 그야, 다리가 컸으니까! 조선 애들은 일본 애들과 달리 책상 하나를 몇 명이 함께 썼어. 나는 찻잎 따기나 집안 일로 자주 못 갔는데, 후배들 생각도 해야 하니까 공부만큼은 열심히 했지. 3년 공부하고 3기생으로 졸업했어. 그 덕에 중학교를 나왔어. 감사하지. 그 다음에 모모야마桃山고등학교에 가고 싶어서 어머니한테 넌지시 보내줄 수 있냐고 물어봤는데, 그땐 너무 가난했잖아. 그 시절엔 장학금도 없었으니 포기했지. 어쩌겠어. 그 당시 이 마을 사람들은 대부분이 구제久世중학교, 니시우지西宇治중학교 졸업이 최종학력이야. 우리 동넨 아파치 부락이잖아. 먹고 사는 일이 제일 큰 걱정이었고, 또 여기서 그 이상 배운 사람은 다들 우토로 밖으로 나갔거든."

황순례는 이렇게 말하고 웃더니 '어쩌겠어'라는 말을 반복했다.

"그렇게 졸업하고 나서 조요시城陽市 데라다寺田에 있는 금사공장에 갔어."

금사 제조업은 우토로 여성들을 노동력으로 흡수한 조요시 남부지역의 자양산업이다. 황순례는 그곳에서 어떤 만남을 경험한다. "작업이 늦어진 사람이 있어서 도와주었거든. 그랬더니 어떤 사람이 나를 노려보며 손짓으로 '그만둬' 하는 거야. 집에 올 때 같은 전차를 탔는데, 내게 다가오더니 '너, 왜 도와줘. 다신 도와주지 마라' 하면서 남자 말투로 얘기하는 거야. '그 놈들은 우릴 얕잡아 본다'라면서."

공장에 있던 여성들은 같은 또래 피차별 부락민이었다.

"<동화(同和 피차별 부락을 가리키는 행정용어)>라는 말을 처음 알았어. 조선에서는 이미 양반 같은 말도 없어졌는데, 일본은 아직도 '동화'라는 차별이 있더라고. 같은 전차를 타면 처음에는 무서웠는데 대화를 해보니 됨됨이가 괜찮아. 마음도 따듯하고, 같은 여자이고. 당시 우리가 반(反)요시다(요시다 시게루 전 수상) 투쟁을 하고 있었는데, 친해지고 나서는 공장을 쉬고 와 주었어. 시위할 때도 옆에 있어 주고. 집에 놀러 와서 김치도 먹었어. 나도 놀러 갔었지."

황순례에게 또래 부락민과의 '만남'은 우토로 밖 사람을 처음 만나는 일이었을까. 이 당시 이야기만 나오면 그녀는 어느 때보다 더 달변이 되었다.

언덕 위의 학교는 초기에 조선인 아이들의 입학을 거부했다. 1948년은 제1차 조선인학교 탄압 시기다. 당시 일본정부가 추진한 조선인 교육정책은 '일본학교에 취학시켜라'(=조선인학교는 인정하지 않는다)였다. '여전히 일본 국적을 갖고 있어 취학의무가 있다'는 것이 이유였다. 우지시宇治市 교육현장의 경우 국가의 방침과 반대로 대응한 셈이 된다.

1952년 4월, 샌프란시스코 강화조약이 발표되자 일본정부는 재일조선인들의 일본 국적을 일방적으로 박탈한다. 그러자 문부성文部省은 1953년에 초등중등 교육국장 명의로 각 도도부현都道府縣 교육위원회에 <조선인의 의무교육 모든 학교 취학에 관하여>라는 통달서를 보낸다.

내용은 샌프란시스코조약 발효로 조선인 자녀도 일반 외국인과 동일하게 취급한다는 것이었다. 취학연령이 되어도 학령부에 등재할 필요도 없거니와 취학의무를 이행하는지 감독할 의무도 없다. 일본 공립학교의 의무교육 과정에 입학시킬 경우도 무상교육은 적용되지 않는다. 게다가 조선인 학부모가 자녀의 취학을 원할 경우라도 일본의 법령을 엄수한다는 조건과 취학할 학교 교장의 재량에 따라 사정이 허락하는 한 '입학을 허가'한다고 했다.

실제로 조선인 학생의 수업료를 징수한 사례는 듣지 못했다. 그러나 많은 지자체가 이 통달서를 근거로 조선인 학부모들에게 '일본의 법령에 따른다', '민족과목은 전혀 없다는 것을 인정한다', '학교질서를 어지럽히는 일은 절대 하지 않는다', '퇴학을 당해도 이의제기는 하지 않는다' 같은 <서약서>를 받는다. 통달서의 효력은 1966년 1월에 발효된 <한국인 법적지위 및 처우에 관한 협정>으로 무효가 되는데, '의무교육'이 아니라는 견해 자체는 지금도 변함이 없다. 재일在日 아이들에게 입학통지가 나온 것은 1991년 1월, 한·일 양국의 합의각서가 조인된 후 문부성 초등중등 교육국장의 통지(1월 30일)가 나온 이후이다.

한편 '1기생'들이 만든 입구를 통해 우토로의 2세들이 속속 중학교에 입학했다. 무엇보다 중졸학력은 취업을 위해 꼭 필요했다. 송진우(宋鎭佑 1937년생)도 이 학교에 입학한다.

2005년 이후, 우토로 집회소 북쪽에 있는 그의 자택에서 이야기를 들었다. 1세인 어머니 천정숙(千貞淑 1913년생)을 위해 800만 엔을 들여 개축한 기와집이다. 넉넉한 풍채에 머리 스타일은 스킨헤드. 상하 추리닝에 언제나 니트 모자 아니면 캡 모자를 썼다.

그는 고베시神戸市 나가타구長田區에서 태어났다. 오사카상선(현 미쓰이 상선)에서 일한 아버지는 군속으로 전쟁에 나가 전사했다. "사망통지는 왔어요. 숙부님이 보여준 적이 있는데 집을 다시 지을 때 없어지고 말았어. 유골도 없고, 어디서 돌아가셨는지도 알 수 없어요."

어머니는 송진우를 비롯한 세 자녀를 데리고 토목공사 인부였던 동포 남성과 재혼했다. "그 시절엔 여자 혼자 애들을 키우는 게 힘들었죠. 그래서 재혼하셨을 겁니다."

함바를 전전하는 생활이 시작된다. 원자폭탄이 투하되었을 때는 히로시마 산간지역에 있었다고 한다. 간신히 교토 시내로 들어와 살다가 조요城陽를 거쳐서 우토로에 들어왔다. 1947년 무렵이다.

부모를 따라 함바를 떠돌았던 그였지만 당시 우토로의 현실에는 입을 다물 수 없었다. "전부 판잣집을 짓고 거기서 살았어. 사람 살 곳이 아니라고 생각했지만 눈비는 피해야 했으니까. 애들 힘으로는 어찌해 볼 도리가 없었지. 부모를 따라갈 수밖에 없잖아요. 아버지도 기술이나 학력이 있는 것도 아니었으니 막노동 말고는 할 수 있는 게 없었겠지."

아버지는 토목공사 일을 나갔다. 어머니는 찻잎을 따거나 농사일을 도왔다. 빈 시간에는 미군 훈련장에 숨어 들어가 탄피 등을 주워 모아 고철상에 팔았다.

"먹는 일이 가장 큰일이었지. 아버지는 하루에 250~300엔 정도 벌었어. 막노동은 비가 오면 못 하니까 일하는 날이 한 달에 겨우 20일 정도. 먹을 것도 없고, 입을 것도 없었어." 같은 얘기는 잘 안 하는 그가 여러 번 했던 얘기는 수해에 관한 기억이다. "비가 내리면 웅덩이가 생겨, 여기는 지대가 낮잖아요. 토방까지 물에 다 잠겨서 밥도 할 수 없었어."

의붓아버지는 매일 밤 술에 취했고 때때로 난동을 부렸다. "술버릇이 안 좋았어. 취하면 내가 당했거든. 저항도 못해. 집안을 때려 부수지는 않았지만 대신 두들겨 맞았지. 맞다가 밖으로 쫓겨나서 밤새도록 방황한 적도 있었고."

나를 바라보던 동그란 눈이 허공을 향한다. "음, 의붓아버지였으니까. 말하자면 드라마 같은 얘기예요. 화풀이를 나한테 했어." 그러고는 시선이 다시 돌아온다. "뭐, 힘들었겠지. 화를 풀 곳이 없었던 거야. 그렇게 긍정적으로 생각하면 어느 정도 용서가 되긴 해. 폐허 속에서 우리를 키워 준 건 그래도 고맙게 생각해야겠지. 부정적으로만 생각하면 모든 게 발전이 없으니까."

성인이 된 후 그는 기억조차 없는 친부의 존재를 증명해서 자신과의 접점을 찾으려 한다. 가슴에 쌓여 온 의붓아버지에 대한 반발과 분노가 이유였다고 한다. 전몰자 유족에게 지급되는 연금을 알아보면 찾을 수 있을 것 같았다. "아버지는 일본의 전쟁으로 죽었잖아요. 그 증거로 유족연금이 나오지 않을까 하는 생각에 성인이 된 후 여러 번 사회보험사무소에 가서 물었지만 소용없었어. 국적 때문에 문전박대를 당했으니까."

　대부분의 2세와 마찬가지로 송진우도 우토로의 민족학교에 입학, 1949년의 조선학교 폐쇄령으로 학교가 문을 닫자 '전학'했다. "민족학교에서 일본학교로 가게 됐는데, 우리는 일본어를 읽고 쓰지 못했어. 그래서 나이를 두 살쯤 낮춰 들어갔는데도 따라갈 수가 없어서 힘들었어."

　소학교를 졸업하고 구제旧制중학교에 들어갔다. 당시 동쪽 끝에 있는 벼랑은 콘크리트로 메워져 있지 않고 울타리에 철사 줄을 감아 놓은 상태였다. 우토로에서 학교에 가려면 마을 북쪽에 있는 시 도로를 수백 미터 걸어 올라가서 남쪽으로 꺾어져 정문으로 들어가야 했는데, 송진우와 우토로 아이들은 막아 놓은 경계선을 '정면 돌파'했다. 1세 어른들의 피땀이 스며든 경사면을 아이들이 기어올라 울타리를 비집고 하나 둘 학교로 들어갔다. 매일 아침마다 벌어지는 광경이었다고 한다. 중학교 교원들도 아무 말 하지 않았다.

　학교 시절 기억나는 것은 신발이 없어 고무로 만든 조리를 신고 다녔고, 허기를 참으며 의자에 앉아 있던 일이다. "일본 사람도 가난했지만, 우토로 애들은 거의 도시락을 못 싸왔어. 배가 고팠지만 할 수 없었지. 수업도 듣는 둥 마는 둥, 그렇다고 남의 도시락을 뺏을 순 없지. 일본은 법치국가니까."

　'일본은 법치국가니까' 송진우가 입버릇처럼 한 말이다. 그러나 그를 일본인과 준별해 모든 권리의 틀 밖으로 내몰고 '전후 보상'이라는 친부와의 끈을 잘라버린 것도 그가 말한 '법'이다.

　학교에서는 우토로 마을에 대한 시선도 느꼈다고 한다. 반 친구들이 자신들을 두려워한 것이다. "싸움 같은 건 별로 없었지, 없었다기보다도 말을 걸지도 않았어. 우토로라고 하면 일단 겁을 먹는데다, 우리가 반장 노릇을 했으니까 꽤 영역이 넓었어. 요즘 문제아들처럼 애들을 괴롭히거나 돈을 뺏는 짓은 안 했어."

　"그렇게 무서워했나요?"

"그야 당연하지. 학교에서 부락이 훤히 보였거든. 게다가 허구헌 날 경찰들이 수색하지, 다들 돼지를 키우지, 말하자면 우토로는 슬럼이고, 앙코アンコ동네야. 지금의 니시나리西成 (여기서는 '가마가사키釜ヶ崎' 지역을 가리킴) 같은 존재였어. 그러니 애들이 지레 겁을 먹었던 거지."

중학교에 다녔던 2세들은 부락을 '슬럼'이라 부르는 이들이 적지 않다.

'앙코'는 하루벌이로 살아가는 건축공사장 인부를 가리키는 멸칭이다. 일거리를 기다리는 사회 저변 노동자들을 깊은 바다 밑에서 먹잇감을 기다리는 아귀アンコウ에 빗대어 부른 속어다.

중학교를 졸업한 후에는 의붓아버지처럼 '앙코'가 되었다. "배운 것도 기술도 없으니 그쪽으로 갈 수밖에. 중학교 선생도 아무런 조언을 안 해줬고. 주위에 전부 막노동 하는 사람들밖에 없었으니까. 인력소개소에도 갔어. 니시나리西成에도 갔었고. 센터(당시 노동복지센터)에도 가서 마구 따졌더니 실업수당을 주더라고. 빌딩 공사도 했고. 그때는 고층빌딩이 별로 없었어. 가설 공사를 하거나 철골 공사, 그런 일을 했어요."

고소 작업이 특기였다. 작업 특성상 위험수당이 붙었지만 '그다지 많지는 않다'고 했다. "힘들기만 해. 작업이 매일 있으면 좋지만 평균적으로 한 달에 20일, 1년에 240일이야. 샐러리맨 같으면 보너스도 있고 수당도 있지만 우리 같은 사람은 1회용이야. 다음 날 불러 주지 않으면 그날은 공치는 거지. 그러니 일이 끝난 후 술이라도 사며 친해져야 해. 사람들을 만나다 보면 노후자금 같은 건 모을 수도 없지만 그렇게라도 안 하면 일을 부탁하기 어려웠으니까."

동포 여성과 결혼도 했었지만 이혼했다. 중학생과 소학생이던 두 아이는 엄마가 데려갔다. "앙코한테는 힘들어요. 애들을 제대로 키울 수 없어. 일을 해야 하니까 애들을 돌볼 수도 없었지. 남자는 모자부양 수당도 안 나왔고."

1990년대에 들어설 때까지 하루벌이로 일하며 살아왔다. '고용인'이 '사용인'의 자리를 꿈꾸는 것은 자본주의 사회의 '관습'이다. 부락에도 그 계단을 오르려는 이가 많았다. 다른 미래를 꿈꾸었던 적은 없는지 물어도 그는 '앙코는 소용없어' 이 말만 되풀이했다.

나도 신문사에 들어가기 전에 공사장에서 막노동을 하며 밥을 먹었던 '앙코'였다. 그에게서 느껴지는 체념과 일종의 '상승지향'의 부재는 과거에 내가 만난 몇몇 '동료'들과도 공통되었다.

'앙코'에 관해서는 오히려 그가 나에게 질문한 적도 있다. "하나 묻고 싶은데, 왜 앙코에서 신문기자가 됐어?" 공사장 인부들에게 관심이 많았던 어릴 때부터 무언가 표현하는 일을 하고 싶었고, 신문기자는 그 계기가 될 거라 생각했다……. 앞뒤가 맞지 않는 내 대답을 듣고는 잠시 침묵한 그가 이렇게 말했다. "그건 자네가 일본인이라 그렇지, 그래서 회사도 취직한 것이고."

그렇게 모은 돈으로 그는 어머니를 위해 판잣집을 기와집으로 개축했다. 토지 문제는 그 직후에 일어난다. 그 또한 법정에서 증언을 했는데, '토지 문제'에만 연연하는 법정은 그들의 역사성은 일고조차 하지 않았다. "어쩔 수 없다니까, 법은 강한 자의 편이야. 우리한테는 아무 것도 아냐. 일본은 법치국가니까." 이렇게 말하고는 늘 그렇듯 내 눈을 깊이 쳐다보았다.

토지 문제에 출구가 보이기 시작해 마을 입간판들이 바뀌기 시작한 2007년 12월이 그와 제대로 된 이야기를 한 마지막이었다. 소감을 묻자 "뭐, 잘됐지…."라며 쓸쓸히 웃었다. 토지 문제가 해결됐다는 건 어머니를 위해 새로 지은 집이 철거됨을 의미했다.

학교에 다닐 수 없는 '현실'

송진우 이후로도 우토로의 2세들이 차례차례 니시우지西宇治중학교에 입학한다. 하지만 장기 결석 없이 학교에 다닌 아이는 드물었다. 특히 1950년대 전반에 학령기를 맞은 대부분의 아이들에게 '중학교 시절'은 수업이나 학우들과 보낸 시간보다 학교에 가지 못한 기억으로 각인되어 있다.

그 가운데 한 사람이 한금봉(韓金鳳)이다. 1938년에 오사카에서 태어나 우토로에 온 것이 1944년, 6세 때다. 어머니의 재혼 상대가 함바에 살고 있었다.

"새아버지는 막노동 일을 하고, 어머니는 밭일을 하러 다녔어요. 그 당시 집 앞에 논이 있었는데, 나는 소학교를 쉬고 참새를 쫓거나 빈 시간에는 애들이랑 모여서 깡통 차기를 하며 놀기도 했어. 남자 애들은 딱지치기를 했었죠."

해방이 된 후 그녀의 일은 식재료를 모으는 것이었다. "구미야마久御山 산에 가서 고구마줄기 같은 걸 주웠어. 또 농부들이 이따금 수로를 막아 주면 물고기나 새우 같은 걸 잡기도 했고. 생선가게에서 살을 발라내고 버리는 걸 받아 와서 시래기를 넣고 삶기도 하고. 그런 것밖에 못 먹었어."

어렵사리 우토로에 만들어진 민족학교에 다녔지만 1년 만에 일본학교로 '전학'한다. '의붓자식'이라는 사실이 부담이었다고 한다. 부락 내 농밀한 인간관계가 고스란히 연장되는 민족학교가 버거웠다고 한다.

코트 같은 옷이 잘 어울리는 큰 키에 눈매와 콧날이 또렷한 이목구비다. 처음 만났을 때 할리우드 배우인 시고니 위버나 수잔 서랜든과 닮았다고 생각했다.

그런데 그녀에게는 키가 큰 것이야말로 괴로움이었다.

"키가 크니까 늘 고개를 움츠리고 다녔어. 옛날 사진을 봐도 등이 굽어 있어요. 두 살 늦게 학교에 들어간 데다, 조선인이라는 것 때문에 주눅이 들었지. '조센징, 마늘 냄새!' 하며 괴롭혀도 대꾸조차 못했고, 아예 그런 애한테는 가까이 가려고도 안 했어. 때때로 일본 아이가 고무줄놀이에 끼워 주면 너무 좋았지만, 다음 날이 되면 역시나 따돌렸으니까…. 그러니 자연히 우토로 애들끼리만 놀게 됐지."

14세에 구제久制중학교에 입학했는데 우토로 출신임을 숨겼다. "당시엔 다들 돼지를 키웠어. 우리도 잔반을 모아다 여물로 주기도 했는데, 우토로 말고는 그런 일을 안 해. 우토로에 있으면 못 느끼지만 다른 데 갔다가 이세다伊勢田 역에 내리면 '코를 찌르는' 냄새가 났지. 학교에서 친구들이 '집이 어디야?' 하고 물으면 '저-쪽' 하며 전혀 다른 곳을 가리켰어.(웃음) 금방 들통날 거짓말을 했지. 지금은 아냐, 당당하게 말하지. 또 도시락은 반찬으로 싸 갈 것이 없으니까 점심시간이 되면 울타리를 빠져나와 집에 가서 먹고 똑같은 길로 허둥지둥 학교로 돌아왔어."

생활고는 이런 학교생활조차 허락하지 않았다. "쇳조각을 주우러 긴테츠近鉄 전차를 타고 호소노(祝園, 현 세이카초精華町) 같은 곳에 갔어. 우토로에 온 후로 남동생이 태어났지. 어머니는 니시무라西村 차 도매상으로 일하러 갔어요. 4, 5월은 찻잎 따는 계절이잖아. 막 태어난 동생을 돌보느라 난 학교엔 가지 못했어. 젖 먹을 시간이 되면 내가 동생을 안고 차밭에 있는 어머니한테 데려가야 했으니까.(웃음) 찻잎 따는 것도 도와야 했는데, 학교에 가면 늘 이지메를 당하고 괴롭혔어. 차별이 심했지. 조선인이라는 이유로 항상 무시를 당했으니까. 학교를 자주 쉬니까 더 괴롭혔던 것 같아. 원래 내성적인데 점점 더 말도 없어지고 조용히만 지냈어. 괴롭혀도 꾹 참기만 했지. 반론도 잘 못했고. 가능한 안 당하려고, 눈에 띄지 않으려고 얌전히만 지냈어. 지금은 그렇지 않지만 점점 말을 안 하게 되었지. 어린 시절이 제일 중요하다고 생각해요. 그러니까 성격이 어두워질 수밖에…. 지금은 다르지만."

리듬을 타듯이 '지금은 다르지만'이라는 말을 반복했다. '토지 문제'가 일어나자 이에 대응하기 위해 1989년에 발족한 주민회 부인회에서 그녀가 초대회장에 취임해 2년 동안 주민들과 함께했다. 부인회장을 하면서 사람들 앞에서도 이야기를 할 수 있게 되었다고 한다. 여러 차례 '지금은 당당하지'라는 말을 하며 웃었는데, 과거의 빈곤과 차별당한 억울함, 슬픔을 털어놓고는 웃음으로 그것들을 덮는 것 같았다. 그렇게 그 시절을 정리하고 기억의 서랍에 차곡차곡 보관해 가는 느낌이었다.

"학교를 못 가서 더 주눅이 들었을 거야. 한 달 정도씩은 못 갔거든. 그러니 그동안 배운 걸 다 까먹지.(웃음) 그래서 공부는 싫어. 특히 난 영어가 지금도 너무 싫어!"

떨쳐버리려는 듯 웃던 눈에 어느새 눈물이 가득 차오르더니 입꼬리가 떨렸다.

"학교에 갈 수가 없었어…. 그래서 지금도 어려운 한자는 모르고, 로마자도 읽을 줄 몰라. 알파벳도 전혀 못 읽고. 아무 것도 모른 채 중학교를 졸업했어. 사실 난 공부가 참 좋았는데. 좋았지만 이해할 수가 없으니까 싫어질 밖에……. 사실은 정말 학교에 가고 싶었는데…."

고교 진학은 생각할 수도 없었다. "우리 집이 제일 가난했으니 힘들었지. 그 시절엔 취업반 같은 건 없었어도 졸업할 때 담임이 좋은 사람이어서 면접에 두 번 같이 가 주었는데 모두 안 되었어. 역시 조선인은 안 되는구나 싶어서 포기했지. 다 잊었다 싶었는데, 그때 생각을 하니까…. 옛날에 힘들었던 일들은 다 잊고 싶지. 지금은 행복하지만."

인근의 금사공장에서 반년 정도 일한 후 오사카에 사는 할머니의 권유로 우토로 밖으로 나간다. "고모 집에서 식모살이처럼 지내기도 했고, 양재학교에 보내 줘서 다니기도 하고, 메리야스공장에서 일하기도 했지. 그래도 나를 아껴 주어서 지내는 동안은 힘든 건 없었어."

23세 때, 우토로의 지인이 운동회가 열리니까 놀러 오라는 말을 듣고 우토로에 다시 왔는데 몇 번 본 기억이 있는 남성이 있었다. 김교일이다. 운동회는 핑계였고 사실은 선이었다. 한 살 차이의 또래였지만 마을에 살았을 때는 동쪽과 서쪽 끝이라 거의 만난 적이 없었다. "이웃사람이 둘 다 가난하고 비슷한 처지니까 사이좋게 잘 살거라며 소개했는데, 어쩌다 보니까 같이 오사카에 가서 고분도 구경하고, 그 다음은 뭐, 일사천리야."(웃음)

1952년에 결혼했다. "결혼식은 예전 학교였던 지부 사무소에서 했어요. 돈이 없어서 신혼여행도 오고토雄琴 온천으로 1박 2일 갔다 왔지. 다녀와서는 곧바로 일을 했어."

김교일에게도 중학교는 '의무교육과정 수료' 학력을 받은 곳에 지나지 않았다. 소학교를 졸업하자마자 일을 시작해 16세가 되어서야 중학교에 갔는데, 거의 출석을 못하고 19세 때 중학교를 졸업했다.

전라남도 출신의 부모 밑에서 그는 효고현兵庫縣 아카시시明石市에서 태어났다. 세살 많은 누나와 남매. 너무 어려서 장소는 기억나지 않는다고 했는데, 토목공사 현장 몇 곳을 전전하다 일본이 패전하기 직전에 아버지가 비행장 건설 일을 하게 되어 우토로로 이주했다. "아버지는 국책회사의 사원이었어요. (함바) 조장도 했고, 배급품도 관리했어요. 당시 쌀은 이미 없었고, 담배와 건빵, 설탕을 사람들 집에 나눠 주러 다녔어요."

그러던 중 일본이 패전을 맞는다. 중노동에 대한 반동이었는지 아버지는 도박에 빠져들었다. "어디서 그렇게 돈을 구하는지 모르겠지만, 주머니에다 집어넣지도 못할 만큼 돈이 있었어. 보자기에 싸서 허리에 둘러매고 밖에 나가니까 사람들이 '보따리'라고 불렀어." 계속 돈을 잃자 어머니한테 돈을 내놓으라고 하는 모습도 여러 번 보았다. "치마 끝을 잡아끌며 돈 내놓으라고. 경찰에 붙잡혀서 데리러 간 적도 있어. 그래서 난 도박은 일절 안 해요. 아버지 이름? 글쎄, 생각이 안 나네." 알고는 있지만 입에 담고 싶지 않은 것 같았다. 자신이 정한 '규범'을 언급할 때는 그을린 얼굴의 온화한 눈빛이 이내 날카로워진다.

김교일의 아버지는 귀국할 짐을 꾸리던 친척을 돕다가 짐칸에서 떨어져 입원했다. 살림을 도맡은 사람은 어머니였다. 그러던 어느 날 아버지가 급사한다. "퇴원하고 집에서 요양을 했는데, 씻을 곳이 없으니까 지금의 조난城南근로자복지회관(우토로 남부에 인접한 교토부의 공공시설) 근처에 있는 연못에서 몸을 씻었어요. 그땐 목욕탕 같은 것도 없었지. 아침부터 밤까지 힘들게 일하니까 거기서 씻는 사람들이 많았어요. 몸이 약해진 상태라 거기서 아마 심장마비 같은 걸 일으킨 것 같아요."

김교일이 우토로 민족학교 1학년에 다닐 때였다. 연못에 사람이 빠졌다는 말에 친구들과 마을 어른들과 함께 달려간 그가 본 것은 전혀 다른 모습의 아버지였다.

어머니가 일을 나갈 수밖에 없었다. "일본인도 일거리가 없던 시절이야. 어머니는 일본어를 못합니다. 쇳조각이나 알루미늄, 구리선 같은 걸 주워 모았어요. 조요시城陽市 나가이케長池에 있는 사격훈련장에 가서 탄피 같은 걸 주워 보자기에 싸서 짊어지고 왔어요. 그걸 일일이 분리해서 돈으로 바꿨어. 그것만으로는 생활이 안 되니까 벼농사를 돕기도 했어, 찻잎 따기도 했고. 한 달에 몇 번은 산에 가서 소나무 가지나 나뭇잎을 주워 와서 밥을 짓는 땔감으로 썼어요. 그건 나도 누나도 했습니다. 때때로 밤에 어머니가 막걸리를 마시며 우셨어요, 견디기 힘들었던 겁니다."

김교일은 어머니의 뜻에 따라 일본학교인 오쿠보大久保소학교로 전학한다. "내가 열 살 때입니다. 일본말 '아, 이, 우, 에, 오'도 모르는 걸 더 이상 놔둘 수 없었던 모양이에요." 그의 말에서 고생한 어머니에 대한 마음이 묻어났다. 그 후 언덕 위에 있는 중학교에 입학한 것이 16세 때였다. 공부가 싫었다고 했지만 그럼에도 학교에 간 이유는 '중학교를 나와야 취직을 할 수 있고, 빨리 돈을 벌어 어머니를 편하게 해주고 싶은 마음' 때문이었다. 중학교 1학년 때 어머니와 약속했다. "언젠가는 꼭 일본사람들처럼 기와집에서 살게 해 줄게."

중학교 동급생들 중에는 우토로 출신도 많았는데, 언덕 아래 부락은 분명히 있었지만 존재하지 않는 곳이었다.

"어이없던 일은 선생이 도시락을 싸 오라고 한 겁니다. 쌀은 물론이고 도시락에 넣을 반찬도 없었어요. 선생이 학생의 그런 사정도 모른 채 교육을 했던 거죠. 그건 조선인 차별이라고 생각했어요. 우토로 애들은 대부분 집으로 밥을 먹으러 갔어요. 그것도 '먹을 것이 있는 사람'만입니다. 보리나 감자밖에 없는 집도 있었으니까." 중학교 1학년 때부터 돈을 벌기 시작했다. 5월이나 6월, 한 달 간은 학교에 가지 않고 인근의 차 도매상에서 찻잎을 땄다. 집에서는 돼지도 키웠다.

"돼지를 잡는 것이 보통 일이 아니라 새끼돼지를 사서 어느 정도 키워 팔았어요. 한 마리에 300엔 정도였어. 돼지우리 청소나 잔반 모으는 일 때문에 공부할 시간도 놀 시간도 없었지. 몸이 다 자란 후에는 나도 막노동 일을 시작했어요. 중학교 3학년 때는 기후현岐阜縣 나카츠가와中津川까지 가서 여름방학 동안 먹고 자며 일했어요. 왜 그리 멀리 갔냐고? 동급생들한테 들키는 게 싫었으니까. 막노동을 할 때는 한겨울에 시멘트를 바르는 일이 정말 힘들었지. 목욕탕도 거의 문 닫을 시간에 갔어. 여물을 끓이다 말고 목욕탕에 갔는데, 와 보니까 돼지우리가 타버린 적도 있었어."(웃음)

중학교 시절에 대해 물어도 '일'에 관한 이야기로만 흘러갔다. 당연한 일이겠지만 졸업에 필요한 출석일수가 문제였다. "185일이 필요한데 모자랐어. 그래도 학교에서 사정을 생각해서 잘 봐 주었지. 열 살에 소학교에 입학해서 중학교 졸업까지 9년, 정말 길었습니다."

이후로는 말 그대로 소처럼 일했다. "일하고 또 일하고, 날이면 날마다 일을 했으니까. 어떤 일이든 남보다 두 배는 했어. '철인 같다'는 말을 들었을 정도니까."

염색공을 시작으로 토목공사장 막노동을 해 돈을 모은 후 트럭을 사서 운수업을 시작했다. 돼지도 계속 키웠고 폐품수거도 하면서 건설회사를 차린다. 사업이 궤도에 오르자 별채를 지어 오사카에서 스카우트한 직원들을 그곳에서 지내게 했다. 식사 준비는 아내 한금봉이 도맡았다. "장정들이 10명 정도였으니까 만만치가 않았지. 날마다 맛있는 것을 먹여야 되잖아요. 음식 맛? 직원들이 '자네, 바로 간판을 내걸어도 인기 좋겠어.'"(웃음)

한편 과중한 노동으로 허리를 혹사한 김교일은 취재가 진행 중이었던 2000년도 무렵에는 이미 지팡이를 손에서 놓지 못했다. 그것도 '명예'였다. "남에게 '힘들다'는 얘기는 절대 안 했어요. 난 고생이라고 생각 안 했으니까. 아버지가 일찍 죽고 나를 마흔에 낳은 어머니를 생각해서지. 밤중에 부엌에서 혼자 막걸리를 마시며 울고 있는 모습이 머릿속에서 떠나지를 않았어."

그를 쉼 없이 일에 몰두하게 한 것은 어머니에 대한 심정이었다. 전쟁 기간과 전쟁이 끝난 후의 생활고는 말할 것도 없지만 김교일의 통한은 '귀국'

이었다. "돌아가고 싶다고 하셨어요. 하지만 내가 말을 알아듣지도 못했고, 글자도 몰랐으니까. 어머니가 고향에 돌아가면 내가 어머니를 볼 수 없었고. 결국 나밖에는 없으니까 포기하신 겁니다."

어머니는 계속해서 일을 했다. 1958년, 우지시에서 실업대책사업이 실시되자 노동시장에서는 고용을 꺼렸던 무자격자, 저학력자, 고령자들이 일할 곳이 늘어났고, 어머니는 그곳에서 알선한 일을 다니며 아들이 생계를 도맡은 후에도 그만두지 않았다. "일을 나가셨다가 돌아오는 길에 손자에게 줄 과자를 사 오세요. 그리고 고철, 구리선 같은 걸 주워 오시죠. 버스를 타고, 전철을 타고 집에 오면 부엌에 펼쳐 놓고 못 같은 게 얼마나 되는지 살펴보는 게 낙이었습니다. 그 돈으로 손자에게 이것저것 사 주시죠. 결혼식 때 내가 손목시계를 못했다며 사다 주신 적도 있어요. 집사람과 말다툼을 해도 언제나 집사람 편입니다. 원래도 가냘픈데 일을 너무 많이 해서 더 야위셨죠."

기력을 잃은 어머니는 입원을 하게 되었고 1970년에 73세로 세상을 떠났다. "'집에 데려가 달라'고 하셨는데 병원에 계시라고만 했으니, 그대로 병원에서 돌아가셨어요. 집에 모시고 오지 못한 내 잘못이 커요, 후회가 됩니다." 김교일의 아들이자 나중에 아버지의 회사를 물려받은 가네야마 겐이치(金山源一 1964년생)는 할머니의 장례식을 선명히 기억한다. "'어머니, 저를 용서해 주세요', '고생만 시켜서 죄송합니다' 관을 붙잡고 오열하셨죠. 출관하는 차를 울면서 쫓아가다 땅에 엎드려 통곡을 하셨어요. 그런 아버지의 모습은 그 전에도 그 후로도 본 적이 없습니다."

집을 개축하는 일은 어머니에 대한 '조문'이기도 했다. 집 주변의 오래된 판잣집을 사들여 철거하고 조립주택에 잠시 옮겨 지내며 1년에 걸쳐 새로 지었다. 한금봉의 말이다. "상량식 날은 뭐, 북적북적했어요. 나는 대접할 음식을 하느라 정신없었지만.(웃음) 새집에 처음 들어갔을 때요? 관광지 호텔 아닌가 싶었어." 기와를 올린 집은 1977년에 완공되었다. 우토로에서 두 번째로 지은 기와집이었다고 한다.

어머니를 위해 지은 이 집이 축하객을 환대하는 장소가 되었다. 집 구경을 하고 취재와 조사 등 용무가 일단락되자 축하연이 시작되었다. 실내에는 꽃게탕이, 바로 옆 주차장에서는 숯불고기가 단골이었다. '손님들이 오면 얼마든지 술이 들어가거든'이라며 웃었는데 그는 우토로의 환대 문화를 상징하는 인물이었다.

그리고 김교일은 'respectability(사회적 가치관)의 정치'를 준수하는 인물이기도 했다. 후술하겠지만 강제퇴거 소송에서 패소가 농후해진 1992년에 주민회장으로 취임한 영향도 큰 것 같다. 정치적 입장에서 우토로의 위생문제까지, 시민적 가치관에 저촉될 만한 견해와 사실은 언급하지 않는 태도를 고수했다. 부부가 나란히 앉아 인터뷰를 한 적도 있는데 스스럼없이 말하는 한금봉을 매번 김교일이 제지했다. 이런 모양새다.

— 한국에 간 적이 있나요?

"단체 성묘를 갔을 때였나. 나는 그때 조선적이어서 입국이 어려웠어요. 총련이 '안 된다'고 하니까 오래 못 갔는데, 나중에 한국 국적으로 바꿨죠."(한금봉)

"아니, 그건 아니지. 애들도 여기저기 가고 싶어 할 테니까 애들을 위해서라고 생각했지. 그래서 해외에도 갈 수 있게 됐어. 집사람은 몇 번 갔지만 나는 해외엔 한 번도 안 갔어요. 한국? 한국은 내 나라니까 외국은 아닙니다."(김교일)

— 우물이 오염되어서 힘들었다던데.

"옷이 너무 빨리 누렇게 변해. 우물물도 자주 말랐고."(한금봉)

"아니, 그런 일은 없었지."(김교일)

— 돼지 냄새가 굉장했다던데.

"이세다伊勢田 역에 내리면 냄새가 코를 찔렀어."(한금봉)

"……나는 그렇지 않았어, 쓸데없는 얘긴 안 해도 되는 거 아닙니까?"(김교일)

그는 자주 '우토로에는 좋은 면과 나쁜 면이 있다'고 말했다. 늘 일본의 다수자에게도 통할지를 생각해서 그 기준을 충족하는 '좋은 점'을 외부에 알리는 것이 주민회장의 역할이라고 여겼다. 사법판단으로도 권리를 인정받지 못한 이상, 상황을 타개할 수 있는 길은 다수자의 이해와 지원을 얻는 수밖에 없다고 생각한 것이다. 끊임없이 일해서 회사를 차린 일종의 성공담이나 '어머니'에 대한 심정을 오랫동안 얘기해 온 것도 그것과 연관된 것이 아닐까 생각한다.

차별의 기억

니시우지西宇治중학교 창립 30주년을 기념해 1977년에 발행된 『나날이 새롭게』라는 기념지가 있다. 역대 교사들과 졸업생들이 직접 쓴 다양한 추억들이 100페이지 정도에 걸쳐 수록되어 있다.

과거 야전병원이었던 이 학교는 교실로 사용할 수 있는 곳이 많지 않아 오전과 오후로 나눠 2부제 수업을 했다. 수업시간에 교사와 학생들이 함께 땅고르기 작업을 하기도 했다. 목조건물이라 걸을 때마다 삐걱거려 밤이 되면 교사들도 무서워했다는 얘기도 있었다. ― 조선인 졸업생의 얘기로는 유령이 나온다는 소문도 돌았다. 바로 옆에 있는 미군들에게 부탁해 '훈련' 명목으로 운동장을 다졌다는 일화나, 천장에 숨어든 개구쟁이들이 지붕을 발로 차는 바람에 마치 오브제처럼 발이 튀어나왔던 사건 등 왕년의 모습을 엿볼 수 있다.

학교가 설립된 직후를 묘사한 글에는 미군기지에 대한 언급이 많이 나온다. 울타리 사이로 가시철선이 쳐지고 자동소총을 든 보초병이 지켰다. 기지 내 도로는 깨끗이 포장되어 있었고, 젊은 군인들이 수영장에서 물놀이를 하고, 기름진 음식 냄새가 실려 왔다. 당시 일본의 일반 가정에서는 상상조차 할 수 없는 모습이었다.

하지만 그들은 분명한 폭력장치였다. 어느 날 캠프 쪽에서 '탕탕탕' 총소리가 났다. 학교 옆에서 미군 병사가 심심풀이로 솔개를 향해 총을 쏜 것이다. 기지 안으로 공이 날아간 적도 있다. 머뭇머뭇 제스처로 '대화'해 공을 돌려받은 얘기도 있다. 제 세상처럼 굴던 미군기지가 일본의 경찰예비대로 바뀌자 안도했다는 얘기도 있다. 일본학생들에게 학교는 '패전국 국민'임을 통감하게 하는 장소이기도 했다.

한편으로 많은 관계자들이 회고한 기록에는 학교 서쪽에 있던 또 다른 '점령지(우토로)'나 그곳에서 통학한 동급생들의 이야기는 찾아볼 수 없었다. 판잣집 부락을 무시한 것은 일종의 배려나 자기규제가 작동했던 것일까. 혹은 눈앞에 있음에도 그들에겐 보이지 않는 장소였던 것일까.

더불어 또 다른 점이 눈에 띈다. 기념지에는 많은 학생들이 등장하는데, 조선인 본명으로 쓴 기록이 없다. 1950년대 구제久制중학교 시절의 졸업앨범을 몇 해에 걸쳐 살펴보아도 본명을 쓴 조선인 학생은 찾을 수 없었다.

니시우지西宇治중학교 졸업생인 2세 여광남(余光男)의 말이다. "본명을 쓰면 일상생활을 할 수 없지, 하물며 예전에는 우토로라는 것만으로도 상대해 주지 않았으니까. 지금이야 마을에 자전거를 타고 지나가는 사람도 있지만 옛날엔 없었어. 그만큼 좋아졌는지도 모르지."

토지 문제가 난항을 겪었던 2000년대 중반, 지금은 철거되어 사라진 그의 집에서 몇 차례인가 이야기를 들었다. 과도한 음주로 일을 할 수 없게 된 아버지를 대신해 홀몸으로 자식들을 키워 온 어머니 정귀련(鄭貴漣)이 편안한 여생을 보낼 수 있도록 종합설비 일을 하는 틈틈이 3년에 걸쳐 지은 집이었다. 그만큼 애착이 깊었다.

우토로 긴자 거리에서 남쪽에 있는 그의 집 앞에는 당시에도 사용한 커다란 우물이 있었는데 귀를 기울이면 실내에서도 모터소리가 들릴 정도였다.

여광남은 니시우지西宇治중학교를 졸업한 후 취직을 하고 곧바로 결혼했다. 한때는 시가현滋賀縣에서 살았는데 아이들이 독립한 후 우토로로 돌아왔다. "우토로의 옛 모습을 모르는 3세, 4세들은 학교 진학 등으로 외부로 나간 사람도 많고, 그대로 안 돌아온 사람도 많아. 지금도 우토로에 가정을 꾸린 3세는 몇 안 될 걸. 그래도 난 2세이니 이곳에서 죽어도 나쁘지 않다고 생각해."

기억이 선명한 시기는 해방 직후라고 한다. "당시엔 함바에 사람들이 아주 많았어, 인부들이 높은 언덕으로 데려가 줘서 놀기도 했지." 마을 동쪽 끝에 있는 경사면을 말하는 것이다. 벗어진 이마와 햇볕에 그을린 얼굴, 동그란 눈이 다양한 표정을 만들어 냈다.

그가 학교에 입학할 나이가 되었을 때는 민족학교가 없어져 오구라小倉소학교 내 민족학급에 다닌다. "수업 태도는 안 좋았지.(웃음) 우토로 동급생도 5, 6명은 있었어. (소학교 옆에 있는) JR역 동쪽이 대나무 밭이라 아침에 학교에 갈 때 다 같이 대밭에 들어가 하루 종일 놀았지. 토끼 같은 것도 있었어." 천진난만하게 산과 들을 뛰놀던 시절을 떠올리자 동그란 눈이 한결 더 풍부한 표정을 지었는데, 하루의 대부분을 밖에서 보낸 것은 놀기 위해서만이 아니었다. '바깥' 세계를 알게 된다는 것은 3평 남짓한 방 두 칸에서 13명의 식구가 생활하는 자신의 처지를 자각하는 일이기도 했다.

"당시 우리집은 볏짚을 덮어서 만든 지붕이었어. 3, 4년 지나면 비가 새기 시작하지. 믿기 어렵겠지만 당시엔 다들 집 앞에서부터 가까운 시궁창까지 도랑을 파서 생활용수든 뭐든 전부 흘려보냈어. 잡초도 무성했고 모두들 돼지를 키우니까 여름엔 몸뚱이가 처질 정도로 더워도 코를 찌르는 냄새와 발이 푹푹 빠지는 질퍽한 땅 때문에 나갈 수가 없었어. '열악하다'는 말이 있지만 당시엔 '열악'도 아니야, 그 이하였지. 시가滋賀에서 목수 일을 할 때였어. 오츠大津같은 옛날 '자이쇼(在所)'에도 간 적이 있었는데, 전혀 달랐어. 거기도 상당히 차별을 받던 곳이라던데, 우토로보다 형편없지는 않았으니까…. 다들 죽도록 일하는데 왜 우리만 그런지, 왜 그렇게 비참한지…."

여광남이 말한 '在所'는 피차별 부락을 뜻하는 말이다. 권력에 의해 고정화된 사회적 차별 속에서 이들 부락민도 열악한 환경인 곳이 많았다. 하지만 그런 부락과 비교해도 우토로의 주거환경은 훨씬 더 참담했다고 한다.

목수 일을 했기에 그 격차에 더욱 입을 다물지 못했을 것이다. 그래도 '일본 국민'인 피차별 부락민들의 열악한 상황은 60년대 이후에 정부와 행정이 나서서 차츰 개선되어 갔다. 여광남은 그들의 변화되는 환경도 지켜봤던 것이다.

여광남은 중학교 시절을 묻는 질문에 웃음과 눈동자의 움직임이 눈에 띄게 줄었고 물끄러미 이쪽을 바라보았다. 실질적인 민족학교였던 오구라小倉 소학교 내 민족학급과는 달리 보다 더 광범위한 지역에서 온 아이들이 모인 일상이 시작된 것이다. 여광남에게 중학교 생활은 일본 사회에서 재일조선인이 살아남기 위해 필요한 '룰'을 몸에 익히는 장소, 처신하는 방법을 배우는 장소였다. 그것은 끊임없이 동질성을 강요하는 일본 사회에서 풍파를 일으키지 않고, 다수자들의 역사에 균열을 내지 않고, 눈에 띄지 않는 존재가 되어야 하는 일이었다.

선명한 기억은 역시 중학교 운동장에서 훤히 내려다보이는 우토로의 풍경이었다. 일본이 경제성장으로 돌진한 시기다. 내각부에서 발행한 경제백서에는 '더 이상 전후가 아니다'라는 문장이 자주 등장한다. 하지만 우토로의 처지는 그것과는 너무나 동떨어져 있었다.

"초가지붕이 눈에 띄게 줄긴 했지만 대부분이 함석지붕, 판잣집뿐이야. 정말 비참할 정도로 끔찍했어." 이때부터 여광남은 일본식 통명을 쓰게 되었다. "사실 소학교는 살던 동네였으니까 모두 나를 알았지. 중학교는 모르는 애들이 많았으니까. 결국 사회에 나와 보니까 본명으로 일자리를 구하거나 먹고 살기가 힘들었어."

그런데 언덕 아래 슬럼 동네가 중학교 아이들 사이에 화제가 되는 것은 시간문제였다. 여광남의 출신도 얼마 안 가 알려졌다. 눈앞에서는 말하지 않아도 자신의 출신을 쑥덕거린다는 사실은 알고 있었다. 견디기 힘든 학교생활이었다. 여광남이 하루하루 절감한 것은, 알면서도 말하지 않는 '암묵의 배려' 위에 간신히 버티고 선 채 언제 무너질지 모르는 일본인 학생들과의 관계였다.

본토 공습이나 원자폭탄 투하, 패전 후 빈곤 등을 이유로 피해자 행세를 하며 다시 일어선 '전후 일본'의 학교에서는 가해의 역사, 그리고 그 역사가 낳은 우토로를 가르치는 일은 없었다. 게다가 눈앞에 펼쳐진 광경은 극빈의 슬럼이었다. 대다수 일본인들에게는 자신들이 하루하루 극복해 가고 있는, 더 이상은 보고 싶지 않은 모습이 학교에서 내려다보이는 부락에 응축되어 있던 것이다.

돼지를 치고, 고철을 줍고, 잔반을 모으는 광경. 일자리나 생활보호를 요구하며 행정당국에 몰려갔던 수많은 투쟁들이 바깥 사회에서는 다른 세상의 사건들이었고, 어쩌다 마을 안으로 들어온 들개가 껍질이 벗겨진 채 사람들에게 잡아먹혔다는 소문이 돌기도 했다. 그리고 그 슬럼 동네에서 다니는 동급생들은 왜 그런지 모두 일본이름을 썼다. 이런 배경 때문에 벌어진 웃지 못할 사건도 있었다.

"당시 우토로에 있는 길은 돼지 여물과 분뇨로 엉망진창이었어. 인부들을 모으러 왔던 마이크로버스 바퀴가 질퍽대는 땅에 빠져서 마을 밖으로 나가지 못한 적도 있어. 그러니 마을에서 학교 쪽으로 바람이 불어오면 난리도 아니었지."

수업 중이었다. 마을 쪽에서 불어온 바람이 교실 안으로 강렬한 냄새를 실어 왔다. 모두들 어디서 실려 온 냄새인지 알고 있었다. 서로의 얼굴을 쳐다보면서도 아무도 말하지 않는다. 묘한 긴장감이 흘렀다. "그저 어서 빨리 바람의 방향이 바뀌기만 기다렸어." 여광남의 간절한 바람과는 달리 고약한 냄새는 점점 더 코를 찔렀다. "정말 끔찍했어. 어찌해야 좋을지 몰라서 바닥만 쳐다볼 수밖에."

그 순간, 긴장을 깨뜨리는 목소리가 들려왔다.

"조-센朝鮮 구린내, 조-센 구린내……."

고개를 들어 보니 여광남을 가리키며 웃고 있는 학생이 보였다. 소학교에서 중학교에 함께 온 일본 아이였다. 커밍아웃을 당한 것이다. "여봐란 듯이 놀리더라고." 집에서 부모들이 하는 말들을 흉내냈던 것일까. 가만히 있다가는 합창이라도 할 것 같은 기세였다. 반론을 할 수 없는 '차별 언어'에 여광남이 할 수 있는 행동은 하나뿐이었다. 오른손 주먹을 움켜쥐고 그 학생의 얼굴을 향해 있는 힘껏 날렸다.

"'구린내'가 난다는 말에 뭐라고 대꾸할 수 있겠어? 그런 말을 들으면 주먹을 날리는 것 말고는 할 수 있는 게 없어. '벌러덩' 나자빠지더라고. 교사 눈앞에서 때렸지만 선생은 아무 일도 없었다는 듯이 그냥 있었어. 그 뒤로는 내 앞에서 우토로를 욕하는 애들은 없었지."

"그 후로 졸업 때까지 주먹을 쓴 일은 없었나요?"

"없어. 그날 한 번 뿐이야. 그 녀석이 덤비긴 했지만, 난 주먹질하는 애들과는 달랐거든, 남에게 손을 댄 건 그날 말고는 없어. 소학교 때는 참 좋았는데, 중학교는 계속 차별, 차별, 차별이야."

정도의 차이는 있어도 중학교 시절을 얘기한 많은 이들이 깊은 상처로 남은 피차별 경험과 여전히 품고 있는 동급생들에 대한 응어리를 털어놓았다. 한편으로 언덕 위 중학교에서 보낸 시절을 행복한 유년기 추억으로 간직한 사람도 있었다. 정준희(鄭準禧)다.

그녀는 어릴 때 척추 카리에스를 앓고 소학교 시절에 인공관절을 넣는 큰 수술을 받았다. "남동생이 업어 주기도 했는데, 학교에 꼬박꼬박 갈 수는 없었어." 그런 그녀에게 중학교는 간신히 손에 넣은 '평범한 일상'이었다.

첫 번째는 수업에 관한 것이다. "학교에서는 조선인을 아껴 주고 동등하게 대했어. 좋은 시절이었지. 1학년 때 담임은 영어를 가르치는 여선생님이었어. 출산한 지 얼마 안 된 분이었는데, 공부를 잘 가르쳐 주었어요. 환경도 좋았고. 복도에 성적표를 붙여 놨는데, 영어도 한자도 수학도 다들 그걸 보고 웅성거렸거든. 지금처럼 경쟁이 살벌하지 않고 서로 격려도 하고 온화한 분위기였어. 차별 같은 건 없었어요."

"나는 한자공부를 좋아했어. 뜻은 잘 몰라도 그냥 좋았어. 시험점수도 제일 좋았고. 질이 안 좋은 노트에 빽빽하게 한자를 쓰고 또 썼어. 아까우니까 연필로 쓰고 나면 지우개로 지우고 또 쓰고. 연필은 쓰다 남은 HB연필, B연필도 있었지. 싫어한 과목? 글쎄, 작문은 싫었어. 왜 그랬을까. 밖에 나갈 수 없으니까 쓸 이야기가 없어서 그랬나."

수업은 즐거웠지만 몸이 버텨 주지 않았다. 병세가 악화되어 입원을 했고, 그 뒤로 중학교에 가지 못했다. 고등학교도 갈 수 없었다. "체력이 안 되니까 일찌감치 포기했을 거야. 그 시절은 공부를 잘하는 사람이 고등학교에도 갔어요."(웃음) 억울함을 애써 참는 듯 말하던 모습이 떠오른다.

"중학교 이후로는 집에서 수공업 일을 도왔어요. 기모노 띠에 복슬복슬하게 늘어진 술 있잖아요. 그걸 매만져서 실로 묶기도 하고, 조리 신발 밑창에 그림을 그려 색을 입히기도 했고. 찻잎 따기도 했어요. 어머니 일도 도왔어요. 아침 5시부터 저녁 6시까지. 나는 체력이 약해서 아침 7시부터 했어. 다른 사람들만큼은 못했지만, 말하자면 아침 공기를 마시러 가는 거였어요. 차밭의 공기가 신선했거든. 바쁜 철에는 일주일 일하면 3~4만 엔은 되었어. 저울로 달아서 양에 따라 돈을 받았어요."

기억의 서랍을 확인하듯 어린 시절 추억을 하나하나 꺼내 세세한 풍경까지 묘사했다.

중학교 시절을 말할 때 그녀는 당시 우토로와의 차이를 강조했다. 민족 단체의 간부였던 아버지 정상석 집에는 밤낮을 가리지 않고 동포들이 온갖 문제를 의논하러 왔다. 동포들뿐만이 아니다. 우토로 주민들이 밭의 경계를 망가뜨리거나 빈 땅에 오물을 투여해 일본인 주민들이 민원을 제기하면, 직접 나서지 못하고 쩔쩔매던 공무원이 찾아와 '선생님, 도와주십시오' 하며 애원하는 일도 있었다고 한다.

사람들이 집에 찾아와 벌이는 소동과 혼란은 어린 정준희에게 강렬한 광경이었다. "물론 우토로 사람들을 경멸하는 건 아니에요." 정준희는 여러 번 이렇게 강조하면서도 때때로 시민사회의 가치관을 일탈하며 살아온 주민들의 대담한 행동들을 열거하며 중학교 시절에 그녀가 본 '질서'와 '아름다움'에 대비시켰다.

골목대장

1950년대에 학교에 다닌 대부분의 우토로 주민에게 중학교라는 곳은 졸업까지 다닐지 그만두고 나갈지를 선택해야 하는 곳이었다. 김교일 같았으면 '또 쓸데없는 얘기를 쓰려고…' 하며 쓴웃음을 지었겠지만, 남학생 중에는 후자를 택한 사람도 있었다.

그 대표 격이라 할 사람이 2세인 가와모토 히데오(河本秀夫 1947년생, 하수부(河秀夫))다.

"나는 '골목대장'이었어." 주먹과 배짱으로 또래들을 제압했던 중학교 시절, 웃음과 유머를 섞어 들려준 그의 중학교 시절은 일종의 상쾌함마저 느끼게 했다.

그를 취재한 장소는 그가 직접 경영하는 가와모토 건설사무소였다. 우토로 마을의 거의 남동쪽 끝, 자위대 주둔지 펜스와 길 하나를 사이에 둔 곳이다. "자위대 헬리콥터가 뜨면 말소리가 잘 안 들리는데, 여긴 교육부대라서 그나마 횟수가 적어. 게다가 1시간에 한 번씩 보초들이 순찰을 도니까 안전하지"라며 웃었다.

이 회사는 우토로의 토지 문제가 불거진 무렵에 차렸다. 큰 키는 아니지만 다부진 골격에 단단한 몸집이 과연 힘을 쓰는 노동으로 단련된 체격이었다. 그의 아들도 여기서 일한다.

가와모토 히데오는 경상남도 출신의 부모 밑에서 우토로에서 태어나 자랐다. 그의 아버지는 1910년, 지도에서 대한제국이 없어진 해에 태어났다. 아버지가 일본에 온 것은 경제적 이유였다. 조부가 방탕한 분이었다고 한다. "조부가 한량이어서 일을 전혀 안 하는 양반이었다고 해. 가족들은 아예 돌보지 않고 고생만 시키다 돌아가셨다고 했지."

아버지의 누나는 입을 하나라도 줄이려고 일찌감치 출가시켰다고 한다. 그 후 아버지는 남동생을 데리고 약 50km를 걸어 부산까지 간 후 시모노세키로 밀항한다. 11, 2세 무렵이었다. 일본에서는 일거리를 찾아 각지를 전전했다. 시모노세키, 히로시마, 오카야마, 고베, 교토…. 그렇게 와카야마和歌山까지 흘러왔는데, 지금의 아리타시有田市 하츠시마초初島町와 카이난시海南市 사이에 거처를 정하고 어머니와 남동생을 그곳으로 불렀다. 아버지는 거기서 결혼해 자식을 얻었는데 1944년 7월, 미군의 무차별 폭격으로 어머니와 아내를 잃는다. 살아남은 갓난아이를 데리고 교토로 옮겨 온 아버지가 만난 사람이 가와모토의 어머니였다. 그로부터 2개월이 지난 1944년 10월, 우토로에 들어왔다.

"우토로에서 한 일이야, 당연히 막노동이지. 아버지는 광차를 끌었고, 내 어머니는 함바에서 인부들의 밥을 했고요. 방을 배정받아서 전쟁이 끝날 때까지 그 일을 했어요." 부모에게서 들은 이야기였다. 얼마 후 일본이 패전했는데 해방의 기쁨도 잠시였을 뿐 곧바로 끼니를 걱정해야 하는 전쟁이 시작된다.

우토로는 4, 5세 무렵부터 기억난다고 했다. 주로 학교에서 보낸 시간이다. 소학교 1학년 때는 오구라小倉소학교 내 민족학급에서 공부했는데, 2학년부터는 '일본학교로 되돌아갔다'고 한다.

역시 배가 고팠던 기억을 먼저 떠올렸다. "먹을 것이 없어서 죽을 지경이었어. 우물물만 들이켜고 학교에 간 적도 많았지, 그건 확실히 기억나. 맞아, 맞아, (소학교 내 민족학교) 1학년 때는 급식이 없었어. 그러다 2학년 때 오구라소학교에 들어가니 급식이 나오더군. 너무 좋았지. 일본학생 중에는 음식에 대한 호불호가 분명한 애들이 있었는데, 안 먹는 건 달라고 했어. 단팥빵이나 장아찌나 가리지 않았지. 탈지분유도 자주 마셨고. 너무 가난했어." 먹을 것에 대한 기억이 차츰 떠오르는 것 같았다.

"일본 애들은 추워지면 따뜻한 옷과 양말을 신었지만, 우리는 다 해진 신발 아니면 맨발로 학교에 갔던 기억이 나. 그 시절엔 대부분 판잣집에 신문지만 깔고 살았어. 지붕에는 휘어진 함석을 주워 와서 얹었고."

부모님은 이른 아침부터 해가 질 때까지 노동에 시달렸다. "부모님에 관한 기억은 별로 없어. 거의 대화도 없었고. 낳기만 하셨지, 방치상태였으니까."(웃음) "쇼와 30년(1955) 무렵까지였나, 그런 상태였지. 8형제였는데, 용케도 살아왔다 싶어."

소학교 시절에 올려다본 언덕 위의 중학교는 '우토로와 다름없는 낡은 학교'였는데, 교육시설다운 건물로 만들자며 북측 교사를 콘크리트 건물로 다시 지었다고 한다. 가와모토가 입학한 때가 바로 그 신축 교사가 완공된 해였다. "가 보니까 건물이 근사했어. 우토로와는 비교가 안 됐지." 새로 지은 학교에서 중학교 생활이 시작되었다. 농구부에 들어갔는데 곧바로 그만두었다. 연습이 힘들어서가 아니라 '규칙에 따라야 하는 것'이 싫었다.

여전히 집은 가난했다. 일본인 학생들의 옷이나 도시락 반찬은 점점 좋아졌지만, 가와모토는 도시락조차 싸 오지 못하는 상황이 계속되었다. 소학교 4학년부터 신문배달을 하며 골프장 아르바이트도 했는데, 돌멩이도 씹어 먹을 나이의 허기는 채워지지 않았다.

그가 주목한 것은 같은 반 학생들의 도시락이었다. "우리 반 애들의 도시락을 순서대로 뺏어 먹었어요. 어렸지만 나름 살아남을 꾀를 냈던 거죠. 그것도 똑같은 학생 것만 계속 뺏으면 그 애도 곤란하니까 순서를 정했어. '다음은 너다' 하고 전날 예고해 두면 도시락 두 개를 가져오는 애도 있었어. 그때 일본 사람들은 대부분 먹고살 만했어요."

입학할 당시 140cm였던 키가 3학년 무렵에는 170cm까지 자랐다. 싸움은 일상적인 일이었고 교내에 대적할 상대가 없자 다른 학교 애들을 상대했다. "약한 애들을 못살게 하진 않았지만 온갖 사고를 쳤지요"라며 웃는다. 경찰서에 드나든 일도 몇 번인가 있었다. 중학교 3학년이 되었을 때는 이 지역에서도 이름만 대면 다 아는 '골목대장'이었다.

어느 날이었다. 2층 교실에 있던 가와모토가 창문으로 운동장을 내려다보니 경찰차 2대가 학교로 들어왔다. "'무슨 일이지?' 싶어서 멍하니 쳐다보았는데, 교감선생이 교실로 오더니 '가와모토 군, 잠깐 나와 봐' 하는 거야. 1층 교무실로 내려가니까 경찰관 몇 명이 있더라고." 학교 밖에서 있었던 폭력사건 때문이었다. 교원들이 에워싼 가운데 경찰관이 수갑을 꺼냈다고 한다. 아무리 골목대장이라지만 겨우 14세 학생이다. 사람들에 둘러싸인 채 신병을 확보한 것인데 지켜보던 교사 중 어느 누구도 항의하지 않았다. "중학생 손목에 수갑을 채우다니, 지금 생각해도 너무 심한 처사였어. 역시 특별대우였나."(웃음)

타 학교 관계자나 우토로 마을, 혹은 학부모들의 항의가 이어졌다. 어느 날 교장이 가와모토에게 다가와 조용히 말했다. "'너는 학교에 폐만 끼치지 않으면 뭘 해도 좋다. 수업을 안 받아도 좋으니까 교장실에서 네가 하고 싶은 것만 해도 된다. 돈이 필요하면 1,000엔을 줄 테니까 음식을 시켜 먹어도 상관없다' 그래서 자주 시켜서 먹었어, 우동이나 덮밥 같은 걸." 교장실로 등교해 교장이 준 돈으로 음식을 시켜 먹었다. 말 그대로 특별대우를 받는 '골목대장'이었다.

중학교 시절에 언덕에서 내려다본 우토로 부락을 어떻게 생각했는지 묻자 그 질문에는 답하지 않고 이렇게 말했다. "음, 전쟁이 끝난 후엔 다들 가난하고 힘든 시기였지만 차츰 나아졌잖아요. 우토로는 다른 곳보다 그 시기가 길었지. 우리는 다만 고생한 시간이 길었던 거예요. 요즘 말로 격차는 있었어도 열심히 노력하면 언젠가 좋아지리라 생각했으니까, 내 처지를 후회한 적은 한 번도 없었어. 그저 먹고 사느라 빠듯했을 뿐이지." 당시 동급생이 15명 정도였는데 이미 4, 5명은 세상을 떠났다고 한다.

싸움질로 하루해가 저물었던 한편으로 중학생 가와모토가 꿈꾼 것은 태평양 건너편 브라질로 이민을 가는 것이었다. "그곳에 대해 알게 된 건 잡지나 만화였던 것 같아. 브라질을 동경했지. 새 출발을 하고 싶었어. 일본에서는 조선인이 할 수 있는 게 없었지만 거기 가면 먹고살 걱정은 없지 않겠나, 출세도 빨리 할 수 있지 않을까 했어. 조선인이라도 노력하면 성공하지 않을까 생각했지."

식민지에서 일자리를 찾아 도일한 사람들의 자녀로 태어나 일본의 패전과 동시에 '난민'이 되고, 보상도 없이 어쩌면 존재하지 않는 듯 버려진 부락에서의 전망 없는 날들은 중학생 소년의 마음에 신천지로의 탈출을 꿈꾸게 했다. "같이 갈 사람이 있으면 밀항을 해서라도 가고 싶었는데, 동포들에게 물으니 '조선인은 외국인이라 갈 수 없다'는 거야. 세세한 이유는 잊어버렸지만 그 때문에 '조선인은 이민도 안 되는 건가' 싶어서 포기하고 공장에서 일하거나 막노동 일을 했어요. 이민을 갔더라면 열심히 살았을 것 같은데, 일본인도 살기 힘들었다는 것 같아. 아마 갔으면 무리해서 지금쯤은 죽었을지도 모르지."

중학교를 졸업한 후에는 많은 조선인 노동자들이 종사했던 유젠友禪 염색 일을 하다가 18세에 토목공사 현장에 뛰어들었다. "일은 힘들었지만 일당은 좋았어. 다른 일은 2, 3천 엔이었지만 그 일은 5, 6천 엔은 받았지." 염색 일을 그만둔 후 심기일전해 중고 덤프트럭 한 대를 구입해 회사를 차렸다. "한 번은 성공해야겠다 싶었어. 그러지 않고는 먹고살기 힘든 시대였으니까." 당시 일본은 버블경기의 정점이었기에 더 이상 뒤처질 수는 없었다.

토목건축업은 우토로의 기반산업이라 해도 과언이 아니다. 대학은커녕 고등학교 진학조차 할 수 없었던 시대, 혹은 학력이 있어도 조선인이 선택할 수 있는 직업이 제한되었던 시대를 살아온 이들에게 그나마 열려 있는 노동시장이라곤 토건업계뿐이었다. 경력이 있고 업계에서 다소간의 인간관계를 구축하면 남의 간섭을 받지 않고 독립할 수 있는 길도 있었다. 그것은 최저변의 노동력이 되어 노골적인 착취를 당해도 이를 갈며 참을 수밖에 없는 처지에서 벗어나는 길이었다.

재빠른 이들은 어느 정도 자금이 모아지면 빈터에 노동자들의 합숙소를 만들었다. 이른바 인부들을 공급하는 함바 숙소다. 내가 취재를 위해 우토로에 들어간 때는 2000년도, 이미 버블경기가 붕괴된 지 10년 가까이 지나 있었다. '현역' 함바는 별로 없었지만 그럼에도 골목 안에는 조립식 건물과 술을 살 수 있는 자동판매기가 곳곳에 있어 왕년의 모습을 상상하게 했다.

가와모토도 그렇게 회사를 차린 한 사람이었다. "일손이 모자라면 수배업자를 썼어. 인부들을 모아서 조립식 건물을 짓고 거기서 숙식하게 했어. 그런 일도 했었어요."

2021년, 74세의 나이인데 지금도 일을 한다. 30년에 걸쳐 주민회 부회장을 맡아 토지 문제 해결을 위해 힘써 왔다. 이유를 묻자 이렇게 말하며 웃는다. "내가 제멋대로라 사람들에게 폐를 많이 끼쳤어."

사무소 옆에는 여러 번 개축한 자택이 있다. 우토로에서 그의 집을 포함한 몇 세대는 농림수산성이 일본국제항공공업에서 사들인 국유지에 지은 집이었다. 이 땅의 소유권도 문제가 되었는데, 가와모토가 제안해 '매입'하는 쪽으로 결정되었다. 기와지붕으로 멋지게 지은 집에 대해 묻자 "우토로에서 맨 처음 기와지붕을 올린 것이 접니다"라며 자랑스럽게 말했다. 기와지붕에 대한 집착은 대부분의 주민들, 특히 2세들에게 수차례 들었다. 태풍이 올 때마다 지붕과 벽이 날아가 폐허가 된 모습을 보았기 때문이다. 언덕 위의 학교는 물에 잠겼던 마을의 기억과도 연결되어 있다.

태풍 피해의 기억

우토로에 기와지붕이 등장한 것은 1970년대 이후다. 함바에 살았던 주민들은 집을 보수하거나 새로 짓기도 했는데, 대부분은 구할 수 있는 판자나 함석을 덧대어 보강한 집이었다. 태풍이 오면 허술한 벽과 지붕이 통째로 날아가고 마을은 거대한 물웅덩이가 되었다. 주민들의 대피 장소는 '언덕 위에 있는 학교'였다.

간신히 버텨 온 일상이 하루아침에 태풍으로 리셋(reset)되었다. 비 피해를 더하면 침수된 횟수는 훨씬 더 불어난다. 취재를 하면서도 어떤 태풍이 있었는지 알 수 없었던 적도 많았다. '그 당시'의 기억과 뒤섞여 있는 일화들이 너무 많았다. 그 중에도 주민들이 공통적으로 기억하는 태풍은 3개인데, 제인(1950년), 테스(1953년), 그리고 낸시(1961년)였다.

가와모토가 얘기한 태풍은 1961년에 우토로를 덮친 태풍 낸시다. 기록에

의하면 이 태풍이 긴끼近畿지역에 상륙한 것이 9월 16일 낮이다. "내가 중학
생 때였는데, 아버지는 일을 나가고 집에 없었어. 두루뭉술한 기억이긴 해
도 어느 집이라 할 것 없이 지붕이 다 날아가 버렸으니까." 장남인 그가 가
족들을 학교로 대피시켰다. "목재나 기왓장 같은 것이 날아다니니까 여동
생과 남동생한테 담요를 씌워 줬어. 중학교로 피했던 기억이 나네. 거기에
가니까 시에서 배급을 주더군. 건빵이랑 우유 같은 것도 있었어. 나눠 주는
음식은 무조건 다 열심히 먹었어. 나중에 사람들이 직접 나무 같은 걸 주워
와서 한 달쯤 걸려서 집을 고쳤지."

우토로의 피해는 파멸적이었다. 태풍이 통과한 후 언덕 위 학교에서 부락
을 촬영한 사진이 있다. 남아 있는 집도 몇 안 되었지만 지붕이 날아가서
실내 모형처럼 보이는 집들은 벽과 처마가 모두 뜯겨 골조만 남은 상태이
고, 빗물이 마을에 쏟아 놓은 잔해와 가재도구들이 어지럽게 뒤엉켜 있다.
멀리서 보면 마치 거대한 까마귀가 물어뜯은 비닐봉투 속 내용물이 길가에
널려 있는 것처럼 보인다.

조금 위 세대는 1950년에 왔던 태풍 제인을 먼저 떠올렸다.
여군자(余君子)도 소학교 시절에 보았던 태풍이 뇌리에 깊이 남아 있었
다. "아버지는 몸이 아파서 어머니가 계속 일을 했어요. 1945년인가, 46년
부터 금사공장에서 일했는데, 아침에 나가면 한밤중까지 안 왔어. 한 푼이
라도 더 벌려고 했겠지, 후생연금도 그땐 없었어. 태풍이 오던 날도 어머니
가 아침부터 일을 나갔어요. 아버지는 병원에 있고 집에는 애들 셋만 있었
어. 그때는 함석 아니면 볏짚을 깔고 콜타르를 바른 판자로 지은 집이었어.
어른들은 몸을 구부려야 현관을 지날 수 있을 정도로 낮았지."

우토로에 태풍이 온 때는 한낮 무렵이었다. 강풍이 불자 삼나무 껍질로
만든 벽이 뜯겨 나갔다. "틈새로 비바람이 들이쳤고, 처마가 덜컹덜컹 소리
를 내며 위아래로 흔들리기 시작하는 거야. 지붕이 날아갈 것 같아서 3형
제가 현관으로 나가서 처마 끝을 붙들고 있었어. 그런데도 몸이 부웅 뜨는

거야, 너무 무섭고 불안해서 발만 동동……."

여군자는 남동생 여광남에게 집을 맡기고 여동생과 함께 어머니를 찾아 나섰다. 언덕을 올라가 긴테츠近鉄 철로를 넘어 국도 24호선을 따라 남쪽으로 걷다 보니 폭풍우 속을 걸어오는 어머니 정귀련이 보였다.

"앞에서 어머니가 오는 것이 보였어, 나도 모르게 눈물이 쏟아져서 펑펑 울었어, 말이 안 나오더라고. '어머니, 집이 날아가… 어머니, 빨리 와.' 그 말만 겨우 했으니까."

태풍 제인은 우토로의 판잣집들을 낙엽처럼 날려 버렸다. 게다가 이 태풍으로 우지가와宇治川 강둑이 무너졌고, 며칠이 지나자 지대가 낮은 우토로 부락으로 엄청난 양의 물이 흘러들어 왔다. 주변지역에서는 '이미 지나간' 태풍의 여파가 우토로를 거대한 늪으로 만들었다.

막대한 침수피해로 주민들은 언덕 위 학교로 대피했고 거기서 며칠 동안 지낸다. 한편 주민들이 학교에서 지낸 시간은 직장이나 학교 이외에 주변의 일본인과 접촉하는 '귀중한' 경험이기도 했다. 니시우지西宇治중학교 1기생이었던 황순례의 말이다. "우지시에서 담요를 준 것이 기억나. 지금의 니시우지중학교 강당에서 주민들을 지내게 해 줬는데, 우토로 바깥에 사는 사람들을 만날 수 있었지. 직접 만나 보니 다를 게 없다고 생각하지 않았을까. 그 뒤로 주변 일본인들과도 만나게 되었으니까. '무서운 곳'이라는 이미지였는데, 딱히 그럴 것도 없다고 생각했겠지. 자기들이랑 똑같은 사람이라고."

수해 때마다 불거진 것이 위생문제다. 당시 일본도 재래식 화장실이 일반적이었다. 하물며 우토로에는 하수도는커녕 정화조도 없었다. 집에도 화장실이 없어서 주민들은 공동변소에서 볼일을 해결했다. 변소라고는 하지만 폐자재를 덧대어 짠 상자 같은 곳에 항아리를 놓아 둔 형태다. 항아리가 가득 차면 누군가가 내용물을 퍼내 마을에 있는 밭에 뿌리는 것이 우토로식 분뇨수거였다.

수해 때마다 공동변소의 항아리에 든 내용물이 넘쳤다. "태풍이 오면 온통 물에 잠겼어. 솔직히 우린 똥밭을 헤엄치며 살았던 거야"라며 가와모토는 웃었다. 우토로 마을의 인프라 정비를 완강히 거부한 우지시도 이 문제만큼은 나서지 않을 수 없었다. 전염병은 불법, 합법, 일본 국적, 외국 국적, 우토로와 그 외 지역을 불문하고 퍼지기 때문에 주변에 사는 일본인들을 위한 조치였다. 물이 빠지자 작업복을 입은 공무원들이 분무기를 들고 부락에 들어와서 처마를 비롯한 곳곳에 소독약을 뿌리고 돌아갔다.

1950년부터 1960년대까지 빈번히 발생한 큰 수해에 관한 기록이 『우지시사(宇治市史)』에도 남아 있다. 특히 심각했던 때는 1953년 태풍 테스로 인한 수해였다. 긴 장마와 집중호우로 대규모 피해를 입고 복구가 한창이던 우지시 남부에 또 다시 대형 태풍이 직격한 것이다.

9월 25일에 시마志摩 반도에 상륙한 태풍의 영향으로 우지가와宇治川 강에 있는 다리 등 36개소의 교량이 유실되었고, 인접한 교토시 후시미伏見에서는 제방 수십 미터가 무너져 1명이 행방불명, 508가구(비거주 가옥은 제외)가 전파 또는 반파되거나 유실되었으며 1,035가구가 침수되었다. 불과 얼마 전 주변 5개 마을을 합쳐 새로 생긴 우지시를 덮친 침수피해는 1개월에 이르렀다고 한다.

정준희가 말했던 태풍이 바로 이 태풍 테스다.

"아침나절이었나, 집밖에서 어떤 남자가 '물이 들어온다, 피해라!' 하는 소리가 들렸어. 그래서 다들 학교로 갔지. 나는 물이 들어오기 전에 도망쳤지만 어머니와 마을 어른들은 짐을 가지러 갔을 거 아녜요. '허리까지 물이 찼다'고 하더라고. 그렇게 되면 서쪽에 있는 변소에서 똥이 둥둥 떠올라. 비바람이 잦아든 후 학교에서 우토로를 봤어. 단단히 지은 집은 그나마 괜찮았지만 적당히 만든 집들은 죄다 무너졌어."

재일조선인이 발행한 좌파계 기관지 『해방신문』(10월 3일자)에 따르면 우토로의 60가구가 모두 침수됐다. 태풍이 통과하고 일주일이 지난 이 시점에도 300여 명이 구제^ㅈ世중학교에 대피해 있었다.

니시우지西宇治중학교 30주년 기념지 『나날이 새롭게』에 의하면 당시 이 재민 수용을 위해 1층 강당을 대피소로 썼고 학교는 2부제 수업을 했다고 한다. 몸이 약해 거의 집에만 있었던 정준희에게 당시 대피생활은 우토로 내 주민들과 만나는 자리이기도 했다. "처음으로 동네사람을 만났어요. 같은 우토로 안에서도 동쪽에 사는 사람들은 잘 몰랐을 정도니까." 구호물자로 받은 음식 맛도 잊지 못한다고 했다. "주먹밥을 나눠 줬어. 단무지 한 개랑. 그때 처음으로 단무지를 먹어 봤어. 지금과는 달리 그 시절 단무지는 맛있었어. 얼마나 먹었냐고? 배급이라서 어른과 아이들로 나누어 낭비되지 않도록 배분했으니까 그리 많지는 않았지. 김도 양념이 안 된 것, 소금이랑 단무지 그리고 물, 그래도 맛있었어."

시간이 지나면서 학교 강당엔 우토로 주민들만 남게 되었다. 물이 빠지고 며칠이 지난 후 사람들은 부락으로 돌아왔다. 그곳 밖에는 살 곳이 없는 이들은 널려 있는 가재도구와 나무들을 쓸어 모으고 어딘가에서 폐자재를 주워 와 집을 고치고 일상을 되찾아 갔다.

정준희의 말이다. "(행정당국이) 왜 그때 우토로만 그대로 놔두었을까." 우토로가 우지시宇治市로 합병된 직후였다. 초대 우지시장 야마자키 헤이지山崎平次는 공약한 대로 우지시 내 인프라 정비, 시영주택 건설 등을 추진해 나갔다. 똑같이 세금을 납부하는 우토로 주민들만 배제된 것이다.

태풍뿐만이 아니다. 큰 비가 올 때마다 우토로 남과 북을 가로지르는 수로와 하수도가 정비되지 않아 도랑에서 흘러넘친 오수로 방안까지 잠겼다. 주민들이 할 수 있는 일이라곤 현관 앞에 흙을 쌓고, 흙탕물에 젖은 다다미를 출입문 앞에 말리는 것뿐이었다. 행정당국이 '재해에 취약한 마을' 우토로에 실질적인 수해대책을 세우기 시작한 것은 2016년 이후, 시영주택이 만들어져 주민들의 이전이 시작되고부터다. 그때까지 행정당국이 했던 '수해대책'은 침수피해를 입은 후 흙이 든 마대자루를 나눠준 것과 남측 수로 옆에 2단으로 벽돌을 쌓은 것뿐이었다.

귀국사업

2세들이 공부한 장소이자 재해가 났을 때는 대피장소가 되기도 한 언덕 위 학교에는 우토로와 재일조선인의 역사를 보여주는 또 하나의 기록이 있다.

전술한 학교 창립 30주년 기념지『나날이 새롭게』이다. 개교한 1948년부터 1978년까지 학교의 역사를 기록한 기념지에 '우토로'와 '조선 이름'을 쓰는 아동들이 없었던 것은 앞에서 언급했다. 그런데 딱 한 군데 '우토로'라는 글자가 기록된 부분이 있다. 연표에 적힌 <우토로 조선인 학생, 북조선 귀국 송별회 개최>이다.

연표에는 쇼와 36년(1962) 10월로 되어 있는데, 연호와 서력 연도가 1년 차이가 났다. 다른 연대에 기록된 사건과 비교해 보니 1961년인 것 같았다.

일본적십자사와 조선적십자사가 협력해 재일조선인들을 DPRK로 보낸 귀국운동이다. 1959년 12월, 최초의 귀국선이 니가타항을 출발한 이후 수차례 중단을 거듭하면서도 귀국선은 DPRK와 일본을 오갔고, 1984년 종료될 때까지 일본인 아내와 그 자녀들을 포함해 약 93,000명이 DPRK로 건너갔다. 당시 재일조선인이 약 60만이었던 것을 생각하면 그 규모를 알 수 있다. 재일조선인 역사학자 강덕상(姜德相)의 증언이다. "재일조선인 사회의 붕괴입니다. (중략) 가장 조선인다웠던 10만 명의 조선인이 귀국했다. 민족애, 조국애에 대한 자각이 있는 사람들이 건너갔다."(『時務の研究者 姜德相』)

우토로에서도 여러 명이 '귀국'한다. 정준희의 아버지이며 당시 조선총련 우지 지부의 초대위원장이었던 정상석은 동포들을 배웅하는 쪽이었다.

정준희의 말이다. "북에는 25세대 정도가 갔어요. 인원수로 하면 50명 ~60명 정도 되지 않았을까. 음, 그 전에 성공해서 돈을 번 사람도 25세대 정도는 (마을 밖으로) 나갔죠. 우리 아버지는 전별금을 잘 준비해서 보냈어요. 아버지가 선두에 섰고, 선배들과 세대주와 함께 전별금을 건네주며 배웅했지. 그렇게 보내기만 하고 모른 척 한 게 아닙니다. '나중에 뒤따라가겠다'고 했어요. 가까운 역까지만 가기 아쉬워서 교토역까지 다 함께 배웅을 나가서 '다음엔, 우리가 갑니다!' 하고 어깨를 다독이기도 했지, 그런 시대였어. 그랬던 것이 정세가 바뀌자 중단되고 말았는데, 다시 재개되자 열기가 식어 버렸어. 아버지의 형제들은 모두 북으로 갔어요. 다들 똑똑한 분들이라, 아버지도 어머니도 그분들을 만나러 갔어요. 귀국하려던 사람이 지금도 있어요. 우리가 안 간 이유? 그때 북에 간 친척들은 '빨리 오라'고 했지만 내가 몸이 아프고 열이 자주 나서 움직이지 못했다고 해. 그게 아니었으면 갔겠지. '아이는 (일본에) 두고 오라'고도 했나 봐요. 우리도 떠날 준비는 하고 있었으니까, 짐을 꾸릴 줄도 사 놓았었고. 그러다 '조금만 더 조직 일을 하라'는 부탁에 시간을 끌게 되고 말았지."

동포들을 보낸 후 일본에서 천수를 다한 아버지를 두고 귀국한 이들의 남은 친척들이 비난도 했을 것이다. 그런 아버지의 공적을 알리고 싶은 심정이 엿보였다.

당시 총련 지부의 직원이었던 문광자도 남동생이 귀국했다. "귀국한 사람이 많아요. 내 남동생도 민족학교를 나온 후 본인이 희망해서 갔습니다. '공화국이 좋다'는 분위기였으니까. 남동생은 공부를 더 하고 싶어서 간 건데, 일본에서는 차별을 당했으니까. 친척도 가족도 아무도 없었지만 거기 가서 가정도 꾸리고 지금은 손자도 있어요. 평양 인근에 살고 있는데 살림살이는 평범합니다. 먹을 것이 없을 정도는 아니에요. 나도 이번이 마지막이다 하면서도 벌써 15차례 정도는 갔다 왔어. 니가타 항구로 가서 소련 배를 타기도 했어요." 허리를 곧게 펴고 담배 연기를 내뿜으며 담담히 말하던 그녀의 모습이 떠오른다.

내가 본격적으로 우토로를 취재한 때는 2003년 이후이다. 1990년 이후

사회주의가 붕괴됨에 따라 귀국사업 지원이 중단되었고, DPRK를 덮친 큰 가뭄과 그에 따른 빈곤을 지켜보기만 한 '국제사회'의 방관으로 DPRK에서 수십만의 아사자가 나온 시기가 지났을 때다. 한편 일본 국내에서는 2002 년에 일본인 납치사건이 드러나자 'DPRK 포비아'가 제어불능 상태가 되어 갔다. 그 영향도 있었을 것이다. 당시 많은 주민들에게는 '귀국'이나 '북조선'은 목소리를 낮추어 대화해야 할 화제였다.

자주자립, 통일조국건설에 대한 염원 등 귀국자들의 주체성을 무시해서도 안 되지만, 특히 우토로의 경우 '귀국'을 선택한 대부분의 이유가 빈곤과 차별이었다. 식민지주의라는 일본 사회의 전반적인 강제성 아래 일본에 정주한 재일조선인 대부분은 이남 출신자들이다. 우토로 주민들 또한 태어난 고향도 아닌 또 하나의 조국에, 그럼에도 불구하고 미래를 걸 수밖에 없었다.

귀국사업은 1958년, 가와사키시川崎市의 총련지부 사람들이 집단귀국을 결의하고 김일성에게 귀국을 요청하는 탄원서를 보낸 것이 계기가 되어 시작되었다고 한다. 그러나 1955년, 당시 일본적십자사 대표가 스위스 제네바에서 열린 국제위원회 앞으로 재일조선인들의 대량 귀환을 요청하는 서한을 보냈고, 외무성이 수상을 비롯한 여당의 뜻을 수렴해 귀환을 위한 로비활동을 벌이고 있었다.

정부의 속셈은 1949년에 요시다 시게루 총리가 맥아더에게 보낸 서간에 있는 바와 같이 재일조선인은 모두 공산주의자이며 범죄자이니 하루 속히 모두 강제 송환하고 싶다고 한 주장대로다. 역사의 증인이자 사죄와 보상의 대상인 재일조선인들의 국외 추방이 '귀국사업'이었다

한 사람이라도 많이 귀국하게 만든다. 이를 위한 발판은 재일조선인이 일본에서 살아갈 희망을 말살하는 것. 우토로 역사에도 그것이 새겨져 있다.

첫 번째는 '생계를 유지할 수 없게 만드는 것'이었다. 1948년, 아마도 해방 후 처음으로 지역 신문에 우토로가 등장한 것이 '밀조 담배'에 관한 기사이다. 50년대 들어서는 세 차례에 걸쳐 탁주를 제조한 일로 적발된다. 취

업차별로 빈곤에 시달리는 이들에게 '유일'하다 해도 좋을 생계수단을 없애려 한 것이다.

또 하나는 사회보장제도에서의 배제다. 일본은 '외국적'을 '이유'로 재일조선인을 전후 보상, 사회보장제도 적용대상에서 제외시켰다. 거의 유일하게 적용된 것이 생활보호제도인데, 그조차도 '행정창구에서 베푸는 은혜'이지 '권리'가 아니다. 지원신청이 기각되어도 이의신청조차 불가능하다.

전후의 혼란이 수습되어 재주나 완력으로 입에 풀칠을 했던 시대가 끝나자 재일조선인의 경제상황은 더 악화된다. 당연히 생활보호 수급비율이 늘어나는데, 정부는 높은 수급비율에 주목하고 '부정 수급' 적발을 강행한다. 이를 부추긴 것이 언론이다. 당국과 언론이 일체가 되어 벌인 생활보호 수급자에 대한 공격의 원조였다.

사실 전국에서 생활보호 부정수급 혐의로 맨 처음 경찰의 대대적 수색이 실시된 곳이 우토로였다. 1955년 2월 7일 이른 아침, 2백 명의 경찰이 동원된 대규모 수색이 실시돼 5명이 체포됐다. 설사 부정수급이 사실이라 하더라도 2백 명의 경찰 동원은 이례적이다. 당국은 언론 대처에도 만전을 기했다. 『교토신문』은 '단속' 당일 조간에 미리 기사를 흘렸고, 8일자 석간 톱기사로 수색 당일의 모습을 상세히 보도했다. 체포자 전원의 연행 모습을 사진으로 실을 정도였다. 이 사건으로 부녀자와 아이들을 비롯한 우토로 주민 약 60명이 시청으로 몰려가 '우리는 생활보호 지원금보다 일자리가 필요하다'고 호소한 일이 2월 9일자 『라쿠난 타임즈』에 실렸다.

그리고 귀국사업이 개시된 1959년, 외국적자들을 배제한 채 국민연금법이 실시된다. 노후, 장애를 입어 일을 할 수 없게 되었을 때, 또는 한 가족의 생계를 책임진 사람이 사망했을 때 나오는 '공조연금제도'에서도 재일조선인을 배제했다. 그들이 일본 사회에서 살아갈 전망을 철저히 차단한 것이다.

귀국사업을 둘러싸고 '지상낙원', '의식주 걱정이 없다'며 동포들을 고무시킨 조선총련 활동가와 DPRK를 예찬하며 귀국을 선동한 진보 좌파계 문화예술인들의 책임을 지탄하는 이들도 많다. 우토로에서도 여러 차례 들은 이야기다. 물론 그것은 검증, 비판받아야 마땅하지만 그 배경에 있는 일본 정부의 제도적 '폭력'을 간과해서도 안 된다. 비록 '낙원'은 아닐지라도, 태어난 고향이 아니어도, 타국에서 차별로 점철된 생을 마감하는 것보다 '조국'에서 죽고 싶다고 할 정도로 일본의 재일조선인 정책은 비인도적이며 가혹했다.

『나날이 새롭게』의 연표 옆에는 같은 해인 1959년 12월에 <아시아 국제 이해교육 세미나 — 한국대표 3인 내방>이라는 문구가 있다. 동일한 장소가 추방과 환영의 무대가 된 것이다. 일본 사회는 어차피 떠나 줄 사람들은 '환영'했다.

당시 DPRK와 체제의 정통성, 우위성을 경쟁하던 한국정부는 '귀국'을 '북송'이라 비난하며 격렬히 반발했다. DPRK가 재일조선인을 받아들인 배경에는 한국전쟁 후 노동인구 확보와 빈곤층에 베푸는 '구제 조치'로 북의 경제적 우위성을 국제사회에 증명하려는 목적, 나아가 국교정상화를 위한 파이프 역할 등을 기대한 점도 있었다는데, 한·일간 국교정상화를 위한 협상은 '귀국사업'이 개시되면서 한국 측의 반발로 중단되었다. 일본 내에서도 민단과 총련 지지층 사이에 대립이 표면화된다.

미나미야마시로南山城 지역에서 좌파 조선인운동의 거점이었던 우토로에서는 드러난 알력 다툼을 언급하는 이는 없었지만, 귀국사업이 개개인에게 남긴 상처는 취재 과정에서 자주 들었다.

정광자(鄭光子)의 부모와 형제들은 거의 모두 DPRK로 귀국했다고 한다. 그녀는 1934년, 현재의 시가현滋賀縣 오미하치반近江八幡에서 태어났다. 8남매의 대가족이며 부모는 농사를 지었다고 했다.

"그때는 가난했어. 둥근 밥상에 둘러 앉아 밥을 먹었던 기억이 나." 차려진 음식을 먹는 것만으로는 배고픔을 견딜 수 없었다. 간식은 스스로 조달했다. "오후에 학교가 끝나잖아, 그러면 메뚜기를 잡으러 가는 거야. 잡아서 대나무 통에 넣고 헝겊으로 입구를 막아. 집에 와서는 날개만 떼고 참기름을 넣어 볶은 다음 간장으로 간을 하고 옥수수를 섞어 먹기도 했어. 어렸을 때 먹었던 그 맛을 아직도 못 잊어. 이제는 농약 때문에 다 없어졌지만 지금도 길가에 메뚜기가 보이면 덥석 잡게 되더라고."(웃음)

그녀를 취재한 장소는 마을 북서쪽 시 도로에 인접한 자택이었다. 푸근한 얼굴에 동그란 눈이 바쁘게 움직였다. 이른바 총알 토크, 집중하지 않으면 메모하는 손이 쫓아가지 못했다.

"중학교에서는 이지메도 많이 당했어. '조—센, 마늘 냄새!' 하며 괴롭혔지. 지고는 못 사는 성격이라 나도 똑같이 갚아줬으니까 싸움이 났어. 그러면 선생님이 나만 벌을 세워. 내가 예전에 쓰던 성이 '요시카와吉川'인데, 선생이 '요시카와, 하루 종일 서 있어!' 하는 거야. 그럼 애들이 전부 신나서 놀려댔어. 중학교 때는 눈앞에서 그런 소릴 듣지는 않았지만. 중학교 때 공습 때문에 야마나시현山梨縣 류오竜王로 피난도 갔어. 전쟁이 끝나고 나서 중학교를 졸업했고. 고등학교? 돈도 없는데 고등학교에 어떻게 가겠어!" 집안일을 돕다가 23세에 우토로에 시집을 왔다. 고철을 줍거나 토목공사 막노동을 하면서 하루하루를 살았는데 '귀국운동'이 시작된 것이 그 무렵이었다. "우리도 귀국할 생각에 짐을 다 꾸렸지만 시댁 어른들 건강이 안 좋았어." 거침없던 말투가 갑자기 머뭇거리기 시작하더니 단어를 고르는 것 같았다. 어쩐지 비밀이야기라도 하는 것 같은 말투다. 시기는 정확하지 않지만 이미 '지상낙원'의 실상이 우토로에도 전해지고 있었다. 결국 그녀는 '귀국'하지 않았다.

정광자도 모두 네 차례 DPRK에 다녀왔다. 열렬한 환대와 형제들을 다시 만난 기쁨도 있었지만 서글프기도 했다고 털어놓았다. "한 번은 남동생 아이들에게 주려고 사탕을 잔뜩 가져가서 애들한테 나눠줬어. 감로 사탕이었어. 그걸 줬더니 '입에 넣어도 안 녹아, 마술 같다' 하는 거야. 아마 질 좋은 사탕을 먹어본 적이 없어서겠지, 눈물이 나더라고. 도착할 때까지는 파도가 거세서 힘들지만 기다리는 걸 생각하면 다시 가게 돼. 이젠 언니도 남동생도 다 죽고 없어서 그 후론 안 갔지…."

동급생들을 떠나보낸 이야기를 들려준 이는 여광남이다. "한 살 아래 친구가 부모를 따라 귀국했는데, 그때는 우지 시내에서도 상당히 많이 갔지. 1차(귀국선) 때는 열기가 굉장했는데, 10차 무렵에는 거의 없었어. 초기엔 1년에 2, 3회 정도 되었거든." 당시 총련계 청년단에서 활동한 여광남은 동포들을 배웅하는 역할을 맡았다.

"동급생들은 다들 부모와 함께 갔는데, 혼자서 귀국한 사람도 있어. 귀국해서 이웃집 큰딸과 함께 살게 됐다는 편지를 받긴 했는데, 그 후론… 약이 없어서 그런지 잘 모르겠지만 다들 일찍 죽어서…. 혼자 귀국한 친구는 주판세 씨. 함께 간 3명 중에는 그의 남동생도 있었는데, 니가타 항구에 도착하니까 '가기 싫다'며 도망쳐서 여동생과 둘이서만 귀국했어. 내 여동생이랑 동창이었지. 조선말도 알아듣지 못했는데… 배에 타지 않고 도망친 사람도 있다고 해…." 쾌활하고 유머 넘치는 여광남의 목소리가 잠기기 시작했다. 고개를 들어 보니 커다란 눈에 눈물이 글썽였다.

여광남보다 네 살 적은 가와모토 히데오는 우토로에서 15세대 정도가 귀국했다고 했다. "어렸을 때라 잘 기억은 안 나"라고 운을 떼면서도 직접 본 귀국 광경을 말해 주었다. "여기서도 귀국할 때 울고불고 하는 아이가 있었어. 그곳에 가서도 재일조선인은 차별을 받을 것이고, 수용소에 간 사람도 있을 거고…." 히메지姬路에 살았던 가와모토의 사촌동생도 귀국했지만 1990년대 이후 소식이 끊어졌다고 한다.

빈곤층이 대부분이라고는 하나 귀국자들과 그 아내들은 경제성장기의 자본주의 사회에서 이주한 이들이었다. 출신성분으로 사는 장소나 일자리가 결정되고 직업을 바꾸거나 이사를 할 자유가 거의 없는 현실에 실망해 불평을 하거나 마찰을 일으킨 재일조선인과 그 가족들이 있다는 이야기도 자주 들었다.

우토로에서 '귀국운동'의 고양과 쇠퇴는 어떤 것이었을까. 사람들을 설득하고 권유활동을 했던 이, 가족들이 귀국한 이, '나중에 뒤 따라가겠다'했지만 가지 못한 이들…. 다양한 처지의 사람들이 그 후에도 불과 2.1ha의 마을에서 얼굴을 마주하며 살아왔다.

"한 동네 사람들이니 만나면 차도 마시고 하지만 정치적인 얘기가 나오면 속내는 말 못했지"라고 한 사람도 있었다. 유머를 섞어가며 술술 내력을 털어놓던 사람도 '귀국'이야기만 물으면 내 생각을 파고들 것처럼 뚫어지게 보거나 화제를 외면하기도 했다. "어떻게 될지 모르니 '살기 좋으면 빨간 장미, 안 좋으면 검은 장미'를 써 보내라"며 떠나보낸 가족에게 온 편지에 '검은 장미가 잔뜩' 있었다며 눈물을 글썽인 사람도 있다. 마치 '남의 일'처럼 우토로의 귀국 열기를 말하던 사람이 실제로는 부모나 형제가 귀국한 후 소식이 끊어진 경우도 여럿 있었다. "한 번 가면 다시 올 수 없다니, 생각지도 못했다." 적지 않은 이들에게서 들었던 말이다. 왕래할 수 없는 고통을 호도하듯 "인연을 끊었으니까 소식도 없어, 솔직히 맘이 놓여"라고 토로한 사람도 있다.

언덕 위의 학교에서 개최된 귀국 송별회 모습은 결국 알아낼 수 없었다. 지역 신문을 샅샅이 찾아 발견한 것은 『라쿠난 타임즈』기사다. 1960년 7월 4일, 니시우지西宇治중학교에서 '성대한' 송별회가 열렸다고 이튿날 5일 기사로 실었다. '귀국자'는 3명, 일본의 창가를 넣은 오르골을 일본인 학생이 선물로 주었고, 3명은 교내방송으로 전교생에게 '우정의 말'을 남겼다고 한다.

교묘하게 역사의 증인들을 '추방'하는 한편 일본정부는 식민지배의 정당성 발언이나 '귀국사업'에 대한 반발 등으로 여러 번 중단되었던 한국과의 국교정상화를 실현한다. 동아시아에 반공의 보루를 만들고 싶은 미국의 세계지배 전략과, 개발독재를 추진할 자금을 얻고 싶었던 박정희 군사정권이 손잡은 파렴치한 합의였다. 한일조약 반대투쟁이 우토로에서 조직적으로 펼쳐졌다는 기록은 남아 있지 않지만, 좌파계인 이 지역에서 반발이 일었으리라는 짐작은 어렵지 않다.

1962년, 가족 모두가 우토로 이주한 신점순(辛点順 1928년생)은 말한다. "우린 한국계였어. 아마 초기였지 싶은데. 그 당시 여긴 총련계였잖아. 처음에 거칠어 뵈는 사내 셋이 와서는 남편(변삼섭 卞三燮)에게 '당신, 어느 쪽이야!' 하는 거야. 남편도 기가 센 양반이라 '뭐라고?! 이것들이 누구한테 그런 걸 묻는 거야!' 하면서 큰 싸움이 났어. 그런데 그중에 두목 같은 사람이 남편을 '성깔 있는 남자'라고 생각했는지, 나중에 이름을 적어 붙인 고급 술 5병을 보내왔더라고.(웃음) 난 화가 나서 돌려보내려 했는데, 남편이 '체면을 건드리면 안 된다'고."

신점순은 경상남도에서 태어나 11세에 일본에 왔다. 원래 우토로와는 인연이 없었다. 교토시 남구 히가시쿠조東九条에서 건설업을 한 변삼섭이 무리하게 일을 벌이다 사업에 실패한 것이다. 연일 몰려드는 채권자 중 한 사람이 우토로의 지인에게 다리를 놓아 강경남의 집 옆에 있는 가옥을 구입해 거기서 일가족이 살게 해 주었다. 미리 선수를 쳐서 채무자를 빼내온 것인지, 아니면 더는 보다 못해 그런 것인지는 알 수 없다. '야반도주'로 피한 장소가 곧바로 다른 채권자들에게도 알려졌는데, 그들이 우토로에 와서 본 것은 완전히 다른 세상의 빈곤이었다. 빗살이 빠지듯 채권자들도 하나 둘 나타나지 않게 되었다.

"그래도 끈질긴 사람은 섣달그믐날까지 왔어. 삼나무 판자 사이로 들여다보고 안에 들어오기도 했는데, 남편은 일을 나가서 나랑 애들뿐이었고, 밥상에는 김치랑 간장이랑 밥뿐이었으니까……. 섣달그믐날에 말이야. 그걸 보고 '더는 안 되겠다'고 생각한 것 아닐까. 두 번 다시 안 왔어."

나중에 시 도로변에 있는 토지를 구입해 거처를 만들었다. "남편이 앞을 내다볼 줄 아는 사람이었어. 우토로 사람들이 쓰레기장으로 쓰던 곳이 있었는데 알아보니까 사유지였어. 흥정을 해 싸게 사들였지." 취재는 2010년, 그 집에서 이뤄졌다. 핑크색 베이스로 꾸민 방안 벽에는 은퇴한 남편과 함께 전국 각지를 여행한 기념사진과 한류 스타의 포스터가 비좁게 붙어 있었다.

"남편과는 요도淀에 있는 굴뚝에서 만났어." 게이한京阪전철 차장으로 보이는 쓰레기 소각장(현 교토시 남부 클린센터)이다. "당시는 수거된 쓰레기를 그대로 태워서 연못 같은 곳에 그냥 버렸어. 샅샅이 뒤지면 쇳조각이 나오니까 다들 그걸 주우러 갔었지. 그 사람들 중에 남편이 있었고, 첫 눈에 반했어.(웃음) 키는 자네만 해, 175cm는 될 걸. 목소리가 초여름 매미처럼 요란해서 '카랑카랑'이란 별명이 붙었지. 젊은 시절의 단바 테츠로丹波哲郎 같았어. 괜찮은 남자야, 서로 진짜 좋아했지, 아침이 오는 게 얄미울 정도였으니까. 수다도 실컷 떨었어, 이 아지매가."(웃음)

그로부터 3년 후, 일본은 한반도에 생긴 두 개의 주권국가 중 남측만을 국가로 인정해 국교를 수립한다. 부수적으로 협상된 것이 국적과 재류자격 문제였다. 5년 간 유예기간을 두고 국적을 '한국적'으로 변경하면 협정영주라는 재류자격과 1세 대부분의 '고향'인 한국에도 왕래할 수 있다고 했다. 악랄한 '와해'이다. 총련조직과 그 지지자들은 반발했고, 후쿠오카현福岡縣 다가와시田川市 등과 같은 혁신 지자체에서는 한국적에서 조선적으로 '역취득' 운동을 시작해 한국적으로 바꾸는 것을 반대하는 운동이 조직되었다. 우토로에서도 국적 변경을 둘러싼 대립은 있었다.

1950년대 이후 일본의 경제성장은 우토로와 주변 지역과의 격차를 더 벌려 놓는다. 그리고 1960년대 이후, 주민들은 또 하나의 격차를 실감하게 된다. 바로 동화대책사업이다. 앞서 여광남이 시가滋賀 등의 피차별 부락에서 목격한 것도 이 사업의 결과였다. 행정이 부락의 노후주택을 사들인 후 다시 집합주택을 지어 주민들을 이주시켰다. 원주민들이 살았던 판잣집은 국가가 비용을 대 철거했고, 주민들에게는 토지수용과 이전에 따른 보상이 이뤄졌다. 부락 안에는 저렴한 목욕탕이 들어섰고, 장학금이나 보습수업, 연필이나 노트 등 학용품을 지급하는 교육지원도 실시되어 갔다. 관공서에도 우선고용 제도가 실시되어 현역 노동자를 중심으로 조직의 추천을 받은 부락민들을 공무원으로 채용하기도 했다.

일당벌이로 겨우 입에 풀칠만 하는 생활은 5년 후, 10년 후의 노후설계가 곤란하며 자칫하면 일상생활과 사고방식까지도 규정해 버린다. 재일조선인 사회에서 자녀들에게 고등교육을 시키는 것에 전력을 다한 사람이 많은 이유는 저학력과 빈곤의 악순환, 구조적 차별이 가져올 결과를 알기 때문이었다. 행정당국은 부락민들의 악순환을 끊기 위한 시책을 마련한다. 30년 이상 15조 엔이 투입된 Affirmative action(적극적 차별시정 조치)는 일본 사회의 인권정책 역사에 남을 만한 결과를 얻었는데, 불법 점거지로 취급한 조선인부락에는 해당되지 않았다.

전입자들

1960년대는 우토로 전입자 수가 최다를 기록한 시기이기도 하다. 각지에 있었던 조선인 집주부락이 고도 경제성장에 따라 부락민들의 유출과 재개발로 소멸되는 가운데 우토로는 새로운 주민들을 흡수해 나갔다. '귀국사업'으로 빈집이 생긴 영향도 있겠지만 교토, 오사카, 나라 지역과의 편리한 접근성 때문에 토지 매입이 쉬운 입지조건도 한몫 했을 것이다.

이러한 '거래' 대부분은 계약서나 영수증 없이 이루어졌다. 서면보다는 신뢰관계를 중시했던 것이다. 문화인류학자 김기숙(金基淑)에 따르면 1940년대에 2세대, 50년대에 5세대였던 유입인구가 1960년대에는 11세대까지 늘어났다. 참고로 70년대에는 3세대, 80년대에도 3세대였다.(『토지는 누구의 것인가(土地はだれのものか)』)

그렇게 우토로에 들어온 사람이 최중규(崔仲圭 1916년생)로 우토로 안에서는 유일하게 '강제징용'으로 도일한 인물이다.

경상남도의 소작농가에서 태어나 26세 때 마을 공무원의 얘기를 듣고 소집되었다. "가 보니까 광장에 수십 명이 있었어, 탄광에서 사람이 와 있었는데, 그대로 일본으로 끌려왔어요. 나는 처자식도 있었는데, 내 처지 따윈 상관없었지. 이미 얘기가 다 되어 있었어. 게다가 싫다는 말도 할 수 없었으니까…. 경찰에 불려가서 무슨 일을 당할지도 몰랐고. 후쿠오카현 이이즈카飯塚에 있는 텐도天道탄광으로 끌려갔어요."

2005년 7월, 지병인 위장질환으로 입, 퇴원을 반복하던 시기에 그를 취재했다. 그을린 얼굴에 함박웃음을 지으며 얘기하던 모습이 떠오른다.

일본에서 그를 기다린 것은 노예노동이었다. "60년이 지나도 잊지 못해. 먹을 것도 형편없었어. 조선 같으면 밭에 뿌리는 비료로나 쓸 메주콩 찌꺼기였어요. 영양가도 하나 없는. 탄광일은 12시간씩 2교대였습니다. 너무 고됐지만 일요일이 아니면 쉴 수도 없었고, 항의라도 했다간 몽둥이질이었지. 타코 베야(タコ部屋 좁고 열악한 노동자 합숙소_옮긴이 주)마다 야쿠자 같은 놈이 있어서 곤봉을 휘둘렀어. 노동자들끼리 얘기만 해도 맞았어요. 안전대책도 전혀 없었어. 몇 사람이나 사고로 죽었어. 죽어도 장례를 치르지도 않아. 탄광에서 나오는 잡석을 쌓아 두는 집적장에 시체를 버리는 걸 봤어요. 거기에 묻었는지는 알 수 없지. 그래서 한동네에서 끌려온 김 씨라는 이와 함께 도망쳤어. 한 번은 붙잡혀서 김 씨가 두들겨 맞았는데, 두 번째는 도망치는 데 성공했지. 재래식 변소 안으로 들어가서 분뇨를 배출하는 작은 구멍으로 도망쳤어요. 손전등을 비추면서 우릴 쫓아왔어, 산 위로 도망쳤는데도 계속 쫓아와서 닥치는 대로 바위를 굴려 내려 보냈더니 더 이상 쫓아오지 않았어. 그렇게 겨우 도망 나와서 한동안은 나가사키長崎 사세보佐世保에서 막노동을 했습니다."

1945년 12월, 해방을 맞은 고향으로 돌아갔지만 이미 생활기반이 없어져 이듬해 봄, 혼자서 다시 일본으로 왔다. 어느 정도 돈을 모아 고향에 돌아가려 한 것이다. 그러는 사이 고향땅의 분단이 고착화되자 당시 일하고 있던 나가사키의 광산에서 석옥선(石玉先)과 재혼해 생활기반을 만들었다.

나가사키를 떠난 것은 1967년, 광산이 폐쇄되었기 때문이다. 우토로에 있는 지인에게 130만 엔을 주고 주택이 포함된 토지를 샀다. 신용거래였기에 문서도 없었다. 계약금 20만 엔은 저축한 돈으로 지불하고 나머지는 인근 건설회사에서 일하며 갚아 나갔다. 그의 집은 마을 동쪽 끝 급경사면에 지었는데, 주위에는 집도 거의 없어서 조립식 건물과 작은 창고를 만들어 생활공간을 넓혀 갔다. 우토로 안에서 가장 지대가 높은 곳에 지은 자신의 집을 별장지에 빗대어 '우토로의 가루이자와輕井沢'라며 자조했던 모습이 떠오른다. 위치 때문에 생긴 골치 아픈 일도 있었다. 벼랑 위의 중학교에서 장난꾸러기들이 함석지붕에 돌멩이를 던져 그를 도발하게 만들었다.

전술한 김기숙의 논문에 의하면 1960년대에 토지매매는 28건이 기록되어 있다. 우토로 주민들은 보다 좋은 장소 혹은 앞으로 주택을 짓기 위한 토지를 샀을 것이다. 그렇게 1970년 후반 이후로 우토로에 기와지붕이 등장하기 시작한다. 대부분의 시공주는 김교일과 가와모토 히데오 같은 2세이다. 고생한 1세 부모들에게 은혜를 갚는 일이었다.

국제인권규약에 동의한 일본정부가 민간인 주택융자를 위한 주택금융공사법에서 국적조항을 삭제한 것은 1979년이다. 아무런 지원도 없이 일일이 직접 지은 집들은 주민 한 사람 한 사람에게는 보물과도 같았다.

우토로에 살 수밖에 없었던 사람들이 평범한 생활수준을 향유할 집이 생긴 것이다. 그런데 토지소유권 문제가 불거지기 시작한다. 1962년에는 일본국제항공공업의 후신인 닛산차체가 주민들에게 퇴거를 요구하는 내용증명을 보낸다. 어차피 모두 떠날 것이라 여겼던 조선인들이 정주 방향으로 굳어지는 것에 위기감을 느꼈을 것이다. 여기서 살라는 말에 살기 시작한 장소이자 동포들끼리 어깨를 맞대고 살아온 이들에게 역사적 책임을 져야 마땅한 기업이 '일본의 법률'을 내밀며 냉혹하게 물었다. '그곳은 누구의 토지입니까? 당신은 토지 등기를 했습니까?' 이른바 제2의 토지조사 사업이었다. 마을 유지들은 이 문제를 해결하려고 닛산차체에 청원서를 보낸다.

《우지시宇治市 이세다초伊勢田町 우토로 51번지 내에 살고 있는 우리는 과거 전쟁 막바지에 교토비행장 건설과 일본국제항공공업주식회사의 공장을 짓기 위해 쇼와 15년(1940) 5월 무렵부터 30년 동안 본인은 물론 그 자손과 친척들이 계속 살아 왔습니다.

쇼와 20년(1945) 8월, 종전 후에는 그곳의 지주였던 일본국제항공공업이 없어져 비행장 건설 공사도 중지되었는데, 우리는 혹사만 당하고 아무런 생활보장도 없이 아수라장과 같은 패전을 맞은 이 사회에 어쩔 수 없이 방치된 것입니다.

그 후로 우리는 한 점의 바람에도 휘둘리고, 적은 비에도 침수되는 허술한 판잣집에서 낡은 양동이로 빗물을 받아내고, 낡은 우산을 방안에 펴서 비를 피했고, 짧은 밤이 지나 날이 새면 빈 땅을 일구거나 혹은 쇳조각을 모으느라 우왕좌왕하며 참담한 밑바닥 생활로 그날그날 목숨을 부지하며 오늘에 이른 것입니다.

우리는 전쟁 기간에 '一億一心(1억 명의 일본인이 한마음)'과 같이 똑같은 황국신민으로서 총동원 체제 아래서 혹사와 학대를 당했음에도 하루아침에 외국인이 되었고, 전쟁 때문에 우리의 본국이 둘로 갈라져 아무런 사회적 보장도, 우리나라로 돌아갈 자유조차도 없이 온갖 만고풍상을 견디며 살고 있는 처지입니다.

우리는 일본의 법률도 그다지 잘 알지 못하지만 과거 일본국제항공공업이 해체되고, 재산 등도 청산 처분되었다고 들었습니다만, 우리가 살고 있는 우토로의 토지는 우리들이 영원히 언제까지라도 살아도 좋다고 생각했습니다.

그런데 최근 어찌된 일인지 지주가 언제, 어떻게 바뀌었는지도 모르는 사이에 과거 일본국제항공공업이 아닌 닛산자동차 회사에서 뜻밖에도 변호사를 보내 토지 절반을 비우거나 전부 퇴거하라는 말을 전했고, 그 말에 우리 모두 너무 놀라고 생활에 위협을 받고 있습니다.

우리는 각자의 의지대로 우리나라에 자유로이 돌아갈 수도 없고, 30년이나 살아온 이곳에서도 거주할 권리가 없다면 일본의 법률로 이렇게까지 우리의 생활권리를 박탈할 수 있는지 그걸 생각하면 이러지도 저러지도 못하고 있습니다.

그날 먹을 양식을 구하기 위해 일당벌이를 하기에도 힘에 부칩니다. 토지를 우리에게 매각해 달라고 해도 그다지 매각할 생각도 없는 것 같아서 어떻게 하면 좋을지 알 수 없고, 그저 슬픔과 분노로 가득할 뿐입니다. 우리는 도저히 우토로를 떠날 수 없는 상태에 놓여 있습니다. 우리 모두는 어떻게 해서든 기득권리를 주장해 생활권을 지키고, 거주권을 지키기 위해 일치단결했습니다. 그래서 어떻게든 토지를 사자고 의견일치를 보고 협상과 절차를 밟기 위해 다음과 같이 대표자도 선출했습니다.

회사에서는 특별히 검토해 주셔서 우리에게 토지를 매각하도록 조치를 부탁드리고자 요청합니다.

쇼와 45년(1970) 2월   일

교토부 우지시 이세다초 우토로 주민일동》

절절한 청원의 글 뒤에는 선출 대표자 7명의 이름과 이들을 포함한 주민 91명의 서명이 이어진다.

닛산차체는 중간에 개입한 우지시 측에 평당 6천 엔을 제시했는데, 합의에 이르지 못했다. 당시는 1세들의 시대였다. 옛 함바에서 계속 살아온 것을 두고 '불법 점거'라 하고, 사죄도 보상도 없이 토지 매입만 강요하는 '역사부정의 부활'이었다. 주민들 사이에는 '토지 양도만이 해결책'이라는 반대의견이 분출했다. 애초에 매입할 자금이 없는 이들도 적지 않았다. 일본 사회의 '풍요로움'이 우토로에도 밀려온 시기라고는 하지만 이곳은 여전히 경제구조의 가장 밑바닥에 있었다. 문제를 해결할 기회는 결국 보류되었다.

사실 이 청원서에는 같은 필적의 서명이 여럿 있었다. 문맹자와 그 당시 이미 사망한 이의 서명도 있었다고 한다. 지역의 유력인물이 충분한 설명도 하지 않고 서명과 날인을 모았다는 증언도 있어 주민 전체의 합의로 보기는 어렵다. 다만 짚고 넘어가야 할 것은 1970년 시점에 이미 자율적인 움직임이 있었다는 것이다. 우토로 토지 문제가 복잡해진 원인을 '자율성의 결여' '사회제도에 대한 무지'로 해석하는 경향도 있지만 그건 아니라고 생각한다. 사회와 단절되어 독자적 룰이 관철되어 왔던 우토로에서도 해결점을 모색하려는 움직임이 있었다. 하지만 이러한 움직임은 불운과 생각지도 못한 '배신'으로 왜곡되어 간다.

제5장
물 — 협동의 시작

우토로 곳곳에 설치된 우물 급수 펌프는 생명과도 같은 물을 얻기 위해 고투한 흔적이다.
우지시는 '토지 소유자의 동의가 없다'는 이유로 수도관 설치를 거부해 왔다.
(2019년 12월 28일 촬영)

우토로 주민과 일본인 시민과의 협동은 1980년대부터
이다. 선구자 역할이었던 한 사람 다케하라 하치로.
<우토로 평화기념관> 앞에서.(2022년 3월 8일)

다가와 아키코는 지문 날인 거부를 계기로
우토로에 온다. 언덕 위의 학교 쪽에서 우
토로 마을을 보았다고 한다.
(2009년 1월 11일)

한국인권단체협의회 조사에 참여한 니시카와 히
로시.(왼쪽 끝) (1997년 5월 26일)

흉물스런 모습의 히라야마
마쓰오(허창구)의 '저택'.
(2015년 7월 25일)

우토로 마을 입구에 설치된 최초의 입간판.(1997년 5월 26일)

우토로를 주의깊게 산책하다 보면 곳곳에 있는 우물을 발견하게 된다. 벽돌과 함석으로 둘러놓은 큰 우물에서 골목과 풀숲 곁에 자리한 작은 우물까지 100여 개가 넘는다. 이 가운데 약 30%는 재개발이 시작되기 전까지도 사용되어 실제로 주민들의 생명을 지탱해 왔다. 급수펌프 모터가 내지르는 진동음과 낡은 프로펠러 회전음은 우토로 부락의 역사를 만들어 온 생활음(音)이었다.

우물의 역사는 함바 시절로 거슬러 올라간다. 당시에는 몇 곳에 파 놓은 공동우물이었다. 빨래를 하고 먹을 물을 길어 올리는 동안 벌어지는 '우물가 수다'는 여성들의 '휴식'이기도 했는데 문제는 수질이다. 산간부에서 흘러 내려온 맑은 물도 아니었다. 북동쪽으로는 생활폐수의 유입 등으로 사멸되어 매립된 간척지(오구라巨椋 연못)도 있었다. 벌겋게 탁한 물이 나오거나 기름이 뜬 물을 쓸 수밖에 없는 고충과 열악함은 이미 몇 차례 언급했다.

이세다伊勢田 지역의 택지화가 이뤄진 1960년대, 주변 지역은 점차 상하수도가 정비되었지만 우토로는 토지 소유권자의 동의가 없다는 '이유'로 방치되었다. 그러는 사이 우물은 점점 말라갔다. 가능한 이들은 '자신만의 우물'을 파기도 했는데, 얕은 우물물이 마르면 더 깊게 파서 또 다른 우물을 만들었다. 우물의 수가 많은 것은 그 때문이다. '불법 점거'를 한 조선인에게는 수돗물조차도 공급하지 않은 행정 차별의 증거였다.

협동의 시작, 두 가지 계기

1980년대 들어와 '우토로'의 존재를 알게 되는 일본인들이 나타난다. 계기가 된 것은 한·일 노동자 연대운동과 히타치제작소의 재일조선인 취업차별 재판 이후로 한층 더 고무된 재일조선인 권리신장운동이다.

우지시 직원이었고 나중에 우토로 지원단체 <철거반대! 우토로를 지키는 모임>(이하 <지키는 모임>)을 만든 다케하라 하치로(竹原八郞 1950년생)도 그 중 한 사람이다. 나라현奈良縣에서 태어난 그는 1969년, 대학에 입학하면서 교토로 왔다. 교사였던 부모의 영향도 있어 사상적으로는 좌파였지만 학생 운동에 몰두하지는 않았다.

대학 졸업 후 교토부청에서 근무하다 이후 우지시청으로 자리를 옮긴다. "지역에서 노동운동을 하고 싶었다. 그러던 중 사회운동과도 관계를 맺게 되었는데, 교토 시내에서 영화 <어머니>를 상영해 보자는 회의에 참여한 것이 계기가 되었다."

영화 <어머니(オモニ)>는 22세 나이로 분신한 전태일의 생애와 그 어머니의 투쟁을 그린 영화로, 1978년 당시 한국민주회복통일촉진국민회의(한민통)에서 제작했다. 김민기의 '아침이슬'을 일본에 소개한 김경식과 나카오 준이치로中尾駿一郎가 공동감독을 맡고, 요네쿠라 마사카네米倉斉加年 등 극단 민에 배우들이 다수 출연했다. 한국의 군사독재와 그에 종속된 민단을 비판한 재일한국청년동맹 회원들이 일본노동조합총평의회(총평)의 활동가들에게 요청해 일본 각지에서 영화 상영회를 열고 있었다.

"그 상영회에 히가시쿠조東九条에서 온 고영홍(高英弘 활동가) 씨가 '교토 시내보다 (교토부) 남부에서 상영하면 어때요?' 하고 물었어요. 별 생각 없이 그러자고 했죠. 재미있을 것 같아서 하겠다고, 제가 늘 그래요. 한국의 노동운동이나 박정희정권, 재일정치범 문제 등에는 관심이 있었어요. 부모님이 좌파 계열이라 일본의 식민지배와 침략전쟁에 대해서는 어릴 때부터 가족들과 많은 얘기를 나눠서 잘 알고 있었죠. 그래서 교토시 조난城南지역의 위생환경노동조합이나 이데초井手町, 야와타八幡에 있는 조합에도 상영회를 부탁하러 다녔어요. 다들 대부분 호의적이었어. 윗세대 중에 사회당 쪽 사람들도 '한번 해 봅시다' 했으니까. 그땐 공산당계가 힘이 있어서 그런 운동은 조직적으로 지원했어요. 세력 확장에 대한 기대감도 있었겠죠. 고영홍 씨도 도와주고, 총련 사람들도 도와주었지. 그러다 보니 공동으로 주최하는 문화운동이라는 생각이 들었어요. 구미야마久御山에 생긴 큰 공민관이 있었는데, 600석은 되는 데다 마침 야마시로山城 지역에서도 거의 한 가운데라 거기서 상영회를 열었죠."

 1979년 12월 6일, 바쁜 연말임에도 불구하고 상영회장은 만석이었다. "거기서 우토로의 김선칙(金善則) 씨도 알게 됐지. 상영회 때 앞에 나와 대표하고 악수를 했어요. 아, 나는 지원 역할이지, 대표를 하는 사람은 아니라 그 당시 대표랑 악수했지. 저로서는 성공적인 상영회였지만, '이걸로 끝냅시다' 그럴 수는 없었죠. 그래서 일단 학습만은 계속 해 보자고 했어요."

 다케하라가 중심이 되어 학습회를 시작했다. 그 과정이 1979년 7월 14일에 창간한 미니 커뮤니케이션 잡지 『온돌(オンドル)』에 기록되어 있다. B5판형에 6~22페이지다. 창간호 첫 페이지에 '우리의 과제로서 꾸준히 한·일 문제를—'이라는 문장이 눈에 띈다. 재일한국인 정치범 서승, 서준식 형제의 사진과 이들의 석방운동을 펼친 <가족·교포 구원모임>의 박희미(朴喜美)가 강연했다는 보고도 있고, 다음 학습회에는 슬라이드와 강연을 통해 이승만을 타도한 4·19혁명을 공부한다는 예고도 있다. 다케하라는 편집후기에 이렇게 적었다. '지금은 여름이라 덥겠지만 온돌은 온 방안을, 집안 전체를 따뜻하게 데워 준다고 합니다. 우리의 활동이 조금이라도 일본을 따뜻하게 만들고 또 한국 민중의 운동과 이어질 수 있기를—'

 다양한 집회에 참가하고 거리에서 전단지도 배포했다. 활동을 하는 동안 지역과 직장에서 행해지는 재일조선인 차별을 인식하는 것이야말로 일본 사회를 변화시킨다는 생각이 커져 갔다. '적극적이지 못한 성격'이라고 자신을 분석하는 다케하라였지만, '만남'을 거절하지 못하는 성격이다. 그는 동료들과 함께 <야마시로山城 조선 문제를 생각하는 모임>(이하 <생각하는 모임>)을 만든다.

 모임을 추진한 또 한 사람은 이 지역 출신이며 우토로를 잘 아는 직장 선배이기도 한 니시카와 히로시(西川博司 1948년생)다. 시 공무원, 시의원을 거치며 우토로를 지원했고, 은퇴한 지금도 자주 얼굴을 내비친다. 이세다伊勢田에 있는 그의 사무실에서 이야기를 들었다.

"6대까지 거슬러 올라가도 이곳 이세다 토박이죠. 우토로 북쪽 게고毛語에 살았는데, 당시엔 2~300m 앞이 우토로였는데도 아무 것도 없었으니까 그냥 지나쳤어요. 그런데 학교는 오구라小倉소학교를 나와서 니시우지西宇治중학교에 다녔으니까 우토로에 동급생과 선배가 많았지. 가와모토 히데오 씨가 1년 선배죠. 그 양반 학교 때는 사고뭉치였어요."(웃음)

당시에 주변은 차밭과 채소밭, 논, 대나무 숲뿐이었다. 야산을 뛰어다니며 함께 놀기도 했다.

"'오늘은 우리 집 가자' 하면 놀러 가는 게 일상이었지. 마을에 풀이 무성하지는 않았어도 폐품을 수거하는 집들이 많아서 볼트나 와셔(볼트와 너트 사이에 끼워 풀림을 방지하는 둥근 철) 같은 것들이 잔뜩 널려 있었어요. 북쪽에는 돼지우리가 있었고. 저녁밥도 자주 얻어먹었네요, 지지미 같은 것도 먹고. 지금 생각하면 나한테 주는 건 일부러 마늘을 조금만 넣었던 것 같아. 집에 돌아가서 '마늘 냄새' 난다는 소릴 들을까 봐 신경 쓴 것이겠지요."

그가 기억하는 우토로의 첫인상이다. 하지만 솔직히 그들과 '친한 친구' 사이는 아니었다고 털어놓았다. "당시 이 지역이나 부모들의 조선인을 대한 차별의식이 은연중에 나에게도 내면화되었겠죠. 애들끼리 때론 싸움도 하잖아요? 내가 몸이 작아서 오히려 맞기도 하고 이지메를 당한 쪽이었지만.(웃음) 싸움이 나면 '조센징!' '마늘 냄새!' 같은 말이 그냥 입에서 나오더군요. '남의 밭에 있는 걸 훔쳐 먹는 주제에' 이런 말도 했고. 우리가 그랬던 건 그저 장난이었지만 버려진 채소 같은 걸 줍는 일이 그들에겐 삶과 직결된 일이었겠죠."

나라현奈良縣에 있는 공업고등전문학교에 진학하자 일단 우토로와의 관계는 중단되었다. 그런데 고등학교에서 알게 된 조선인 친구의 자살을 계기로 그들이 처한 상황을 의식하게 되었다. 고등학교를 졸업한 후 이세다伊勢田로 돌아와서 우지시청 기술직 공무원으로 근무하며 지역 내 상하수도 설치현장을 돌았다.

"수도는 토목공사가 없이는 안 되잖아요. 현장에 나가면 우토로의 옛 친구들이 있었어요. 그들이 늘 하는 말이 우토로에는 왜 수도가 안 들어오느냐는 것이었죠." 친구들은 기본적인 생활 인프라조차 없는 우토로를 떠나 긴끼近畿지역으로 옮겨 토건업을 했다.

"우토로는 토목업자가 많으니까 현장에서 아는 얼굴들을 많이 만나는데 여러 번 그런 소릴 들었죠. 그래서 상사에게 물어보니 제대로 설명을 안 해주더군요." 도시계획도에도 흰색의 사유지로 표시된 우토로는 행정기관의 안중에도 없는 곳이었다.

"시청 노조에서 활동하는 회사 동료 다케하라 씨와 의논해서 조사해 보니 닛산차체의 토지라서 매설승인을 받을 수 없는 상황이었어요. 수도와 가스관이 들어오지 못하는 거죠. 물어보니까 그나마 전기는 함바 시절에 설치됐고, 전화는 1960년대에, 가스는 프로판가스를 사용하고 차량의 차고지증명은 거주증명으로 대신할 수 있게 협상을 했더군요. 토건업을 하려면 차고지증명이 꼭 필요하잖아요? 덤프트럭이나 트럭이 필수니까. 어떻게든 수도만은 해결해야겠다고 생각했어요. 그래서 다케하라 씨와 몇 명이 함께 <생각하는 모임>을 만들었죠."

사적지 하이킹 등도 같이 하는 가벼운 모임으로 시작했는데, 모임의 중심 주제는 역시 재일조선인 차별이었으며 시급한 수도 문제를 해결하는 것이었다. 일단 우토로를 살펴보기로 했다.

"다케하라 씨와 몇 명이 함께 갔는데 정상석(鄭相奭) 씨와 김선칙(金善則) 씨가 우릴 맞아주었어요. 다케하라 씨는 편안한 모임이면 좋겠다고 말은 했지만, 사실 그 사람은 처음부터 수도매설을 주제로 활동하는 편이 좋겠다고 했어요. 우선 우리 모임에서 논의해 보자고 했죠." 1980년 4월에는 정상석을 강사로 초빙해 학습회를 열었다. 그 내용을 잡지『온돌』에 분할 연재하는 한편 정상석이 세상을 떠난 직후에 <생각하는 모임>이 만든 추모 책자『우토로의 역사』에 게재했다.

『온돌』에 '우토로'가 처음 등장한 것은 1979년 12월에 발행한 제4호다. <우리 주변의 조선 문제를 생각해보자>는 타이틀과 함께 새해부터는 군수사업의 마을이었던 우지의 역사를 발굴하고, 우토로가 안고 있는 문제를 고민해 보자고 제안한다. 곧바로 제5호(1980년 3월)부터는 우토로의 형성과 정을 상술한 기사가 제7호까지 연재된다.

『온돌』의 내용은 다채롭다. '본명'으로 취업을 거부당한 재일2세 박추자(朴秋子) 씨의 투쟁과 지문날인 거부투쟁, 당시 반차별 운동을 이끌었던 전국조직 <민족차별과 싸우는 연락협의회>와 관련된 기사도 있다. 무엇보다 해결이 시급한 문제로서 빈번하게 우토로가 등장한다.

우토로의 계간지 형태인 『온돌』은 수도문제를 집중적으로 조명한다. 생명과도 같은 급수시설 설치를 외면하는 행정을 비판하고, 주민들이 우지시에 여러 차례 수도관 매설을 요청해 온 사실, 앞서 4장에서 언급한 닛산차체에 보낸 청원서(1970년)와 관련된 협상요구가 좌절된 일, 그리고 1979년에는 20여 세대가 공동명의로 수도 설치를 요청한 내용도 실려 있다. 이때는 '음용수 부적합' 판정을 한 보건소의 수질검사 결과도 첨부했는데, 우지시 측은 '수도관 설치는 시에서 하는 것이 맞다. 다만 매립승인은 주민들이 직접 토지소유주에게 받아 오라'라고 했고, 소유주인 닛산차체는 수도관 매설을 거부했다. 이인삼각으로 주민들의 정주(定住)를 저지한 것이다.

닛산차체와 마찬가지로 군수회사였던 <일본강관(현 JFE스틸)>이 소유한 토지이며 이곳 노동자였던 조선인들의 자손이 모여 사는 가와사키시川崎市 이케가미초池上町의 경우에는 해당지역 사회운동단체의 요청을 받아들여 회사 측이 결국 수도를 설치하게 만들었다. 닛산차체의 철저한 '정주 저지 방침'은 유독 눈에 띄었다.

다케하라의 말이다. "흙탕물이 나온다거나 기름이 떠 있다거나 인근의 굴착공사 때문에 우토로 우물이 말라 버렸다거나, 문제가 한둘이 아니었어요. 누가 뭐래도 이 상황은 심각하다, 마을 전체가 나서서 수도 매설운동을 펼치는 편이 좋지 않겠냐고 김선직 씨에게 물었지요. 그랬더니 '당장은 어려우니 조금만 기다려 달라. 주민들의 의견을 모으겠다'라고 하더군요."

시 측의 강경한 거부가 이어지는 사이 주민들은 '우지시는 나서지 않을 것이다, 토지 소유주가 수도설치를 반대할 것'이라는 생각이 굳어져 갔다. 생명의 근간인 물을 한없이 기다릴 수도 없었다. 이미 이중삼중으로 우물을 파서 정수기를 달아 놓은 세대도 있었다. 마을 북쪽에 있는 시 도로에 접한 세대 등은 도로 밑으로 지나가는 수도관에 20mm의 급수관을 연결해 물을 끌어온 사람도 있었다. 만약 수도 설치가 가능해지더라도 이들 주민은 또 다른 지출을 걱정해야 할 상황이었다. 수도를 끌어오기 전에 토지 소유권 해결이 먼저라는 사람도 있었다. 주민들의 의견을 하나로 모으는 일이 좀처럼 쉽지 않은 상황이었다.

지문 날인 거부

일본인들의 시선이 우토로로 향하는 또 하나의 계기가 된 사태가 벌어진다. 지문 날인 거부투쟁이다.

일본이 '주권 회복의 날'로 여기는 1952년 4월 28일에 우토로 주민들을 포함한 재일조선인, 대만인들은 일본 국적을 일방적으로 상실한다. 외국인화(무권리화)의 완성이었다. 천황 히로히토의 마지막 칙령이었던 <외국인 등록령>(1947년 5월 2일 공포, 시행)이 바로 이날 <외국인 등록법>이 되었다. 여기에 도입된 것이 지문날인제도다.

당초 1년 이상 일본에 재류하는 14세 이상의 외국적자는 반드시 외국인 등록을 해야 하고 이때 왼손 검지의 지문을 채취했다. 등록증 훼손 등으로 재교부를 받을 때는 열 손가락의 지문을 모두 찍어야 했다.(1971년 폐지) 등록증은 3년마다 갱신해야 하는데 만약 거부하면 징역 1년 이하나 벌금 3만엔 이하의 처벌이 가해졌고, 해당 업무를 맡은 지자체에는 거부하는 자를 고발하도록 조치했다. 당국은 지문 날인을 '동일성 확인'이라고 강변했지만, 지문 채취는 외국적자만 해당되었다. 조선인을 잠재적 범죄자, 치안유지상 위협적인 존재로 간주해 관리·감시하려는 조치였다.

조선인 민족단체들의 격심한 반발에 지문 날인 실시 자체는 연기되는데 1955년 5월, 조선총련이 발족됨에 따라 일본공산당과 좌파 조선인의 지도/협력관계가 해제되었고, 이로써 좌파 조선인들은 일본 국내에서 정치적 방패를 잃게 된다. 때를 기다렸다는 듯 일본정부는 그해 지문날인제도를 실행에 옮긴다. 거부하는 이들도 있었지만 가혹한 조사와 처벌 때문에 50년대 말까지 점차 저항은 줄어들게 된다.

저항의 불씨가 되살아난 것은 1980년이다. 재일한국인 1세 한종석(韓宗碩 1928년생)이 신주쿠新宿구청에서 지문 날인을 거부한 것이다. 한종석은 자신의 재판지원을 맡은 히토츠바시一橋대학 다나카 히로시(田中宏) 명예교수에게 이렇게 말했다. "우리가 자손들에게 대단한 것은 남겨 주지 못한다. 하지만 적어도 손가락을 까맣게 칠해 지문을 채취당하는 일, 이것만큼은 안 하게 하고 싶다. 이런 일을 자식과 손자들이 겪게 하고 싶지 않다……." (『「共生」を求めて』)

'단 한 사람의 반란'이 들불처럼 번져 재일조선인·한국인 전체의 투쟁이 되어 간다. 법무당국은 1982년 8월에 법을 개정해 지문 날인 개시연령을 16세로 상향하고, 갱신은 3년에서 5년으로 연장하는 한편 벌금은 20만엔 이하로 증액, 날인을 거부하는 자의 재입국 허가 신청을 불허하기로 한다. 이듬해인 83년에는 전국 최초로 교토에서 체포자가 나왔다. 이후로도 체포, 기소, 재입국 불허, 재류허가 갱신거부 등 보복이 이어지는데, 악법을 뜯어고치려 직접 나선 이들의 투쟁에 지자체의 노조와 민족단체가 호응하기 시작한다.

그 뒤를 잇는 운동의 큰 고비는 1985년, 이 해에 수십만 명이 외국인등록증을 갱신해야 했다. 민단 산하의 청년회가 날인 거부자를 지원하기로 결정하고 100만 명을 목표로 전국적인 서명캠페인을 전개, 나아가서는 소속조직을 초월한 2세, 3세 젊은이들이 '지문 날인 거부 예정자 회의'를 결성하는 등 일본정부에 압박을 가하기 시작한다. 법 개정을 요구하는 지자체 의회 결의도 잇따라 나오는데, 가와사키시川崎市 시장이 '고발 거부' 방침을 표명함으로써 지자체가 중앙정부의 정책에 'NO'를 선언한다.

민단 산하 부인회, 청년회의 강한 요청으로 채택된 것이 행정창구에서 '날인 거부'가 아닌 '유보'하겠다고 통보하는 전술이었다. 지역주민을 날인 거부죄로 고발해야 하는 지자체 공무원의 고충을 부추기는 동시에 대량의 '유보자'를 만들어 정부를 압박하려는 목적이었다.

우지시宇治市에서도 날인을 거부하는 이들이 나온다. 대표적으로는 교토시 남구의 재일조선인 집단 거주지역인 히가시쿠조東九条에서 활동한 <희망의 집 가톨릭보육원> 원장 최충식(崔忠植)과 그의 아들이었다. 당시 <부인민주클럽(현 Femin부인민주클럽)>에서 활동한 다가와 아키코(田川明子 1945년생)는 동료들과 함께 <지문 날인 반대 우지시민의 모임>을 결성하고 최충식 부자의 지원에 나선다. 이 과정에서 다가와 아키코는 동갑내기 재일조선인 여성에게 어떤 '결단'에 대한 고백을 듣는다.

"평화운동집회에서 알게 된 친구였는데, 어느 날 그녀가 내게 '다음번 지문 날인은 안 할 거야!'라고 당당히 말하는 거예요. 그 당시엔 손가락을 굴려서 찍었잖아요. 왼손 검지로 지문을 찍는 동작을 하면서 처음 지문을 찍었을 때 얘기를 해 줬어요. '이 사회에서 신용할 수 없는 사람, 손가락질 당하는 인간이 된 느낌이었어. 다음엔 찍지 않을 건데, 같이 가 줄래?' 동갑내기 친구잖아요, 같은 교토에 살면서도 나와 그 친구는 바라보는 풍경이 전혀 달랐다는 생각에 심장이 마구 고동쳤어요."

다가와 아키코는 원래 TV방송국의 PD였다. 양손을 무릎에 올려놓고 정중한 말투로 이야기했는데, 머리 스타일은 정중앙에 가르마를 넣은 머리칼을 양쪽으로 곱게 빗어 넘겨 뒤에서 묶었다. 마치 조선인형 같았다.

조선인 친구가 조심스레 털어놓은 이야기를 들으며 그녀는 도시샤同志社 대학 시절이 떠올랐다고 한다.

"일·한 조약 반대시위를 했을 때죠. 우리는 <일·한 조약 반대>라고 쓴 현수막을 높이 들고 '군사독재 정권을 지지하지 마라' 구호를 외치며 시위를 했죠. 대학을 출발해 동쪽으로 진행하다 사쿄구左京区 데마치야나기出町柳에 다다르자 북쪽 방면에서 민단 학생조직 사람들이 '한·일 조약 반대'를 외치며 오고 있었어요. 당시엔 단순하게 '똑같은 반대'를 한다는 연대감을 느꼈는데 그쪽은 전혀 달랐어요. 전제 자체가 우리와는 달랐죠. 뭔가 공기가 달라요. 그들과 우리 사이가 막혀 있다고 할까. 그때는 인근에 리츠메이칸 立命館대학도 있었고, 교토대학이나 교토 부립府立의대 등 다른 시위대와 그 자리에서 마주칠 때가 많았는데, 그날 같은 경우는 없었죠. 당연한 일이에요. 내가 아는 한 당시 일본의 운동권에서는 재일(在日)에 관한 애기도 없었고, 지문 'ㅈ'자도 들어보지 못했으니까."

같은 장소에서 외형적으로는 똑같은 시위에 나선 동세대임에도 불구하고 식민지배 때문에 일본에 온 부모에게서 태어나 정체성 확립에 고뇌하며 분단된 조국과 군사독재, 일본 사회의 제도화된 차별의 한복판에 살고 있는 그들. 군사독재를 '부정'하며 리스크를 각오한 그들과 '일본인, 국민'임을 자명하게 여기고 살아온 자신들과의 처지가 터무니없이 달랐다.

"상상조차 못했죠. 머리를 맞은 느낌이었어요. 시위도 열심히 했고, 무관심했던 것도 아니었고. 나름대로 사회의식이 있는 편이라고 생각했지만 그 친구와 같은 자이니치在日의 존재는 전혀 못 봤던 거예요. 나에게 자이니치 在日는 이노우에 미츠하루井上光晴의 소설에나 나오는 존재이거나, 농업경제학자이며 시민운동가인 이이누마 지로飯沼二郎 씨가 말한 '보이지 않는 사람들'이었어요. 그때의 충격 때문에 그 후로도 우토로 문제에 관여해 온 것이 아니었을까. 그때의 숙제를 아직도 못하고 있는 못난 학생이지만요."(웃음)

사회적 소수자가 '연민'이나 '온정'이 아닌 '평등', '동등한 권리'를 요구할 때 차별하는 다수자들은 적의와 혐오를 노골적으로 드러낸다. 당시 지문날인 거부자들은 인종차별주의자들의 표적이었다. 협박과 중상비방이 난무했던 대량의 편지는 이 운동에 참여한, 혹은 그들과 함께했던 사람들이 서적으로 남겨 놓았다. 『지문 날인 거부자에 대한 '협박장'을 읽다』(민족차별과 싸우는 관동교류집회 실행위원회 간행 明石書店 1985)이다.

목소리를 내는 것이 두렵고 불안하지만 어떻게든 저항의 목소리를 내고 싶었고, 최충식 부자처럼 언론에 자신을 드러내고 거부표명을 할 수는 없어도 나름대로 이의를 제기하고 싶었던 그 친구의 심정을 다가와 아키코와 동료들은 지원운동의 기준으로 삼는다. 그 과정에서 그 친구에게 출신지를 물어보았다.

"'난 우토로 출신이야. 우토로에는 지금도 수도가 없어'라고 말했죠. 도저히 믿기 어려워 우토로를 찾아갔어요. 같은 우지시에 사는데도 위치를 몰랐어요. 역에서 나와 언덕을 내려가면 도로 폭이 점점 좁아지잖아요. 혼자서 마을 곳곳을 한참 걸어 다녔어요. 그때도 함석지붕, 판잣집이 많아서 설마 사람이 살진 않겠지 싶어 살짝 들여다보니 안에 사람이 살고 있기도 했고. 더러운 웅덩이가 그대로 방치된 곳도 있었죠. 우토로 남동쪽 끝에 있는 자위대의 펜스가 니시우지중학교까지 이어지는 언덕에도 올라가 봤어요. 위에서 우토로를 내려다보는 건 주민들에게 실례되는 일이지만, 그 위에서 둘러보니 마을의 역사가 한눈에 들어왔어요. 왼쪽이 기지, 오른쪽에는 우토로 부락이 있었죠. 함석지붕도 있고 튼튼한 기와집도 있어서 엄연한 차이가 느껴졌어요. 뒤쪽에 있는 중학교는 과거 국책회사의 야전병원이었는데 우토로의 많은 2세들이 다닌 학교였죠. 니시우지중학교와 우토로 사이에 커다란 수도관이 지나가는데, 그 수돗물이 우토로만 건너뛰고 마을 뒤쪽 지역에는 공급되고 있었고…. 당시엔 아무 것도 몰라서 우토로 지명을 가타카나로 표기한 것도 차별이 아닌가 생각했어요."

이 시기에 같은 경로로 우토로에 들어온 이가 사이토 마사키(斎藤正樹 1949년생)다.

1970년 이른바 안보·전공투 세대다. 사야마狭山투쟁(1963년 5월, 사이타마현 사야마시에서 일어난 살인사건의 용의자로 지목된 이가 피차별 부락민이었다. 용의자의 혐의 부인과 증거 불충분에도 불구하고 결국 사형판결을 받는다. 이후 항소심에서 무기징역이 확정, 31년 7개월 만에 가석방된다. 부락민 차별사건이라며 지원에 나선 이들이 많았는데 여전히 재심청구는 받아들여지지 않고 있다. _옮긴이 주)을 계기로 부락해방운동에 뛰어들었고, 교토부 남부지역을 중심으로 부락해방운동을 해 왔다. 그 후 우지시청에 입사해 우지시 내 피차별 부락의 환경개선을 담당하게 된다. 한편으로는 시청 동료가 주재하는 <해방연구회>에도 참가했다.

"<해방연구회> 창설자의 배우자가 박추자(朴秋子) 씨였어요. 그분이 오사카 다카츠키시高槻市에 있는 고령자시설에 본명으로 지원했는데 면접을 거부당했죠. 본명 사용 문제는 자이니치在日 문제 해결에 적극적으로 나서게 된 계기예요. 그 다음이 지문 날인이었어요."

사이토 마사키가 '우토로'를 처음으로 인식한 장소는 시청 창구였다.

"우지시만 그런 것이 아니고 재일조선인들은 망막에는 비춰지는데 보이지 않는 존재입니다. 그것을 실제로 경험한 것이 시청 창구에서 근무할 때였어요. 창구에 온 우토로 주민과 시청 직원이 실랑이를 벌이는 경우가 있어요. 그러다 주민들이 시끄럽게 항의하면 '저것이 우토로', '번거롭고 귀찮다'고 여겼고, 성가신 사람들이니 가능한 엮이지 않으려고 거리를 두는 분위기였어요."

처음 찾아간 우토로에서는 '익숙한 광경'이 떠올랐다.

"피차별 부락과 닮았다는 것이 첫인상이었죠. 다른 점도 있지만 공통점은 피차별 부락민이라는 점인데, 그것이 주민들 의식 속에 잠재되어 있다는 게 문제죠. 당시 '수도도 없다'는 얘길 듣고 가 보았는데, 저는 오래 전부터 수도시설은 사회질서의 기초라고 생각했어요. 지역에서 부락해방운동을 했던 영향이죠. 주거환경이나 복지, 교육 등 생활의 모든 측면이 풀어야 할 과제입니다. 부락해방운동을 해왔기에 우토로를 '발견'할 수 있었다고 생각해요. 그렇지 않았으면 지금 여기 있지 않았겠죠. 운동의 방법적인 면도 배워야 한다고 생각했지만, 한편으로 다른 면도 있었습니다. 민족의식을 갖게 하는 것이죠. 자이니치在日의 경우 부모를 부정하는 경향이 있다는 건 알고 있었어요. 그런 경향이 부락해방운동에서는 없었거든요. 우토로에서는 굉장히 많이 느꼈죠. 민족성을 그대로 드러내는 1세의 부모를 2세 자녀들이 어떻게 소화하고 승화시켜 나갈지의 문제입니다."

부락해방운동을 통해 '마치즈쿠리(마을 만들기)'에 대해 고민했고, 열악한 주거환경이 개선되는 과정을 행정 담당자로서 지켜봐 왔다. 이러한 실무를 통해 축적된 커리어가 우토로 운동을 펼쳐 나가는 데 빛을 발한다.

다케하라 하치로와 니시카와 히로시는 <생각하는 모임>의 활동을 계속하며 우토로에도 자주 찾아갔다. "별로 놀라지는 않았어요. 당시엔 이미 잘 지은 집도 있었고, 한편으론 과거 함바에 그대로 사는 곳도 있어서 격차가 생긴 걸 실감했어요. 주민들과도 가까워졌어요. 당시 1세들입니다. 독특한 분위기, 존재감이 있어요. 아, 이 사람은 1세다, 호쾌하고, 목소리도 크고, 직설적인 말투에다…. 나중에 만난 2세 겐모토 아키오(嚴本明夫, 엄명부(嚴明夫)) 씨는 전혀 다른 스마트한 사람이었어요.(웃음) 하지만 1세들은 굉장히 내성적인 저도 자연스럽게 친해질 수 있는 분들이었어요. 그런 만남이 일상이 되었고 계속 생각하게 되었죠. 역시 저에게는 김선칙 씨입니다. 당시 총련의 지부위원장인가, 부위원장이었죠. 1980년대 무렵은 김일성에서 김정일로 이어진 후계자 계승문제도 있어서 온갖 말들이 많았지만, 그런 수준에서 관계를 맺은 것이 아니었으니까. 김선칙 씨도 이데올로기 얘기가 나오면 곤혹스러웠겠지만 같이 소프트볼도 하고 꽃구경도 다녔어요. 인간적인 만남이죠. 저는 슬로건이나 깃발을 들고 '자, 투쟁이다!' 그런 타입은 아니죠. 그렇기는커녕 앞에 나서지 않는 편입니다. 한국, 조선 문제에 관심을 가졌을 때도 그 불합리함에 분노하는 한편으로 좀 무섭기도 했거든요. 정치범 문제도 마음속으로 응원은 했지만 안전지대에 있고 싶은 부분도 있었어요. 그래도 수도문제나 그 후에 토지문제가 일어났을 때도 초반까지는 함께했어요. 재판을 지원하기 위해 <지키는 모임>을 만들었을 때나, 기자가 '왜 지원을 하느냐?'라고 물은 적이 있었는데 생각해 보니까 그거예요. 친하게 지내다 보면 그 사람들의 존재가 나에게 일상이 되잖아요. 그러면 가만히 있을 수 없죠. 결국 친구가 되고, 완전히 일상이 됐어요. 노동운동을 해 왔지만 사상이니 이론이니 그것 만으로는 저는 못합니다. 친구가 되었다는 게 전부였어요. 그 중에 각별한 존재가 김선칙 씨였죠. 자이니치在日를 알게 해 주었다기보다는 제 인생의 스승입니다."

수도 설치 문제

그러는 사이 수도 설치 문제가 새로운 국면을 맞는다. 계기가 된 것은 1985년 3월 15일에 일어난 화재다. 당시 우지시 내에서 빈번히 발생한 연속방화로 추정되는데, 우토로의 민가와 창고가 전소되었고 인근 가옥 두 채도 절반이 화재 피해를 입었다.

소방작업을 방해한 것은 물이었다. 우토로 마을에 소화전이 없기 때문이다. 소방대원들은 우토로 바깥에 있는 소화전에 호스를 연결해 겨우 불길을 잡았다. 물은 생명을 이어가는 존재이자 동시에 안전까지도 좌우했다. 화재를 계기로 우토로 운동의 새로운 기운이 만들어진다.

다케하라 하치로의 기억이다. "어느 날 시청으로 김선칙 씨가 찾아왔어요. 같은 주민인 구영태(具永泰) 씨와 함께 왔는데 '다케하라 씨, 이제 시작해 볼까요?!' 하더군요. '당장은 어려우니 좀 기다려 달라' 했던 것이 1년인가, 2년쯤 지났을 때죠.(웃음) 김선칙 씨는 내게 말했던 약속을 그사이 묵묵히 추진했던 겁니다."

<생각하는 모임>은 『우토로의 수도문제란 무엇인가?』라는 제목으로 책자를 발행한다. 여론 환기와 행정기관을 상대하기 위한 매뉴얼이었다. 우토로가 형성된 역사와 지극히 열악한 주거환경, 깨끗한 물을 쓸 수 없는 부당함을 지적하고, 집집마다 전기와 전화는 있는데 수도가 없는 상황을 비판했다. 수도법과 후생성(당시)의 통지서 등을 인용하며 '수도사업자가 급수를 거부할 정당한 사유가 없다', '토지 소유자의 승인이 급수시설 정비의 절대조건은 아니다', '설사 불법 점거라 하더라도 급수 거부는 용납될 수 없다'는 것을 입증한다.

우지시는 여전히 '매설 허가를 받아 오라'는 말만 되풀이하며 주민들을
돌려보냈는데, 사실 공무원들은 해결 방법이 있다는 걸 알면서도 주민들에
게 알리지 않았다. 니시카와의 말이다. "닛산차체의 승낙이 필요하면 주민
들에게 '허가를 받아 오라'고 미룰 것이 아니라 그건 행정기관이 해야 할
의무라고 강력히 주장했습니다." 애초에 불필요한, 필요하다면 행정기관이
나서서 승낙을 받아야 마땅하다는 논리였다. 당시 시청 창구에는 뜻을 같
이 하는 동료들도 있었다.

6월에는 우토로 주민인 김충곤(金忠坤) 등이 중심이 되어 <우토로 마을
에 수도 매설을 추진하는 동맹 모임>이 발족되고, 이어서 다케하라 하치
로, 니시카와 히로시, 다가와 아키코 등은 <우토로에 수도 매설을 요청하
는 모임>을 만든다. 발기인에는 교토대학 히구치 킨이치樋口謹一 교수, 우지
시 근로자협의회장인 요코가와 에이지橫川栄次, 일본기독교단의 다게이 마
사유키多芸正之 목사 등이 이름을 올렸다. 우지시 측에 토지소유주인 닛산차
체와 협상하도록 요청하고 서명활동을 시작한다.

교토 세이카精華대학 전 교수이며 <일회용 시대를 생각하는 모임>에서 활
동하는 쓰치다 다카시(槌田劭 1935년생)도 발기인 중 한 명이었는데 그의
원체험은 중학교 시절이다.

"도요나카豊中에 살았는데 창문 밖으로 조선을 향해 이륙하는 미군기가
보였어요. 몇 명이나 죽이고 돌아올까 생각하니 견딜 수가 없었죠. 당시는
조선전쟁(6·25) 특수였어요. 오사카에서는 길에서 주고받는 인사가 '돈 좀
벌었어?', '그럭저럭요' 이런 식이었는데, 어른들이 그런 소릴 하는 걸 참을
수가 없었죠. 일본은 잘못된 역사가 있어요. 전쟁도 식민지배도 모두 잘못
입니다. 그런데도 가해자가 조선전쟁을 계기로 부흥했어요. 그 피해는 조
선반도에 있는 사람들이 당합니다. 북도 남도 아니에요. 나에게는 그것이
원점입니다. 일본의 '풍요로운 삶', '풍요로움'은 잘못됐다고 생각해요. 과
학기술이 그 잘못을 관대히 여기게 만든 겁니다. 일회용 사회를 고민하는
것도 그 때문이죠. 과학기술의 죄, 문명에 대한 죄, 나에게는 그거 하나입니

다. 조선반도 문제에 관여하는 것도 그 '죄의식' 때문이죠. 좋은지 나쁜지는 모르겠어요, 하지만 내게는 그래요. 본래 훨씬 크고 대등한 관계가 중요한 것 아닌가 싶은데, 내게는 '역사의 죄'입니다."

초롱초롱한 눈빛으로 나를 바라보며 '죄'에 대해 담담히 말했다. 학자처럼 보이기보다는 승려 같았다.

교토로 옮겨온 쓰치다 다카시는 고교생 신분으로 공산당의 청년조직인 <민주청년동맹>에 가입, 대학에 입학하는 동시에 당원이 된다. 당내 민족대책부가 좌파 조선인의 활동을 지도했던 시기다. 그 영향으로 쓰치다는 귀중한 경험을 한다. 1954년, 학생 활동가들이 우토로에서 합숙을 했던 일이다.

"이것이 함바인가, 그런 분위기였어요. 녹슨 함석지붕, 벽도 그렇고. 산다는 것이 이런 것인가 생각했어요. 하지만 놀라지는 않았죠. 불과 얼마 전 일본 같았고, 공습을 피해 시골에서 살았던 적도 있어서요. 깜짝 놀란 건 수도가 없이 우물물로 생활한다는 것. 공습을 피하려고 갔던 시골에도 수도는 없었지만 산비탈에서 내려오는 맑은 샘물이 있었고, 계곡도 있어서 거기서 사람들이 빨래를 했죠. 한적하고 아름다운 풍경이죠. 하지만 우토로는 달랐어요. 수질도 나빴고 주변의 지하수는 간척지 물과 연결되어 있었으니까. 난 그때 우물물을 마실 수가 없었어요. 주민들은 그 물로 생활하는데, 그대로는 마실 수가 없어서 끓여서 사용했어요. 저에게는 그때 경험이 수도문제 해결에 관여하게 된 원인입니다."

하지만 쓰치다에게 그 당시의 우토로는 '합숙 장소' 중 하나일 뿐이었다. "합숙은 연일 윗사람의 이야기를 듣고 질문하는 일의 반복이죠. 주민과의 교류는 거의 없어요. 장소는 빌렸지만 그런 정도. 식사는 우리가 직접 밥을 짓고 채소를 삶거나 해서 먹었어요. 물론 우토로 상황은 알고 있었지만 그때 내 맘 속에는 그다지 시급한 문제는 아니었죠. 나를 무언가에 뛰어들게 만드는 존재는 아니었던 거죠. 역사상 잘못이라는 인식은 있었지만, 어쩌면 좌익의 나쁜 면이죠. 다른 사람이 정해준, 남이 정한 '정의'로만 움직였으니까. '나쁜 놈이 누구인가' 일단 정해지면 스스로 주체가 되어 상대를 압박하는 일은 없어요. 자기 머리로는 생각하지 않는 거죠."

한반도로 날아가는 미군기를 보고 참담했다고 한 쓰치다 다케시조차도 이 정도였다. 미국이나 자본을 적으로 규정해 계급투쟁을 부르짖는 조선인들까지 자신들의 운동에 규합시키는 한편으로 일본의 좌익·자유주의자들은 대체로 출입국관리 문제나 민족차별과의 투쟁에는 냉담했다. 이러한 기만은 중핵파 같은 신좌익 당파를 '정치적 이용주의'라며 격렬하게 비판한 후 '절연'을 선언했던 1970년의 화교청년투쟁위원회의 '고발'에서도 드러난다. 그에게 있어서 수도문제 해결을 위한 노력은 과거에는 '만나지 못했던' 자신과의 '패자부활전'이었다.

시의원도 이 문제에 나섰다. 당시 사회당 소속 시의원이었던 아사이 아츠노리浅井厚徳다. 그 또한 사회당 의원으로서 우토로 문제에 관여한 경험이 있다. 도시샤同志社대학 시절에는 사회과학연구회에서 활동했고, 1969년에는 졸업식에도 가지 않고 다가와 쿠마오田川熊雄 교토부의원 사무소에 들어가 전임으로 일했다. 사회당은 일·조 연대를 내세우며 DPRK, 조선총련과는 우호적인 관계였다. 아사이 아츠노리는 1970년대에 사회당의 일원으로서 조선총련 미나미야마시로南山城 지부에 김선칙을 만나러 온다.

함바였던 판잣집들에 거부감이 들지는 않았다고 한다. "미리 이야기를 들었고 머릿속에도 역사적으로 형성된 재일조선인 부락이라는 이미지가 있었죠. 사회과학연구회에서 다양한 장소를 다녀 봤기에 놀라지는 않았어요." 이때 수도문제에 대해서도 알게 된다. 아사이 아츠노리가 기억하는 것은 김선칙의 깐깐함이었다.

"평소엔 온화한 사람인데, 그 문제만큼은 통렬히 비판했어요. 당연한 권리를 누리지 못하는 문제를 어떻게 생각하는지 내게 물었죠." 그 후로 '가장 큰 숙제였던' 수도문제 해결에 나설 기회가 찾아왔다. "당시 나는 시의회의원 3기였어요. 사실은 훨씬 전에 해결했어야 했는데 이번엔 무조건 하겠다고 했죠."

숯불화로를 마주하고 앉아서 들었던 주민들의 얘기가 그를 분발하게 만든다. "'일상생활을 하기 위한 물이 없다', '어떻게든 도와 달라', '꼭 좀 수도를 설치해 달라'……. 이름과 얼굴을 다 기억하진 못하지만 회의 같이 딱딱한 자리에서는 안 나오는 얘기가 고기를 굽고 맥주를 마시다 보면 나오거든. 그렇게 절실한 심정들이 이 일을 지원해야 할 확신이 되었고 신념도 생겼다고 생각합니다. 초대 토지문제 대책위원장인 문동기(文東起) 씨나 그의 누나(문광자), 그 사람은 꽤 사교적이었죠, 누구의 이야기라도 다 들어주었거든. 야마하라(山源 김충곤) 씨도 그렇고요."

시민들의 서명을 모으는 동시에 우지시와도 협상을 했고 의원들과 면담도 수차례 진행했다. 진정서를 만드는 중심적 역할은 김선칙이 맡았다. 다케하라는 이렇게 회상한다. "의원들을 폭넓게 만났어요. 자민당의 극우 의원도 찾아갔죠. 진지한 대화를 통해 인간관계를 만들었다고 할까. 다들 호의적이었죠. 우리는 자민당과 접촉해 보자는 발상은 못했는데 김선칙 씨는 역시 달랐어요. 지역적으로 노조의 힘이 강해서 섬유회사인 유니티카(주)와 닛산차체의 사내의원이 상당히 있는 곳이었으니까. 민사당 의원 몇 명은 닛산 관계자이고, 공명당도 지지자들 중에는 자이니치在日가 꽤 있었으니까 우토로에 대한 태도는 좋았어요. 정치적인 벽도 수돗물 문제로 뛰어넘었던 거죠, 윤리적 문제였으니까. 결국에는 닛산과 우지시가 OK를 하면 해결되는 문제라고 여기저기 설득했죠. 찬성하는 서명도 받았거든."

주민들도 시청 창구로 찾아가 협상을 거듭한다. 주민들과 동행했던 다가와 아키코는 말한다. "부위원장(김선칙)이 중심이 되어 갔어요. 공무원들은 어떻게든 그날 하루만 잘 버티려 한다는 게 뻔히 보였어요. 일단 '고생 많으십니다!', '힘들지 않습니까?' 이런 인사를 건네면 그때마다 '끄응' 소리만 하고는 아무 말도 못해요. 그런데 문광자 씨가 요즘 페트병 같은 플라스틱 병에 우토로 우물물을 담아서 갖고 온 거예요. 당시 시내에서 이질이 발생했는데, 주민들이 우토로 물을 보건소에 갖고 갔더니 음용수로는 적합하지 않다는 결과가 나왔어요. 시청 담당자가 적당히 넘어가려고 하니까 문광자 씨가 받아온 물을 내밀며 말했죠, '그렇다면 이 물을 한 번 마셔 보시오' 그분은 도쿄에서 살았으니까 간사이 사투리를 안 썼어요. 정색하고 등허리를 꼿꼿이 편 채 말했죠. 결국 시청 직원은 그 물을 마시지 못했어요. 문광자 씨는 과거에도 그런 식으로 여러 곳과 담판을 지었는데, 실업대책사업 같은 여러 문제들을 해결해 왔다고 하더라고요."

일본인의 입장에서 행정 창구를 찾아간 이는 목사인 다게이 마사유키(多芸正之 1943년생)다. 학생운동을 했던 그는 도무지 성직자로는 안 보이는 '골치 아픈 잔소리꾼'이었다. "별실로 따로 안내를 받거나 그런 일은 없었고 그냥 로비에서 담판을 벌였지. 처음엔 혼자서, 그 다음에 일본인 여러 명과 함께 갔는데, 그러다가 화가 치밀어서 '어째서 우토로에만 수도가 없냐!' 호통을 쳤어. 상대편은 내 이야기가 언제 끝나나 그저 기다릴 뿐이었고.(웃음) 나중에 우지시청에 있는 지인에게 들으니 '다게이 씨, 자네 말이야, 시청 직원들이 엄청 싫어해' 하더군요."(웃음)

<시민의 모임>은 2개월 만에 5,004명의 서명을 모아 8월에 우지시 수도시설부에 제출했고, 그 결과 '닛산차체가 수도관 매설을 승낙하도록 시도 나서겠다'라는 답을 받아 냈다. 하지만 닛산차체는 받아들이지 않았다. 그 무렵 다케하라의 귀에 들려온 것이 '닛산이 마을 주민회와 토지문제에 관해 협상 중'이라는 정보였다. 언론에도 그 내용이 보도되었지만 자세한 내용은 알 수 없다.

닛산차체가 구 회사의 불량자산을 속히 정리하고 싶어 한다는 정보도 있었다. "명확한 목표를 다시 설정해야 될 것 같았어요. 그래서 이듬해 4월에 있을 전국지방선거를 분기점으로 삼아 대대적으로 여론을 모으기로 했어요. 서명모집도 그 목적에서 지역 민심을 다지기 위한 것이었죠. 김선직 씨를 비롯한 여러 명과 어떻게 할까 논의했습니다." 이때 준비한 행사가 1987년 2월 18일에 개최한 <우토로의 물 문제를 생각하는 시민 심포지엄>이었다.

『이웃사람』에 당시의 모습이 기록되어 있다.

심포지엄에는 우토로 주민과 시민들 약 130명이 참가했다. 먼저 <시민의
모임> 회원이 나와 발언했다. 우토로에는 재일한국·조선인들 84세대, 약
390명이 살고 있고, 아직도 우물물에 의지해 생활하는 모습을 약 40여 장
의 슬라이드 자료를 보여주며 설명했다. 이어서 패널리스트로 참가한 교토
세이카대학 쓰치다 다카시 교수와 교토대학 히구치 킨이치 교수가 나와서
"우지시가 40년 동안이나 우토로 지역에 상수도 배수관을 설치하지 않고
방치한 사실과 우리를 포함한 일본시민들이 그 사실을 몰랐던 점을 부끄럽
게 여겨야 마땅하다. 그 잘못을 보상하기 위해서라도 이 문제를 해결하는
데 앞장서서 시와 시민들이 힘을 모아야 한다"라며 협조를 호소했다.
　또한 지역주민을 대표해 참여한 정굉열(鄭宏烈 32세) 씨는 '인간이 살아
가는 데 물은 사활의 문제다. 수도관 매설이 실현될 때까지 열심히 노력하
겠다'라고 결의를 표명해 참가자들에게 큰 박수를 받았다.

'드디어 여기까지'

　'전후 보상'이나 '식민지배', '과거 청산' 같은 말은 이 자리에서 나오지 않
았다. '인권'을 전면에 내세워 보수·개혁파의 동의를 이끌어 내는 전술을
택한 것이다.
　2개월 후 있을 전국지방선거에 대비해 우지시가 나서서 '인도적 문제'를
해결하도록 후보자들을 압박했다. 이는 다케하라 하치로와 김선칙 등의 전
략이었는데 이후로 사태가 급속도로 전개된다. 심포지엄 후 한 달도 안 된
3월 9일, 갑자기 닛산차체 재산관리과장이 우지시청을 찾아와 수도관 매설
에 관한 <동의서>를 제출한 것이다.
　이날 소식을 전해 들은 다케하라는 자신의 귀를 의심했다.
　3월 11일자 『아사히신문』에도 주민 김충곤의 인터뷰가 실렸다. "감개무

량하다. 많은 분들의 협력으로 여기까지 왔다. 이렇게 기쁜 일이 어디 있겠나." 한편 쓰치다 다카시 교수는 "아직 정식으로 문서를 확인하진 않았지만 일단 <시민의 모임> 활동이 성과를 거뒀다고 생각한다"면서 우지시가 어떻게 공사를 진행하는지 주시하겠다는 취지로 코멘트 했다. 줄곧 강경한 반대를 표명했던 닛산차체가 갑자기 태도를 바꾼 이유는 무엇일까. 뒤늦게 역사적 책임을 자각한 것이었을까. 당혹과 의구심이 들 수밖에 없는 '착지점'이었다.

 수도관 매립공사는 이듬해인 1988년 1월에 시작된다. 1970년대에 주민들이 끌어 모은 비용에 우지시가 보조해서 시멘트로 포장한 우토로 긴자 거리 노면에 아스팔트 절단기 칼날이 들어갔다. 현장 가까이에서는 기념행사도 열려 주민 30명이 참가했는데, '이제야 겨우 문화적인 생활을 할 수 있게 됐다. 많은 분들의 지원에 진심으로 감사드린다'고 한 김선형(金善亨)의 인사를 아사히신문이 보도했다.
 당시의 소감을 니시카와 히로시에게 묻자 잠시 뜸을 들인 후 말했다. "드디어 여기까지 왔구나."
 시청 공무원인 다케하라 하치로와 니시카와 히로시가 주민 편에 서서 활동한 것은 시청 내에서도 공공연한 사실이었다. 둘 다 다른 일이 겹쳐 기공식에는 못 갔지만 니시카와는 처음부터 시측 공사담당자를 자청하고 나섰다.
 "다른 직원은 나서지 못할 것 같았죠. 생활도로를 파내서 배관작업을 하는 일이라 차량 출입도 많고 소음도 발생하니까 역시 주변에서 불만을 말하는 사람도 나오게 돼요. 직접 그 소리를 듣는 건 현장에서 공사하는 하청업자들입니다. 그런 불만들을 잘 설명해 주거나 설득하는 것이 시 담당자이죠. 다른 사람 같으면 '뭐 하러 이런 공사를 하나', '이런 일까지 해야 되느냐' 불평만 할 겁니다. 여기저기서 그런 소릴 들으면 싸움만 날 뿐이죠. 그래서는 안 되겠다 싶었어요." 인근 지역주민으로서 우토로 문제에 줄곧 관여해 왔던 니시카와였기에 내릴 수 있는 판단이었다.

주민 측을 대변한 담당자가 니시카와였음에도 클레임은 여러 번 발생했다. "업자한테 불만을 들으면 설득했어요. 잘 안 될 때는 김선칙 씨가 대신 나서 주기도 했고."(웃음)

유년기부터 품어 왔던 생각이 니시카와를 분발하게 만들었다. "내 의무를 다하고 싶었습니다. 수도 문제도 그렇지만 그 일은 내가 해야 할 일, 나밖에는 못하는 일이었죠. 수도매설운동 자체는 다른 사람이 해주었지만 시청 직원으로서 내가 할 수 있는 일이 있다고 생각했어요." 토지재판이 한창이던 1995년에는 시의원으로 자리를 옮겨 연합주민회 회장을 맡아 우토로 문제에 계속 관심을 기울였다.

"의원활동이나 주민회 활동도 마찬가지죠. 지역에서 우토로를 지원해야 합니다. 주민들을 응원하도록 양해를 구하는 일은 저만 할 수 있는 역할입니다. 우토로는 역시 굉장한 피해의식을 갖고 있었어요. 아무런 이유 없이 그런 게 아니라 술값을 떼었다거나, 어릴 때 괴롭힘을 당했다거나, 경험에서 비롯된 피해의식이죠. 그런 생각들을 교류를 통해 풀어나가며 일본주민들과 가까워지게 하고 싶었어요. 이세다伊勢田여름축제 때도 '우토로 농악대'를 지도하는 김순이(金順伊 당시 우토로에서 민족예술을 지도했다) 씨에게 조선무용을 공연해 달라고 부탁하기도 했죠. 이곳에는 원래 일본무용 서클이 있었지만 문화제를 할 때는 일본무용과 조선무용을 같은 장소에서 공연했어요. 우토로 주민회가 주최한 문화제 때는 이곳에서만 가능한 기획이라며 선전하기도 했죠.(웃음) 이제는 시의원도 연합회장도 모두 은퇴했지만 적어도 우토로를 이 지역에서 고립되지 않게 한 역할은 했다고 생각합니다."

공사는 3월에 종료되어 우토로 긴자 거리 밑으로 대망의 수도관 본관이 매설되었다. 여기서 다시 개별로 수돗물을 끌어오는 비용을 부담한 세대는 다음 달부터 깨끗한 물을 사용할 수 있었다. 나중에 마을 재개발이 시작되면서 수도관도 철거되어 사라지게 되었지만 우토로 긴자 거리 노면에는 곳곳에 폭 40cm 정도의 절단선 두 줄이 굽이굽이 연결되어 있었다. 수도관을 매설하고 가복구한 흔적이다. 통상적으로 도로 포장을 다시 해야 할 복구공사를 우지시는 토지재판을 이유로 하지 않았다.

토지 문제의 실상

닛산차체가 갑자기 태도를 바꾼 데에는 이유가 있었다. 사실 닛산차체는 주민회장을 자칭한 히라야마 마쓰오(平山桝夫·허창구(許昌九))와 단독으로 협상을 진행해 우토로 토지를 개인과 건물별로 매각했다. 계약체결은 3월 9일, 이날은 닛산차체의 재산관리과장이 우지시청에 수도관 매설 동의서를 제출한 날이다. 토지처분 문제에서 손을 뗄 수 있게 됐기 때문에 '이후의 일은 좋을 대로 하라'고 제출한 동의서였다.

닛산차체는 나중에 진행된 토지재판에서 1962년에 내용증명을 보내기 이전부터 우토로의 '유력 인물'에게 토지소유권 관계를 정리하도록 요구했다고 주장했다. 어떤 '요구'였는지는 분명하지 않지만 설사 사실이라 해도 그 인물에게만 요구한 것에 그친 것 같다. 1970년, 주민들이 닛산차체에 보낸 청원서를 근거로 한 협상도 결렬된 상태였다.

사태가 고착화되는 가운데 히라야마가 등장한 것이다. 그는 부모와 함께 1943년 무렵에 우토로에 들어온 재일 2세다. 어머니는 탁주 밀조과정에서 반드시 필요한 누룩을 폭넓게 판매했다고 한다. 자금력이 있던 집안이라 그는 대학까지 졸업했다. 마을에서는 리츠메이칸立命館대학을 나왔다고 했지만 지역 밖에서는 교토대학을 나왔다고도 한 모양이다. 어차피 당시 우토로 마을의 2세 중에 대졸학력은 1~2명뿐이었다.

히라야마는 1951년 6월 29일에 교토부에서 '교원 적합' 인정을 받고 몇 년간 오구라小倉소학교의 민족학급에서 교편을 잡는다. 아이들과 함께 찍은 기념사진도 남아 있다. 살집이 많지는 않지만 큰 골격에 좋은 체구가 시선을 끈다. '열심이었고 가르치는 방법도 남달랐다'고 한 이는 그의 제자였던 정우경(鄭佑炅)이다. '사실 지금도 그 사람이 한 짓을 믿지 못하는 내가 있다'라며 그에게 배신을 당한 서운함을 드러냈다.

교토부 내 민족학급 강사들이 만든 교원조합에서도 히라야마가 리더 역할이었다는 증언도 있었다. 민족학급 강사 시절에 히라야마를 처음 만났고, 나중에 그가 토지구입 자금을 융통할 때 보증을 섰던 민단 교토지부 전 단장인 하병욱(河炳旭 1925년생)은 허창구를 '매우 우수한 사람이었다'라고 평가했다.

히라야마는 몇 년 후 강사직을 그만두었는데 이유는 명확치 않지만 같은 민족강사였던 하병욱의 얘기가 히라야마에게 영향을 주었는지도 모른다. "교사는 동경하던 직업이었지만 만년 계약직으로 교사를 계속 할 수는 없었어요. 정교사가 될 수 있었다면 나도 계속 했겠죠. 염증이 나서 그만 두고 오래된 숯불구이 음식점인 '텐단天壇'에 취직했어요. 저 같은 사람이 많을 거예요. 텐단에서는 처음부터 간부로 일했죠. 4, 5년 거기서 일하다 독립해서 그 후론 계속 파친코 일을 했습니다." 히라야마도 전망이 없는 미래가 암담했을지 모른다.

그는 측량설계사를 자칭하며 주민들의 개축공사를 몇 차례 하청받기도 했는데, 시공업자에게 제때 비용을 지불하지 않아 공사가 중단되거나 누수가 심해 시공주와 다툼이 벌어진 일도 있었다고 한다.

그럼에도 '학력'이 있던 그는 일종의 존재감을 과시했던 것 같다. 재개발이 시작되기 전까지 우토로 긴자 거리에서 동쪽 끝으로 그의 집이 있었다. 경량철골을 세워 지은 '저택' 2층은 전면이 유리창이며 넓은 마당 너머로 우토로 긴자 거리가 한 눈에 들어오는 구조였다. 긴자 거리까지 돌출되어 증축한 차고 때문에 도로가 좁아졌다며 주민과 실랑이가 벌어진 일도 있다고 한다. 집밖으로 돌출된 차고에는 그가 아끼던 차가 주차되어 있었다.

앞서 4장에서도 언급했듯이 1970년 당시 주민들이 닛산차체에 보낸 청원서에는 주민대표 7명 가운데 히라야마의 이름도 들어 있다. 적극적인 한편으로 무리하게 주민들의 서명을 받기도 했다. 그 과정에서 행정기관에도 조력자를 만들었을 것이다. 닛산차체의 담당자와 히라야마를 연결해 준 이는 우지시청의 담당자였고 그들이 만난 장소도 시청이었다. 전통적으로 좌파가 강한 우토로에서 부당한 처사를 실시간으로 겪으며 역사적 책임이나 전후 보상을 절대 양보할 수 없는 최후의 일선으로 여긴 1세들과는 달리, 히라야마는 일본 사회에서 교육받고 일본 사회의 '상식', '협상'을 몸에 익힌 인물이었기에 문제해결을 원하는 기업 측과 행정기관의 입장에서도 '접근이 수월한' 존재였을 것이다.

닛산차체의 설명으로는 1982년 무렵부터 히라야마에게 토지매매를 제안했다고 한다. 실제로 맨 처음 제안은 1984년 11월이다. 우토로 51번지와 주변에서도 우토로로 간주했던 '나카노아레中の荒 60번지', '미나미야마南山 21번지'를 합한 2.2ha(약 6,700평)를 6억 4천만 엔에 일괄 매입하도록 요구했다. 방화사건이 나기 전이며, 수도문제가 불거지기 전이었다. 주민들이 모인 자리에서는 '여기서 살라고 해서 살아 온 곳이니 양도를 하는 것이 이치에 맞다'고 주장하는 사람과 매입비용 마련이 어렵다는 사람도 있었다. 주민들의 의견은 좀처럼 하나로 모아지지 않았다.

이듬해인 1985년 10월 31일에는 닛산차체가 히라야마에게 독촉장을 보낸다. <지난번 이후로 재차 토지매입에 관한 부탁 말씀을 드립니다만, 당사로서도 이 문제를 언제까지 방치할 수는 없습니다.> 이 시점에서 히라야마는 주민들의 출자로 토지를 매입하려던 계획을 단념하고, 일단 자신이 일괄매입한 후 주민들에게 분양할 계획을 세웠던 것 같다. 그는 1983년에 민단 교토부 본부 단장에 취임한 하병욱을 만나 84년부터 85년에 걸쳐 자금융통을 위한 중개를 부탁한다. 한국을 다녀온 계기로 총련에서 민단으로 적을 옮긴 히라야마는 하병욱 단장 체제의 민단에서 집행위원과 인권옹호위원회 추진위원을 맡기도 했다.

하병욱은 부산에서 태어난 1세이다. 법정 증언도 했던 그를 만나기 위해 2010년 나가오카쿄시長岡京市에 있는 그의 사무소를 찾아갔다. 그가 직접 쓴

『한국계 일본인』(文藝社, 2001)에서 본명으로 일본 국적을 취득하라고 제안했던 하병욱은 어떤 의미에서 보면 민단계의 전형적인 인물이다. 그의 원점은 한국전쟁 당시의 경험이다.

"나는 6.25 동란이 일어났을 때 서울에 있는 학교에 다녔습니다. 중간고사가 끝나 고향인 부산으로 돌아가려 했을 때 전쟁이 났죠. 그때 서울에 있었다면 북으로 갔을지도 모르고, 죽었을지도 몰라요. 운이 좋았어요. 그래서 밀항이라고 해야 하나, 이른바 보트피플이죠. 형님이 교토 니시진西陣에서 직물공장을 하고 있었기 때문에 나를 이끌어 줘서 거기서 몇 년 동안 소위 외국인등록으로 일했어요. 당시는 암시장에서도 장사를 할 수 있었기 때문에 '鄭'이라는 가명으로 4, 5년 살다가 가시와노柏野소학교에서 한국어 선생이 되었죠. 교사는 꿈꾸던 직업이었어요."

히라야마와는 이 당시 민족강사조합에서 알게 되었다. "내가 민단 단장을 할 때 허창구(히라야마) 씨가 찾아왔는데, 자기가 우토로 주민회장이라고 했어요. 주민회장으로서 닛산차체와 협상해 시가 10억 엔 정도의 토지를 절반 가격인 4억 엔 정도로 매입하게 됐으니 협조해 달라고, 그때 나는 감동했죠. 그래서 준공무원 입장에서 돕기로 했습니다. 비슷한 사례가 있었는지도 알아봤어요. 에다가와枝川지부의 당시 민단 단장에게도 물어봤고, 다카츠키시高槻市에도 집단거주 부락이 있잖아요. 모두 대체로 시가의 절반이나 1/3가격으로 싸게 양도했더군요."

에다가와枝川는 1940년 도쿄올림픽(중일전쟁으로 중지)을 앞두고 '환경정비' 차원에서 재일조선인들을 쓰레기처리장밖에 없었던 도쿄만東京湾의 매립지로 강제 이주시켜 생겨난 부락이다. 다카츠키高槻는 2차 대전 말기, 오사카의 다카츠키시高槻市에서 계획한 군사시설 건설에 동원된 조선인들이 일본의 패전 후에 방치되었고, 이후로는 조선인노동자와 그 자손들이 집단 거주하게 된 부락이다. 다카츠키와 에다가와는 각각 사유지와 도유지였지만 둘 다 토지매입이 이루어졌다.

"그래서 도쿄의 민단 단장에게 상담을 하니까 그런 상황이라면 정말 감사한 일이라고. 좀 과장해서 말하면 내가 신 같은 존재가 될 거라고 해요. 허창구가 자신이 주민회장이라 했고 전부터 알고 있었으니까 나한테는 믿을 만한 사람이었지. 그저 싸게만 매입한다고 능사가 아니었어요. 거긴 굉장히 열악한 부락이니까 도로도 만들고, 수도도 깔고, 공원도 만들자고 했어요. 제일 큰 오산이었던 것이 주민들이 나한테 고마워할 거라 생각한 것입니다. 나중에 보니까 아무래도 허창구 씨가 마을 사람들에게 의견을 묻지 않고 독단적으로 결정했던 모양이에요. 주민회의를 거쳤는지, 다들 찬성했는지, 여러 번 확인은 했습니다만. 공개적으로 공명정대하게 추진하려고 나는 진지하게 나섰단 말입니다. 어느 정도냐 하면 교토 중앙신용금고의 이사장이 한일친선협회 이사장이었는데, 민단 단장인 내가 보증하는 사람이라며 허창구를 만나 줬어요. 보통은 불가능하죠. 교토쇼긴京都商銀의 이사장과도 만나 토지를 싸게 매입해서 주민들에게 분배하고 싶다고 하니까 '알겠다'고 했어요. 중앙신용금고도 쇼긴商銀도 엘리베이터까지 나와서 배웅을 했어요, 아주 좋은 일이라면서요. 그렇게 해서 양쪽 신용금고(교토쇼긴은 신용조합이며 신용금고는 아님)에 양해를 구한 겁니다. 그 대신에 단장인 내가 보증을 서야 된다고 했죠. 도로에 접한 곳과 그 외에 제일 싼 땅은 평당 5만, 6만, 7만 엔, 이렇게 3단계 정도로 나누려고 했거든."

이때 히라야마가 부탁한 것이 토지 매입을 원하는 주민들에게 해 줄 융자금이었다. 히라야마가 닛산차체로부터 토지를 매입하는 자금은 하병욱이 오사카쇼긴商銀과 히라야마를 연결해 줘 성사되었다. 오사카쇼긴 측의 조건은 '히라야마 개인에게 융자하는 것은 어렵기 때문에 회사를 설립해서 그곳이 소유권을 갖는 형태로 할 것', '하병욱이 융자의 연대보증인이 될 것' 등이었다. 믿기 어려운 '느슨한' 융자조건이지만 당시는 버블경기 시기다. 이처럼 방만하게 운영한 많은 액수의 융자금이 회수불가능이 된 것은 몇 년 후다.

오사카쇼긴에서 받은 융자 한도액은 5억 엔이었다. 닛산차체가 제시한 6억 4천만 엔을 지불하기엔 부족했다. 하병욱의 지시에 따라 히라야마는 닛산차체와 협상을 거듭한다. 5억 엔, 4억 엔……. 수도 설치문제로 시끄러웠던 1986년 12월, 히라야마는 국토법상 국토교통성에 신고해야 하는 <토지거래에 관한 신청서>를 교토부에 제출한다. 주민들이 집을 짓고 생활하고 있는 우토로의 토지가 '유휴지'로 기입된 신고서였다. 아무 것도 없는 빈 땅으로 신고한 것이다. 실태를 분명히 알고 있었을 교토부도 이 신청서를 기계적으로 수리한다. 1987년 3월 9일, 양측은 매매계약을 체결, 히라야마는 닛산차체에 계약금 5천만 엔을 지불했다. 닛산차체가 우지시청에 수도관 매설 동의서를 제출한 바로 그날이다.

오사카쇼긴의 요구대로 두 사람은 하병욱의 친척을 사장으로 앉히고 히라야마가 임원으로 이름을 올린 <유한회사 서일본식산>을 설립하고 1987년 4월 30일에 법인등기를 마친다. 같은 해 5월 9일, 4억 4천 5백만 엔에 히라야마가 <서일본식산>에 토지를 매각, 8월 12일에 <서일본식산>으로 토지소유권이 이전된다.

나중에 토지재판 과정에서 판명되는데 실제로 히라야마가 토지를 구입할 당시의 영수증은 3억 엔과 4억 엔, 2종류가 있었다. 하병욱은 법정에서 히라야마가 4억 엔의 영수증을 보여 줬다고 증언했다. 즉 2억 4천만 엔을 깎았다고 보고한 것인데, 실제 구입가격은 3억 엔이었다. 두 차례에 걸친 전매로 히라야마는 1억 4천 5백만 엔의 큰 차익을 남겼다. 전형적인 재개발 수법이다.

이듬해 봄 무렵, 우토로의 토지가 매물로 나왔다는 소문이 이 지역 부동산업계에 돌기 시작한다. 나중에 토지문제대책위원회 회장을 맡은 문동기(文東起)는 이렇게 말했다. "오쿠보大久保에서 우연히 만난 부동산업자 지인이 토지명의가 바뀐 것 같다고 알려 줬어요. 등기부를 조사해 보니 소문대로여서 난리가 났지요. 우토로 사람이 부동산회사 임원으로 이름이 올라 있었어."(『이웃사람』)

"히라야마 마쓰오였어요. 주민들이 집회소 2층에서 긴급회의를 열고 그 자리에 불려온 히라야마에게 해명을 요구했는데, 그는 '나는 모른다, 이름과 도장을 멋대로 가져가 썼다'고 하더군요. 그 다음 집회 때는 <서일본식산> 분들이라며 그가 데려온 남성 3명이 '이 사람은 아무 것도 모른다'고 하더군요. 그런 말도 안 되는 일이 어디 있어요."(『이웃사람』)

나중에 재판이 시작되어 토지문제가 '종결'될 때까지 주민들의 투쟁을 이끌었던 겐모토 아키오(嚴明明夫 1953년생)는 당시 히라야마의 모습을 기억했다. "다들 한 마디씩 그를 추궁했는데 뺀들뺀들하게 대답하더라고. 뭔가 설명을 하는 것 같긴 한데 실제로는 아무 얘기도 안 하는 거죠. 무슨 소린지 알아들을 수가 없었어. 그때 내가 서른 정도였는데 머리가 참 비상한 인간이라는 생각이 들었어요."

토지가 또 다시 전매될지도 모른다는 불안이 주민들 사이에 팽배했고 지탄도 이어졌다. 히라야마는 결국 서류에 적힌 사실 관계를 인정했다. 오구라소학교 민족학급 시절 그의 제자였던 여군자는 분노를 감추지 못했다. "나를 가르쳤던 학교 선생이잖아요. 어떻게 그런 짓을 할 수 있는지, 화가 나서 몸이 부들부들 떨렸어." 강순악도 말한다. "아주 마을 전체가 패닉 상태였어. 민족학교(학급) 교사가 그런 짓을 해서 되느냐고. 지금은 대부분이 우토로에서 나갔지만 그가 가르쳤던 애들이 아주 많았거든, 부아가 나서 모두 그 집으로 쫓아가 '당장 나와!' 소리를 쳤는데 밖으로 나오지도 않고 아무 대답도 안 하더라고."

7월 5일에는 '허창구' 이름과 지장이 찍힌 각서가 작성되었다. <우토로 토지소유권을 닛산차체에서 서일본식산으로 이전한 것을 다시 이전 상태로 되돌려 놓기 위해 최대한 노력할 것을 여기 서약합니다.> 언론도 일련의 사태를 보도했다.

『마이니치신문』의 취재에 응한 닛산차체는 다음과 같이 해명했다. <A씨(히라야마)와 주민들의 교섭이 잘 되지 않았기에 A씨가 일단 토지를 일괄 매입하고, 그 후에 시간을 들여 주민들을 설득할 계획이었다. 제3자에게 매각할 생각은 전혀 없었다.>(7월 23일자)

동일한 인물이 당시 지역신문인 『조난신보城南新報』(나중에 『라쿠난 타임즈』와 합병해 『라쿠타이 신보』가 된다)의 취재에도 응해 <현재 해당지역에서 화제가 되고 있는 제3자에 매각하는 문제에 대해서는 (히라야마 씨로부터) 절대 전매는 하지 않겠다는 약속을 재확인했다며 토지는 '거주자에게 매각할 방침'이라고 밝혔다.>(7월 23일자)

히라야마도 <서일본식산>의 임원으로서 취재에 응했다. "전매는 하지 않는다, 당초 목적대로 우토로 주민들이 매입하도록 하고 싶다. 나도 그곳에 살고 있어서 터무니없는 짓은 못한다."(『조난신보』 7월 23일자) "절대로 주민 여러분을 배신하는 짓은 안 한다. 나는 이 토지를 주민 여러분이 매입하도록 해서 당당하게 자신의 땅에 거주하며 즐거운 생활을 하길 바라고 있다." (『라쿠난 타임즈』 7월 23일자)

히라야마가 토지 전매로 1억 4천 5백만 엔의 차익을 남긴 사실이 나중에 재판에서 드러났는데, 그 이전부터 주민들의 의구심과 분노는 커져 갔다.

하병욱은 분노를 감추지 못하며 말했다. "그렇게 신문에 기사가 나오자 곧바로 중앙신용금고의 차장인가 과장인가가 와서 '약속대로 취소해 달라'고 하는 거야. 그때 내가 민단 단장을 그만두었어요. 설득을 해봤지만 소용없었지. 나는 우토로에서 영웅이 될 거라고만 생각했던 겁니다. 의기투합해서 공적인 업무로 생각하고 뛰어든 일인데, 우토로 주민들이 그걸 알아주지 않아서 낙담했어요. 허창구 씨와 식사를 할 때도 전부 내 돈으로 지불하고 난 한 푼도 챙기지 않았어요."

7월 24일, 하병욱은 교토역 근처 호텔에서 우토로 지역대표들과 면담을 갖는다. "내가 그분들에게 얘기했습니다. 여러분, 토지를 무상으로 받으면 증여세가 더 많아요. 싸게 불하받아 도로도 만들고 마을 정비를 한다 해도 1인당 5~6만, 7만 엔 정도면 가능해요. 만약 무상으로 토지를 받는다면 아무리 낮게 잡아도 최소한 평당 10만 엔 정도는 증여세를 내야 한다고요."

전후 보상이나 역사적 책임을 주장하는 주민들과 합의에 이르지 못했던 것이다. 그것을 하병욱은 총련과 민단의 대립이라고 평가했다. 하지만 총련도 민단도 조직에서 어떠한 방침도 내놓은 사실이 없었다. 그는 주민들의 의견차를 예상하고 미리 생각해 둔 남북대립의 틀에 끼워 맞추었다. 그 바탕에는 역사적으로 좌파의 힘이 강했던 부락에 대한 편견도 엿보인다. 1970년, 주민들이 닛산차체에 보낸 청원서는 이 지역 총련 고문과 민단계인 히라야마가 중심이 되어 작성한 것이다. 민단의 우토로에 대한 인식, 토지문제를 대하는 태도와도 직결되는 증언이기에 하병욱에 대한 오해, 혹은 편견이 있었음을 지적하며 다음 증언을 소개한다.

"조선총련은 우토로의 역사적 경위가 있으니까 무조건 토지 전부를 무상으로 불하 해라, 무상 분배하라는 방침이었어요. 민단은 1/3 정도 금액으로 불하하라고 했으니 그 부분이 다른 겁니다. 우토로는 조선총련의 정예분자가 모인 곳이었으니까 무조건 전부 불하하라고 했어요. 돈은 한 푼도 내지 않겠다고, 그러니 근본부터 달랐던 거죠. 과장해 말하면 민단의 노선과 조선총련의 노선이 대립한 것이죠. 그렇게 몇십 년이 지난 지금, 신문에 나온 기사에는 7,000평의 절반인 3,500평을 5억 엔이나 6억 엔에 사겠다고 하니. 나는 토지 전체를 4억 엔에 사서 나누겠다고 했어요. 그러니 토지는 절반으로 줄고, 금액은 두 배가 돼 버렸잖아요. 이런 바보 같은 거래가 있나 싶어요. 내가 단장 시절에 우토로에도 몇 명인가 민단계가 있었지만 대부분은 총련계 열혈분자였어요. 아무리 얘기해도 무조건 공짜로 받겠다고만 하니. 계속해서 매입은 절대 안 된다고 주장했어요."

하병욱은 어디까지나 자신은 그 문제에 휘말린 입장이라고 강조했다.

"심각한 주거환경을 개선하고 싶었죠. 마을 한가운데 광장도 만들고 싶었고, 난 억울했습니다. 가장 충격이었던 것은 (전매차액) 1억 엔에 대한 건입니다. 줄곧 그와 친구로 지냈으니까. 그 문제로 총영사가 사정을 물으러 왔을 때도 히라야마가 시치미를 뗐던 사실은 말하지 않았습니다. 하지만 그 (히라야마)도 처음에는 순수하게 주민들을 위해 문제를 해결하고 싶었을지도 모르죠. 그게 점점 엉뚱하게 흘러가서. 처음에는 돈벌이를 할 속셈은 없었던 게 아닌가."

비슷한 의견을 말하는 주민도 있었지만 사실상 히라야마는 마을을 배신

했다. 주민들의 분노는 거세질 뿐 조금도 가라앉지 않았다. 일부 주민이 그를 폭행하고 자동차를 부쉈다는 증언도 여럿에게 들었다. "너도 자식이 있잖아!" 이 말을 듣고 그가 두려워했다고도 한다. 그는 어느 날, 어머니와 처자식을 데리고 홀연히 마을에서 자취를 감추었다. 빈집을 조사했던 이에 따르면 책상 위에 미처 챙기지 못한 딸의 학생증이 있었다고 한다. 어지간히 겁을 먹고 허둥지둥 도망친 것이다.

재개발로 인해 철거된 그의 '저택'은 오랫동안 흉물스런 모습을 하고 있었다. 마당에는 아열대지방을 연상시키는 나무들이 무성했고, 2층 벽면에는 이름도 알 수 없는 식물이 우거져 있었다. 어쩌면 이 집에 아직 그가 거주할 때도 돌멩이가 날아들었을지 모른다. 유리창은 산산이 부서졌고 긴 자거리로 돌출된 차고 양옆과 집채 벽 곳곳에는 흰색과 검은색, 빨간색 스프레이로 '죽어라', '죽여버리겠다'는 글자가 휘갈겨 있다. 살벌한 상흔이 남은 폐허 같은 마당 한편에서 주민이 상추와 배추를 키우고 있는 '한가로움'도 우토로다웠다.

1988년 9월, 히라야마는 <서일본식산>의 대표를 사임한다. 하병욱은 후시미구伏見區 소재의 토목건축회사 '가나자와金澤토건'에 <서일본식산>과 우토로 토지를 통째로 매각, 이자를 청산한 후 연대보증을 해제하고 우토로 문제에서 손을 뗀다.

이것이 '토지 문제'가 발발하게 된 경위다. 주민들이 스스로 '불법 점거자'임을 인정하고 사안을 '토지 소유권' 문제로 끌고 갈 만큼 '세상사에 밝았다면' 하병욱이 바라던 '타당한 해결'이 이루어졌을지도 모른다. 하지만 이 문제의 가장 중요한 부분은 역사성이다. 식민지주의의 폭력을 견디다 못해 고향을 떠나야 했고, 해방된 후에는 우토로에 있는 것 자체를 '불법'이라 비난당한 사람들이 절대 양보할 수 없는 최후의 일선을 '도리', '이치'로서 요구한 것이 어리석은 일인가?

몇 차례에 걸쳐 마을이 '뿌리째 흔들리는' 싸움이 시작된다. 우토로에 긴장감이 고조되어 갔다.

제6장
'입간판'의 집

일상에서 몸으로 익힌 절실한 글귀가 새겨진 입간판이 마치 쇠사슬처럼 집을 둘러쌌다. 주민들은 '생존'을 위해 체면 따위는 아랑곳하지 않았다.
이들 '우토로의 문지기'는 상황이 급변함에 따라 점점 늘어 갔다.(2005년 7월 5일 촬영)

집회 참가자들에게 우토로의 현실을 설명하는 겐모토 아키오. 주민회장 김교일과 함께 운동을 이끌어 왔다.(2002년 2월 24일)

자택 앞에 선 나카모토 사치코, 남편 김임생의 '대타'로 증언석에 섰다.(2016년 12월 8일)

닛산차체 교토공장 앞에서 연좌시위를 하는 주민들.(1998년 12월 23일)

폭스바겐 노조 회원들을 맞이해 열린 <국제평화포럼 in 우토로> 전면 왼쪽 끝이 레나테 뮬러.(1990년 8월 12일)

우토로의 교류회에서 가장 먼저 춤을 추는 이는 강경남이었다.(1990년 8월 4일)

우토로를 지키는 활동보다 악기 연주에
심취한 문청현.(왼쪽 끝)
퍼레이드나 집회에서 연주하며 참가자
들을 고무시켰다.(2013년 4월 28일)

교토시 번화가에서 퍼레이드를 하는 홍정자.(왼쪽 끝)
김순이(오른쪽 끝)와 우토로 농악대 멤버들.
둘째 줄에 황순례(왼쪽), 여군자(오른쪽).
(1994년 5월 28일)

'적지'인 우지시청에서 <시
민교류 로비 콘서트>에 출
연해 압권의 연주를 보여
준 우토로 농악대.
(1998년 11월 9일)

항의 현수막을 들고 교토지법
을 나오는 피고 주민들.(1998
년 1월 30일)
2세대 주민 3명에게 패소 판결
이 나왔다.

199

우토로를 대표하는 시각적 이미지는 마을 입구에 있는 집이라 하겠다. 재개발이 진행되면서 철거되었는데, 토지재판이 시작되기 전부터 비어 있던 이 집은 심상치 않은 입간판들로 둘러싸인 마을의 '문지기'였다.

강제퇴거 결사반대
우리는 굴하지 않고 우토로를 지키겠습니다
우토로의 아이들에게 미래를
우토로는 고향
우리는 우토로에 살고, 우토로에서 죽습니다
행정의 도움과 이웃주민의 이해를 바랍니다
당신들에게 정의가 있습니까

하얗고 검은 철판에 붉고 까만 글자들이 새겨 있다. 솔직한 심정의 표현이기에 더욱 거짓 없는 이 문구들은 '일본 국민의 역사'에 날메를 꽂아 넣으며 다수자가 향유하는 '평화와 번영'의 기만을 가격한다. 역사 부정, 차별 선동과의 싸움의 최전선에서 태어난 수많은 간판들이야말로 진정한 '표현'이라는 이름에 어울렸다. 강제철거의 위기 속에 마을 곳곳에 있는 전신주와 자위대 주둔지를 둘러싼 펜스에까지 간판들이 설치되었다. 한때는 마을 전체가 위와 같은 언어들로 무장한 요새처럼 느껴졌다.

투쟁의 변화를 체현해 왔던 마을 입구의 빈집이 입간판 갑옷을 두르게 된 시기는 1980년대 종반이다. 우토로 문제를 단순히 '토지 문제'로 몰고 가려한 '역사 부정'과의 싸움이 계기였다.

'강제 퇴거'와의 투쟁

마을 내 수도관 매설 동의와 히라야마(허창구)에게 토지가 매각된 것은 동시 진행이었다. 오로지 토지거래만을 위해 설립한 부동산회사 <서일본

200

식산>으로 토지가 전매되자 1988년 6월부터 부동산업자가 매물을 살피러 왔다. 주민들이 모여들어 영문을 묻자 업자는 '돈이 되면 무엇이든 한다'라며 호기롭게 말했다.

서일본식산의 사장은 계속 바뀌었다. 같은 해 9월에는 주민들에게 토지를 매입하라는 통고서가 날아온다. 두 달 후 새로 취임한 사장은 부동산매매 전문회사인 <산에이지쇼三栄地所>와 400세대의 아파트 건설 위탁계약을 체결하고, 12월 13일에는 <서일본식산>이 주민들에게 무조건 퇴거하라는 통고서를 보낸다.

《귀하들도 아는 바와 같이 귀하 등은 대동아전쟁 이전부터 아무런 임차계약조차 없이 토지를 사용했고 불법 점거하고 있습니다》라며 회사 측이 협상을 거듭해 왔지만 주민들은 '매입 의사'도 '성의'도 보이지 않는다고 비난했다. <서일본식산>은 앞으로 주민들과의 모든 협상을 거부한다며 즉각 명의를 양도하거나 법적대응 중 하나를 택하라고 압박한다. 위탁계약이 체결되자 보란 듯이 '큰소리'를 친 것이다. 게다가 대동아전쟁 이전부터 아무런 임차계약도 없이 사용했다고 한다. 역사적 경위 등은 일절 인정하지 않겠다는 의사표시였다.

주민과 지원자들도 급박하게 움직인다. 최초로 마을 주민회가 결성되어 정대수(鄭大秀 1931년생)가 회장에 취임하고, 우토로 토지문제 대책위원회도 꾸려져 문동기(文東起)가 위원장을 맡는다.

1988년, 주민회와 대책위원회는 처음으로 교토부와 우지시에 중재요청서를 제출하고, 이듬해 2월에는 가나가와 타쿠로金川琢郎 변호사, 가와모토 코헤이河本光平변호사가 대리인을 맡아 <서일본식산>에 반론문을 보냈다.

반론의 근거는 민법 162조 '취득시효'였다. 이 조항에는 《소유 의사를 갖고 평온·공연하게 타인의 부동산을 점유한 자가 애초부터 자신의 소유물로 생각했을 경우 선의와 무과실로 점유가 개시된 이후 10년 또는 20년이 경과하면 그 소유권이 취득 된다》라고 되어 있다.

1945년 8월 15일, 일본의 패전으로 아무런 보상도 없이 해고된 조선인 노동자와 그 가족들이 서로 의지하며 살아온 지역이 우토로이며 이미 시효도 지나 있었다. 게다가 서일본식산은 그러한 사정을 알면서 등기 명의자가 되었고, 시효경과로 인해 주민들이 취득한 권리로 서일본식산 측의 주장을 반박할 수도 있었다. 때문에 퇴거 요구에 일절 응하지 않겠다고 했다.

덧붙여서 <1987년 2월, 당시 토지소유자인 '닛산차체'가 수도매설에 동의한 것은 우토로 주민의 지상권을 인정한 것이며, 그 상태 그대로 토지를 매입한 '서일본식산'도 이에 동의해야 마땅하다>, <주민들에게 분배하려고 토지를 매입한 경위가 있기 때문에 우선적으로 주민들에게 매입할 권리가 있다>, <재개발은 신의를 저버리는 것이다>라는 내용을 첨부했는데, 나중에 재판에서 피고 측(주민) 주장의 근거가 된다.

맨 처음 입간판들이 설치된 때가 이 무렵이다. <서일본식산은 토지소유권을 닛산차체로 반환하고, 제3자에게 전매하지 말라!>, <재개발업자 출입금지, 닛산의 배신행위를 규탄한다>, <닛산은 역사적 경위를 인정하고, 우토로 토지문제에서 주민의 의사를 무시하지 말라!>, <우리는 피와 땀의 결정체다> 등등 성인 키 높이의 철판에 쓴 분노와 각오의 문장들이 당시 사진에 남아 있다.

어차피 소송은 불가피했다. 고도 경제성장의 파도가 간신히 닿은 마을에는 주민들의 힘으로 도로가 포장되고 외부의 지원을 받아 상수도도 설치되었다. 70년대 이후에는 기와를 올린 집도 짓기 시작했다. 이제야 남들과 같은 환경에서 살 수 있게 된 시점에 퇴거라는 날벼락이 떨어진 것이다.

주민회와 토지대책위원회는 이케모토 마사오池本正夫 우지시장에게 사태해결을 요청한다. 수도 문제가 해결되자마자 거주권을 위협하는 사태가 벌어졌고, 부동산업자가 드나들어 주민들의 불안이 커져 가는 상황을 설명하며 '우토로 지역주민의 역사적 경위와 특수한 사정을 무시한 행동이다. (중략) 우리는 피와 눈물의 결정체인 거주권에 대한 부당한 침해를 용인할 수 없다'라며 시 측에 사태수습에 나설 것을 요구했다. 주민들은 교토부에도 같은 내용의 요청서를 제출했는데, 1989년 1월 17일에는 시의회 예산위원회에서도 이 문제가 거론된다. 문제를 제기한 이는 수도설치 문제에도 힘썼던 당시 사회당 소속 아사이 아츠노리^{浅井厚德}다.

그가 추궁한 것은 절차상 하자였다. "6,400평, 21,000㎡의 토지거래이기 때문에 국토법상 신고할 의무가 있다. 닛산차체와 히라야마 씨가 각자 신고를 했는데, 등기부를 보면 계약 당사자가 닛산차체와 서일본식산으로 되어 있다. 서일본식산은 신고를 하지 않았다. 이것은 과정이 생략된 국토법 위반이 아닌가. 때문에 나는 일단 소유권을 (닛산차체로) 되돌려 놓을 수 있다고 생각한다." 시장과 시 당국에만 추궁한 것이 아니었다. "당시 예산위원회 의장이 닛산차체 사내의원인 지우에 카즈오^{地上一男}였어요. 그가 닛산 측과 주민 사이의 중개를 맡아 주길 바랐는데 결국 그는 나서지 않았어요. 회사의 지시를 받았겠죠. 당시 닛산차체는 민사당 계열로 우리 사회당과는 대립관계였지만 사태의 심각성을 느껴 진심으로 나서 주길 바랐습니다."

우지시장은 '당사자끼리 충분한 합의를 거쳐 원만한 해결이 이루어지길 바란다'고 했을 뿐이다. 국토법 위반에 대한 지적에는 '신고 규정 위반으로 계약이 무효가 될 정도는 아니다'라고 일축했다. 그러는 한편으로 우지시는 닛산차체에 주민과 합의하도록 요구했는데, 닛산 측은 '당사자'가 아니라며 거부한다. 이후로는 닛산차체도 우지시도 '재판 계쟁'을 이유로 우토로 문제에 관여하지 않는다. 5장에서 언급했듯이 우지시는 수도관을 매설하면서 뜯어 낸 아스팔트도 방치한 채 그 후론 아무 것도 하지 않았다.

예산위원회가 열린 날로부터 2주가 지난 2월 2일, 서일본식산이 주민 5세대를 특정해 토지 반환을 요구하며 교토지법에 소송을 제기한다. 이후 18차례에 걸쳐 총 69세대를 상대로 소송을 시작한다. 당시 거주세대는 80세대, 약 380명이다. 거의 대부분의 주민이 피고가 되었다.

그럼에도 주민들의 일상은 계속되었다. 손을 놓는 순간 삶은 멈추고 만다. 당시 우토로는 일을 할 수 있는 주민의 80% 가까이가 토목건설업과 관련된 일로 입에 풀칠을 했다. 함바를 운영한 이도 많아서 인부들의 식사 준비는 '부인'들의 일이었다. 해가 뜨기 전에 일어나 가족과 인부들의 밥을 짓고 도시락을 챙겨 현장과 학교로 보냈다. 이것이 이날 우토로 여성들의 '초반전' 상황이다. 2세 김순이(金順伊 1954년생)도 그 중 한 사람이다. 20인분의 아침밥을 짓고 도시락을 준비해 인부들에게 들려 보낸 후 한숨 돌릴 때였다. "뭔가 와장창 하는 소리가 나서 시아버지(엄준석 嚴俊碩)가 밖으로 뛰쳐나갔어요. 시집온 지 10년, 셋째 아이를 낳고 반년쯤 지났을 때입니다. 집 맞은편에 트럭이 멈추더니 몇 명이 짐을 내려놓고 있었는데, 순식간에 마을 사람들이 몰려와 난리가 났습니다."

1988년 2월 13일 아침 9시경, 대량의 가설 발판을 적재한 트럭이 마을로 들어왔다. 서일본식산의 의뢰를 받은 철거업자였다. 트럭 3대가 마을 입구에 정차한 후 차에서 내린 7, 8명의 사내들이 짐칸에서 자재를 내리기 시작했다. 부동산업자가 살피러 오기도 했고, 작년 말부터 이미 서일본식산은 철거보상금을 지불하고 히라야마(허창구)의 집 등을 매입한 상황이었다. 빈집을 철거하겠다고 주민회에 통보하며 주민들을 불안하게 했는데 실제로 철거업자가 온 것은 처음이었다. 게다가 소송이 시작되고 겨우 일주일이 지났을 때. 재판은커녕 변론도 시작되지 않은 시기에 철거업자가 먼저 들이닥친 것이다.

다음날인 2월 14일자 『라쿠난 타임즈』에 의하면 주민 약 40명이 마을 입구에서 철거업자와 대치했다고 한다. 업자의 신고로 우지시 경찰까지 출동한 현장은 심상찮은 분위기였다.

주민 하나가 나서서 '사람이 살고 있지 않은가. 처지를 바꿔 생각해 보라' 말하며 항의하자 철거업자는 '총을 갖고 오겠다', '피를 보고 싶은가', '철거는 목숨 걸고 한다'라며 주민들을 협박했다. "40년, 50년도 넘게 살아왔다. 재판은 그들이 먼저 시작해 놓고 아무 결론도 안 나왔는데 철거하려 들다니, 이런 법이 어디 있나. 1941년에 비행장을 만들라면서 여기로 데려왔다, 아무 이유도 없이 그냥 사는 게 아니다." 눈물을 흘리는 여성도 있었다.

당시의 사진에는 마을 입구 가까이 트럭이 서 있고 건장한 사내들을 주민들이 둘러싸고 있다. 대부분 여성들이다. 일촉즉발의 위기가 느껴진다. 얼마 지나지 않아 고급 승용차가 도착하더니 서일본식산의 사장과 비서가 차에서 내렸다. 주민들은 점점 늘어났다. 정광자(鄭光子)가 절박했던 당시 상황을 증언했다.

"재판이 시작되자 서일본식산이 통나무를 가득 실은 대형 트럭을 몰고 마을로 왔어. 다들 일을 나간 후야. 사람이 할 짓이냐! 돌아가라고 했지. 좀 있으니 벤츠를 타고 사장이 왔어. 사장인지 뭔지 몰라도. 우린 목숨 걸고 살았다, 여긴 선조들이 남겨 준 목숨 같은 땅이다! 돌아가라! 고함을 쳤지."

1962년에 교토시 남구 히가시쿠조東九条에서 우토로에 들어온 2세이며, 인근에서 콘크리트 제조업을 한 시미즈 미즈오(淸水光男)도 집밖으로 뛰쳐나왔다.

"철거업자라지만 상당히 거칠었어, 다른 곳에서도 사고를 친 놈들이지. 돈에 눈이 멀어서 '믿고 맡겨 달라'며 우르르 몰려온 거야. 나가 보니 철판을 적재한 트럭이 와 있었어. 가설 발판을 설치하러 온 거겠지. 우토로 주민들이 다 나왔는데, 남자들은 모두 일을 나가고 없었어. 아주머니들만 나와서 그놈들한테 고함을 치고 있더라고. 그날은 당시 서일본식산 사람들도 왔어. 사장이랑 야쿠자 같은 놈이랑. 내가 놀랐던 건 우리 아버지였는데, 밖으로 나오시나 했더니 그대로 야쿠자 같은 놈한테 달려가서는 고함을 치더라고. 그놈들이 '식구들 생각을 하셔야지' 하며 겁박하니까 아버지가 부아가 나서 '이놈들, 폭탄을 갖고 가서 다 없애 버리겠다!'(웃음) 그게 전부 녹음됐어. 그날은 정말 확실히 기억해. 아주머니들도 철거업자와 온갖 실랑이를 벌였거든. 그것도 전부 테이프에 녹음했어. 그땐 아버지가 이미 은퇴한 후인데도 정정하셨으니까. 어떻게든 아버지를 말려야 된다는 생각밖에 안 들더라고. 완전히 제정신이 아니었거든."(웃음)

그의 아버지는 신점순(辛点順)의 남편인 변삼섭(卞三燮)이다. 녹음을 한 것은 철거업자와 우지경찰서에서 나온 경찰이었을 것이다.

돈벌이만 생각한 그들에게 옳고 그름이나 선악이 통할 리 없다. 남자들이 고함을 지르는 옆에서 마을 여성들이 바닥에 드러누웠다. 말 그대로 '연좌시위' 실력행사에 나선 것이다.

정광자도 그 중 한 명이다. "'철거하려면 우리 먼저 죽여라!' 소리쳤지, 어차피 우린 목숨을 걸었으니까. '사람 먼저 죽여라!', '그럼 형사사건인데', '상관없다, 집이 헐리면 우린 갈 곳도 없다. 유치장에 가면 밥도 주고 비도 피할 수 있다!' 그런 일이 몇 번이나 있었는지 몰라."

항의에 나선 이들 중에는 강경남(姜景南)도 있었다. "마을 입구까지 왔으니 한 집이 무너지면 다 무너져. 그래서 막 달려들었지. '어디 한 번 부숴 봐라, 그랬다간 불도저 밑에 깔려서 죽어 주마. 나 먼저 죽이고 부숴라!' 했지. 이런 얘길 해 주면 알아듣긴 하는 거여?!"

당시 철거업자와 대치했던 대부분의 여성주민들은 학교에 다닐 기회조차 얻지 못한 채 살아왔다. 그렇기에 트럭 앞에 몸을 던지는 저항이 가능하지 않았을까. 학교는 필요한 지식을 습득하는 장소이자 그 사회에서 '다수파의 상식'이나 '시민적 가치관'을 주입시키는 제도이기도 하다. 고등교육을 받은 히라야마(허창구)가 행정기관이나 자본과 그런 '상식'을 공유한 인물이었던 것도 마찬가지일 것이다. 소유권을 내세우며 합법적인 가옥 파괴에 나선 그들을 단념하게 만든 것은 이치나 도리가 아니었다. '길들여지지 않은 정신'이며 '일탈'이자 '세상물정에 어두움'이었다.

결국 이날 철거작업은 중지됐는데 그들은 철수하면서 이렇게 말했다. '이미 세 채를 매입했다. 주민들이 불법 점거하고 있다. 오늘은 돌아가지만 다시 와서 (철거)하겠다.'

주민회와 토지대책위원회는 성명을 발표한다. <주민들에게 일언반구도 없이, 성의 있는 논의도 없이, 이권집단에 토지를 매각하고 주민들을 마구잡이로 내쫓으려는 닛산차체(주)와 그 선봉에 선 서일본식산의 비인도적 폭거를 결코 용서할 수 없다> 식민지주의에 농락당하며 이 땅에 흘러와 정착한 재일조선인들. 과거 미 주둔군에게 빼앗길 뻔 했던 삶의 터전을 또 다시 철거업자가 빼앗으려 했다.

이날부터 알 수 없는 이들과 차량의 침입을 막기 위해 최대한의 경계가 시작되었다. 그저 산책이라며 마을 안을 배회하는 사람도 적지 않았다. 시미즈 미츠오는 마을 입구에 사이렌을 설치했다. 다가와 아키코의 기억에 선명한 것은 긴박했던 분위기와 문광자의 말이다. "'우리는 여기에 살 권리가 있습니다' 곤혹스러웠지만 그 말은 당연하죠. 여기에 살면서 일하라고 해서 온 것이니까. 그 말이 문광자 씨 마음속에 계속 있었던 겁니다. 재판이 시작되기 직전, 마침 문광자 씨는 마을 서쪽 끝에 큰 일본식 집을 지었어요. 정말 어렵게 지은 큰 집이었죠. 그 집을 지을 때도 닛산차체는 아무 얘기도 안 했어요. 다 짓고 나니까 나가라니, 게다가 피고까지 됐잖아요. 김군자 씨나 강경남 씨도 그렇지만, 특히 1세 분들에게 '피고'라는 말은 죄를 저지른 죄인 같은 의미였어요. '왜 우리가 피고인이냐'라며 억울해 하셨지요."

동시에 다가와 아키코가 통감했던 것은 철저히 버려진 우토로의 현실이었다. "주민집회 때 실제로 강제철거를 할지도 모른다고 했더니 그때까진 우리한테 고생이 많다고 했던 김군자 씨가 '그걸 왜 아무도 말해 주지 않았나! 왜 좀 더 빨리 말하지 않았나. 여기에 일본인이 1/3만 살았어도 이러지는 않았을 것 아니냐' 하셨어요. 시청도, 주변에서도, 시민들까지도 다들 피하기만 했대요. 아무도 '이대로 있으면 안 된다'라고 말해 주는 사람이 없었죠, 그 정도로 고립되어 있던 겁니다."

변론 개시

1989년 3월 8일, 제1차 구두변론이 시작되자 주민들은 자동차나 전철을 타고 교토 시내에 있는 지방법원으로 향했다. 변론심리는 3명의 합의체였고 재판장소는 대법정이었다. 마을 전체가 피고가 되어 버린 재판규모에 당연히 사회적 이목도 집중되었다. 주민들과 지원자들이 앉은 방청석 너머로 주민을 대표해 진술에 나선 이는 조선학교 교사인 정굉열(鄭宏烈)이었다.

"이 문제의 본질을 명확하게 살펴야 된다고 강력히 주장합니다." 이것이 핵심이었다. 그는 닛산차체의 부실을 비판하며 침략전쟁 수행에 조선인 노동자들을 이용하고 보상조차 하지 않은 채 방치한 것이 우토로의 기원이자 본질이라 호소하며 다음과 같은 말로 진술을 마친다.

일본의 식민지배로 인해 이른바 '전후 처리'가 이뤄지지 않은 채 현재에 이른 일들이 많이 있는데, 이곳 우토로도 그 가운데 하나입니다.

본 건은 일본의 위정자들에게도 중대한 책임이 있다고 강하게 주장하는 바입니다. 저는 우토로 주민회의 의사를 존중해서 원고의 부당한 청구가 기각되길 강력히 요구하며 진술을 마치겠습니다.

제2차 구두변론이 열린 3월 17일에는 <철거반대! 우토로를 지키는 모임>이 발족된다. 공동대표는 히구치 킨이치樋口謹一, 쓰치다 다카시槌田劢, 요코가와 에이지横川栄次, 그리고 우지시 공무원 다케하라 하치로竹原八郎가 지원을 맡았다. 교토 변호사회관에서 열린 발족 집회에는 주민과 지원자들 약 200명이 참가했다. 당시 쓰치다 다카시의 발언이 남아 있다. "인권과 생활을 짓밟은 일국의 수상이란 사람이 침략전쟁의 책임을 '후세의 평가에 맡긴다'라고 한 발언에 현재 일본의 수치가 드러나 있다. 우지시, 그리고 일본 주민의 한 사람으로서 누가 보아도 용납이 안 되는 일은 절대 수용할 수 없다는 자세로 활동해 나가겠다." 허스키하고 카랑카랑한 목소리에 분노가 담겨 있던 모습이 떠오른다. 당시 수상은 다케시타 노보루竹下登다. 모임 결성을 알리는 글에는 다음과 같은 내용이 들어 있었다.

《우토로 문제는 단순히 기업의 책임문제에 그치지 않습니다. 과거 일본이 조선을 침략해 식민지배가 없었다면 일어나지 않았을 문제입니다. 그리고 그 침략과 지배의 역사 청산(전후 처리)이 일본정부를 비롯한 모든 행정기관의 책임 아래 이뤄졌다면 일어나지 않았을 문제입니다. 비행장 건설과 관련된 우토로의 역사와 직접적인 관계가 있는 일본정부와 교토부는 우토로의 토지문제를 방관하지 말고 그 책임을 다해야 할 의무가 있습니다.

또 우지시민인 80세대, 380명의 우토로 주민이 강제철거의 공포에 시달리며 말 그대로 일상이 무너지려 하는 지금, 그들의 생활권을 지키는 일은 지자체의 당연한 책임입니다. 우지시는 철거를 중단시키고 우토로 주민의 요구대로 '닛산차체'와 주민이 합의에 이르도록 문제해결에 적극적인 노력을 해야 마땅합니다….》

4월 29일에는 <철거반대! 우토로 집회>가 열려 치마저고리를 입은 여성들이 선두에 서고 약 700여 명이 뒤따르며 닛산차체 교토공장 주변을 행진했다. 같은 해 11월에는 도쿄 가나가와현神奈川縣에 있는 닛산차체 본사로 향했다. 회사 측은 대응을 거부했다. 콘크리트 빌딩을 바라보며 2세인 홍정자(洪貞子 1955년생)가 마이크를 손에 쥐었다. "어린 자식을 집에 두고 우토로에서 왔습니다. 닛산차체 직원 여러분, 가슴이 있다면 단 5분이라도 10분만이라도 나와서 대화를 해주십시오."(『Message from 우토로』)

국회에 갔을 때는 총무성 직원들과 만났다. 공무원들은 문제의 배경을 이해한다면서도 '굉장히 어려운 문제라 하루아침에 해결될 일이 아니다'라며 회피했는데, 한편으로 우토로의 인지도는 안팎으로 점점 높아 간다.

우토로를 언급하는 공통적인 표현은 '과거 청산', '전후 보상'이었다. 한국의 민주화운동을 비롯해 1980년대 후반부터 일본의 전쟁책임을 성토하는 목소리가 아시아 각지에서 분출한다. 그 물결 속에 우토로도 있었다.

일본의 사법제도가 우토로를 '토지 소유권 문제'로 몰아가는 한편에서 주민과 지원자들은 '역사적 책임'을 지렛대 삼아 닛산차체의 잘못을 지탄했고, 지자체에는 적극적인 지원을 요구하기 시작한다.

그 선두에 내걸었던 '깃발'이 <마치즈쿠리(마을 만들기)>였다.

주민회, 토지대책위원회, 지원자들이 11월 23일에 우토로 마당에서 '마치즈쿠리 집회'를 열었다. 주민과 교토 조선가무단, 지원자들이 참여한 <우호

의 노래자랑 대회>와 히가시쿠조東九条의 문화서클이 마당극을 선보였고, 이웃 주민과 연합주민회장, 우지시의원과 교토부의원 등이 참석했다. '지역과의 연대'를 만들기 위한 첫걸음이었다.

<마치즈쿠리>란 명칭이 누구의 제안이었는지는 분명치 않지만 기획의 중심역할을 맡은 우지시 공무원 다케하라 하치로는 '어디까지나 내 아이디어'였다며 명칭을 만들게 된 심정을 말했다.

"처음 수도 문제에 관여했을 때부터 최종적인 해결은 어떻게 할지가 고민이었다. 전부 없었던 일로 만드는 건 불가능하다. 그럼 어떻게 해야 해결될까. 그때 떠오른 것이 '마도에まどえ'라는 단어인데, 나라奈良 지역의 에두른 표현으로 '원래대로 되돌려 놓다'라는 의미다. 그럼 언제로? 1910년? 훨씬 더 전이다. 만약 되돌아간다 하더라도 이미 고향은 없다. 그렇다면 어떻게 할까. 우토로에 살 수밖에 없다. 지금까지 살아왔는데 더 이상 살지 못하는 상황이 온다는 게 말이 안 되는 얘기다. 그렇다면 우토로를 고향으로 만들 수밖에 없지 않겠나, 우토로 커뮤니티밖에는 없지 않은가, 나의 논리로는 그랬다. 그것이 '원래대로 되돌리는 것'이자 원상회복, 전후 보상운동이라는 생각이 들었다. 전후 보상운동으로 '마치즈쿠리'를 하더라도 내 맘속에 모순되지는 않았다. 일본 사회 안에 자이니치在日의 마을을 만들자, 우토로 사람들이 주체가 된 움직임을 응원하는 것이 일본인들이 할 수 있는 전후 보상운동이 아닐까 생각했다. 당시에는 '원상'이나 '현황'도 구별이 안 되었지만."(웃음)

같은 시기에 이 운동에 참여한 이가 겐모토 아키오(嚴本明夫)다. 토지대책위원회의 홍보담당과 변호사들과의 소통 역할을 도맡았다. 그는 1960년대에 우토로로 이주한 후발대로 당시로선 소수파였던 민단계이다.

후쿠오카福岡의 탄광촌에서 1세인 아버지와 2세인 어머니 사이에 태어나 효고현兵庫縣 아마가사키尼崎에서 살았다. 사업을 하고 싶었던 아버지가 가족과 함께 살며 사무소도 차릴 수 있는 장소를 물색하다 발견한 곳이 우토로였다. 어머니는 장사수완이 있어서 대부업과 잡화점, 군고구마 장사 등을 하며 때때로 아버지 이상으로 돈을 벌기도 했다. 부부가 모은 돈으로 땅을 사서 벽돌로 기초를 다지고, 공사용 목재로 기둥을 세워 함석지붕을 올린 집을 지었다. 겐모토 아키오가 소학교 6학년 때였다.

아버지가 시작한 일은 토건업이다. 함석집 한쪽에는 늘 5, 6명의 직원이 숙식을 했기에 자녀들과 직원들의 식사는 물론 모든 뒷바라지는 어머니의 몫이었다. 바쁜 와중에도 어머니는 2층을 개조해 직물염색 수공업으로 돈을 벌어 아버지 회사의 적자를 메우기도 했다.

겐모토 아키오는 이른바 '민족교육'은 받지 않았다. 자신은 '조선계 일본인'이라고 했다. 소학교 졸업식이 열리기 직전, '의식이 높은' 교사에게 불려가 자신의 본명을 확인받은 후 졸업식 연습과 본 행사에서 '엄명부(嚴明夫)'라는 이름으로 호명되었을 때 느꼈던 혼란이 지금도 남아 있다고 한다.

언덕 위의 중학교에서는 방송위원, 야구부, 영어서클과 수영서클에도 들어갔다. "졸업앨범에는 4차례 등장합니다. 내 입으로 말하긴 그렇지만 좀 유별난 녀석이었죠."

그는 독서광이었다. 도서실 대여 순위로는 전교 1, 2등을 다퉜고, 일본의 옛이야기, 그리스신화, SF에서 추리소설로 빠져들었고, 일본문학과 세계문학전집을 파고들었다. "다자이 오사무, 아쿠타가와 류노스케 그리고 『죄와벌』을 무아지경으로 읽었어요. 고교진학 후에는 국어(일본어)선생님 영향으로 오에 겐자부로도 읽었고. 미시마 유키오는 싫었어." 글을 쓰기도 했냐고 물으니 "그건 어려웠지, 상당히 오랫동안 써 보지 않으면 안 돼"라며 웃고는 이렇게 말했다. "여하튼 하고 싶은 것, 되고 싶은 꿈이 굉장히 많았어. 나처럼 특이한 녀석이 장래에 뭐가 될까, 나도 궁금했으니까."

1970년 안보투쟁이 있은 이듬해에 후시미伏見공업고교 건축과에 진학한다. 학원분쟁의 영향으로 학교 분위기는 자유로웠고 사복 통학이 이 학교의 전통이었다. 하지만 전국학생연합의 투쟁은 실패했고, '이념'과 '이상'을 내걸었던 학생운동은 쇠퇴해 간다. 그때의 경험이 우토로 주민운동을 추진해 나가는 데 지침이 되었다. "학생운동은 대중을 떠난 독선이었다고 생각한다. 때문에 내가 우토로에서 중요하게 여긴 것은 무엇보다도 뒤를 확인하는 것. 다들 잘 따라오고 있는지 확인하는 것이었다."

이데올로기나 슬로건 등에 대한 혐오도 숨기지 않았다. 인도적 문제, 전후 보상, 거주환경 등 때때로 투쟁의 '깃발'을 바꿔 왔던 우토로의 '거침없음'을 체현한 인물이다. 한편으로 그는 고교시절에 조선문화연구회(조문연) 활동에 몰두했다. "조문연에서는 이데올로기가 아니라 역사 등을 배웠다. 아버지는 1세였고, 어머니는 그런 아버지를 있는 힘껏 도왔다. 민족에 대한 마음은 알겠지만 어째서 나는 일본에 있는지, 왜 일본인이 아닌지 정리가 안 되었다. 우리는 이 나라의 '방해물'이 아닌가 하는 강박관념도 있었고. 어차피 어떤 형태로든 버려진다는(추방이나 탄압) 생각은 안했지만 창피해서 나를 숨겼다. 그런 인식이 조문연에서 공부하는 동안 달라졌다. 학교에서는 한 달에 한 번 대자보를 만들어 붙였다. 내용? '자이니치在日의 현재'나 그들에 대해 쓴 책을 발췌한 것들이다. 여하튼 어째서 자이니치가 일본에 있는지, 그 역사를 모두가 알기를 바랐다. 토지조사사업이나 동양척식회사 등도 열심히 설명했고."

그가 투쟁에 나선 원동력은 한국의 민주화운동에 대한 동경이었다. 당시 한국에서는 독재자 박정희에게 '자유'와 '평등'을 외치며 청년들의 목숨을 건 저항이 계속되었다. '그렇다면 타국에 있는 나는 무엇을 해야 좋을까' 답을 얻을 수 없는 초조함이 그를 자극했던 것이다.

하지만 졸업을 하자 현실이 기다렸다. 친척이 경영하는 수도회사에 취직했지만 반복되는 나날이었다. 학생 시절의 뜨거웠던 '마음'은 점점 뒤로 물러났다. 과로 때문에 건강이 나빠지자 퇴사를 한 뒤 아버지의 회사에서 일하면서 오사카공업대학 야간을 졸업한다. 28세였다. 결혼을 하고 일도 안정이 되었다 싶었던 그때 토지문제가 불거졌다.

마음을 굳게 먹고 선배들이 모여 있던 집회소 2층으로 올라갔다.

"들어오자마자 갑자기 '나도 뭔가 하고 싶다' 하기에 나도 모르게 '겐모토, 무슨 일 있어?' 하고 물었죠." 동급생이었던 시미즈 미츠오의 기억이다. '잊었던 것을 되찾자' 이것이 겐모토 아키오의 심정이었다. "한국의 민주화 운동에 참여할 수 없는 울분을 안은 채 일상에 쫓기다 토지문제와 맞닥뜨 렸다. 이것을 통해 나도 동포들에게 공헌할 수 있다, 조선민족, 한민족의 역 사에 공헌할 수 있겠다, 그것이 내가 할 일이라고 생각했다. 또 얼마 후엔 지문 날인 거부문제도 일어났다. 이곳에선 최충식 씨 등이 날인을 거부하 며 열심히 싸웠는데, 나는 겁이 나서 할 수 없었다. 그 복수이기도 했다."

얼마 후 주민회 부회장을 맡아 필요한 정보를 취합하는 등 말 그대로 색 인 역할을 하게 된다. 한편에서 '운동이란 무엇인가'를 놓고 선배들과 인식 의 차이를 느낀 일도 많았다고 한다.

"재판은 재판이고, 시민운동도 함께 해야 했다. <지키는 모임>이 먼저 제 안해 주어서 매년 2회씩 불고기모임을 열어 다양한 사람들과 교류하며 지 원을 확대시켜 나갔는데, 선배들은 '재판으로 힘든 상황에 지금 축제 따위 를 할 때냐!'라고 했다. 5년, 10년이 지나 지원자들이 늘어나니까 비로소 알 아주었다. 나도 '이대로 괜찮을까' 걱정은 했지만 시민운동은 정답이었다. 힘들 때마다 도와준 사람이 총련 지부 부위원장이었던 김선칙 씨였는데, '북이나 남이나 다 같은 동포'라며 지부사무소 2층을 빌려줬다. 그리고 또 다케하라 씨, 다가와 씨, 사이토 씨도. 다들 학생운동을 했던 세대이다. 어 떻게 추진할 것인지 기초부터 가르쳐 주었다. 다케하라 씨는 '여하튼 초조 해 하지 말고 여유를 갖고 하라'는 말도 해 주었고."

반면에 도움을 요청하는 일은 그다지 힘들지 않았다. "우토로는 애초에 발등에 불이 떨어져 시작된 일이다. 재판에서 피고가 됐으니 당사자 의식 도 있었고, 일상을 지키기 위한 투쟁이었다. 가령 민족단체나 운동단체가 일종의 풍파도 없이 뭔가 이익을 얻기 위해 시작한 운동이 아니다. '적'을 만들 생각은 아니었지만 일상을 파괴하러 오는 적이 실제로 있었다. 주민 회비도 많을 때는 월 5,000엔 정도 모였다. 주로 변호사 비용이었는데. 처 음엔 500엔, 그러다 1,000엔으로 올렸다. 2/3 정도는 잘 내주고, 나머지

1/3은 그렇지 않았지만."(웃음)

변론은 급속도로 진행되었다. 1989년에만 18회의 재판기일이 잡혀 있었다. 그때마다 주민들은 교토지법으로 향했다. 민사소송은 서면제출 위주라서 변론심리 자체는 대부분 5분 정도면 끝났다. 우토로에서 교토시 중심부까지 오가야 하는 경제적 부담도 만만치 않았지만 주민들은 아랑곳하지 않고 모였다. 우토로 마당에서 집합해 누군가의 차에 타고 가는 이도 있었고, 긴테츠近鉄 이세다伊勢田 역에서 전철을 타고 온 이도 있었다.

이들과 동행한 이는 <우토로를 지키는 모임>의 멤버이자 행정서사인 요시다 야스오(吉田泰夫 1956년생)다. 1986년, 우지시의회 의원선거에 입후보하기 위해 이세다伊勢田로 이주, 우토로와 인연을 맺으며 유연하게 낙관적으로 운동을 지원했다. 그가 우토로를 대하는 스탠스는 '이웃 주민'이다. "애들 유치원에서나 장을 보다가 마주치는 일도 많았고, 우토로는 저한테 일상이었죠. 그러니 나서지 않을 수 없었어요."

일상적으로 만나면서 느낀 것은 주민들의 '힘'이었다. "철거하러 왔던 업자를 쫓아냈잖아요. 그 후에도 내용증명이 날아왔지만 결국 실패했어요. 일상을 이어가는 힘입니다. 적어도 주민들은 '지금까지도 살아왔으니 어떻게든 해결 된다'는 신념이 있었다고 봐요. 재판도 주민 전체가 비장하지는 않았죠. 힘은 들었지만 나들이하는 기분으로 간 적도 있어요. 학교를 다니지 않은 사람도 많아서 그저 '차 한 잔 하고 오자'라는 분위기일 때도 있었고, 오사카고등법원 재판 때는 정말 반쯤은 소풍 가는 기분이었어요."

재판을 오가며 주민들의 역사, 자이니치在日의 실존을 엿보게 된 경우도 많았다고 한다. "이세다伊勢田 역에 집합해서 법원까지 함께 가는데, 우에모토(上本 강경남) 씨가 글자를 읽지 못하니까 표를 사지 못했어요. 그걸 보고 어머니들의 상황을 실감했죠. 닛산차체 본사로 항의하러 갔을 때도 버스를 빌려서 갔는데, 출발하자 한 아저씨가 모두에게 '어이! 오늘 외국인등록증 갖고 왔나, 무슨 일이 생기면 뺏길지도 몰라!' 하며 확인하는 거예요. 이런 상황이구나, 정말 힘겹게 살아왔구나."

같은 전철로 재판에 함께 오갔던 다가와 아키코는 또 다른 1세 여성과 우연히 만난 적이 있다. "웬일인지 제일 먼 역인 국제회관까지 가는 표를 들고 있는 거예요. '잘못 샀어요' 하니까 이유를 설명해 줘요. 글자를 읽지 못해서 그렇다고. 숫자는 알았으니까 일단 제일 비싼 표를 사는 거죠. 내리는 곳은 차내 방송으로 아니까. 한 번은 돈이 모자라서 자동발매기가 멈춰 버린 적이 있었는데 머릿속이 하얘졌다고 해요. 그때 느낀 수치심이 겁이 나서 두 번 다시 겪고 싶지 않았던 겁니다. 옛날에는 역무원이 있었으니까 물어보고 표를 살 수도 있었지만, 지금은…."

그 어머니가 문맹이라는 건 알고 있었다. "예전에 어느 신문에 우토로에 관한 글을 썼는데, 그분을 중심으로 썼어요. 제가 약간 우쭐했다고 할까, 자랑하고 싶었던 거죠. 그분께 신문을 건네자 작은 소리로 '난, 글자를 못 읽어…'라고 하셨어요. 전철 안에서 (법원이 가까운) 마루타마치丸太町 역까지는 얼마짜리 표라고 말한 걸 반성했습니다. '아, 또 이런 실수'를 하다니…."

주민들은 끝까지 재판에 참석했다. 자신들의 심정, 역사적인 정당성을 사법기관에 알리려는 일념에서였다.

'과거 청산'이라는 깃발

'과거 청산'의 흐름 속에 우토로 문제가 해외에서도 보도되기 시작한다. 이듬해인 1990년 5월, 해외 언론으로는 처음으로 한국의 『한겨레신문』이 우토로 문제를 다룬다.

일본 국회에서도 움직임이 시작된다. 1990년 1월, 당시 사회당 참의원이었던 이토 마사토시飯正敏가 당내 <조선 문제 특별위원회>에서 우토로 주민들의 고충을 언급한다. 6월 4일, 시마사키 유즈루嶋崎譲 참의원의원이 대표를 맡은 5명의 '조사단'이 우토로를 방문, 마을을 시찰하고 1세들의 이야기를 들었다. 의원들을 맞이한 60명의 주민을 대표해 조사단에게 심정을 전한 이는 기무라 치아키(木村千晶)였다.

그녀는 1947년에 히로시마현広島縣 구레吳에서 태어나 우토로 출신의 조선인 남성과 결혼, 4명의 자녀를 두었다. 당시만 해도 '더블'이라는 명칭이 낯설었다. 조선인과 일본인, 어느 쪽을 선택하는 것이 '정답'인가, 부모에게 받은 정체성으로는 어느 쪽에도 속하지 못하는 존재였기에 '더블'은 부정적으로 인식되던 시대다. 자녀들의 '방황'을 염려해 스스로가 '조선인이 되기 위한 노력'을 거듭해 온 그녀였지만 토지문제에서는 자신이 일본인이라는 것, '일본 국민'이라는 책임을 느낄 수밖에 없었다. 이날을 위해 기무라 치아키가 쓴 원고가 있다. 조선인 부락의 따뜻함 속에서 살아온 그녀가, 그렇기 때문에 주민들에게 느낀 미안함, 아이들을 어떻게 대해야 좋을지 모를 초조함, 자신의 '책임'에 대한 갈등 등을 담은 글이다.

《재일조선인의 아내로 우토로에 살며 자식을 키우는 동안 민족차별, 지역차별이란 것을 피부로 느낄 수밖에 없었습니다. 전쟁 때문에 비행장 건설을 위해 노동을 해야 했던 1세 아버지, 어머니들은 전쟁이 끝나자 이곳 우토로에 쓰레기처럼 버려졌고, 아무런 보상도 없이 상상을 초월하는 역경 속에서 자식과 손자들을 키우고 이제야 간신히 숨을 돌리려는 지금, 이 땅을 빼앗아 가려고 합니다. 저는 아이들에게 누군가와 싸워 상대의 마음에 상처를 줬다면 반드시 사과해라, 만약 상대의 눈을 고의로 찔렀다면 네 눈도 대 주어라, 그것이 불가능하다면 결코 상대에게 상처를 주지 말라고 가르칩니다. 그런데 최근에 우토로의 불행한 역사가 세상에 알려지자 아이들이 묻습니다. "어머니의 나라 사람들은 왜 아버지의 나라 사람들을 차별해?", "어머니의 나라는 아버지 나라의 토지를 빼앗고 사람을 죽였는데, 그 책임을 졌어? 빼앗은 땅은 돌려줬어?"

제가 어떤 대답을 할 수 있을까요. 강제연행자의 명부를 조사한다고는 하지만 토지를 빼앗기고 말도 빼앗기고, 그들에게 속아서, 살기 위해 일본으로 이주해 온 사람들도 많습니다. 사투를 벌이는 나날들, 우토로에는 원통

함과 피눈물이 스며 있습니다. 모든 주민들에게 불행한 과거로 끝난 것이 아닌 현재도 계속되는 현실입니다. 우토로 주민이 살고 있었기에 살아 있는 동네이자 마을입니다. 만약 이 토지를 빼앗긴다면 아무리 멋진 집이 들어선다 해도 피땀과 한을 품은 고스트타운이 되겠지요. 차별, 편견 속에서 저에게 자문자답합니다.

일본이란 국가가 해야 할 일은 무엇인가. 반성, 사죄, 책임, 보상. '그렇다면 내가 해야 할 일은 무엇인가' 저는 자식들에게 말할 겁니다. 앞으로도 너희들의 엄마로 있기 위해, 우토로 사람으로서 끝까지 싸우겠다고. 이것이 지금 제가 할 수 있는 책임을 지는 방법이니까…….》

덧붙이면 이 조사단이 다녀간 이후로 우토로에 일본의 국회의원은 오지 않았다. 2021년 8월에 일어난 방화사건으로 아리타 요시후有田芳生 참의원 의원, 오츠지 카나코尾辻かな子 전 중의원의원(모두 입헌민주당)이 2022년 1월에 시찰을 오기 전까지 우토로를 찾아온 국회의원은 없었다.

한편, 조사단 시찰을 계기로 6월 20일 열린 중의원 법무위원회에서는 사회당 소속 오자와 가츠스케小沢克介 의원이 우토로 문제를 거론한다. 국회에서는 처음이었다. 사회당 내 조선문제대책위원회 소속인 오자와 의원은 우토로가 형성된 역사는 재일조선인의 역사라고 규정하며 가혹했던 노동실태에 대한 정부의 인식을 추궁한다.

첫 번째는 기업의 책임이다. 이전에 시의원 아사이 아츠노리浅井厚徳가 지적했던 허술한 토지매매 과정을 인용하며 사태를 진흙탕으로 만든 닛산차체의 무책임을 비판했다. 서독의 벤츠 회사가 강제노동을 시킨 유대인들에게 배상한 것을 예로 들며 우토로 문제도 닛산차체가 사태 수습에 나서야 한다고 주장했다.

두 번째로 국가의 책임이다. 오자와는 '우토로가 해외 언론에 보도되면서 일본의 이미지 추락은 물론이며, 세계적 기업인 닛산의 인권문제가 통상마

찰로 번질 우려가 있다'라고 지적한 다음 '(원인은 국책사업이기 때문에) 민간기업에만 맡길 것이 아니라 일본인 전체, 우선은 행정부가 문제 해결에 진지하게 나서야 마땅한 것' 아니냐며 다그쳤다. 이 시점에서 우토로 문제의 초점이 모두 망라된 추궁이었다.

하세가와 신長谷川信 법무상은 '당사자 간에 가능한 원만히 해결되길 바란다'라고 떠넘기며 '재판이 진행 중'이라는 이유로 판단을 회피했는데, 인권, 역사적 책임, 외교통상의 관점에서 정부를 추궁한 효과는 컸다. 실제로 며칠 후 7월 2일에 열린 변론심리 때 재판장은 '이 문제는 법률론으로는 해석할 수 없는 것 같다. 정치문제이기도 하지 않은가'라고 발언했다. 법적 판단을 주저한 것이다. 이것이 후에 양측의 화해 권고로 이어졌다.

버려진 '역사'

그러나 그 상태로 판결문을 작성하면 주민들의 패소를 반증하는 것이기도 했다. "질 거라고는 생각지도 못했지. 이렇게까지 했으니 당연히 이길 줄 알았어. 닛산과 역사적인 싸움을 하면 질 리가 없어. 역사만 따져도 이긴다고 생각했으니까." 1996년에 직접 증인석에 섰던 황순례의 말이다. 이것이 적지 않은 주민들의 당시 인식이었지만 재판은 어디까지나 토지 문제였다. 그럼에도 주민들은 계속해서 '역사'를 추궁한다. 1991년 3월 1일, 변호인단은 역사의 증인으로서 문광자가 법정에서 증언할 기회를 만든다. 우연히도 이날은 독립운동 기념일이었다.

확고한 신념을 가진 좌파 활동가이며 이 지역 총련 지부에서 일했던 문광자는, 사실 제소를 당하지 않은 몇 안 되는 주민 가운데 하나이기도 했다. 그 때문에 마을에서 문광자를 의심의 눈초리로 보는 이도 있었는데, 제아무리 철거업자라도 당시 조선총련을 상대로 한 소송을 주저했을 만큼 아직은 '힘'이 있었던 배경도 있다.

증인심문은 거짓을 말하지 않는다는 선서로 시작된다. '그럼 선서문을 읽어 주십시오.' 재판장의 말에 문광자가 대답했다. "저는…… 글자를 읽지 못합니다." 증인석 바로 뒤 방청석에 앉아 있던 다가와 아키코의 말이다. "떨고 있는 것 같았어요, 그녀의 등이 '여기서 사라지고 싶다'고 말하는 것 같았죠."

재판관이란, 사법시험에 합격한 자이며 사상이나 활동이력에 '결함이 없는' 이들이다. 엘리트 중에 엘리트인 그들이 문광자의 말을 이해했을까.

법정은 다수자의 상식이 지배하는 곳이었다. 그럼에도 그녀는 피고 측(우토로) 변호사의 질문에 자신의 이력을 거침없이 답변했고, '마지막으로 하고 싶은 말'을 묻자 이렇게 말했다.

"제가 억울한 건 지금까지 가만히 있다가 왜 이제 와서 그러는지, 여기서 살라고 해서, 좋은 조건이라 해서 우리가 지금껏 살아왔는데, 왜 이제 나가라는 건지, 왜 법원까지 불려 와서 우리가 피고가 되어야 하는지, 그게 가장 억울합니다. 일본인이 절반이라도 살았다면 이런 짓은 못한다고 생각합니다." 46장에 이르는 심문조서 가운데 40장이 '역사'에 관한 증언이었다. 하지만 원고 측은 우토로와 그녀가 살아온 역사를 전부 무시했다.

원고 측 변호사가 물은 것은 종전 후에도 남았던 세대 수와 우토로에서 문광자와 주민들이 거주한 이력이었다. '명확한 증거'인 <등기부>를 근거로 지금까지 주민들이 함바를 점거했고, 건축 허가도 받지 않고, 이른바 법을 무시한 채 주택을 짓고 개보수를 해왔다는 이미지를 만들려 했다. 역사적 연속성을 억지로 절단하려는 것이다.

— '함바'에 당신의 가족이 줄곧 살았는데, 그 상태가 몇 년이나 계속되었습니까?

지금까지 살고 있습니다. 집은 새로 지었습니다.

— 제 질문은, 그 '함바'에서 산 것이 몇 년까지였는지를 묻는 겁니다.

그러니까 종전이 되고 나서는 함바를 운영하지 않았으니까 다들 떠났어요, 인부들은.

— 함바 건물 자체를 묻고 있는 것입니다. 건물이 있었을 것 아닙니까?

예.

— 그 건물에서 생활한 것이 언제까지 계속되었는지를 질문하는 겁니다.

그러니까 그건, 조금이라도 애들이 큰 후에, 일을 할 수 있게 됐을 때 집을 다시 지었고, 그것도 안 되는 사람은, 어차피 그대로는 살 수 없는 상태라, 더는 버틸 수 없으니까요, 지붕이 날아가 버려서…, 농사일을 거들어 주고 얻어 온 짚으로 초가지붕을 얹기도 했는데, 그 세월을 지금 말하려니 눈물이 나서 말로는 다 할 수가 없어요. 그때는…….

— 제가 질문하는 것은 당신이 언제까지 그 함바 건물에 살았는지를 묻는 겁니다.

법정에서 필요한 것은 불법 점유인가 아닌가 그것뿐이었다. 그녀들이 도일한 경위도, 징용을 피하기 위해 함바에 왔던 경위도, 그곳에서 중노동에 시달리며 일본의 전쟁을 뒷바라지하고 전쟁이 끝난 후에는 쓰레기처럼 버려져 빈곤과 차별을 견디며 살아온 역사는 안중에도 없었다.

1991년 4월에는 닛산차체에서 토지매매를 담당했던 마쓰모토 준松本惇이 법정에 섰다. 사태가 발각된 후 어찌된 일인지 마쓰모토는 53세로 닛산차체를 조기 퇴직하고 이 당시엔 닛산과는 자본관계가 없는 회사에서 상무이사로 근무하고 있었다.

법정에서 드러난 것은 우토로의 역사적 경위를 무시한 닛산차체의 인식과 히라야마 마쓰오(허창구) 개인만을 창구로 삼아 진행된 불투명하고 허술한 '불량 자산' 처리였다. 마쓰모토는 1982년에 닛산차체의 우토로 담당이 되었다. 패전 후 비어 버린 함바에 조선인들이 그대로 남아 살았다는 얘길 들었다고 했다. 자료로 가져온 박스 안에는 1962년에 우토로의 모든 세대에 발송한 내용증명 등 주민들과 협상한 흔적을 보여 주려는 서류가 들어 있었다. 그가 우토로 담당을 맡은 이듬해인 1983년, 이 서류들이 우지시청 건축과 공무원에게 전달되었고, 히라야마도 우지시 청사 안에서 만난다. 이후에는 여러 차례에 걸쳐 히라야마의 집을 찾아와 매매에 관해 의논했다고 증언했다.

히라야마는 '주민이 토지관리조합을 만들어 매입한 후 다시 개별적으로 매매'한다는 안을 제시했는데 반대가 심해지자 포기했고, 결국 닛산차체는 '주민회장'이 아닌 히라야마 '개인'에게 토지를 매각한다.

닛산차체와 히라야마 사이에 '제3자에게는 전매를 하지 않는다'는 조건이 있었는지 없었는지가 심문의 요지였다. 있다면 주민들이 우선적으로 매매할 권리가 있게 되고, 히라야마는 신의를 배반한 것이다.

소유권이 이전된 사실이 발각됐을 때 마쓰모토는 지역신문인 『조난城南신보』와 『마이니치신문』의 취재에 응해 히라야마가 '제3자에게 전매는 하지 않는다'고 확인해 주었다고 말했다.

그 사실을 지적하자 마쓰모토는 '사실이 아니다', '그런 말을 했을 리 없다'고 강하게 부인했다. 이 일로 7월에 한 지역주민이 마쓰모토에게 전화로 항의한다. 조건이 붙은 거래가 사실인지 추궁하자 이때도 마쓰모토는 신문에 얘기한 것과 똑같은 대답을 했는데, 녹음기록이 있다고 다그쳤음에도 계속 부인했다. 매매는 조건을 달지 않았다, 계약 이후엔 소유자의 권리라고 강변했다. 한편 닛산차체는 당시 히라야마에게 매매 이후의 협상에는 일절 응하지 않겠다는 조건을 달았다. 주민들이 닛산차체와 히라야마의 '합의'를 번복해 또 다시 토지가격의 하향조정을 요구할까 봐 경계한 것이었다.

이것이 일본을 대표하는 대기업의 태도였다. 법원은 1991년 10월, 양측에 화해를 권고하고 주민 측에는 19억 2천만 엔에 토지를 매입하도록 제안한다. 3억 엔의 헐값에 넘겨 4억 4천 5백만 엔에 전매된 토지가 19억 엔이 되었다. 주민 측이 제시한 액수는 7억 4백만 엔, 이에 대해 <서일본식산> 측은 32억 엔을 제시했다. 애초에 화해할 생각이 없었던 것이다. 주민들의 자금력을 예측한 우롱이었다.

서일본식산이 이토록 강경하게 나온 배경에는 승소에 대한 확신이 있었기 때문이다. 닛산차체가 서일본식산에 '토지문제 경위'에 관한 상세한 정보를 제공한 것이다.

　<닛산차체는 1962년에 보낸 내용증명에서 모든 세대에 건물과 전답을 철거하고 토지를 양도하도록 의사를 표시했다>, <변호사를 통해 1968년부터 수년 간 24회에 이르는 협의 요청을 하며 매각이나 임대 등 몇 가지 구체적 안을 제시했지만, 대부분의 주민들이 반대해 결렬되었다> 이것이 서일본식산 측의 주장이다.

　'결정타'가 된 것은 주민들이 닛산차체에 토지매각을 요구한 <1970년 청원서>다. 이 청원서는 닛산차체에서 서일본식산으로 건네져 증거로 제출되었다. 닛산의 기업책임을 물어 해결에 나서도록 만들려던 우토로의 방침에 대한 앙갚음일지도 모른다. 몇몇 주민이 작성한 청원서는 전술한 바와 같이 전체 주민의 의사가 반영된 것이라고는 할 수 없지만, 서일본식산 측은 이 청원서로 주민들의 취득시효 주장을 반박할 확증을 얻은 셈이다.

　주민 측 변호사는 청원서가 증거로 제출될 때까지 그 존재를 알지 못했다. 다가와 아키코는 말한다. "변호사들도 '시효소멸'로 이길 거라 생각했는데, 이렇게 결정적인 증거를 왜 숨겼냐' 그런 심정이었겠죠. 그도 당연하지만 사정을 말하자면, 글을 모르는 사람이 많은 우토로에서 유력인물이 '일단 서명하고 날인하라' 한 것이었고, 그것이 무엇을 의미하는지 알았던 주민은 거의 없었어요. 하물며 재판에서 결정적 증거가 되다니, 주민들도 '내가 도대체 무슨 짓을 한 거냐'며 한탄하는 분도 있었어요. 서명과 날인이 있으면 더 이상 통하지 않으니까요." 주민들의 호소를 바리케이드와 경비원들을 앞세워 단호히 거부해 온 닛산차체가 <서일본식산>으로부터는 친절하게 '승소'로 가는 코치를 받고 있었다. 재판은 오로지 법적 논리로만 귀결되어 갔다.

　한편으로는 여론 환기와 패소 후를 염두에 둔 움직임이 가속화된다. 큰 계기가 된 것은 1990년 8월, 조난城南근로자복지회관에서 개최된 <국제평화포럼 in 우토로>였다. 앞서 서독을 방문해 우토로 문제를 호소하고 돌아온 다가와 아키코의 기획이었다.

당시 보도에 의하면 '일본의 전쟁 책임과 전후 보상'을 테마로, 시민단체인 <일·독 평화 네트워크>가 서독으로 파견했던 방문단과 재일조선인 피폭자들을 비롯해 약 400명이 포럼에 참가했다.

서독에서 포럼에 참가한 방문단 가운데 폭스바겐 카셀(Kassel)공장의 노조평화위원장이었던 레나테 뮬러 일행이 등단해 벤츠와 폭스바겐이 전쟁 당시 유대인과 폴란드인에게 행한 강제노동에 대해 배상한 사례를 보고했다. 또 재일조선인 피폭자 보상투쟁을 해 왔던 이실근(李實根)이 조선인 피폭자를 방치하고 있는 일본의 기만을 지탄했고, 지문 날인 거부자인 로버트 리켓은 조선인을 관리하기 위해 만든 일본의 외국인정책이 공생사회의 싹을 자르고 있다고 주장했다.

포럼에 참여한 주민들도 둑이 터진 것처럼 자신의 심정을 토로했다.

"피해의 역사만 가르치고 가해의 역사는 가르치지 않아 온 일본정부에 분노를 느낍니다. 자식들의 웃음을 지키기 위해 평생이 걸리더라도 이 땅을 지키겠습니다."(홍정자) "저는 1945년 초에 우토로에 시집을 왔습니다. 와 보니 긴 판잣집에 9세대가 살고 있었고, 벽 하나에 달린 전구 몇 개로 여러 집이 함께 쓰며 살았습니다. 우토로에 일본인이 절반, 조선인이 절반 살았다면 아마도 이런 일은 없었겠지요. 우리 조선인만 살았으니 차별한 것입니다. 저는 절대 용서할 수 없습니다. 선조들이 살아온 발자취를 허투루 하고 싶지 않습니다. 힘이 남아 있는 한 싸우겠습니다."(김군자) "어머니도 1세, 할머니도 1세, 고향에 있는 토지를 빼앗겨 어쩔 수 없이 일본으로 건너온 분들입니다. 우토로 마을은 1세분들에게는 고향과 마찬가지입니다. 어머니는 벌목된 나무처럼 떠돌다 우토로에 흘러들어 와 정착했습니다. 적어도 이 땅에서 편안히 돌아가시게 하고 싶습니다."(김성근 金成根)

마지막 발언은 의원시찰 때 일본인으로서 느끼는 갈등을 말했던 기무라 치아키였다.

"우리 아이들은 이곳 우토로에서 태어나 우토로에서 자라고 있습니다. 저도 우토로에서 결혼하고 아이들을 낳았습니다. 우토로는 연로하신 아버지, 어머니에게 쉴 수 있는 땅이며 아이들에게는 태어난 고향입니다. 우토로는 민족의 문화를 계승해 가는 재일한국·조선인의 고향입니다. 고향인 우토로를 지키는 일은 우리의 의무이자 책임입니다. 전후 45년이 지난 지금 우리는 닛산차체에 전후 보상을, 적어도 우토로에서 안심하고 살 수 있도록 요구합니다. 토지를 매각하기 전 상태로 원상복구할 것을 요구합니다. 그리고 성실하게 대화할 것을 요구합니다. 일본정부는 이제라도 진지하게 침략의 역사를 되돌아보고 일한·일조의 신뢰회복과 우호발전을 위해 책임지고 사태 해결에 나서야 마땅합니다."

그동안의 투쟁에서 얻은 깨달음이었을 것이다. 이듬해 『아사히신문』 취재에 응한 기무라 치아키는 자녀 넷에게 '두 개의 문화적 배경을 가진 것은 행복한 일'이라 가르친다고 했다.

포럼이 끝난 후는 불고기 파티다. 우토로 마당 아스팔트 위에 파란색 비닐이 깔렸고 곳곳에 놓인 화로에서는 고기를 굽는 연기가 봉화처럼 피어오른다.

한 주민이 장구를 들고 나왔다. 장단소리에 제일 먼저 강경남이 일어난다. 아리랑을 부르며 양팔을 펼쳐 어깨를 들썩이며 리듬을 타자 다른 손님들도 따라서 춤을 추기 시작한다. 어느새 자정이 가까워졌다. 슬슬 자리를 정리하겠다는 안내에 독일 남성이 자리에서 일어섰다. 그가 부르기 시작한 노래는 <We shall overcome>으로 공민권운동에서 탄생한 노래다. 가사를 모르는 이들은 멜로디를 흥얼거리며 100명이 넘는 대합창이 이어졌다.

1990년대, '과거 청산'을 내걸고 시작한 우토로 운동이 최고조에 이른 것이 이때였다. 2000년대 이후 이뤄진 인터뷰에서도 이 당시의 희열을 말하는 이가 적지 않았다. 그 중 한 사람이 그날 3시간이 넘게 장구를 두드렸던

한금봉이다. "전후 보상을 위해 함께 노력하자며 해외에서 온 분들이잖아
요. 헤어질 때가 되어 같이 노래를 불렀는데 눈물이 멈추지 않았어요. 끝도
없이 불렀어. 누군가가 제창해 다 함께 손을 맞잡고 아치를 만들어서 그분
들을 배웅했어요. 이른 시각부터 함께 불고기를 준비하고 밤이 늦도록 장
구를 두드리고 노래를 불렀는데 전혀 고단하지가 않았어. 정말 평생 잊지
못해요." 해외에서 온 손님들은 마을 내 주민들 집으로 분산되어 밤을 보냈
는데, 늦게까지 불이 꺼지지 않은 집이 여럿 있었다고 한다.

우토로의 여성들

  재판투쟁과 법정 밖에서 펼치는 시민운동은 동시에 진행되었다. 시민운
동의 중심을 맡은 이들은 여성들이다. 그녀들의 투쟁이 있었기에 가능한
일이었다. 우토로 주민회가 결성된 이듬해인 1989년, 우토로의 역사와 토
지 문제를 일본 사회에 알리자는 목적으로 부인회가 결성된다.
  첫 무대는 1990년 3월, 교토시에서 개최된 <당신이 만드는 여성 페스티
벌>이다. '국제 여성의 날'을 기념해 1986년부터 시작된 이벤트인데, 간사
이 지역에서 활동하는 약 50개의 여성단체/그룹이 심포지엄과 바자회 등
을 기획해 매년 총 1,000명 이상이 모였다. 이 페스티벌 실행위원회가 우
토로 부인회에 참가를 제안한 것이 1989년 말이었는데, 소극적인 의견이
적지 않았다. 양측의 중개를 맡았던 다가와 아키코가 당시를 이야기했다.
  "우토로 여성들의 이야기가 중심기획이었어요. 주민집회 후에 어머니들
은 남아 달라고 하고 이야기를 꺼냈는데 망설이는 분들이 많았죠. 제가 우
토로 뉴스(회보)에 담을 좌담회를 한 적이 있어서 굉장한 기획이 될 거라
확신했는데, 지금까지 우토로에서는 여자가 공식적인 자리에 나가 무언가
를 하는 일이 없었던 거죠. 마이크를 잡고 지난 과거를 말하는 것이 좋은지
나쁜지 판단이 안 선다, '지금까지 조선인이라는 걸 밝히고 득이 된 적이
한 번도 없다'는 말을 비롯해서 '일본인 여자들의 모임에 나가서 얘기한다

고 진심으로 우리를 대해 주겠나', '우토로'라고 하면 택시 승차거부를 당하기도 했고, 각자 다양한 일들을 겪었기 때문이죠."

"그때 젊은 홍정자가 이렇게 말했어요. '편견이 있으면 있는 대로, 차별이 있으면 있는 대로 우리를 그대로 드러내야 서로 알 수 있는 것 아니겠어?' 약간 무서운 목소리로.(웃음) 그래서 결국 참가하기로 되었는데, 치마저고리를 입는 것도, 본명을 밝히고 이야기하는 것도 주저했어요. 저로서는 그렇게 하는 것이 효과적이라 생각해서 민족의상을 입자고 한 건데, 홍정자가 '저고리는 경사스러운 날에 입는 거야!'라며 굉장히 반대했어요. 그건 알지만 그래도 한 번 해 보자고 했더니 그때부터 실랑이가 벌어졌죠.(웃음) 굉장히 곤혹스러웠지만 그래도 기뻤어요. 왜냐하면 속내를 보여준 것이었으니까. 처음 우토로에 들어왔을 때 환영받지 못할 거라는 건 알고 있었어요. 겉으로는 '고생이 많다'고 해 주었지만 속으로는 '이 인간들이 뭘 하러 온 건가' 했을 거예요. 일본인에게 불신을 갖고 있는 건 당연하죠. 하지만 그 무렵부터 진짜 속을 터놓게 됐고 때때로 의견이 안 맞을 땐 싸움도 할 수 있는 사이가 되었어요."

우여곡절 끝에 우토로 부인회는 이 기획에 참여하기로 한다. <부락해방동맹>과 <일·조 우호촉진회의>의 여성조직, <전쟁으로 가는 길을 용납하지 않는 여성들의 모임>의 연락위원 등이 지원에 나섰다.

행사장은 교토 사회교육종합센터였다. <전쟁책임·전후보상을 묻다―왜 우토로가 일본인의 문제인가?>라는 타이틀의 심포지엄은 다가와 아키코의 예상을 뛰어넘는 결과를 가져온다.

"마이크를 잡고 사람들 앞에서 말하는 것이 처음인 분들이었는데도, 비행장 공사의 어려움이나 패전 후에 겪은 고생들, 고향으로 돌아가지 못한 안타까움과 판잣집 생활의 열악함, 차별, 글을 배울 수 없었던 얘기들을 했어요. '한국전쟁 때 고철을 주워 팔며 생활을 했는데, 그 고철이 전쟁에 쓰일지도 모른다는 걸 나중에 알게 됐을 때는 더 이상 할 수 없었다'는 얘기도 나왔고요. 검은 잉크를 묻혀 지문을 찍고 사진까지 들어 있는 외국인등록증을 참가자들에게 돌려 보이며, 이것을 항상 소지하지 않으면 처벌을 받을지 모른다는 압박감을 잠시만이라도 느껴 보라고 한 사람도 있었어요. 처음에는 긴장해서 덜덜 떠는 사람도 있었지만, 일본인 참가자들도 우토로 어머니들의 이야기를 듣는 건 거의 처음이었거든요."

"정말 놀랐던 일은 자신의 배우자가 무대에 오른다며 우토로 남성들도 왔는데, 새끼손가락이 없는 어떤 분이 눈물을 글썽이며 복도로 뛰쳐나가기도 했고, 몸을 떨며 오열하는 사람도 있었어요. 가네야마(金山 김교일) 씨도 울고 있었죠. 부위원장(김선칙)은 시작부터 너무 울었어요. 그들도 자기 아내의 이야기를 처음 들었을 거예요. 이때부터 여성들 가운데 본명을 쓰기 시작한 사람들이 나왔어요. 애들 학교에서도 학부모회 임원을 맡기도 했는데, 지역의 일원으로서 당당히 참여할 수 있다는 걸 깨닫게 된 거죠."

대부분 철이 들 무렵부터 일상에 쫓겨 배움의 기회에서 소외되어 온 여성들. 결혼한 후에는 가사노동을 모두 짊어져야 했고, 빈 시간에는 가내수공업으로 가계를 지탱해 왔다. 한 여성은 '나는 도대체 무엇을 하기 위해 태어났을까, 줄곧 그 생각뿐이었다'고 토로하기도 했다.

타국에서 형성되고 유지되어 온 커뮤니티였기에 뿌리 깊은 인습도 있었다. 대표적으로 가부장적 인식이다. 사별이나 이혼한 남편에게 폭력을 당한 이도 많았다. 일본 사회에서의 재일조선인, 재일조선인 사회 안에 우토로 주민, 우토로 주민 가운데서도 여성…. 이중삼중의 억압구조 속에 침묵해 왔던 그녀들이 투쟁의 과정에서 스스로에 대해 말하기 시작한 것이다.

제2회 심포지엄은 하나부터 열까지 우토로 어머니들의 손으로 치러졌다.

<전쟁 책임·전후 보상을 묻다—어머니들은 우토로를 산다>에서 여성들은 고운 치마저고리를 입고 각자의 이야기를 적은 원고를 읽어 나갔다. 기무라 치아키도 치마저고리를 입고 단상에 올랐다. 제8회(1993) <전쟁 책임·전후 보상을 묻다—부모님에게 받은 사랑, 자녀들에게 전하고 싶다!>에서는 황순례가 사회를 맡고 주민들과 지원자들이 자신의 부모님과 유년기의 고생, 그리고 자녀 세대에 전하고 싶은 심정 등을 말했다.

소학교도 다닐 수 없었던 강경남도 발언에 나섰는데, 치마저고리가 아닌 양장 차림이었다.

"저는 글자도 모르고, 일본어도 엉망입니다. 조선말도 잘 못합니다. 여기 참가해 달라고 해서 나왔습니다만, 내가 무슨 소리를 할지 나도 모릅니다. 알아듣지 못하는 말은 그냥 듣고 넘겨요."

1세들뿐만이 아니다. 일본에서 당한 차별과 민족교육이 지닌 의미를 이야기한 사람은 2세인 남숙자(南淑子)다.

"저는 소학교 시절을 일본학교에서 보냈습니다. 3학년 때 1년간은 저에게 지옥 같은 날들이었습니다. 한 남학생에게 매일같이 '조선은 나가라', '조선은 죽어라'는 말을 들었고, 그것도 모자라 날마다 머리를 맞았습니다. 선생님에게 상담도 할 수 없었고, 어머니에게는 걱정을 끼치고 싶지 않아 이불 속에서 혼자 자주 울었습니다. 어머니가 중학교만큼은 내가 가고 싶어 했던 조선학교에 보내 주었습니다. 입학했을 때 내 기분은 정말 안도감이 컸습니다. 내 나라의 말과 역사를 배우면서 내가 조선인임을 자랑스럽게 여겼고, 고교까지 6년간을 행복하게 보낼 수 있었습니다."

남에게 말할 수 없었던 경험을 자신의 본명을 밝히며 이야기했고, 그것이 다수의 일본인들에게 전해졌다. 우토로 여성들에게는 처음 하는 경험이었다. 우토로 여성들은 1995년에 페스티벌이 종료될 때까지 단골손님이었다. 물품 판매 또한 큰 인기를 끌었다. "다 같이 김치를 담가서 행사 전날 봉투에 나눠 담아 판매했어. 무엇보다 우리가 일상적으로 먹는 음식을 사 가고 매년 그날을 기다린 사람들이 찾아오는 것이 기뻤지. 또 잊을 수 없는 일은 페스티벌에 참가하는 단체가 홍보나 기록을 분담해서 했는데, 마지막 해에는 우리한테 회계를 맡긴 거야. 페스티벌 실행위에는 정말 큰 신세를 졌는데, 회계정리란 게 번잡하고 힘들잖아. 글을 모르는 것도 그렇고, 난 골치가 아파서 당시 부인회장인 황순례 씨한테 '너무 힘들 것 같으니 거절할까?' 했거든. 그랬더니 '너무 기쁘다, 합시다!' 하는 거야. 왜냐고 물으니까 '행사를 하려면 돈 관리가 중요하잖아. 회계를 맡아 달라는 건 우토로 부인회를 믿는다는 의미 아니겠어? 진심으로 기쁜 일이지!'라고 했어요."

'여성들의 우토로' 그 정점은 <우토로 농악대>였다. 원래 조선인 부락인 우토로에서는 결혼식이나 잔치가 있으면 누구라 할 것 없이 장구를 들고 나와 노래와 춤을 추는 것이 일상이었다. 마을은 또 하나의 조선이었다. '고립'되어 있었던 만큼 주변의 눈을 의식할 필요도 없었기 때문이다. 한밤중에 장구를 두드려도 민원이 들어오는 일도 없었다. "토지 문제가 일어나기 전부터 교토시에서 1세 남성분이 우리를 가르쳐 주러 왔다."(여군자) 조선인 마을이라는 풍토도 한몫을 했다. 우토로 투쟁의 선두에 섰던 '농악대'가 결성된 것은 토지 문제가 큰 계기였다.

<제7회 국제 여성의 날> 행사에서 농악대의 중심인물인 홍정자가 '농악대'를 만들게 된 경위에 대해 이야기했다. 그녀는 1955년에 교토시 히가시야마東山에서 태어났다. 중학교, 고등학교를 조선학교에 다녔으나 '나는 누구인가'라는 물음은 해소되지 않았고, 졸업한 후에는 다시 일본이름을 쓰기 시작했다. 당시로서는 드문 연애결혼으로 우토로에 시집을 왔는데, 기댈 곳 없는 허전함과 재일조선인 사회에 뿌리 깊은 가부장제에 위화감을 느꼈다고 한다.

그러다 토지 문제가 일어났다. "닛산차체 교토공장에 처음으로 항의 퍼레이드를 나갈 때 '우리 악기로 흥을 돋우면 좋지 않을까…' 그런 분위기가 자연스럽게 생겨났어요. 저는 그 무렵엔 악기 연주법을 잘 몰랐는데, 학생시절 운동회에서 했던 어렴풋한 기억을 의지해 엉성하지만 몇몇 여성들과 장단을 맞춰 행진했습니다."

몇몇 여성이란 기무라 치아키와 김순이다. 홍정자와의 '만남'을 김순이는 이렇게 기억한다. "일을 하고 있었는데, (전통 춤) 경험이 있다는 얘길 들었다며 정자가 찾아왔어요."

김순이는 효고현兵庫縣 니시노미야西宮 출신이다. 어릴 때 보았던 조선가무단에 감동해 조선학교에 입학한 후 무용부에 들어갔다. 그 후에도 계속 춤을 추었지만 우토로에 시집을 오면서 '심정적으로 정리가 필요할 것 같아

연습용 옷과 신발을 모두 태우고 왔다'고 한다. 당시엔 한 살밖에 안 된 딸도 있어서 거절했는데 홍정자가 끈질기게 설득했다. '우리 힘으로 할 수 있는 것을 해보고 싶어.' 결국 그녀에게 두 손을 들고 말았다.

1989년 가을, 홍정자와 멤버들의 요청으로 <우토로의 집> 2층에 '농악교실'이 열렸다. 첫 연습 당시 그녀가 만든 교본을 지금도 간직하고 있었다. 김순이의 보물이다.

A4 용지로 9페이지에, 제목은 <민족문화를 즐기자!>이다. 보기 쉽도록 큼직큼직 쓴 글자와 한자에는 읽는 방법까지 달아 놓았다. 김순이가 글자들을 어루만졌다. "이 글자, 이거 정자가 쓴 거예요."

조선음악의 역사와 개별 악기를 설명하고 장단도 쉽게 표시해 놓았다. "말로 설명해도 잘 모르죠. 달력 뒷면에 큰 글씨로 '덩 따쿵 덩 더러러'라든가 '왼쪽, 오른쪽'을 표시해 놓고 잘 될 때까지 끈기 있게 연습했어요." (김순이) 몇 달 간 휴일 낮과 집안일이 끝난 평일 저녁 7시부터 연습했다. 가르치는 입장인 홍정자와 김순이는 따로 둘만의 연습도 했다.

농악대 연습에 시간을 많이 할애하게 된 것은 무엇보다 홍정자의 열정 때문이었다고 김순이는 말한다. "정자가 '우토로에는 문화가 없다'고 했어요. 교토시에서 시집을 와서 우토로 이미지가 안 좋은 걸 알았기에 더더욱 우토로엔 좋은 것이 많다는 걸 보여 주고 싶었을 거예요. 뭔가 '특별한 것'을 찾아내서 자녀들에게도 보여 주고 싶었을 테고. 당시엔 아이들의 이름(일본학교에서 어떤 이름을 쓸 것인지) 때문에 고민이 많아서 그랬을지도 몰라요."

홍정자의 기록이다. <첫 번째보다 나아진 두 번째, 세 번째는 조금 더 조선민족의 리듬을 정확히 표현하고 싶다…. 투쟁을 하면 할수록 점점 더 그런 생각이 커졌습니다.>

교토시에서 이들을 가르치러 온 1세에게 연주법을 배웠다. "선생님…이라기보다 1세 어르신이었는데, 소년시절 조선의 고향에 살았을 때 마을 어른들과 함께 악기를 연주한 적이 있다고.… 그런 경험이 있어서 자연스럽게 몸이 기억한다고 했어요. 그 선생님이 우리에게 들려준 장구소리는 도저히 흉내를 낼 수 없는… 넋이 나갈 정도로 멋진 장단이었어요.… 어떻게 표현해야 좋을지 모르겠는데, 마치 길을 헤매다 간신히 부모를 만난 어린 아이가 된 기분이었죠, 부끄럽지만…. 선생님은 장구가 마치 몸의 일부인 것처럼 어깨로 리듬을 타면서 연주했어요. 정말 정열이 넘쳐서 '아아, 누가 봐도 이것이 민족의 모습이 아닐까….' 감동하면서도 역시 똑같이 흉내낼 수 없는 게 억울해서, 적어도 절반만이라도 이 선생님의 민족성을 흡수해서 내 것으로 만들고 싶다, 그런 생각으로 우토로 여성들이 혼신을 다해 연습했습니다. 또 가르쳐 주신 선생님의 표정에서도 자신이 건강할 때 다음 세대에 전해주고 싶다는 열의가 느껴졌습니다."

황순례, 한금봉, 강순악, 여군자…. 집안일을 하는 틈틈이 <우토로의 집>에 모여 장단을 두드리며 리듬에 몸을 실었다. 결코 넓지 않은 2층 공간에서 환하게 웃으며 장구를 두드리고 원을 만들었다. 그 모습이 당시 우토로를 기록하던 몇몇 TV다큐멘터리와 뉴스 영상으로 남아 있다.

책자와 사진집에는 여군자가 장구를 두드리는 모습도 보인다. 1990년대까지 우토로를 촬영해 온 사진가이자 우토로 지원자인 오가와 쇼헤이(小川省平)가 찍은 사진이다. 여군자의 말이다.

"겐모토(엄명부) 씨의 아내(김순이)와 다나카(田中 홍정자) 씨는 민족학교에 다녔고 무용 실력도 뛰어났죠. 그 외는 다 일본학교를 나왔거든요. 물론 소리는 어릴 때부터 듣긴 했어요. 부모들이 악기를 두드리며 놀기도 하셨는데, 그래도 직접 해보지는 못했어요. 연습을 꾸준히 하다 보니 왜 그런지 장구소리를 들으면 가만히 앉아 있지를 못하는 거야. 몸이 저절로 움직여요. 장구는 듣는 것보다 직접 두드려야 제 맛, 이렇게 좋은 리듬이었구나, 역시 우리 악기가 최고야, 직접 할 수 있는 것만으로도 행복했지. 심장이 뜨거워지니까 저절로 하게 돼요, 이제는 그만두었지만."

얼마 지나지 않아 <우토로 농악대>가 나선다. 투쟁을 통해 다시 태어난 고향의 문화이자 '차별과 싸우는 문화'였다. 치마저고리를 입은 그녀들은 악기를 손에 들고 거리로 나갔다.

홍정자가 농악대의 힘을 온몸으로 느낀 것이 1991년 11월, 도쿄 긴자^{銀座}에 있는 닛산차체 본사로 항의 집회를 갔을 때였다.

"우리 옷을 입고 그 복잡한 긴자에서 네 가지 악기를 두드리며 '농악대'가 행진했어요. 그때 절실히 느꼈죠. 당시 한국에서 유학을 와 교토 도시샤^{同志}^社대학에서 사회복지를 연구하던 강혜정(姜惠禎) 씨와 마을 주민들, 도쿄에서 응원을 와 준 동포 여성들, 그리고 이 악기들의 리듬을 잘 아는 일본인 남성이 혼자 대열에 들어와 주었는데, 그분들과 장단을 맞춰 보니⋯ 역시 소리가, 소리가 딱딱 들어맞는 거예요. 정말 잘 어우러졌죠. 민족의 문화를 안다는 것은 언제, 어디서든 처음 만나도 하나가 될 수 있다는 걸 처음으로 느꼈어요. 그런 생각으로 연주를 하니까 손에 힘이 들어가고 가슴이 뜨거워졌죠. 그러다 문득 깨달은 것이 '나는 지금, 분명히 원점에 서 있다⋯.' 바로 그거였어요. 피가 끓는 것 같은 신기한 힘이 나도 모르게⋯ 우토로를 살고 있는 내 안에 잠재된 민족성을 있는 힘껏 표현하고 있었어요. 저도 깜짝 놀랐습니다."

항의 집회에 나가기 전, 홍정자는 일본이름으로 다녔던 소학교 시절 친구(남성)에게 20년 만에 편지를 썼다. 숨겨 왔던 자신의 출신을 밝히고, 눈앞에 닥친 우토로의 토지 문제를 호소하며 쓴 편지였다. 그 친구는 서명용지를 보내달라고 했고, 얼마 후 300명 가까운 지원서명을 모아 보내 주었다. 닛산차체는 이러한 '마음'들에 대응하기는커녕 서명을 수령하는 것조차 거부했다. 홍정자는 집회장소에서 대기하고 있는 경찰들에게 '당신들의 모습을 거울에 비춰 보세요!'라며 절규할 수밖에 없었지만, 함께 야간버스를 타고 멀리 도쿄까지 온 주민들과 <지키는 모임> 사람들, 그리고 다음날 이른 아침 우토로에 도착하자 이들을 맞아준 동포들의 따뜻함이 그녀가 다음 집회도 나갈 수 있도록 힘이 되어 주었다.

홍정자는 페스티벌에서의 보고를 다음과 같이 맺었다. "⋯투쟁을 시작하길⋯정말 잘했다⋯. '인간의 본질을 추구하는 사람들과의 만남은 헤아릴 수 없는 감동이 있다.'… 이 말의 의미를 이제야…처음으로 깨달았습니다. 앞으로도 저에게 이런 여정이 끝없이 계속되리라 생각합니다. 앞으로도 힘이 닿는 한 열심히 하겠습니다. 이 투쟁의 연대가 점점 더 확대되길 바라며 마치도록 하겠습니다."

  농악대는 우토로의 대명사가 되어 간다. 김교일이 비용을 부담해 봄의 색깔이 연상되는 황록색의 의상도 마련했다. 우토로 안팎에서의 집회와 각종 시위는 물론 우지시의 주민문화진흥사업에도 응모해 '아성'이라 할 우지시청 청사에서도 연주했다. 다가와 아키코의 기억이다. "홍정자의 기백이 굉장했어요. 1층 로비에서 정자의 꽹과리를 선두로 장구와 북소리가 울려 퍼졌죠. 그녀의 꽹과리 소리는 전혀 다르거든요. 게다가 넓고 트인 공간이라 청사 내에 타악기 소리가 울려 퍼져서 공무원들도 우토로의 소리를 분명히 들었을 거예요. 나중에 농악대에 물어보니 '적진에 들어가 있는 거잖아' 하더군요. 그런 긴장감 넘치는 연주는 본 적이 없어요."

  인권을 테마로 한 공연에 출연요청이 쇄도했고, 부락해방운동과의 교류도 깊어졌다. 황순례에게는 일본을 다시 보게 된 경험이 되었다. 금사공장에서 함께 일한 피차별 부락민 여성들과 다시 만나 서로의 집을 오가는 사이가 된 것은 2장에서 언급했는데, 결혼 이후에는 일상에 쫓겨 소식이 끊어졌었다.

  "국제회관 제1홀에서 공연을 해달라고 해 장구를 쳤지. 밖에서는 김치도 팔고, 동화지구(피차별 부락) 사람들에게도 신문지에 싸서 건넸더니 좋아하며 받아 갔어. 그래서 우리도 답례할 겸 그 동네에 가자고 해서 우리가 만든 김치를 승용차 4대에 싣고 갔어요. 인보관隣保館 위치를 잘 몰라서 지나는 사람에게 물으니까 그런 곳은 모른다고 쏴붙이더라고. 그쪽 이웃도 만만치 않구나 싶었지. 그들도 차별당한다고 생각했어." 그런데 동료들과 함께 나들이하는 기분으로 도착한 인보관과 주변은 황순례가 기억하는 부락과는 전혀 다른 모습이었다. 동화지구대책사업이 진행된 부락은 알아볼 수 없을 만큼 변해 있었다.

"가서 보니까 멋진 건물에 집도 깨끗하고, 다실도 있고, 무대랑 유치원까지 있어. 너무 근사해서 안에 들어가질 못하겠는 거야. 이렇게 좋은 동네에서 우토로까지 와 주었구나. 따뜻한 마음이 고마웠어. 그들이 이렇게 좋은 데서 산다니 눈물이 나서……. 장구를 치며 우리 상황을 호소했는데, 거긴 너무 좋은 환경인 거야. 악단도 있고, 공연장까지 있어. 김치를 건네주며 우쭐했던 우리의 자만이 너무 창피하더라고."

황순례는 자신도 왜 그랬는지 모르겠다는 말을 반복하며 흐르는 눈물을 연신 수건으로 훔쳤다. 수차례 인터뷰에 응한 그녀가 눈물을 보인 것은 이 날뿐이었다.

농악대에는 우토로 밖에서 온 지원자들도 참가했다. 고교 교사인 도이 이츠키(土肥いつき 1962년생)도 그 중 한사람이다. 1992년에 외국에 뿌리를 둔 고교생들의 교류와 합숙을 부탁하기 위해 우토로를 방문한 일이 계기였다. 그때 우토로의 장구소리에 매료된 것이다.

그 매력은 '섬세함'이라고 한다. "오른쪽 채는 가늘고 긴 대나무죠. 연회 때는 장구가 꼭 등장합니다. 왼쪽 북편은 손바닥으로 두들겨요. 소리가 잘 안 날 때도 있지만, 그 울림, 난 그것이 우토로의 소리라고 생각해요." 연회 등에서 반주를 할 때 리듬을 만드는 왼편은 채를 들지 않는다. 때때로 궁굴채를 쓰기도 했지만, 도이 이츠키에게 '우토로의 장구소리'는 주민들의 희로애락이 녹아있는 소리였다. "우토로 농악은 일상에 가까운 소리예요. 모두들 자신의 일상 속에서 소리를 만들어 내죠. 원래부터 존재했던 소리입니다. 1세부터 이어져 온 소리, 우토로에는 농악대가 생기기 전부터 솜씨 좋은 사람이 있었어요. 내가 갔을 때는 김선칙 씨도 장구를 쳤죠. 그 소리를 지킨다고 할까, 원래 존재하던 소리에 일상의 소리가 더해진 것이 우토로의 소리가 아닐까. 기념관이 오픈할 때는 장구를 들고 가서 쳐야 되지 않겠어요?"

건축사인 문청현(1971년생)도 <우토로 농악대> 멤버다.

내가 그를 만났을 무렵에 그는 '靑ひょん(청현)'으로 이름을 쓴다고 했다. 어려운 한자가 아닌 히라가나, 가타카나로 적는 것이 '쉽게 잘 전달될 것 같아서'라고 한다.

교토시에서 태어난 3세다. 교토 공예섬유대학에 입학해 재일한국유학생 동맹에서 활동한 1994년에 지원자로서 우토로에 왔다. "조선인이 많다는 것이 좋았어요. 마을 입구에 입간판들이 있었고, 물방울 모양의 <어린이 튀어나옴 주의> 표지판도 있었고."

곧바로 농악대에 들어갔다. "이미 몇 년쯤 지났을 때라 김순이 씨가 가르쳐 줬어요. 김순이 씨와 홍정자 씨가 퍼레이드나 시위에 나갈 때 굉장히 기운 넘치던 모습이 기억나요. 여하튼 즐거웠어요. 저는 자기소개를 할 때 <우토로를 지키는 모임>의 문청현이 아니라, <우토로 농악대>의 문청현이라고 합니다. 왜냐하면 '지키다, 보호받다'라는 말 사이에는 벽이 느껴졌죠. 원래 <지키는 모임>이란 명칭이 썩 맘에 들진 않았어요. 극단적으로 말하면 저는 재판에는 관심이 없었어요. 뭔가를 함께할 장소가 필요했어요. 그리고 농악대의 중심은 아지매, 어머니들이었죠. 그게 가장 커요. 우토로의 단점이기도 한데, 마을 내에서도 여성들이 '윗사람'은 아니거든요. 뭔가 행사가 있을 때 고기를 준비한다거나 허드렛일 등은 남자들이 안 하고 아지매랑 어머니들이 다 해요. 그 중에도 외지에서 온 일본인 부인이 가장 아랫사람 같을 때도 있죠. 그 사람들도 농악대 멤버였고, 평소엔 조심스러운 사람도 연주할 땐 벽이 없었어요. 장구를 칠 때는 무조건 맨 앞이죠."

농악대의 이런 면이 도이 이츠키에게도 매력으로 느껴졌다. "농악대의 연주로 우리를 보여줄 자신이 있었어요. 장구를 맸을 때는 우토로를 상징하는 존재가 돼요. 그걸로 우토로 운동에 공헌할 수 있다고 생각했죠. 뭐라도 참여하고 싶은 마음을 충족시켜 줬다고 생각해요."

1993년에는 재일조선인, 재일한국인이 많이 거주하는 히가시쿠조東九条의 축제 <히가시쿠조 마당>에 출연한다. 교토역 동쪽에 위치한 피차별 부락인 '수진崇仁 지구'에 인구가 증가하면서 히가시쿠조로 이주한 이들도 많았다. 교토역과 가까운 조건 때문에 잡부 노동자들의 하숙집이 즐비했는데, 저변 노동력의 공급지역으로서 식민지 조선에서 건너온 노동자와 그 가족들이 모여 살았다. 판잣집이 늘어선 과거 풍경은 멸시의 대상이었다. 이러한 역사를 지닌 지역에서 자신들의 '고향'을 만들고 '공생사회의 모습'을 발신해 나간 '마을 축제'이다. 이 해는 만전을 기해 준비한 첫 날이었다. 전통 예능집단으로 활동하는 이들도 많아서, 월 2회 연습조차 힘들었던 <우토로 농악대>와는 차이가 났다.

문청현은 쓴웃음을 지으며 말했다. "김순이 씨한테 전화가 와서 '나가 볼까!' 하더군요. 걱정도 되었지만 늘 그랬던 것처럼 각자 연습했어요.(웃음) 그날을 위해 연습해 온 사람들이 많잖아요, 전통예능을 전문으로 하는 사람도 그 무대에 서니까 우리는 많이 부족할 거라 생각했는데, 다 끝나고 난 뒤 전문 예술인 한 분이 우리한테 오더니 '정말 멋졌다'고 해요. '제각각의 속도로 어우러진 소리가 정말 훌륭하다, 굉장한 솜씨'라며 싱글벙글 웃었어요. 그 말이 또 하나의 계기가 되었죠. 그걸로 충분했습니다." 그 후 농악대는 마당축제의 단골이 된다.

1994년에는 교토 산업회관 홀에서 열린 집회 후 교토시의 중심부인 시조四条거리에서 퍼레이드를 펼쳤다.

문청현을 비롯한 농악대 멤버들은 민족의상에 고깔을 쓰고 선두에 서서 행진했다. 농악대는 언제나 투쟁의 선두에 섰다. 그들에겐 당연했지만 그런 '모양새'를 비판받은 적도 있다고 한다. "우리 아버지는 미나토가와湊川 고등학교(해방교육의 진원지와 같은 존재였던 효고현의 정시제 고교)에서 한글을 가르쳤는데, 억척스럽게 인권교육을 한 분이 이런 말을 해요. '당사자들을 선두에 세우는 건 이상하다', '총알받이로 삼는 것'이라고. 우토로 농악대를 두고 그런 말을 하는 사람도 있었는데, 우린 전혀 싫거나 힘든 얼굴을 한 적이 없어요. 우린 농악대니까 의상을 입고 자랑스럽게 선두에 서요. 맨 앞에 서니 '아주 좋다'며 다들 그런 마음으로 했어요."

한금봉은 이날 퍼레이드에서도 맨 앞에서 장구를 두드렸다.

"평생 잊지 못하지. 정말 즐거웠거든. 뭐랄까, 몸이 아주 가벼웠어." 극빈의 생활 속에 여동생을 돌보고 집안일을 하느라 학교에도 제대로 가지 못했고, 어쩌다 학교에 가면 이지메를 당할까 봐 큰 키를 움츠리며 지냈다. 중학교를 졸업한 후에 오사카로 나갔지만 결혼하면서 우토로로 돌아온 후에는 가족과 직원들의 식사를 챙기느라 눈코 뜰 새 없었다. 그런 그녀가 온몸을 기지개 펴듯 당당히 스텝을 밟고 원을 그리며 장구를 두드렸다.

"도중에 우익들이 차를 타고 쫓아오며 '조ー센징, 조ー선으로 가라!' 시끄럽게 떠들었지만 우린 전혀 신경 안 썼어. 마냥 즐거웠지. 기분이 끝내줬어. 정말 즐기고 있다는 생각으로 장구를 쳤으니까."

시위, 퍼레이드는 물론 민족축제와 문화행사에도 출연요청이 쇄도했다. 1999년에는 우토로 지역의 <이세다伊勢田 마츠리>에도 처음으로 출연했는데, 이세다연합주민회 회장인 니시카와 히로시(西川博司)가 이들을 적극 추천했다. "우리 지역에서 공연한 적은 없었어요. 우토로 사람들이 나와서 공연을 하면 동급생들도 보러 와서 '멋지다!'고 응원을 해 줬어요."

문청현은 이후로도 계속 시위나 퍼레이드가 있을 때마다 화려한 의상에 고깔을 쓰고 악기를 연주했다. "시조가와라마치四条河原町에서 시위를 했을 때는 솔직히 '너무 화려한 거 아닌가?' 생각한 적도 있었죠. 하지만 생각을 바꿨어요. 멋진 일이라고. 아지매, 할매들에게 받은 바통이라 여기며 고깔을 써 왔고, 다른 사람들에게도 그렇게 추천했어요. 오사카의 <사이좋게 지내요, 퍼레이드>(혐오시위에 반대하는 카운터들이 공생과 반차별을 호소하며 기획한 대규모 이벤트) 때는, 카운터 시위를 한 사람들이 고깔을 쓴 모습을 보고 정말 기뻤어요. 역시 우토로에 농악대가 없다는 게 서운해요. 할 수만 있다면 다시 한 번 해 보고 싶어요."

멤버들의 고령화로 농악대는 휴지기에 들어갔다. 농악대 활동의 계기였던 토지문제가 안착되기 몇 년 전이다. 김순이의 말이다. "농악대는 우토로의 역사예요. 홍정자의 열의 덕분이죠. 그 시절은 이틀에 한 번은 꼭 만났는데, 가족들이 잠든 후 한밤중에 전화로 시간 약속을 하기도 했고, 여하튼 의욕이 넘쳤어. 우지시청에서 했을 땐 긴장도 많이 했지만, 장구를 치다가 눈이 마주치면 '소리를 약간 줄여라', '더 크게' 그런 신호란 걸 바로 알았고, 서로 무슨 생각을 하는지 다 알았지. 공통점이 많은 사람들이 아주 많았어. 시집와서 그런 만남이 있을 줄은 생각도 못했어요. 각자 집에는 비밀로 하고 오쿠보大久保나 오구라小倉에 가서 술도 자주 마셨어. 집안일을 하다 내가 틈이 생길 것 같으면 어떻게 알고 전화가 와요. '지금 맥주 한 잔 하는데, 올래?' 하면서. 홍정자는 맥주파예요. 클럽에 가면 맘보춤 같은 걸 추기도 했는데, 물론 정자가 남자 역할이었지."(웃음)

홍정자는 2014년 암으로 세상을 떠났다. 2020년 말, 김순이는 '이제야 겨우 정자의 이름을 말할 수 있게 되었다'면서 인터뷰에 응해 주었다.

"시영주택이 들어서면 서로 오가며 차도 마시고 얘기도 많이 하자고 했는데. 기념관이 지어져서 장구를 칠 수 있는 공간이 있으면 다시 할 수 있지 않겠냐고도 했고. 슬픈 표정으로 꿈에 몇 번이나 나와서 성묘를 갔다 오기도 했어요. 다녀오면 마음이 좀 안심이 되는 것 같아서."

2009년의 인터뷰 때 김순이는 '우토로에는 농악이 잘 어울린다'고 했었다. 그 기억이 떠올라 어떤 의미였는지 물었다. "토지 문제가 일어나기 전부터 우토로에는 장구소리가 계속 이어져 왔어요. 1세 어른들에게서 그 장단을 물려받아 계속 해 왔으니까 지금이 있는 겁니다. 앞으로도 그렇고."

투쟁과 법정

대외활동은 이후로도 계속되었다. 주민들과 닛산차체 사이에 첫 번째 화해협상이 결렬된 후에는 『뉴욕타임스』에 광고도 실었다. 뜬금없는 '공중전'이었지만 『로스앤젤레스 타임스』도 이 문제를 사설로 다뤘다. 1993년 4월에는 한국의 MBC방송 간판 프로그램인 <PD수첩>에서 처음으로 특집 방송 <우토로 마을 동포들의 수난>을 방영한다.

<PD수첩>은 군사정권이 끝나고 3년 후 1990년에 첫 방송을 시작했는데,

한국에서는 가장 신뢰도가 높은 탐사보도 프로그램이다. 제작자 송일준 (1957년생)이 우토로를 알게 된 것은 1993년이다. TV아사히 서울지국에서 근무하던 자이니치在日에게 우토로 토지 문제에 관한 이야기를 듣게 된다.

"주민들 인터뷰도 하고 우물과 함바도 촬영했죠. 닛산차체에는 사전예약 없이 쳐들어가서 경비원에게 저지를 당하기도 했고.(웃음) 재판 방청은 못 했지만, 2주일 정도 다양한 취재를 했어요. 김교일 씨 집과 겐모토 아키오 씨 집에서 묵었어요."

감명 깊었던 것은 실체적인 '통일'을 이루고 사는 부락의 힘이었다. "반 공교육을 받아온 저로서는 총련도 민단도 없이 슬픔과 기쁨을 함께 나누 던 주민들의 모습을 보고 놀랐습니다. 어떤 의미에서 이미 통일이 되어 있 었어요. '이곳이 고향'이라고 말하기도 했고. '고향'이라는 말에 전혀 위화 감이 없었죠. 같은 피를 나눈 조선, 한국인이지만 태어나 자란 곳, 친근함을 느끼는 장소를 고향이라 부르는 것이 당연하죠. 3년 전에 돌아가신 제 아 버지는 일제강점기에 태어나 황민화교육을 받은 분입니다. 일본 노래를 흥 얼거리며 그 시절을 그리워하기도 했는데, 저는 그런 모습을 비판하지는 않았어요. 애절하고 슬픈 일이지만 과거 또한 아버지의 시간이니까. 그리 고 일본시민들이 지원하는 모습도 감동적이었습니다. 다가와 아키코 씨는 겉보기에도 그렇고 자기주장이 뚜렷한 분이었는데, 어쩐지 일본인 같지 않 았어요.(웃음) 역사를 제대로 파악하고, 같은 인간으로서 공감하고 함께 투 쟁하는 기골 있는 분이었죠."

주변과 우토로의 격차는 한눈에 알아차릴 수 있었다. "한국에도 열악한 환경에 사는 사람들이 있어요. 하지만 우토로의 경우 그 차이를 더 실감했 습니다. 게다가 자위대 기지가 옆에 있잖아요. 이른바 아시아를 침략했던 일본의 '군대'가 바로 옆에 있어요. 역사 청산이 안 된 채 동포들이 힘겹게 사는 모습도 보았죠. 그리고 간판입니다. <여기서 살고 싶다>, <우토로를 지켜라> 등 당연하고 솔직한 표현이지요. 입간판들은 한국에서도 강제퇴 거 문제 등이 많아 자주 봤지만, 역시 주변과의 철저한 격리를 상징하고 있었죠. 교토시는 세계적으로 유명한 관광지입니다. 일본의 '얼굴'이라 할 도시에서 우토로까지 1시간도 안 걸려요. 선진국이니까 국제적 문제가 되기 전에 먼저 해결하는 편이 좋지 않겠나 생각했어요. 한동네 사람이 토지를 전매한 예는 한국에도 '있는 이야기'입니다. 동포들이 우토로에서 지금까지 살아온 것을 문제 삼았는데, 그곳이 형성된 책임은 왜 추궁하지 않는지 되묻고 싶었죠. 개인적인 문제도 있겠지만 우토로는 역사적으로 형성된 곳입니다. 민간인들끼리의 부동산 거래문제로 치부해서 법적으로 처리하면 당연히 패소하겠지만 국가나 행정이 적극적으로 나서야 마땅하죠."

송일준은 스스로의 책임을 팽개친 채 수치의 역사를 계속 써 가는 이 나라의 어리석음을 지적한다. "강제징용 문제나 위안부 문제도 마찬가지예요. 법적 논리로 몰아가 '모두 해결'됐다고 하지만 그런 판결이 세계적으로 옳다는 평가를 받지는 못하죠. 역사의 비판에서 자유롭지 못할 겁니다. 일본이 조선반도에서 많은 사람들을 끌고 가 죽음에 이르게 한 것은 명백한 사실인데 책임을 진 사례가 없습니다. 잘못을 저지른 사람이 그 책임을 확실히 졌다면 아마도 일본은 지금과는 다른 나라가 되었을 테고, 한국과의 관계 또한 달라졌을 겁니다. 그런데 일본은 일제강점기의 역사를 여전히 반복하고 있어요. 한국도 공통되는 부분이 있는데, 사법, 검찰, 언론, 정부, 기업이 한데 뭉쳐서 여전히 체제·동맹이 견고하니까. 일부 기득권의 이익만을 위해 국가가 존재하는 것이라 말하는 거나 마찬가지입니다."

1997년에는 3·1절에 맞춰 우토로에 관한 두 편의 다큐멘터리를 방송했다. "제가 호소하고 싶었던 것은 아직도 우토로는 '일제강점기'를 살고 있다는 사실입니다. 당시 한국인들은 재일동포의 생활을 잘 몰랐고, 역사에 대해 깊이 생각해 볼 기회도 없었으니까요."

우토로 특집방송은 시청자의 반향도 컸다. "토지를 전매한 이가 재일한국인이라는 사실이 알려지자 시청률이 떨어졌습니다"라며 그는 웃었지만 <PD수첩>이야말로 한국 내 우토로 보도역사 가운데 원점이 된 프로그램이다. "보도 프로그램을 만드는 사람으로서 해야 할 일을 했다는 긍지는 있습니다. <PD수첩>에서 최초로 우토로를 보도했다는 긍지이며, 그 사실을 '긍지'라고 말할 수 있다는 것 자체가 자랑스럽죠."

한편으로 부끄러운 심정도 있었다. "36년간의 <PD수첩> 역사에서 여러 탐사보도 방송을 제작했는데, 대부분은 정부가 나서서 문제 해결을 위한 법률과 제도를 만들었습니다. 이명박정권 때 방송한 '광우병 문제'도 그렇지요. 그런데 우토로는 시청률은 높았지만 아무도 나서지 않았어요."

첫 방송은 민주화로부터 6년이 지났을 때였다. 재일동포들에게 이목은 집중되었지만 한국 내의 과거 청산과도 직결되는 자이니치在日의 존재를 역사적으로 고민하고 행동에 나서기까지는 쉽지 않은 일이었을 것이다. 그러나 이후에 우토로 문제의 해결을 이끌어낸 것은 다름 아닌 그 '민주화'를 이뤄내고 진전시킨 이들의 '과거 청산'을 내건 투쟁이었다.

일본 국내에서도 움직임이 시작되었다. 일본국회에서 우토로가 거론된 이듬해인 1991년에는 주민대표 10명이 치마저고리를 입고 수상관저에 들어가 담당관에게 요청서를 전달했다.

우지시의원으로 문제해결에 힘써 온 아사이 아츠노리(浅井厚徳)는 말한다. "법적으로 닛산차체의 토지라고는 하나 그걸로 불법 점거라 할 수는 없다. 원래 함바는 노동자들의 숙소로 준비된 장소였고, 주민들이 미 주둔군과 목숨을 걸고 싸워 지킨 땅이다. 역사적 경위를 생각해서라도 일단 국가가 토지를 매입한 다음에 주민들에게 재분배하는 시도는 가능하다고 본다. 당연히 국가가 나서야 할 문제다."

전술한 바와 같이 1990년대는 전환점이었다. 1970년, 재일조선인의 히타치제작소 취업차별 재판투쟁 이후로 재일조선인의 권리신장을 요구하는 시민운동이 고양되었고, 외국적자의 변호사 임용이나 국적조항의 '완화', 지문날인제도 폐지 등으로 진전되어 간다. 게다가 한국의 민주화에 따라 일본의 식민지배와 전쟁범죄에 대한 속죄를 요구하는 목소리들이 분출해 <고노 담화>를 이끌어 냈고, 1997년에는 일본의 모든 중학교 역사교과서에 '위안부' 내용이 기재되기에 이른다. 이처럼 반차별 시민운동의 연대와 전후 보상 움직임은 우토로 운동을 지탱하는 힘이었다. 그런데 이 무렵부터 반격이 시작된다. <새로운 역사교과서를 만드는 모임>, <일본회의> 등이 발족되어 역사 부정과 배외주의가 거세지기 시작한다. 게다가 좌익세력은 어리석게도 갈피를 못 잡고 우왕좌왕한다.

　수상에게 요청서를 제출하고 3년이 지난 후, 정국결탁으로 자민·사회·신당의 연립정권이 탄생한다. 우토로 문제에 일말의 진전을 기대했지만 오히려 사회당은 안보, 자위대, 식민지배 문제 등 지금까지의 기본이념을 잇달아 내던지며 <여성을 위한 아시아 평화 국민기금>이라는 '화근'을 남겼다. 우토로에 관해서는 언급조차 하지 않았다. 반격과 혐오로 치달아 가는 상황 속에서 우토로의 투쟁환경도 점점 가혹해져 출구가 보이지 않았다.

　1991년, 문광자가 법정 증인석에서 증언한 후 2년 반이 지나 다른 피고들에 대한 심문이 시작된다. 대부분의 질문은 토지를 소유한 시점이 언제인가, 그리고 1970년 주민들의 '서명 날인'에 관한 것이었다.

　정길랑(鄭吉郞)의 심문과정은 그 중에서도 상징적이라 하겠다. 그가 말한 '소유권'이란 단어에 재판장이 반응했다.

재판장 : 당신은 집터에 대한 소유권이 있다고 말하는 것입니까?

정길랑 : 예.

재판장 : 근거가 뭐죠?

정길랑 : 전쟁이 끝난 후 조부 때부터 유지·관리했고, 자녀 세대인 제 청춘과 인생의 대부분이 거기에 있고, 지금까지 제 소유로 인식하고 살았기 때문입니다.

재판장 : 어째서 타인 소유의 토지에 살았으면서 당신의 청춘이 모두 그곳에 있으니 소유권이 있다는 건가요?

정길랑 : 그건 제가 조선인이라는 역사와 군수공장의 비행장 건설에 피땀

을 흘린 아버지가 남겨 주신 결정체라는 것. 또 그곳 판잣집에서 눈비를 피하며 살았고, 지금까지 저를 그 집에서 키워주셨기에 저는 생존권이 있다고 생각합니다.

재판장 : 생존권이 있다는 것과 거주가 가능한 소유권은 다른 것이죠.

정길랑 : 그럴지도 모르겠지만, 그렇다 하더라도 소유자가 더 일찍, 더 적극적으로 우리에게 말했어야….

재판장 : (말을 끊으며) 당신이 소유권이라 하니까, 거주할 권리라고 하면 이해가 되지만 소유권이라 말했기에 법적으로 어떤 의미인지.

정길랑 : 그 부분이 얽히고설키긴 했지만, 소유권이 누구한테 있든 우리에게는 생존권이 있다는…….

재판장 : 요컨대, 거주권이 있다는 취지죠?

정길랑 : 그렇습니다.

재판장 : 오랫동안 그곳에서 자라고 또 일해 왔으니까 살 수 있게 해달라는 의미지요?

정길랑 : 그렇습니다.

역사성도 그 무엇도 없이 오로지 일반적인 법 해석으로 몰아갔다.

그것이 주민들 마음속에 앙금이 되어 간다. 같은 해 법정에서 심문을 받은 강순악은 무기질적인 법정 안의 답답함을 토로했다. "법원에 갔다 와서 남은 거라곤 하고 싶은 말을 못했던 억울함, 얘기할 기회를 안 주는 억울함이야. 재판이 시작되자 다 같이 모여서 여러 지혜를 짜내 보려 했지만, 그러지를 못해서 억울했어. 재판이란 게 이렇게 간단히 끝나나 싶어서. 훨씬 무게가 있을 거라 생각했는데, 너무 가볍더라고. 의견진술도 처음엔 몰랐어. '예' 아니면 '아니요'만 해야 된다고, 의견은 됐으니까 '예, 아니요'로만 대답하라고. 끝나고 나니까 뭐라 말할 수 없이 억울했지. (70년도에 제출한 청원서에 남편이) 서명한 것을 보여 주면서 '이건 어떻게 생각하는지?' 묻기에 그때 한두 마디 했으니까. 지금처럼 지혜가 있었다면 뭐든 말할 수 있었을 텐데. 법정 한가운데 앉아서 묻는 말에 대답만 했을 뿐이야. 이젠 다 잊어버렸지만 처음에는 긴장이 돼서 모르는 사람과 이야기하면 얼굴도 뜨거워지고, 땀도 나고, 몸이 뻣뻣이 굳어버려서…."

김임생의 아내이자 일본인 나카모토 사치코(中元幸子 1932년생)도 법정에 빠짐없이 나갔다. "재판 때마다 갔어요. 내 문제니까 한 번도 빠지지 않았어. 일단은 단결해야지, 진다는 생각은 안 했지만 오사카고등법원 때는 이젠 틀렸구나 싶었어. 그래도 싸움을 멈출 수는 없으니까."

그녀는 '대타'로 심문에 나섰다. "남편 나이도 나이인지라, 도중에 못하게 됐어. 정신이 몽롱해서 재판에 데려갈 수도 없었거든. 법정에 서 있지도 못해서 급하게 내가 대신하게 됐어요. 변호사님이 질문하면 '대답만 하면 된다'고 했는데, 앞에 앉아 있는 사람들이 살아 있는 사람 같지가 않은 걸. 시간이 너무 길게 느껴졌어. 다리는 후들후들, 아무 잘못도 없는데 왜 이런 일을 당해야 하나 생각하니 더 이상은……."

'사람이 법을 만들지, 법이 사람을 만드나?'

개별심문은 1993년 10월부터 96년 5월까지 2년 반에 걸쳐 이뤄졌다. 거의 매회 방청석에서 재판을 지켜본 <지키는 모임>의 사이토 마사키가 기억하는 것은 1967년에 우토로에 들어왔던 최중규의 심문이었다. 4장에서 서술한 바와 같이 최중규는 처자식을 고향에 남겨 둔 채 강제 연행되어 이이즈카飯塚의 탄광에서 노예와 같은 중노동에 시달리다 도망친다. 귀국을 생각했지만 고향의 생활기반이 모두 사라져 돌아가지 못하고 일본 각지를 떠돌며 일하다 재혼했다. 근무하던 탄광이 폐광되자 우토로의 지인에게 집과 토지를 매입하고 죽을힘을 다해 값을 지불했음을 호소했지만, 원고 측 대리인은 1970년도 진정서에 그의 이름으로 된 서명에만 관심이 있었다. 사이토 마사키가 방청을 기록한 메모에는 최중규의 증언이 남아 있다.

"<진정서>라는 제목의 서류는 본 적이 없습니다. 서명란에 제 이름이 있는데, 저의 필체와는 많이 다릅니다. 제가 쓴 글자와 비교해 봐도 그건 너무 잘 쓴 글씨입니다. 저는 도저히 그렇게는 쓰지 못합니다. 그런데 인감은 제 것이 맞습니다. 왜 거기에 도장이 찍혀 있는지 전혀 모르겠습니다. 아내에게 물어 보니 히라야마 마쓰오(허창구)의 부인이 와서 인감을 빌려간 것같다고 하는데, 어떤 내용으로 인감이 필요한지는 전혀 듣지 못했다고 합니다. 토지 소유권이 닛산차체에 있다는 것도 재판이 시작되기 직전에 수도문제가 일어났을 때 알았습니다."

"우리가 우토로에서 쫓겨난다 해도 다른 곳에 집을 지을 돈도 없고, 현재의 집을 사라고 해도 살 돈이 없습니다. 예를 들어 퇴거비용을 얼마쯤 받을지 모르겠지만, 그 돈으로 아파트를 빌리려 해도 우리처럼 나이든 사람한테는 빌려주지 않습니다. 그렇다면 제가 이 나이에 사람이 바뀔 리도 없고 노숙자가 되거나 자살하는 방법밖에 없습니다. 그 점을 재판장님이 잘 살펴 주시기를 부탁드립니다."

절절한 그의 호소를 '늘 똑같은 법정의 풍경'이 덧칠해 나갔다. 사이토 마사키의 말이다. "역시나 원고 측 변호사가 묻더군요. '우토로는 함바이지요? 그렇다면 건물 자체는 노동자의 소유가 아니고 시공주의 것이죠. 그럼 언제부터 당신이 토지를 소유한 것이 되나요?' 제일 큰 문제라고 느낀 건 재판이라는 시스템에 대한 지식이 없다는 것. 주민으로서 그곳에 꾸준히 살았으니 선의의 판결이 나올 거라 기대했지만 역사성이나 재판의 시스템, 질문내용 안에서는 아무 의미가 없었죠. 피고들이 모여 회의를 해서 다 함께 지혜를 짜내거나 작전을 짜야 됐었는데, 이른바 '계획도 없이 형편에 따라 되는 대로' 대처한 겁니다. 자기가 국면을 전환할 수 있을 거라 예상하고 갔겠지만, 마치 한 사람씩 제거 당하는 느낌이었습니다. 법정에서 추궁을 당하면 한 마디도 못하고 법정 밖에 나와서야 큰소리를 냅니다. '난 받아들일 수 없어!'라면서. 변호인단의 전략은 취득시효였는데, 3분의 1이라도 승소를 하면 그걸 바탕으로 이후 재판을 진행해 나가면 된다고 생각한 거죠. 그렇게 되면 주민들 생각과는 거리가 생기는 겁니다."

다가와 아키코도 말한다. "함바에서의 생활에 대해 질문을 받으면 자신들이 어떤 고생을 해 왔는지 들어줄 거라 믿고 열심히 설명은 했지만 그때마다 상대편은 이렇게 말하죠. '그곳은 함바이고 당신의 소유물이 아닌 것이죠?' 법정에서 하나 둘 차례대로 산산조각이 나는 셈입니다. 그래서 주민집회를 했는데, 늦은 밤이니까 어느새 한잔씩 걸치게 돼요. 남성들이 으름장을 놓듯 말하죠. '강제집행 따위 될 것 같아? 만약 그랬다간 어떻게 될지 알고는 있겠지!'라면서. 그 자리에서 말해 봐야 아무 소용없는 얘기를 하거나 그런 허세에 휘둘리는 남자들도 꽤 있었어요. '어머니, 여기 오기 전에 식사하고 왔죠? 끝나고 돌아가면 천장을 보며 주무실 거잖아요. 그런 집이 철거되어 없어진단 말입니다' 하고 말했더니 '왜 그런 소릴 하는 거야!' 하며 눈물을 글썽였죠. 상상도 하고 싶지 않다는 걸 알지만 그렇게 말하지 않을 수가 없었어요. 너무 힘들었습니다."

사법은 사회적 약자의 편에 서지 않았다. 그 불합리함을 반복해서 말해 온 이가 황순례였다.

"재판 때도 무슨 말이든 할 수 있게 해 주면 좋은데, 차비를 들여서 재판에 가도 매번 서류처리만 했어. 재판은 5분이면 끝나 버렸지, 무슨 말이든 하게 해 달라고 했어. 나도 법정에 섰는데 아무 말도 못하게 해. 여기서 나가라고만 했지. 사람이 법을 만드는 거 아냐? 법이 사람을 만드나? 우리가 맘대로 와서 산 게 아니야. 여기서 살라고 하면서 일을 시켰다고. 그런 우리를 쫓아내는 게 법률이냐고. 게다가 사람을 죽이거나 물건을 훔쳤다면 나가라고 해도 할 말이 없겠지만, 우린 아무 잘못도 안 했어. 하물며 사람을 죽였다 해도 30년이면 시효가 끝나. 토지는 그들 것일지 모르지만 우리가 지은 집을 짊어지고 나갈 수 있냔 말이야!"

역사적 경위를 감안한 법원은 3차례에 걸쳐 양측에 화해를 권고하며 협상자리를 만들었는데, 법원이 최종적으로 제시한 금액은 14억 엔이었다. 주민 측이 제시한 상한선은 7억 엔, 이로써 협상은 결렬되고 만다.

1998년 1월 30일, 강경남을 비롯한 2세대 3명에 대한 판결이 나왔다. 판결

주문은 모두 집을 철거하고 토지를 '양도'하라는 것이었다. 오데 테루유키大 出晃之 재판장은 <1970년 청원서>를 근거로 주민들은 <본 건 토지를 소유할 의사가 없었음이 인정된다>, <시효소멸 취득 주장은 근거가 없다>, <원고 측(서일본식산)도 히라야마 마쓰오도 닛산차체도 주민 측과 타협해 우토로 의 토지를 피고 주민들에게 매각하려고 했음이 분명하다>며 이 소송은 신 의 위반에도 권리의 남용에도 해당하지 않는다고 판단했다.

완벽한 패소였다. 치마저고리 차림으로 법정에 나간 강경남은 기자회견 장에서 "철거를 하려면 나를 먼저 죽이고 묻은 다음에 해라. 죽을 때까지 우토로에 살겠다"라고 말했다. 이튿날 31일자 『교토신문』에는 '아무 잘못 도 하지 않았다'는 문장과 함께 기자회견에서 말하고 있는 강경남의 사진 이 크게 실렸다. 주민회는 <역사적 경위로 봐도 우리는 우토로에 살 권리 가 있다. 전후 보상을 애매하게 처리하려는 일본정부의 책임을 끝까지 묻 기 위해서라도 우토로에서 계속 살 것이다>라고 성명을 발표했다.

그날 밤, 김교일의 집 차고에서는 보고집회가 열렸다. 패소 판결을 먹어버 리겠다는 의미를 담은 냄비 요리를 가운데 두고 모두 둘러앉았다. 분통의 냄비 요리다. 지원자들이 '투쟁은 이제부터다. 마음을 하나로 모아 힘을 내 자'며 주민들을 다독였다. 강경남은 "여러분의 응원이 정말 기뻤다. 아직 미 래가 있다"고 말하자 함께한 이들도 힘내자고 목소리를 높였다. 그때 강경 남이 <지키는 모임>의 요시다 야스오에게 속삭였다. "이 사건이 터져서 오 히려 다행이야." 이상하게 여긴 요시다에게 강경남은 이렇게 말했다. "난 일본인을 계속 미워해 왔어. 하지만 당신들이 이렇게 애써 주잖아. 이젠 일 본인을 원망하지 않고 죽을 수 있겠어, 감사하지."

나머지 세대도 동일한 조건으로 패소 판결이 나온다. 다가와 아키코와 사 이토 마사키는 변호인단과 의논해 다음 단계로 나아갈 '작전'을 짠다. 고등 법원에서 다투게 될 피고 측 주장에 국제인권규약의 '거주의 권리'를 추가 해 넣은 것이다. 우토로 토지가 매각된 1987년은 '세계 주거의 해'로 유엔 인권위원회에서 이 문제가 하나의 화제였다. 하지만 이것으로 판결이 뒤집

힐 가능성은 전혀 없었다. 변호사들은 곤혹스러워 했지만 강하게 주장해 의견서에 넣었다.

1998년 12월, 오사카 고등법원에서도 패소, 이어서 대법원에 상고했지만 사법 구제의 길은 사실상 차단되었다.

<우토로의 집>을 둘러싼 입간판의 수는 점점 늘어 갔다. 전신주, 자위대 기지와 우토로 마을을 구분해 놓은 펜스에도 잇달아 입간판이 설치됐다. 도무지 해결할 방법이 보이지 않았던 것이다. 과격한 문장의 입간판들이 우토로 안에 급격히 늘어난 시기다. 여군자는 이 당시 어느 모임에서 본 광경을 기억했다. 주민 한 명이 살벌한 문구의 입간판 얘기를 꺼내며 이웃 주민들의 눈도 있으니 치웠으면 좋겠다고 말한 것이다. 그 말이 끝나기가 무섭게 부인회장 황순례의 날카로운 목소리가 날아들었다. "뭐라고! 창피해서 죽은 놈 있어?!"

투쟁은 이제부터 시작이었다.

시영주택으로 이사하는 서광수.
그의 손에는 이날을 보지 못하고 먼저 떠난 아내, 홍정자의 영정이 들려 있다.(2018년 1월 28일)

제7장
작은 '통일'

2000년대에 들어와 한국 시민사회에서 우토로 문제에 대한 관심이 높아진다.
여론을 이끈 중심 인물들은 민주화운동 세대다. 사진은 집회소에서 KIN의 취재를 받는 주민들. 고국
에서의 지원을 어떻게 생각했을까.(2005년 2월 23일 촬영)

주민들을 인터뷰하는 KIN의 배지원.(정면 오른
쪽) (2005년 2월 23일)

유엔 인권위원회 특별 보고관 두두 디엔(왼쪽)을
맞는 주민들.(2005년 7월 5일)

강제집행 위기에 주민이 총출동해 연좌시위 연습도 했다.(2005년 9월 25일)

좋아하는 소주를 따른 컵을 들고
우토로에서의 반세기를 회고하는
김군자.(2009년 1월 11일)

광복절에 개최된 아라이 에이치의 콘서트.
한국에서도 TV중계되었다.(2005년 8월 15일)

'우리는, 여기 살면서 싸운다'

우토로의 강제 퇴거 재판은 오사카고등법원에서 2000년 6월까지, 피고
가 된 주민들 전원에게 순차적으로 패소 판결을 내렸다. 주민들은 즉각 상
고했지만 대법원에서 다루는 것은 원칙적으로 헌법 해석과 판례 위반의 유
무, 소송 절차의 적합성뿐이다. 어차피 상고 기각은 기정사실이었다.

<지키는 모임>의 사이토 마사키는 당시를 이렇게 기억했다.

"그때는 가시밭 위에 서 있는 기분이었어요. 대법원 판결이 확정되면 곧
바로 토지 소유자가 요청해 강제 철거가 들어온다고 생각했으니까. 그땐
막을 방법이 없지."

같은 모임의 요시다 야스오의 말이다. "주민들이 두 갈래로 나뉘었죠. 대
법원에서 패소하면 강제 철거가 가능하다는 사실을 이해하는 사람과 '그건
무리다', '계속 여기 살았는데 있을 수 없다'는 사람들로 말예요. 나는 후자
가 우토로답다고 생각했어. 어떤 일이 있어도 삶을 이어 왔던 사람들의 강
인함, 나쁘게 말하면 깊이 생각 안 한다는 얘기인데, '대단하다' 생각했어
요. 한 가닥으로 의견이 모아지지 않는 것도 우토로다웠고."

그러나 당시 주민들의 인식이 어떠했는지는 우토로의 인구 변화에 명백
히 드러난다. 제소 당시에 약 80세대 380명이었던 인구가 <지키는 모임>
이 2004년에 실시한 조사에서는 65세대, 약 203명까지 감소했다. 세대수
에 비해 인원수가 많이 줄어든 이유는 젊은 세대의 우토로 밖 유출을 말해
준다.

한 명이 호주가 되어 부모와 같이 살고 그 외의 자녀들은 집을 떠나는 것
이 마을의 '상식'이었는데, 강제 철거를 우려해 자녀 모두가 우토로 밖으로
나간 세대가 늘어났다.

주민회장이었던 김교일의 장남이자 재일 3세인 가네야마 겐이치(金山源
一)도 우토로 바깥에 집을 마련했다.

그가 태어난 곳은 당연히 우토로다. 철이 들고 보니 주위는 온통 판잣집

이었고, 마을 전체가 대가족이었다.

"당시엔 변소도 공동이었어요. 한밤중에 바깥에 있는 변소에 가는 게 무서웠고, 땅바닥도 엉망이었고. 그냥 부엌에서 싸고 물을 뿌리기도 했어요. 그때는 도로와 처마의 구분도 없어서 길바닥에 화로를 꺼내 놓고 대낮부터 고기를 구워 술을 마시기도 했어. 내가 바깥에 놀러 나갔다 돌아오면 '이 녀석, 이제 집에 오냐!' 하며 한 대씩 때렸지. 왜 그런지 머리를 때리는 게 인사야.(웃음) 마을 밖에는 친구들도 있었으니까 우토로나 내가 주변과 다르다는 건 알고 있었죠. 친구들이 식사 때 불러 줘서 가 보면 한국음식밖에 없는 우리집과는 달랐지. 그 사람들에 비하면 가난했어. 뭔가를 배우러 다닌 적도 없고, 장난감을 받아 본 적도 없어. 이웃에서 물려받는 게 고작이었지. 그래도 우토로 마을과 나를 비하하는 일은 없었어."

마을을 부정적으로 인식한 곳은 학교였다. "우토로 출신을 '이유'로 괴롭혔어. 나보다 위의 선배들은 당하면 '3배로 되갚아 주는' 사람들뿐이었지만, 선배들과는 세대가 달랐으니까.(웃음) 특히 난 내향적인 성격이라 당하면 훌쩍거리며 울었지. 어느 날은 우산에 눈을 찔린 적도 있어요. 그래서 사실 지금까지도 뾰족한 것만 보면 움찔하는 선단 공포증이 있어요."

성장하면서 주변 지역의 시선도 알게 됐다. "심상치 않은 부락이라고들 여겼지. '거기 들어가면 안 된다', '모두 깡패들이다', '노가다와 야쿠자밖에 없다'면서. 사실 나도 말썽을 피우는 주민들에게 혐오감이 있었어. '저 사람들 때문에 욕을 먹는 것'이라 생각했지. 지금이야 태어나고 자란 우토로에 애착이 있지만, 그때는 너무 싫어서 죽겠더라고. 니시우지西宇治중학교에 들어가서는 '이대로는 안 되겠다' 결심하고 스포츠든 공부든 열심히 했지. 농구부도 들어갔고 체육은 뭐든지 잘했어. 릴레이경주 때는 마지막 주자로 뛰어서 우승도 하고. 성적도 좋았고, 학급 내에서 발언도 잘 하려고 노력하니까 점점 이지메도 없어졌죠. 아마 맘속에는 일본 애들한테 지고 싶지 않다는 생각도 있었겠지. '우토로라서 안 된다'는 생각을 지우니까 마을에 대한 혐오감도 없어지더라고."

아버지의 뜻에 따라 후시미^{伏見}공업고등학교에 진학했고, 졸업한 후에는
도쿄에 있는 전문학교에 진학해 토목공학을 전공, 그대로 취업까지 했다.
그런데 1987년, 23세가 되던 해에 아버지의 명으로 '귀향'한다. 1년 후 토지
문제가 표면화되자 아버지 김교일이 마음껏 활동하기 위해 가업을 맡긴 것
이다.

"솔직히 아버지에겐 '저렇게까지 해야 되나' 거부감도 있었어요. 우토로
에는 골치 아픈 사람도 적지 않았고 솔직히 나도 질린 적이 많았는데, 아버
지는 주민 하나하나의 이야기를 꼼꼼히 듣고 정성껏 대응을 했어요." 아버
지의 심정은 이해했지만 그걸 나누지는 못했다고 한다. "'여긴 사람 살 곳
이 못 된다'고 말해서 어머니(한금봉)와 싸운 적도 있었어요."

토지 문제가 불거진 이후 우토로에 남을지 떠날지 부모자식 사이에 언쟁
이 벌어진 얘기는 곳곳에서 들었다. 이런 언쟁들은 1세 혹은 그와 가까운
세대인 2세들과, 일본의 교육을 받고 일본의 '상식'이 내면화된 3세 이후
세대들의 '차이'에서 비롯됐을 것이다.

가네야마 겐이치도 거처는 마을 밖에 마련했다. 2000년, 우토로 북서쪽
에 3층 철골건물을 짓고 회사를 차렸다. 거품경기가 지나자 불황이 시작된
다. 사업을 유지하기가 버거운 시기였지만 결국 결단을 내렸다.

"동업자는 '무리하지 말라'고 했지만 역시 토지 문제가 컸죠. 만약 철거를
당하면 부모님이 지낼 수 있게 하려고 회사 건물 2층에 거주 공간을 만들
었어요."

<지키는 모임>의 조사에 따르면, 2004년 시점에 우토로 주민의 생활보
호 수급비율은 우지시 평균의 20배에 해당하는 약 20%에 달했다. 이는
8%밖에 안 되는 낮은 연금수급율과 연동되어 있었다.

과거 국민연금법에 국적 조항이 있었음은 4장에서 서술했다. 그 후 인도
차이나 난민 수용에 소극적이라는 비판이 쏟아지자 일본정부는 1981년 난
민조약에 가입한다. 이듬해인 1982년에는 국민연금 등에서 국적 조항이 삭
제된다. 그런데 '본토 복귀 당시'의 오키나와인과 중국에서 귀환한 '일본

인'들에게는 연금혜택을 받기 위한 부족한 금액의 추가 납부를 인정했다. 이러한 구제 조치가 재일조선인에게는 거의 적용되지 않았고, 1세와 고령의 2세 그리고 장애인 중에 연금을 받지 못하는 이들이 대량으로 발생한다. 저변 노동력의 공급원이었던 우토로 주민들 중에 후생연금에 가입 가능한 사람은 극소수였다. 하물며 공적연금의 대상이 된다는 건 꿈같은 얘기였다. 주민들 입장에서는 헌법 25조에 명시된 <생존권>을 지탱하는 최후의 수단이 생활보호제도였다. 하지만 그마저도 행정 창구에서 베풀어 주는 '은혜'다. 재일외국인은 생활보호 수급신청이 기각되어도 이의신청의 권리가 없다.

"결국 바깥으로 나갈 수 있는 사람은 나갔어요. 재력이 있는 사람들은 다 나갔지. 여기 말고는 갈 곳이 없는 사람만 남은 겁니다." 가네야마 겐이치의 말이다.

<수상한 사람의 침입은 용서치 않는다!>, <우리들의 피눈물이 안 보입니까?>, <교토부, 우지시는 우토로의 실정을 먼저 살펴 주십시오>……. 날을 세운 입간판들이 늘어 갔다. 그 중에는 <강제철거는 국제인권규약 위반이다>라는 간판도 눈에 띈다. 사이토 마사키가 쓴 것이다.

<지키는 모임>은 '국제인권'에 승부를 걸었다. 사회권규약(경제적·사회적·문화적 권리에 관한 국제규약, 약칭 A규약) 제11조 1항은 다음과 같다. <이 규약의 체결 당사국은 모든 사람이 적당한 식량, 의복 및 주택을 포함하여 자신과 가정을 위해 적당한 생활수준을 누릴 권리와 생활조건을 지속적으로 개선할 권리를 갖는 것을 인정한다.(중략) 체결 당사국은 이 권리가 실현되도록 적당한 조치를 취해야 한다.(외무성)> 1심 패소가 짙어진 단계에서 사이토 마사키와 다가와 아키코가 발견한 무기가 바로 이 '거주권'이었다.

"그걸로 이길 수 있을 거란 생각은 안 했지만, 다음 단계로 이어가기 위해 뭔가가 필요했다, 정말 안간힘을 다했다." 다가와 아키코는 당시 절박했던 심정을 털어놨다. 변호인단을 설득해 거주권을 준비서면에 추가해 넣은 것

은 6장에서 언급했다. 오사카 고등법원 판결문에서는 '동 규약은 개인에게 직접 적용되는 법 규범이 아니다' 이 한 문장으로 무시되었지만, 그 또한 예상한 일이었다. 규약과 규약상의 권리를 판결문에 써 넣게 하는 것이 목적이었다.

동시에 <지키는 모임>은 또 하나의 장치를 마련한다. 1999년, 우토로 가옥들의 실태를 조사한 것이다. 우지시청에서 피차별 부락의 주거환경 개선 업무를 담당했던 사이토 마사키의 아이디어다. 당시 건설성(建設省 현 국토교통성)의 소관이었던 <밀집주택 시가지 정비촉진사업>을 염두에 두고, 원칙적으로 행정이 방치해서는 안 될 상태인 우토로의 주거환경을 데이터를 통해 입증하려는 시도였다.

첫 번째는 '접도 조건'이다. 건축기준법상 긴급차량의 통행을 위해 일정 폭 이상의 도로에 접해 있어야 한다고 건축기준법에 정해 있는데, 우토로의 경우 이 기준을 충족한 가옥은 거의 없었다. 두 번째는 노후화다. 실태조사에 답변한 68% 중에 건축년도 25년 미만은 불과 18%, 25~45년 미만은 48%, 그 이상도 2%였다. 주민회와 <지키는 모임>은 이 조사를 바탕으로 워크숍을 개최해 주민들의 의견을 들었다.

《'이웃끼리 서로 돕는다. 도둑이 들지 않는다', '노인을 공경한다. 이웃과 사이가 좋다', '모두 아는 얼굴이다, 혼자 살아도 외롭지 않다', '태어나 자란 고향, 정들면 고향이다', '공통의 역사와 경험이 있다', '단결심이 없다, 타인에게 떠맡기기, 남의 샅바로 씨름을 한다', '불량하다, 말투, 전통, 관습, 유교적, 며느리에게 엄하다. 시간관념이 없다', '우토로는 육지의 고독한 섬. 차별지역 취급을 당한다', '우토로를 이해해 주는 이웃이 없다', '우토로 외에는 갈 곳이 없다. 온 가족이 노숙자가 될 것이다'》솔직한 속내들을 적은 주민들의 자평이 오랫동안 집회소 벽에 붙어 있었다.

주민들의 의견을 수렴한 주민회는 2000년 7월, <우토로 마치즈쿠리(마을 만들기) 계획>을 발표한다. 고등법원에서 전원 패소한 다음 달이다. 대법원 판결을 앞둔 대결이었다. 이 계획의 테마는 <장구소리가 들리는 마을>

이다. '여기서 살 수밖에 없다, 살고 싶다'는 주민 층을 기준으로 정한 테마다. 주민회는 이 기준에 입각해 교토부와 우지시에 다음과 같이 요청한다. 공공사업으로서 토지를 매입하고 노후화된 불량 주택들을 매입·철거한 다음, 1층에 입주민들의 공유 공간이 있는 공영주택과 커뮤니티센터, 공원, 비오톱(Biotope 도심 속 특정 동·식물 서식 공간) 등을 갖추어 희망자에게는 토지를 분양하고, 분양이 불가한 세대는 공영주택 입주를 보장하는 구상이다.

　<지키는 모임>의 다가와 아키코의 의견이 반영된 것이었다. "말하자면 남의 토지 위에 멋대로 설계도를 그린 셈인데, 주민들의 요청을 담은 거죠. 공영주택 1층은 교류장소입니다. 공공사업이면 매매할 때 세금이 안 들어요. 우토로뿐만 아니라 주변지역은 물론이며, 억울하긴 해도 '철거업자'한테도 이득이 되는 계획을 세우자고 했어요."

　이 발상은 그녀가 1993년에 지원요청을 위해 미국에 갔을 때 배운 것이다. "이른바 'LA 폭동'이 일어난 이듬해인데, 흑인과 코리안 커뮤니티 사이에 벌어지는 충돌을 막기 위해 무엇이 필요한지 정말 진지하게 토론했어요. 거기서 깨달은 것이 공민권 운동입니다. 소수자의 문제를 해결하려면 당사자 간 단절을 없애는 것과 동시에 다수자를 납득시켜 우리 편으로 만들 필요가 있다는 것이죠."

　'다수자의 이해와 납득'은 다가와 아키코 자신 또한 통감하고 있었다. "우지교宇治橋 상점가에서 일하던 때였는데, 제가 우토로 일에 관여하는 걸 알고는 '진심으로 말하는데, 그만 둬. 불쌍하긴 하지만 거긴 어쩔 수 없는 곳이야' 이런 사람이 압도적이었어요. 또 우지역에서 우토로에 가려는데 택시가 없었어요. 가까운 찻집으로 뛰어가서 아는 애 엄마에게 택시 좀 불러달라고 했죠. 그 애 엄마가 '우토로 맞지?' 하며 바로 불러줬는데, 도착한 택시 기사한테 이렇게 말하는 거예요. '우토로래요, 조심하세요.'

　우지시도 우토로 얘기만 나오면 '시민들, 부민들의 이해를 구하기 힘들다'는 소리만 해요. 이걸 바꾸지 않으면 안 되겠다 생각했죠. 1996년에 <아라이 에이치(新井英一) 콘서트 in 우토로>를 기획한 목적도 그겁니다.

한국에서도 많이들 와서 인연을 맺었고, 그때는 외부에서 정말 많은 사람들이 왔죠. 꾸준히 하다 보면 이해할 사람은 해 줘요. 예를 들어 제가 이전에 살았던 지역은 닛산차체의 사원들이 많았는데, 제 딸이 학교 친구에게 '얘네 엄마, 끔찍한 일을 한다던데!' 그런 비난을 듣기도 했어요. 그런데 얼마쯤 지나자 제가 독일에 간다는 기사가 신문에 나니까 우편함에 1만 엔을 넣은 봉투가 들어 있기도 했어요.(웃음) 우지교 상점가 사람들도 지금은 '정말 고생했어!', '너무 애썼어!'라고들 해 줍니다."

하지만 행정기관에서는 감감무소식이었다.

사이토가 그들을 바라보는 견해는 혹독했다. "대법원에서 사법판단이 나오면 행정 입장에서는 별도의 조치를 취할 필요가 없어져요. 강제 철거가 집행되면 손을 안 대고도 해결할 수 있다고 생각했겠죠."

11월 14일, 대법원이 피고 전원의 패소 판결을 내리자 철거업자가 의기양양하게 퇴거하라고 통지한다. 이제는 강경대응을 할 수밖에 없었다. "그 무렵에, 이미 돌아가셨지만, 한 주민이 이렇게 물었어요. '다가와 씨, 당신들은 왜 돈 한 푼 못 받는 일을 해?' '어차피 한 배를 탔는데, 도중에 내릴 수는 없잖아요'라고 대답했지만 실제로 그런 기분이었어요."

패소가 확정되기 전인 1998년에는 인간 사슬을 만들어 마을 진입을 저지하는 '훈련'도 했다. 여성들이 마을 입구에서 연좌시위를 시작하고 10년이 지나 있었다. 이런 일들은 눈에 띄지는 않았지만 꾸준히 보도되었다. 그 때문이었을까, 철거업자도 단숨에 들이닥치지는 못했지만 생사여탈이 그들의 손에 달려 있는 것만은 명백했다. 대법원 판결 직후에는 '우지시에서 나가라!'고 쓴 익명의 협박엽서도 날아왔다.

그사이 <지키는 모임>이 손을 써 둔 '장치'가 가동되는 순간이 왔다. 2001년 8월, 스위스 제네바에서 열릴 자유권 규약 인권위원회에서 일본정부의 보고서 심사를 앞두고 담당자가 예비조사차 일본에 와 있었다. <지키는 모임>의 신야시키 켄(新屋敷建)이 각지를 돌며 조사하는 담당자에게 우토로 문제를 집요하게 호소한 결과, 심사 당일 점심시간을 이용해 발언할 기회를 얻어 냈다. 키워드는 사회권 규약을 언급했던 오사카 고등법원의 판결이었다. 제네바 현지에서 신야시키 켄은 강제 철거가 집행되면 우토로의 고령자 과반수가 노숙자가 된다고 강하게 주장했다. 다음 달에 나온 총괄의견서에는 대체 조치가 없는 강제 철거 집행 가능성에 대해 해당 위원회가 '우려'를 표명했다.

"그땐 정말 기뻤지. 그 무렵은 산리즈카(三里塚 1960년대 초반, 경제성장에 따른 항공수요 급증으로 신공항인 나리타공항 건설을 둘러싸고 해당 지역 농민을 중심으로 격렬히 일어난 반대 운동_옮긴이 주)처럼 철탑이라도 세워야 하는 것 아닌가, 그런 말까지 했으니까. 인권위원회의 의견으로 승부를 걸어볼 수 있겠다, 강제집행을 당할지도 모르는 상황에 반격의 기회를 잡았다 싶었거든." 무뚝뚝하고 붙임성 없는 사이토 마사키가 환하게 웃으며 말했다.

이듬해인 2002년 2월 24일, <조난城南근로자복지회관>에서 우토로 단결집회가 열렸다. 이 자리에서 주민과 지원자들이 만든 선언문 <어머니의 노래>가 발표되었다. 낭독을 한 이는 홍정자였다.

싫어, 싫어!
나는 무슨 일이 있어도 여기를 떠나지 않아
저승사자가 날 데리러 올 때까지는 절대로
여기는 내가 살아온 고향이야
모든 이가 나를 알지
나는 홀로 사는 재일조선인
지금까지 학교와는 인연이 없었어
몸이 아프면 이웃 친구가 보살펴 주지
굶지 않게 돌봐 주고
약도 들고 와서 먹여 주고 모두 나를 걱정해 주지
그러니 난 외톨이가 아니야, 외롭지 않다구

왜냐고?

나는 '우토로의 어머니'니까

모두가 '나'를 알고 있거든

우토로 밖이라면 이렇게 살지 못할 거야

이 마을을 떠나면

나는 더 이상 나일 수 없으니까

　단어 하나하나에 누군가의 이름과 얼굴이 떠오른다. 맺음말은 '우리는 우토로에 살면서 싸운다'였다. 이 선언문은 시영주택이 들어서면서 수거되기 전까지 마을 현관에서 사람들을 맞이했다.

　"우토로에 계속 살겠다, 달리 갈 곳이 없는 사람들을 돕자, 우토로밖에는 살 곳이 없는 사람들을 지키자, <마치즈쿠리(마을 만들기)>의 목표를 새로이 표명한 자리였습니다." 당시 주민회 부회장이었던 겐모토 아키오의 말이다.

　끝까지 그곳에 남아 누구도 빼앗을 수 없는 커뮤니티를 만들자. 이른바 '고향'을 만드는 싸움이다. '마을'은 벽으로 분리된 공간을 보장하는 데 그치는 것이 아니다. 서로 믿으며 뿌리내려 온 재일조선인의 공유재산인 우토로를 지키고, 문화와 민족적 배경을 고려한 교육, 복지를 보장하고, 지역의 역사와 문화를 계승해 가는 장소를 만든다는 의미였다.

　행정기관은 계속 회피했다. 2002년 3월의 시의회에서는 강제 철거가 집행됐을 경우의 대응을 묻는 질문에 우지시 측이 '만약 갑자기 철거가 집행되면 인도적 입장에서 긴급 대피 같은 대응은 할 생각이다'라고 답했다. 행정의 생각은 우토로의 강제 철거 집행이 태풍이나 지진과 마찬가지였다. 주민회에서 제출한 '계획'은 우지시 독자적으로는 대응이 불가능하고, 교토부와 국토교통성, 외무성에 검토를 요청 중이라고 답변했다.

　운동에 참여한 이들이 내건 깃발은 '역사 인식', '전후 보상', '식민지 책임'에서 '거주의 권리'로 바뀌어 간다. 역사 문제는 일고도 하지 않았던 사법재판에서의 '완패'로 주민회 집행부와 지원자들은 '과거 청산'이란 말에 한계를 느꼈다.

일본 사회의 퇴락까지도 감안한 '변화'를 택해야 했다. 1980년대 후반 이후에 잇따라 열린 여러 전후 보상 재판은, 중국인 강제 연행을 둘러싼 소송이 '화해'로 종료된 것 말고는 모두 패소로 끝났다. 1970년대 이후 재일조선인의 역사성을 근거로 지역주민으로서의 권리를 요구하는 운동도 일정한 결과를 얻었지만, 그 한편으로 90년대 들어 역사 부정과 배외주의가 분출한다. 게다가 주민과 지원자들이 '기업의 책임'을 물어 왔던 닛산차체 교토공장은 2001년도 3월말 폐쇄되었다. 우토로에서 늘 시야에 들어왔던 '표적'이 눈앞에서 사라진 것이다.

타개책이 보이지 않는 상황과 일본 사회의 우경화를 고려한 운동방침의 변화였다. 이런 변화에 동참하면서도 '양보할 수 없는 일선'을 지킨 이들도 있었다.

2003년 6월에 발족한 지원단체 <우토로 문제를 널리 알리는 모임>이다. 중심인물인 두 사람은 전쟁을 겪은 세대이자 일본 공산당계 활동가였다. 회장인 후지타 토시오(藤田敏夫)는 일본군 군인으로 대륙에 출정해 중국전선에서 5년 이상 침략전쟁에 가담한 것에 죄책감을 느끼고 평화운동에 매진한다. 사무국장인 미즈타니 교이치(水谷劦一)도 학도동원의 경험이 있다. 패전 후에는 교원이 되어 대부분 양호학교에서 근무하며, 교토의 <원자수소폭탄 금지 일본협의회>와 <일본평화위원회>에서 활동해 왔다. 교토에서는 가장 오래되고 대규모로 개최된 반전(反戰) 이벤트 <평화를 위한 교토의 전쟁전(展)>의 중심을 맡은 인물 중 하나였다.

미즈타니 교이치가 작성한 모임의 규약 중 한 문장이다. '이 모임은 우토로 부락이 형성된 역사와 현재를 널리 알려, 이른바 토지 문제가 전후 보상으로서 해결되고 우토로 주민들이 그곳에서 계속 생활할 수 있도록 여론 형성을 위해 힘쓴다.' 모임이 제작해 여러 차례 증쇄한 책자의 제목은 『우토로―전쟁 책임을 묻다』이다.

2008년 가을, 두 사람의 잇따른 타계로 활동이 멈추기까지 5년간, 회보는 총 20호를 발행했고, 20회 이상의 전시회와 3권의 책자, 12회가 넘는 학습회와 강연회를 열었다. 전성기에는 700부의 뉴스도 발행해 그 중 200부는 미즈타니가 직접 오토바이를 타고 배달했다. 주민회장 김교일의 반생을 기록한 『나의 역사 우토로에 살다』와 주민들의 구술도 기록해 판매하고, 수익금은 주민회에 기부하는 한편 후술하게 될 <마치즈쿠리(마을 만들기)> 기금에도 일찌감치 참가했다. 지원운동의 변화에 유연히 대응하면서도 '전후 보상'이라는 일선은 양보하지 않았다.

한국의 『프레시안』과 2007년 7월 11일자로 한 인터뷰에서 미즈타니 교이치는 자신의 심정을 담담히 말한다. 인터뷰는 다음과 같은 문장으로 시작된다. '우토로에서, 우토로 문제의 본질을 정확히 꿰뚫고 있는 일본인을 만날 수 있었다.' 한국에서 당시 지원운동을 바라보며 느낀 안타까움과 그 과정에서 미즈타니 교이치를 만난 기쁨이 엿보인다.

재일在日을 둘러싼 문제에 참여한 미즈타니의 원점은 전쟁 중이던 중학교 시절이다. 가깝게 지낸 조선인 친구가 진학 차별을 당하는 것에 '위로'조차 해 주지 못한 회한이라고 한다.

우토로를 알리는 운동에 나선 계기를 묻자 역사 교사로서 경험한 일본의 역사 부정을 예로 들며 '일본 사회는 기본적으로 피해의식이 전제된 평화 개념을 갖고 있는데, 식민지배나 침략전쟁 등 역사적인 가해 사실을 망각한 평화 인식은 완전한 것이라 할 수 없다'고 하고, '우토로를 알리는 일은 일본의 평화 인식을 되묻는 활동'이라고 말했다.

책임 소재와 '해결'의 비전도 명쾌했다. 책임은 '일본정부, 닛산차체, 교토부, 우지시, 서일본식산, 부동산등기 소유자'에게 있으며, 행정이 무책임한 대응을 계속해 왔기 때문에 무법자들이 몰려든 것이라고 단언했다. 그리고 '전후 보상의 관점에서 문제를 해결해야 하며, 일본정부와 우지시 등이 토지매입에 나서야 마땅하다'고 주장했다.

당시 한국정부의 재정지원에는 솔직한 감사를 표명한 후 한국정부가 '일본정부에 우토로 문제를 해결하도록 압박해 달라'고도 했다.

온화했던 그의 얼굴이 떠오른다. 원리원칙과 유연함을 지닌 사람이었다. '원리원칙'을 양보하지 않았던 미즈타니 교이치와 후지타 토시오 같은 존재가 우토로 지원에 뛰어든 한국의 활동가들에게도 정신적 버팀목이었다.

한국을 찾아온 호소

2004년, 일대 전환기가 찾아왔다. 이 해 9월, 한국 춘천시 강원대학교에서 한국주거환경학회 주최로 개최된 <한·중·일 거주문제 국제회의>다. '사회적 약자의 거주문제와 주택정책'이란 주제의 학술대회에서 <우토로: 재일조선인 부락의 강제 퇴거>라는 제목으로 사이토 마사키가 보고를 하게 되었다.

"이건 찬스다! 생각했죠. 2세 어머니들과 저도 함께 갔어요." 다가와 아키코의 말이다. 멤버는 황순례, 한금봉, 강순악, 그리고 김량자까지 4명이었다.

우토로 방문단의 단장 역할은 황순례다. "불안하고 긴장돼서 온몸이 굳었지. 한국행 비행기에는 일본인들로 가득했어. 다들 배용준 팬들이야. 우토로 상황을 호소하러 가는데 비행기 안은 역사 같은 건 아무 관심도 없는 관광객들이었어. 참 얄궂지.(웃음) 그래도 비행기에서 내려다 본 가로수 길은 드라마 <겨울연가>보다 훨씬 아름답던 걸."

2세 김량자(金良子 1945년생)는 처음으로 부모님의 나라에 발을 디딘 감격을 나중에 『우토로 뉴스』 좌담회에서 말했다. "비행기가 인천공항에 도착할 때 '아버지, 어머니의 나라에 왔어요—' 하고 외치고 싶을 만큼 기뻤다. 나는 우토로가 고향이지만 부모님이 태어난 곳을 내가 찾아왔다는 감동으로 가슴이 터질 것 같았다."(『우토로 뉴스』 43호)

감격스러운 나머지 비행기 좌석에서 일어나지 못하는 김량자의 모습에 강순악도 울컥 눈물이 솟았다. "내 인생과 부모님의 인생이 겹쳐져서 말로는 표현할 수 없이 감격했다. 비행기에서 내리면 나도 조국의 땅을 만지며 '엄마—' 하고 소리치고 싶었다."(『우토로 뉴스』 43호)

사이토 마사키의 보고가 끝난 후 점심시간, '일행'은 발언 기회를 얻었다. 치마저고리 차림의 어머니 4명과 다가와 아키코가 단상에 올라 우토로의 힘든 상황과 지원을 호소했다.

이 자리에도 지원자들이 마련해 둔 '장치'가 있었다. 개최 장소인 강원대학교의 문영기 교수가 주요 언론사들에게 취재를 의뢰한 것이다. 학술대회가 끝나자 어머니들은 질문세례를 받는다.

언론사를 도맡아 대응한 이가 황순례였다. "일제에 끌려와 덤불 속에 만든 보금자리에서 언제 쫓겨날지 모르는 위기에 처해 있습니다."(연합뉴스) 주요 언론들의 기사 제목은 그녀의 말들로 작성되었다. 기사 내용도 마찬가지다. "사람 키보다 큰 갈대밭을 일구어 맨손으로 만든 우리의 마을이 돈을 벌기 위한 수단으로만 비쳐지고 있어 몹시 안타깝다." "최근 마을에 드나드는 부동산업자들을 볼 때마다 너무 불안하다."(연합뉴스) "주민들이 삶의 터전에서 쫓겨나지 않도록 도와주세요."(동아일보) "강제 징용자에게 전후 보상을 하지 않는 일본정부는 부동산회사에 땅값을 대납하고 주민들이 생활하는 터전에서 쫓겨나지 않도록 해야 마땅하다."(한겨레)

어머니들은 저마다 호소문을 만들어 이동하는 버스 안에서도 끊임없이 우토로에 대해 호소했다.

빡빡한 일정 중에 틈틈이 쇼핑과 식사도 즐겼다. 부모님의 땅을 만끽하는 어머니들과 동행한 다가와 아키코는 재일조선인을 바라보는 한국사회의 시선이 달라진 것을 느꼈다. 그녀가 주민들과 함께 한국을 찾은 것은 두 번째였다. 첫 번째는 1994년 11월, 앞서 언급한 MBC 특집방송 <우토로 동포들의 수난>을 계기로 나섰던 지원요청 방문이었다.

"한마디로 말하면 싸늘했죠. 재일동포들을 대하는 편견이랄까, 택시를 타도 재일동포라는 걸 알면 바가지를 씌웠죠. 동행했던 디렉터가 화를 내며 따지기도 했는데, (식민지시대에) '건너간 사람들'에 대한 반감이죠. 그런데 2004년은 달랐어요."

그동안 한국사회도 달라졌다. 민주화를 거쳐 10여 년이 지난 1998년에는 드디어 김대중정권이 탄생, 사형제도 폐지와 제주 4.3특별법 제정 등 인권 및 과거 청산과 직결되는 정책들이 만들어져 간다. 같은 해 한일회담을 통해 대일관계에 대해 '긍정적인' 전망이 나오면서 일본에 사는 동포들에 대한 관심도 높아졌다. 2002년에는 한·일 월드컵도 성공한다.

더불어 남북 정상회담도 한몫했다. 대북관계 개선과 함께 총련, 조선학교를 대하는 시선도 달라진다. 2001년에는 조선학교 학생들의 한국 공연이 호평을 받았다.

김대중정권은 2003년에 후계자인 노무현에게 계승되어 '진보정권'이 유지된다. 한국 언론은 이 해에 '에다가와^{枝川} 조선학교의 강제 퇴거 재판'을 적극적으로 보도, 조선학교를 찾는 한국인들이 늘어난다. 이후 영화 <우리 학교>(김명준 감독, 2006년)가 크게 히트했고, 2004년 2월에는 법안 제출 2년 반 만에 <일제강점하 강제동원피해 진상규명에 관한 특별법>이 제정, 3월에는 <일제강점하 친일 반민족 행위 진상규명에 관한 특별법>이 국회에서 가결된다. 과거 청산과 인권문제가 한국사회의 중심축이 되어 가는 시기에 우토로 문제가 부상한 것이다.

어머니들이 우토로로 '귀국'한 지 한 달 후, 황순례의 집을 찾았다. 환한 미소에는 고국을 방문하고 온 충족감이 배어 있었다.

"어떻게 말해야 한국 사람들에게 우리의 처지가 전달될까 줄곧 그 생각만 했어. 처음엔 '우리는 같은 민족, 먹는 것은 달라도 조국을 잊지 않고 우리도 열심히 살았다, 뒤에서 힘이 되어 주는 사람이 없으면 할 수 없다'고 말하려 했는데, 그만 뒀어. 그럼 뭐라고 했냐고? 그야 뭐, 마이크를 잡고 '도와주세요!' 했지. 내 나라에서 이야기하니까 심장이 착 가라앉더라고. 무슨 뜻이냐고? 안심이 된다는 뜻이야. 왜냐면 우리가 좀 엉뚱하게 빗나가도 너그럽게 봐 주었으니까 의지가 되었지. 또 그날은 KBS라디오에서 우리 얘기가 뉴스에 나왔어. 맘이 따듯했어. 맞아, 내가 여기서 배운 한국어로 얘기했거든. 일본 우토로에 살지만 조국의 말을 안 잊었다는 게 전해졌을 거야. 정말 야마시타 씨에게 감사한 일이지."

2장에서 언급했는데 야마시타 씨는 우토로에 민족학교가 만들어지는 계기가 된 동포이다. 우토로에서 배운 '우리말'로 고국의 동포들에게 자신의 심정을 호소한 것이다.

"여하튼 가슴이 찡―했어. 우토로는 혼자가 아니라는 생각도 들었고, 비슷한 문제로 지원하는 사람들이 있는 걸 알게 됐지. 38선에도 가 봤어. 거기 동굴에도 들어갔는데 바닥이 질퍽질퍽해. 느릿느릿 앞서 가던 할머니가 있어서 '빨리 좀 걸으시지!' 했는데, 이렇게 훑어보니 흰 치마저고리야. 어릴 때 어머니한테 들었는데 기일에는 그 옷을 입는대. 그 할머니 아들 기일이었지, 거기서 죽었다더라고. 어찌나 미안하던지. 직접 미안하단 소리는 못 했지만 속으로 죄송하다고 했어."

황순례와 일행의 방한을 계기로 한국에서 우토로를 찾는 방문자들이 급증한다. 그 중에서도 황순례는 '만나고 싶은 사람'으로 손꼽혔다. 강연 기회도 늘어났다. 마이크를 꼭 쥐고 '도와주십시오!' 하는 외침은 한동안 그녀의 고정 멘트였다. "마음이 고맙지. <지키는 모임>이나 <알리는 모임> 같은 일본인들이 도와줘서야. 먼 친척보다 가까운 이웃이 좋지. 그 덕분에 한국에도 갔고, 이제는 많은 분들이 도와주니까. 지금이 가장 행복한 때야, 인생의 최고봉에 있으니까."(웃음)

이듬해인 2005년은 광복 60주년, 을사조약 100년, 한·일 국교수립 40년이 되는 해였다. 때문에 재일동포들에 대한 관심도 높아져 갔다.

한국 측은 신속했다. 2004년 11월에는 라종일 주일대사가 야마다 케지山田啓二 교토부지사를 방문해 우토로 마을의 강제 철거 집행 방지와 거주권 보장을 요청했고, 같은 달 외교통상부의 재외국민 영사국장도 우토로를 시찰한다. 오사카 총영사도 우토로에 다녀간 후 우지시장에게 협조를 요청했다. 12월에는 일본과 한국의 아시아태평양 국장회의에서 재일한국인의 지방참정권과 재일在日 고령자, '장애인'의 무연금 문제 등과 함께 우토로도 거론되었다. 한국 측은 '역사적 배경과 기본적 인권을 고려해 해결책을 세워주기 바란다'고 했고, 일본 측도 '현재 해당 지자체에서 원활한 해결을 도모하기 위해 다양한 노력을 하고 있고, 향후에도 주시하겠다'고 답했다.(『중앙일보』 12월 10일) 지자체와 국가가 '책임'을 서로에게 떠넘기며 시간이 흐르기만 기다리는 구도는 변하지 않았지만 우토로에 대한 주목도는 비약적으로 높아졌다.

KIN, 우토로에

그리고 2005년, 우토로의 향후를 결정짓는 움직임이 탄생한다. 한국의 NGO단체인 KIN(Korean International Network, 당시<지구촌동포청년연대>)의 멤버들이 우토로를 처음 방문한다.

중심 멤버들은 당시 30대다. 대부분이 1987년의 민주화를 실제로 경험하고 이후로 민주화운동에 참여한 젊은이들이다. 우토로 지원의 핵심멤버는 배지원(1971년생)이었다. 일본의 대학에서 유학시절을 보냈을 때의 경험이다.

일본에서 느낀 것은 '제노포비아(외국인 혐오)'다. "신경을 쓰며 일본어를 쓰려고 노력했는데 주위의 시선이 달랐어요. 집을 빌리는 것도 쉽지 않았죠. 친구 집에 놀러 갔는데, 친구의 할머니가 '어디서 왔냐?' 물어서 '한국에서 왔어요' 하니까 '그럼, 조선인이네' 하시더군요. 치매도 있었는지 계속 똑같은 말을 반복했어요. 그때마다 대답을 하니까 친구가 너무 미안한 얼굴로 할머니를 애써 말렸어요. 그 이유를 나중에 알게 됐어요. 아라이 에이치(新井英一) 씨의 노래를 듣고 재일在日에 대해 의식하게 되었죠. 한국 국민의 한 사람으로서 재일동포들에게 한국 정부란 무엇이고, 한국 사회란 그들에게 무엇인가 깊이 고민하게 되었습니다. 히타치제작소 취업차별 재판에 관한 조사도 하고, 가와사키^{川崎} 지역의 시민운동에도 참여했어요. 잡지에 기사를 쓰는 아르바이트도 했는데, 다양한 재일동포들의 이야기를 듣고 한일, 일한의 역사 문제도 포함해 역사와 인권 문제에 관심이 깊어졌습니다."

개성이 강한 재일동포들의 말에 고민한 적도 있었다.

"특히 2세 인텔리 층에서 한국정부와 시민들에게 강한 불만을 말하는 것이 힘들기도 했어요. 한·일 협약으로 재일동포가 버려졌다거나 '이제 와서 뭘 하러 왔나' 같은 말들이죠. '한국 사회는 재일동포를 연민의 대상으로 생각하나?' 아니면 '재일동포를 풍요로운 사회에 사는 부자들이라고 생각하나' 그런 얘기들." 스트레스로 원형탈모가 생기기도 했다.

배지원은 박사 학위보다 시민운동을 하기로 마음먹고 석사과정이 끝난 후 귀국한다. 2002년, KIN에 합류했다. "당시 재일동포 문제를 다루는 NGO가 없었어요. KIN의 멤버 중에도 재일동포를 통상적인 이주노동자로 간주하는 사람도 있었죠. 처음에는 재일동포를 알리는 홍보활동을 했습니다. 당시 KIN에서는 조선적(朝鮮籍) 동포들이 고향을 자유로이 왕래할 수 있게 하는 활동을 막 시작하고 있었습니다."

그러던 어느 날, 국제민주연대의 사무실 책장에 있던 『이웃사람』(아사히신문사 1992)을 발견하고 우토로에 대해 알게 된다. 그리고 2004년, "우연히 운전 중에 KBS라디오에서 춘천시 강원대학교에서 열린 국제회의에 참가한 주민들의 호소가 귀에 들어왔어요."

동료들에게 지원에 나서자고 제안했다. 얽히고설킨 토지매매 경위를 문제 삼는 사람은 없었다.

"전매를 하고 도망간 사람도 비판을 피할 수는 없지만, 그 사람을 통해 '손도 안 대고 코를 풀려는' 기업의 지략과 그걸 묵인했던 지자체 등의 책임이 더 큽니다. 재일동포 간의 전매라는 측면을 인정한다 해도 일본정부와 기업의 책임이 줄어드는 것은 아닙니다."

높은 장벽이라 느낀 것은 10년 이상이나 우토로 운동이 진행되었음에도 토지 문제가 전혀 진전되지 않은 현실이었다. 무엇보다도 주민들이 바라는 '해결책'이 보이지 않았다. 무조건 현지에 가서 주민들의 얘기를 듣고 재검토하기로 했다. 일단 결정되니 진행은 순식간이었다. 이듬해인 2005년 1월 17일에는 한국과 해외를 합쳐 64개 NGO가 참여해 <우토로 재일조선인의 권리를 되찾기 위한 국제연대서명>을 발표하고, '마지막 남은 징용조선인 마을, 우토로 재일조선인의 살 권리를 보장하라!', '역사 미청산, 인권유린을 계속하는 한 한·일관계의 미래는 없다!'고 명확히 주장한다.

그들이 우토로를 말할 때 빠지지 않는 수식어는 '징용조선인 마을', '강제동원의 마을'이었다. 우토로에는 좁은 의미의 '징용'이나 '강제동원'은 실제로 없다. 이 용어를 사용하는 것에 일본 측 지원자들의 이견도 있었는데, 배지원은 이렇게 반박했다. "그렇다면 되묻고 싶다. 그분들의 피해에 대해 어떤 수식어를 써야 하는지 일본 사회가 스스로 정립해야 마땅한 것 아닌가."

운동이 지향해야 할 것은 개개인의 아픔을 '가해자'가 만들어 놓은 '정의'에서 구출해내 그것을 표현할 '우리의 언어'를 만드는 일이다. 그런데 과거 청산을 외치는 이들조차 상대가 만든 판에 올라가 가해자의 언어로 피해자를 구분해 버린다. 그녀의 지적은, 이제는 '강제 연행', '종군위안부' 같은 용어 사용조차 주저하는 일본 언론의 행태에도 관통한다.

2005년 2월 21일, 배지원과 동료들이 우토로에 들어갔다. 주목적은 주민들의 증언을 듣는 것이었다.

그날 밤에 열린 주민집회 때 낮에 마을을 돌아보았다고 한 배지원은 말문이 막히는 듯 소감을 말했다. "한국의 신문이나 TV에서 본 것보다 훨씬 더 심각한 환경이다. 어째서 지금 같은 문명시대에 경제대국 일본에서 이런 상황이 있을 수 있는지 믿을 수가 없다." 다음 날부터 곧바로 조사가 시작되었다.

당시에는 20여 명의 1세들도 아직 생존해 있었다.

모여든 주민들은 3개의 테이블에 나뉘어 취재진의 카메라 앞에서 배지원과 KIN 멤버들의 질문을 받았다.

"저희가 뭘 하면 좋을까요?" 배지원의 질문에 당시 최고령의 이명례(李明禮 1922년생)가 대답했다.

"아들이 한국에 자주 왔다 갔다 합니다."

"그게 아니야, 할매, '토지를 사고 싶은가' 묻는 거예요." 정광자(鄭光子)가 끼어들었다.

대신 정귀련(鄭貴連)이 대답한다.

"사고는 싶지. 다들 돈만 있으면 사고 싶어 해."

고개를 끄덕이던 정광자가 웃으며 이어 말했다.

"일본이 돈을 내주면 좋겠어, 한국정부도 2억 엔 정도 내주면 좋겠고."

"일본정부가 나서지 않는 이유는 무엇일까요?" 개탄의 한숨들이 쏟아진다.

"우릴 내쳐버렸어." "마을이 없어져도 상관없다는 거지."

자신들의 내력, 남편, 자녀들의 얘기가 나오자 주민들끼리 잡담이 시작된다. 정귀련의 자녀들이 서로 닮지 않았다는 얘기가 나오자 그녀가 큰소리로 웃는다.

"전부 씨가 달라서 그래." 아슬아슬한 농담에 갑자기 긴장이 풀어졌다.

"재판 판결은 어떻게 생각하세요?" 쓴웃음을 지으며 배지원이 주제를 되돌리는 질문을 하자 정귀련이 대답했다.

"지금까지 살아 왔고, 이제 앞으로 10년이나 살까." 정광자가 끼어든다. "10년이나 더 사시려고?" 이어서 배지원에게 한탄하며 말한다. "그런데 아가씨, 답답한 노릇이야. 이 나이에 앞으로 어떻게 될지 모른다는 게." 모두가 고개를 끄덕인다. 어머니들은 결코 웃음을 잃지 않는다. 사태의 심각성 때문에 더 그러했다. 곁에서 말없이 지켜보던 이명례가 불쑥 입을 열었다.

"그래도 이제 와서 생각해보면, 37세에 직업안정소에 가서 70세까지 일하고, 실버인재라며 76세까지도 일했어. 문화센터, 공공시설 풀 뽑기⋯⋯." 이후로 이명례는 자녀 5명의 나이와 현재 거주지에 대해 말하기 시작했다.

무언가가 둑을 터뜨린 것 같았다.

　우토로에 머무는 동안 KIN은 지원단체와 함께 워크숍도 개최해 주민들의 요청을 들었다. <지키는 모임>과 민족단체와의 의견 교환, 구술기록 등 3박 4일이 눈 깜짝할 사이에 지났다. 마지막 날, 40여 명의 주민들 앞에서 배지원은 말한다. "과거를 기억해내야 하는 일이 힘드셨을 텐데, 협력해주셔서 정말 감사합니다. 이 문제를 해결할 수 있는 열쇠는 마음을 하나로 모으는 일이라 생각합니다. 우리가 알고 있는 방법을 모두 활용하고, 할 수 있는 것을 모두 실천해 나가고 싶습니다. 우리가 한국에 돌아가면 이 문제를 역사적 관점에서 살피고 널리 알리겠습니다. 모든 지혜를 짜내서 방법을 찾겠습니다." 주민들과의 약속이었다.
　이전에도 한국의 운동권 사람들이 우토로에 왔지만 '흐지부지' 끝날 뿐이었다. 처음엔 주민들도 '또 왔냐'는 분위기가 있었지만, 이들의 체재기간이 끝난 후에는 그런 생각이 완전히 바뀌어 있었다. 당시 이곳 총련 지부의 전임이었던 리무율(李武律 1969년생)이 했던 말을 기억한다. "그 사람들은 진심이야, 진짜였어." 실제로 그러했다.
　배지원은 당시 상황에 대해 다음과 같은 기록을 남겼다.
　"이세다伊勢田건설(겐모토 아키오의 회사) 사무소 2층에서 숙박하며 5일간 샤워도 하지 못하고, 무엇보다 매일 밤 뇌가 얼어붙는 것 같은 추위를 난생처음 경험했다. 그 추위야말로 우토로 동포들이 경험해 왔을 고통처럼 느껴졌다. 동포들 대부분이 지쳐 보였지만 집과 가족, 생존에 대한 애착, 재일조선인을 대하는 일본정부와 사회의 차별에 분노하고 있음이 느껴졌다. 정말 한 분 한 분의 다양한 삶에 대해 많이 듣고 온 방문이었다. 우토로 마을과 자위대 기지 사이의 둔덕 같은 길을 긴 총을 들고 순찰하는 자위대원과 이른 아침에 체격 좋은 자위대원들이 무리지어 조깅하는 모습도 보았는데, 우토로 문제의 의미를 상징적으로 보여주는 장면이었다."
　이후 그녀는 우토로를 쉼 없이 오갔다. '일본어를 할 수 있었고, 우토로 동포 이전에도 많은 재일동포들을 만나 왔기 때문일지 모르겠다'고 운을 뗀 후 이렇게 말했다. "저에게는 제 가족보다 더 가족처럼 느껴지는 분들이 계셨다. 이미 이 세상에 안 계시지만…."

'토지 매입'으로 전환

KIN멤버들에게서 우토로의 상황을 들은 한국의 국회의원들은 4월에 <우토로 문제를 생각하는 국회의원 모임>을 만든다. 그리고 KIN이 사무국을 맡아 <역사 청산! 거주권 보장! 우토로 국제대책회의>가 발족한다. 대책회의는 모금운동을 시작하기로 하고 한겨레신문사가 발행하는 시사주간지 『한겨레21』과 협력해 6월부터 모금활동을 시작한다. 매주 토요일, 서울 인사동 거리에서 모금과 서명을 호소했다. 모금문화의 나라 한국다웠다. '일본정부를 비판하려면 거기에 집중해야지', '아시아 여성기금과 똑같은 것 아냐?' 같은 비판도 있었지만 괘념치 않았다. 포인트가 빗나간 비판이었기 때문이다. 배지원의 말이다. "당시 목적은 시민모금으로 우토로의 토지를 매입하겠다는 것보다 한국과 일본, 양측 정부가 우토로 형성의 역사성을 인식해서 거주권 보장을 위해 구체적으로 나서게 만드는 것이었다."

하지만 강제 철거를 오히려 기다리는 듯한 일본정부와 교토부, 우지시의 태도에 KIN은 전략을 바꿔야 할 상황을 맞는다. 당시 인터뷰에서 배지원은 이렇게 말한다. "분명 우토로는 전후 책임, 역사 인식의 문제이지만, 지금은 모금활동을 해서 한국정부를 압박하고 싶다. 과거 책임과 경제 원조를 맞바꾸는 조약을 체결했는데, 그 원조는 재일동포들에게 전혀 도움이 되지 않았다. 그것을 자각하지 못했던 사회의 일원으로서 뭐라도 해야 했다. 모금은 정부가 해야 마땅하지만 우리 같은 시민들이 나섬으로써 정부가 빚을 지게 만드는 일이라 생각했다." 미국의 요청을 받은 자민당정권과 손을 잡은 박정희정권이 개발자금을 손에 넣었지만, 그것은 재일동포의 기민정책을 토대로 한 것이었다. 배지원과 동료들이 우토로 문제 해결에 나선 것은

'65년 한·일 협정'을 부정하는 것이었다. 당시 우토로에서 묵으며 동포들과 함께 한 젊은이들은 저마다 말했다.—"이 문제는 우리들의 과거 청산입니다." 윤리나 정의로는 사람들을 움직일 능력조차 없는 구 종주국을 향한 호소를 단념하고, 한국시민으로서 자신들의 책임을 시민사회에 알려 나간다. 이것이 KIN 멤버들의 선택이었다.

모금활동에는 나눔문화 확산과 세상을 바꾸는 작은 변화를 지원하는 <아름다운재단>이 합류해 국회의원과 변호사, 배우, 영화감독, 작가, 종교인 등 33명을 대표로 하는 <우토로 살리기 희망모금 캠페인>을 시작한다. 힘을 보탠 한겨레신문은 지면 지원은 물론이며 홍보활동도 크게 벌였고, 5월에는 서울시내 모든 지하철에 우토로 지원을 호소하는 광고가 걸렸다. 마치 영화나 드라마와 같은 전개다.

한편 7월 5일에는 유엔인권위원회의 인종차별에 관한 특별 보고관 두두 디엔이 우토로를 방문한다. 다음해에 개최될 인권위원회와 유엔총회에 제출할 보고서 작성이 목적이었다. "전쟁 목적의 건설공사에 종사하고 전쟁이 끝나자 마치 쓸모없는 도구처럼 버려졌다. 그야말로 차별의 흔적이다. 개발이 진행된 선진국가에서 이러한 상황을 목격한 것과 일본 사회에서 소외된 사람들의 실태를 본 것이 충격이었다. 그 한편으로 느낀 것은 주민들의 커뮤니티와 강한 연대였다."

프랑스의 식민지였던 세네갈 출신 두두 디엔의 '모어'는 프랑스어였지만, 전혀 아랑곳없다는 듯 우토로의 어머니들은 간사이 사투리와 한국어로 그에게 열심히 말을 걸었다. 아프리카 사람이니 향신료를 좋아할 거라며 김치와 지지미, 나물 같은 음식을 대접했다. 두두 디엔은 이날의 감동을 잊지 못하고 후에 개인적으로 우토로를 다시 방문한다.

주민회도 움직였다. 5월 6일 주민총회에서는 '우토로의 토지를 매입하는 것이 최선의 해결 방법'이라며 만장일치로 결의, 7월 26일 밤 주민집회에서는 행정기관에 토지 매입을 요청한 종래의 방침을 전환하는 것과 자선모금 개시 문제도 거론되었다.

긴 책상을 앞에 두고 김교일 회장과 겐모토 아키오 부회장이 앉고, 40여 명의 주민들이 집회장에 모였다. 모니터를 통해 KIN의 멤버들이 서울의 명동거리에서 모금을 하는 영상을 보고 난 후 김교일 회장이 입을 열었다. "우리도 뭐든 해야 되겠다." 겐모토 아키오가 회장의 말을 이어받았다. "오늘부터 올 연말까지를 목표로 모금활동을 하고 싶다. 주민들도 거리에 나가서 (모금활동을) 해야 된다고 생각하는데, 어떠신가?" 햇볕에 그을린 양팔을 문지르며 빠른 말투로 의견을 물었지만 질문도 찬성도 박수도 없었다. 평소 같으면 여러 차례 탈선과 복귀를 반복하면서도 집회가 진행되었을 텐데 이날은 달랐다. 입을 굳게 다문 채 정면을 응시하는 사람과 고개를 숙인 채 바닥만 보는 사람, 집회장은 묘한 긴장감이 감돌았다.

사실 우토로는 식민주의와 전쟁을 배경으로 생겨난 마을이다. 그 책임을 생각해 행정이 토지를 매입하게 만드는 방침을 확고히 지켜왔는데, 갑자기 방침을 전환하자는 얘기였다. 이곳에서 살라는 말에 살기 시작한 곳인데, 다시 돈을 지불하고 매입해야 된다는 얘기다. 큰소리가 나지는 않았어도 납득하지 못하는 주민들도 적지 않았다.

집회가 끝난 후 둘러싼 취재 관계자들에게 겐모토 아키오가 말했다. "물론 우지시와 행정에 계속 해 왔던 주장과 요청을 잊은 것은 아니다. 그런데 이미 시의회에 요청해 결정이 났을법한 주민실태 조사조차도 하지 않고 있다. 현실적으로 토지소유자가 엄연히 있으니 철거를 당할 가능성도 있다. 아무 것도 안 하는 행정기관에 호소하는 것보다 지금으로선 본국의 기세와 연대하면 좋을 것 같다."

시의회에 한 요청이란 2005년 2월, 총련과 각지의 민단 지부가 공동으로 우지시의회에 한 요청이다. 의회는 이 요청을 3월에 만장일치로 채택했지만 요구항목 중 하나인 실태조사도 진행되지 않고 있었다.

한국의 지원 움직임은 기세를 더해 갔다. 과거 우토로 특집방송을 편성했던 MBC도 한겨레신문에 이어 캠페인에 동참한다. 2005년 8월, 광복

60주년 기념방송으로 우토로 마당에서 <전후 60년 우토로發 ― 새로운 미래로>를 개최했다. 1996년 이후 다시 우토로 무대에 선 아라이 에이치(新井英一)의 콘서트를 중심으로 우토로와 한국을 위성 연결해 보다 더 많은 지원의 물결을 만들려 기획한 행사다. 홍정자가 <어머니의 노래>를 낭독하고, 재일동포 청년들이 여기에 곡을 붙여 우토로의 어머니들과 합창을 한다. 도중에 세차게 내리기 시작한 빗속에서 500명 이상의 참가자들 앞에서 아라이 에이치는 <청하로 가는 길 淸河への道> 48번을 모두 열창하며 굵고 거친 목소리로 여러 차례 절규했다. '우토로를 부탁합니다!' '우토로를 부탁합니다!'

돈 냄새를 맡고 움직이는 이들도 있었다. 한 사람은 이노우에 마사미井上正美라는 인물이다. 그는 소유주인 <서일본식산>과 제소하기 전 '화해'로 토지를 샀다고 주장하며 서일본식산과 소송을 벌였는데, 오사카 지방법원 1심에서 이노우에의 손을 들어준 승소판결이 나왔다. 주민 측은 또 다른 전매사태를 막기 위해 이노우에 측에 토지매입 의사를 전달하고 수면 아래에서 협상을 진행했지만, 그들은 한국에서의 지원 규모를 예상하고 거래금액을 올리며 토지측량 등을 하겠다고 했다. 그리고 결국 교토 지방법원에 빈집 한 채의 명도를 요구했다.

8월 30일, 20여 명의 사내들이 우토로에 들어왔다. 양복을 입은 15명을 선두로 제초기와 낫을 든 작업복 차림의 사내들이 뒤를 따른다. 교토지법 담당관이 철거 집행 공시문을 부착하러 온 것이다. 마을 내에는 서일본식산이 토지를 소유한 이후로 이 회사에서 퇴거비용을 받고 나간 주민의 집이 몇 채 있었다. 전매를 하고 도망친 히라야마 마쓰오(허창구)와 그의 친족들의 집이다.

이날 공시문이 붙을 대상가옥은 한 채였다. 마을 안에 공권력을 집행하는 집행관이 들어온 것은 처음이었다. 남성 주민들 대부분은 일을 나가고 없었다. 여성들과 고령자들이 모여들었지만 일행은 아랑곳없이 그대로 대상

가옥을 향해 걸어갔다. "대체 이게 무슨 짓이야!" 보다 못한 주민이 고함을 지르는 가운데 집행관은 묵묵히 빈 집에 공시문을 붙였다. 언론사 기자의 질문에 집행관은 이렇게 말했다. "두 번 다시 이런 식으로 오고 싶지 않다. 소유자와 원만하게 협상해 주길 바란다."

10분 정도의 시간이었다. 시커먼 사내들이 마을에서 나가자 주민들이 웅성이기 시작했다. 황순례가 먼저 말문을 열었다. "처음엔 필드워크를 온 줄 알았다니까. 보니까 아는 얼굴(안내자)이 없어서 이상하다 했어." 가와모토 히데오는 "어차피 올 줄은 알았지만 주민들과 협상을 하는 와중에 뒤로는 이렇게 비열한 짓을 뻔뻔스럽게 하다니. 장난해!" 하며 화를 참지 못했다. 우연히도 이날은 중의원선거를 알리는 공시일이었다. "우토로 주민은 선거권이 없으니까 별도의 공시가 왔네." 해당 가옥 맞은편에 살고 있던 재일 2세 가네무라 다케오(金村武夫 1932년생)의 한 마디에 순간 웃음이 번진다. 우토로다운 농담이었다.

철거 집행은 서일본식산의 이의신청이 받아들여져 중지되었지만, 현 상황을 알기에는 충분했다. 다음 집행에 대비해 인간 사슬 만들기와 마을 진입로에서의 연좌시위 '훈련'도 몇 차례에 걸쳐 실시되었다. 한국의 시민운동은 점점 더 고양되어 갔지만 현장의 실태는 이러했다.

한편 KIN은 한국정부에 압력을 넣는데 주력했다. 국회의원, 외교통상부… 공식면회나 청원만으로도 며칠씩 걸리는 빡빡한 일정이다. 주민들도 여러 차례 한국으로 건너갔다. 10월에는 대책회의의 박연철 상임대표가 <일본 국내의 조선인 마을, 우토로의 생존권 보호를 위한 정부지원에 관한 청원>을 국회에 제출한다. 청원 취지는 '토지구입 부족액을 2006년도 재외동포 지원예산으로 편성하고, 중장기적으로는 평화기념관 건립'을 요청했다. 다음날엔 외교통상부 제1차관과 주민대표의 면담이 성사되어 '주민들의 충분한 자구 노력이 예산지원의 전제'라는 답변을 듣는다. 11월에는 조선총련 지부가 모금활동을 개시했다.

키워드는 '역사', '동포'

　해가 바뀌어도 한국에서의 우토로 지원 기세는 멈추지 않는다. 2006년 1월에는 외교통상부의 모든 직원이 급여의 0.5%를 지원금으로 기부한다고 발표했다. 이에 호응하듯 스위스 제네바에서는 강제 철거의 위험을 방관하는 일본 행정당국에 우려를 표명하며 일본정부에 대책을 요구한 두두디엔 보고관의 보고서가 발표된다. 주민과 <지키는 모임>은 <마치즈쿠리(마을 만들기)를 생각하는 토론회>를 여러 차례 개최한다. 이타미伊丹공항(현 오사카 국제공항) 확장공사로 인해 생겨난 재일조선인 집주부락으로, 지자체가 나서서 거주문제가 해결된 이타미시伊丹市 '나카무라中村 지구'도 방문했다. 교토시 남구 히가시쿠조東九条의 재일조선인 집주지역 시영주택과 고령자 복지시설 등을 시찰하고, 우지시에 공공시책 실시를 위한 실태조사 청원도 계속했다. 정부, 사회의 관심이 중단되지 않도록 하는 것이 중요했다. 이노우에와 서일본식산의 재판은 원 소유주인 서일본식산의 역전승소가 확정되어 드디어 토지매입을 협상할 상대가 분명해졌다.

　이러는 사이 한국에서 '날벼락' 같은 소식이 날아온다. 2007년 5월 25일, 오사카총영사관의 교토 담당 영사가 주민회 부회장인 겐모토 아키오에게 '한국정부는 토지매입을 지원하지 않는다. 이미 4월에 결정됐다'고 전화로 알려 왔다. 외교통상부가 주민회에 요구했던 <우토로 마치즈쿠리 계획서>를 제출한 직후였다.

　곧이어 6월 2일에 열린 국회 본회의 질문에서 송민순 외교통상부 장관은 '민단이나 사회복지법인 등과 함께 지원책을 검토 중'이라고 답변했다. 토지매입은 하지 않고 강제 퇴거가 실시되면 고령자 복지시설인 '고향의 집'에 55명까지 수용 가능하다는 내용이다. 타국에 있는 자국민과 일본 내 동포들의 유사지역과의 공평성, 게다가 주민 전원이 과거 노동자이거나 그 자손이 아닌 점을 '이유'로 태도를 바꾼 것이다. 배지원은 다음과 같이 지적했다. "다른 곳도 지원하지 않는데, 우토로만 지원하면 불만이 나온다는 의미인가. 선례를 남기지 않겠다는, 그야말로 '방치의 공평성'이 아닌가."

하지만 본격적인 투쟁은 이때부터였다. 한겨레와 MBC, 프레시안은 민단과 토지 소유자, 오사카 총영사 등을 집중취재하고 외교통상부에도 질문서를 보내 '방침 전환'의 배경을 조사했다. 열린우리당에서도 외교통상부에 질의서를 보냈고, <대책회의> 등은 7월 18일에 전 외교통상부 장관이었던 반기문 유엔 사무총장에게도 협조를 요청한다. 그리고 7월 21일, 우토로에서 김군자와 한금봉 등을 초청해 24일까지 3일 동안 <마지막 희망 순례>라 명명한 로비활동을 감행했고, 노무현대통령에게는 청원서를 제출, 299명의 국회의원 전원에게 편지와 카네이션을 보냈다.

<대책회의>는 8월 1일, 당시 대통령비서실장이었던 문재인과 면담에 나선다. 이들의 열의에 문재인은 우토로 문제의 관할을 청와대 외교안보수석실에서 시민사회수석실로 이관하도록 지시한다. 이것이 결정타였다.

외교안보수석실, 외교부, 정보기관과 검찰은 '보수파'의 아성이다. 진보정권에게는 '적대세력'과 마찬가지다. 갑작스런 '방침 전환'도 노무현정권이 끝나가는 것을 예측해 본성을 드러낸 것에 불과하다는 의견도 있었다. 결국 '배반'을 번복시킨 것은 <대책회의> 멤버들의 과거 청산에 대한 염원, 그리고 민주화를 실현한 시민사회의 힘이었다.

하지만 여전히 남는 의문은 외교통상부 '변절'의 배경이다.

진퇴양난에 빠진 김교일 주민회장이 7월 23일자로 노무현대통령에게 보낸 편지는 그 배경을 살펴보는 데 도움이 된다. 먼저 그는 우토로의 역사와 현재의 역경을 언급한 후 돈을 바라는 것이 아니라고 양해를 구한 다음 이렇게 호소했다.

《그동안 우리 우토로 마을에 대해 중상 비방을 하는 이런저런 말들이 돌았다고 들었습니다. 우토로 주민 간에 소유권 분쟁이 끊이지 않는다거나, 일본 내 유사지역이 있다거나, 심지어는 우토로 마을이 총련 마을이니 정부가 지원해서는 안 된다는 말들입니다.》

이런 내용이 모두 근거 없는 얘기라고 지적한 후 계속 이어갔다.《일본정부가 한 얘기라면 그래도 이해가 되지만 만약 이러한 말들이 같은 동포들이나 어느 조직을 통해서 나온 것이라면 그보다 억울한 일은 없습니다.》일본정부라면 있을 수 있는 방해활동을 동포가 하는 것에 대한 노여움이다. 그는 피를 토하는 심정으로 편지를 이렇게 맺는다.

《우토로에는 시간이 얼마 남지 않았습니다. 그러나 만약에 우토로 마을이 영영 없어진다고 하더라도 절대 잊지 마시고, 언젠가 좋은 시대가 온 다음에는 역사교과서의 한 페이지에 우토로를 기록해 주시기 바랍니다. 그리고 더 이상 이러한 일들이 일어나지 않도록 우리 해외 동포들을 조국이 지켜 주십시오.》

한국에서의 심상치 않은 움직임을 감지한 일본정부도 나서기 시작한다. 주민회와 <지키는 모임>의 대표가 국토교통성 장관 후유시바 테츠조冬柴鐵三와 면담한다. 장관의 지역구는 효고현兵庫縣 아마가사키시尼崎市였다. 재일조선인 지인들도 많아서 지방참정권 문제 해결에도 적극적이었고, 이타미伊丹 나카무라中村지구의 거주권 문제도 해결했다. 민단, 조선총련과의 관계도 좋아서 이 면담도 우토로의 총련지부를 통해 실현된 것이다.

나카무라中村 지구는 공항의 소음피해를 고려한 형태로 해결되었지만 우토로는 달랐다. 지자체가 먼저 요청만 하면 국토교통성 관할의 <마치즈쿠리 제도>를 활용할 수 있었다. 이것이 후유시바 장관의 제안이었다. 면담이 끝난 후 헤어질 때는 '토지는 국가가 산다'고 단언했다고 한다.

문제는 '스탠스'였다. 계속 살고 싶은 주민들의 의향에 따라 거주권을 보장한다는 점에는 동의했지만, 주민 측에서 요청한 '주민, 토지 소유자, 행정 3자간 협상자리를 국가가 제안해 달라', '한일 양국 정부가 해결하라'는 것에는 '기본적으로 스탠스가 다르다'고 못을 박았다. 역사적 문제로 인식은 하고 있지만, 전면에 나서는 것은 피하고 현실적으로 대응해야 한다는 것. 바꿔 말하면 '역사 인식을 끄집어내면 정부와 여당을 압박할 수 없다'는 얘기다.

한국시민의 우토로 지원운동은 점점 확대되어 관련기사의 조회 수가 1
일 10만 건에 달한다. 8월 말, 드디어 민간모금기금 총액이 5억 원(당시 일
본 엔으로 6,300만 엔)을 넘었고, 청와대는 '우토로 문제에 적극적으로 대
처 중'임을 표명한다. 한국 시민사회의 힘이었다.

배지원은 이 활동의 키워드를 '역사'와 '동포'라고 생각했다. "우토로 대
책회의의 슬로건은 단체의 정식명칭에도 나와 있듯이 '과거 청산, 거주권
보장'이었다. 역사정의의 문제이자 기본적 인권인 거주권의 문제, 이 두 가
지 시각으로 우토로 문제를 바라보았다. 하지만 한국 시민사회와 정부를
움직인 주된 동력은, 한국정부와 일본정부의 역사적 불행으로 생겨났음에
도 불구하고 오랫동안 양국 정부와 한국시민들에게 방치된 국민 또는 동
포라는 점이었다. 거주권의 문제를 이러한 역사적 맥락에서 이해하고 있었
다. 만약 그들이 일본인이라면 처음부터 우토로의 거주권 문제는 발생하지
도, 그런 방식으로 흘러오지도 않았을 것이라는 데에 한국 시민들이 공감
한 것 같다. 그리고 일반적인 거주권 문제와는 다르기 때문에 그 접근법도
달라야 한다는 것을 한국 시민들은 많은 설명을 하지 않아도 이해하고 있
었다. 같은 인간으로서, 같은 공동체의 구성원으로서의 연대감이 모두 발
현되었다고 생각한다."

서일본식산과의 매매에 관한 협상창구는 <대책회의>가 맡기로 한다. 서
울에서의 두 번째 협상(9월 29일)에서 <대책회의>와 <서일본식산>은, 우
토로 토지의 동측 절반 3,200평을 약 40억 원(5억 엔)에 중간법인에 매각
하기로 합의, 주민회와 서일본식산 간에 합의서가 교환되었다.

10월 15일, 분할 지원금 명목으로 한국국회에 15억 원의 예산안이 상정되
었다.

배지원은 말한다. "토지 전체를 매입하지 못해 그 후로도 불안은 남았지
만, 1세 동포들이 우토로를 떠나지 않고 계속 살 수 있게 돼서 기뻤다. 그분
들의 심신의 노고에 위로가 되길 바라는 마음이다. 그리고 그들에게는 조
국인 한국정부가 우토로를 동포의 문제이자 자국의 역사가 낳은 문제로 인

식하고 그 의무를 조금이라도 다했다고 생각한다.”

작은 ‘통일’

재판이 시작된 지 18년, ‘토지 문제’가 해결로 향하는 결정적인 한 걸음
이었다. 10월 15일 저녁 7시, 예산안이 상정되었다는 소식에 우토로 주민
회가 집회소에서 기자회견을 열었다. 주민회 임원과 <지키는 모임>의 회
원들, 언론 관계자까지 가득 들어찬 집회소는 40분 전부터 발 디딜 틈조
차 없었다.

이보다 2시간쯤 전, 나는 김군자의 자택을 찾았다. 취재가 저녁이나 밤까
지 이어지면 함께 술잔을 기울이는 것이 나의 루틴, 무엇보다 이날의 기쁨
을 김군자와 나누고 싶었다.

마을 서편 골목 안쪽에 김군자의 집이 있다. 현관문을 열고 시멘트 바닥
왼쪽에 있는 유리문을 노크했지만 늘 그렇듯 대답이 없다. 철거 문제가 일
어났을 무렵, 불안증으로 돌발성 난청이 생긴 탓인지 김군자는 한쪽 귀의
청력을 거의 잃었다.

문을 꼭 닫고 TV를 켜놓은 채여서 노크소리가 더 들리지 않는다. 미닫이
유리문에 비춰지는 TV영상이 어지럽게 흔들린다. 몇 번을 더 노크하니 대
답이 온다. 유리문을 열자 코타츠 테이블 너머에 앉아 늘 그렇듯 환한 표정
으로 맞아 주었다. “언제 왔어, 어여 들어와.” 그리고 변함없는 한 마디로
시작한다. “그럼, 한 잔 할까?”(웃음)

바로 옆 주방에서 소주병을 안고 온다. 거실에 두면 좋을 텐데 ‘멀리 두지
않으면 다 마셔버린다’고 한다. 테이블 위에는 명란조림과 풋고추 멸치조
림, 짭조름한 오징어, 그리고 김치가 놓였다.

옆에는 발포 맥주가 줄지어 서서 뚜껑을 열어 주길 기다렸다. 처음에는
나도 함께 소주에 뜨거운 물을 섞어 마셨는데, 어느 날 맥주파인 것을 들키
고 말아 그 뒤로는 이렇게 되었다. 내 유리잔에 발포 맥주를 따르고 김군자

는 전용 컵에 소주를 붓고는 전기포트에 있는 뜨거운 물을 조금 섞었다.

인사가 몇 마디 오간 뒤 "한국정부가 예산을 만들었대요" 하고 말을 꺼내자 "벌써 결정됐어?" 하며 몸을 내 앞으로 당긴다. "이걸로 이제 괜찮을 거예요" 하자 내 얼굴을 물끄러미 보다가 만감이 교차하는 목소리로 말했다. "역시, 동포라서 그런 거야⋯⋯."

이 당시, 이미 70세가 넘었지만 한 달의 절반은 고령자사업조합의 파트타임 일을 나갔다. 공공시설의 잡초 뽑기나 쓰레기 수거, 재떨이 청소 등으로 한 달에 7만 엔 정도를 벌었다. 요양보험료와 건강보험료를 제외하면 실제 수입은 5만 엔 정도다. 몸은 고되지만 그래도 일을 해야만 했다.

우토로에는 1946년 1월에 들어왔다. 17세에 중매로 결혼한 상대가 이곳 주민이었다.

과거에 인터뷰를 할 때 그녀는 시집오던 때와 남편에 대한 그리움, 우토로에서의 생활, 그리고 몸이 부서져라 일했던 날들을 이렇게 얘기했다.

"만난 적도 없는 사람이었어. 요도淀에 허물없이 편한 사람이 있는데, 한번 보지 않겠냐고 해. 한 살 많은 남편이 우리 집에 선을 보러 왔는데, 너무 긴장했어. 찻잔을 들고 방으로 들어갔는데 바닥만 보느라 얼굴도 제대로 못 봤어.(웃음) 얼굴도 키도 몰랐지. 그런데 그 사람이 '딸을 주십시오' 하는 거야. 그러고는 뭐, 일사천리야.(웃음) 결혼식은 추울 때 했어. 막걸리도 만들었지. 또 메주콩을 깨끗이 씻어서 지푸라기를 깔고, 콩을 담고 물을 줘. 그러면 싹이 나오니까 간단해. 콩나물 뿌리는 지금이야 아무도 안 먹지만 그때는 뿌리도 양념을 해서 일하러 오는 사람들한테 반찬으로 냈어. 옛날에는 시집갈 때 여자는 아무 것도 안 해도 돼. 남편이 우리 친정에서 이틀 밤을 묵고 먼저 돌아갔어. 친정아버지가 나를 데리고 중매쟁이가 부른 차에 태워 데려다 주고 돌아갔어. 당연히, 택시는 태어나 처음 타 봤지. 그렇게 야마자키山崎에서 우토로에 시집 왔어. 손님들 대접할 음식도 직접 만들고, 북적북적 사람들도 많았어. 남편 이름? 음, 남종우(南淙祐), 영리한 사람이었어."

함석을 덧대어 만든 판잣집들이 삐걱대는 마을, 공동변소와 우물은 하나밖에 없었다.

"요상한 집이었어, 움막이나 마찬가지야. 문에 못을 박고 철사 줄을 감으면 그게 열쇠야. 돈도 없으니까 자물쇠도 필요 없지. 목욕탕이 없으니까 일주일에 한 번, 모모야마桃山까지 목욕을 하러 갔는데, 갔다 오면 골목이 너무 많아서 우리집이 어딘지 찾을 수가 없는 거야. 아이고, 정말." 겨울이면 바람이 안으로 들이쳐 잠들 수 없을 만큼 추웠다. 연말에는 이웃에게서 받은 콜타르를 끓여서 벽에 바르고, 시멘트 봉투를 그 위에 덧붙여 틈새를 막고 새해를 맞았다.

"양말도 못 신고 고무신처럼 생긴 나막신을 신었잖아, 그러면 발이 트지. 손도 살림하느라 거칠어졌고. 밤이 되면 물 대신에 오줌을 받아서 씻기도 했어. 애들도 기저귀가 없어서 말이야. 가까운 절에 가서 헌 유카타를 받아와서 뜯어서 자르고 다시 꿰매서 기저귀로 썼어. 천 기저귀는 빨아도 냄새가 나니까 일주일에 한 번씩 물을 끓여서 빨았어."

숨 돌릴 새도 없는 나날이었지만 그래도 빈 시간에는 집집마다 만든 푸성귀와 밥을 들고 모여 다 함께 먹기도 했다. "뭘 만들었냐고? 그야 양배추도 삶고, 이것저것 있는 걸로, 변변찮은 것들이지, 배추를 내놓기도 하고. 거기에다 밥, 그런데도 맛있거든. 낮에는 길바닥에 신문지를 깔고 둥글게 앉아서 먹기도 했어. 노래도 부르고, 춤을 추기도 하고."

그 시절 이야기는 언제나 남편에 대한 그리움으로 흘러갔다.

"남편은 정말 머리가 똑똑한 사람이야. 조선으로 학생들을 가르치러 왔던 일본인과 함께 일본에 건너왔어. 함바를 전전하면서 공부를 했다고 해. 후시미伏見에 있는 고등학교를 나온 후에 나랑 결혼했어. 글씨를 인쇄한 것처럼 반듯하게 썼거든. 남편 통지표엔 '우' 아니면 '수'만 있어. 침수니, 태풍이니, 그 난리를 겪는 사이 다 없어지고 말았어. 남자다웠다기보다 다정한 사람이었어." 자가용을 구입한 것도, TV를 구입한 것도 우토로에서 제일 먼저였다고 한다.

민족단체의 회합에서 찍은 단체사진 몇 장에 그녀의 남편이 생존해 있을 때 모습이 남아 있다. 까까머리와 올백 머리의 활동가들 속에 그 혼자만 긴 헤어스타일이다. 갸름한 얼굴에 동그란 안경을 쓴 모습이 작가처럼 보인다. 본인의 취미는 카메라였는데, 그가 가족들과 우토로를 촬영한 많은 사진들은 유족들이 우토로 평화기념관에 기증했다.

"그런데 안타깝게도 명이 짧았어······." 작업 중의 사고였다. 의료비 걱정에 병원에 가는 것도 단념하고 집에서 치료했는데, 더는 손을 쓸 수 없게 되었다. 29세였다. "정말, 좋은 사람, 나한테는 과분한 사람이었어. 진짜, 다시 한 번 만날 수 있으면 죽을 때까지 곁에 있어 주고 싶어. 진심이야." 남편의 치료비는 모두 실비였다.

남아 있는 자신의 아이들 셋뿐만이 아니었다. 몸져누워 있던 시아버지 남상한(南相干), 일찍 세상을 떠난 시어머니가 남기고 간 남편의 남동생 둘까지 돌봐야 했다. 우지와 교토 시내의 직업안정소를 찾아가 '잡부든 뭐든 좋으니 일을 시켜 달라'고 사정했다.

"측량공사장에서 현장 뒷정리, 시멘트 섞기, 땅 고르기, 골프장에서 공 줍는 일까지 안 해 본 일이 없었어." 짧게 펌을 한 머리도 멋을 내려는 것이 아니라 현장 노동에 불편하지 않기 위해서였다. 1m 50cm의 작은 몸이지만 '일을 못한다는 소린 들어보지 못했다'며 자신 있게 말했다. 하지만 혼자 있을 땐 하염없이 눈물이 났다. "1년에 250일은 울면서 지냈어."

돼지 여물로 모아온 잔반에서 '사람이 먹을 수 있는 것'을 골라내 먹기도 하고, 밭고랑에 버려진 무를 주워 와 간장에 조려서 아이들에게 먹이기도 했다. "늘 배가 고프니까 뭐든지 맛있다며 잘 먹었는데, 안쓰럽고 속이 상해서."

잠이 들면 자주 남편이 꿈에 보였다. "꿈에 나오는 거야. 왜 이렇게 어린 애들과 식구들을 나한테 맡기고 먼저 갔냐고 화를 냈는데, 남편은 '걱정하지 마, 내가 이렇게 뒤에 있으니까' 하는 거야." 불단 위에 놓아둔 원컵 소주와 남기고 간 담배를 '뒷정리'하다 술과 담배를 배웠다고 한다. "김빠진 술도 버리기 아깝잖아. 덕분에 내가 이렇게 불량해졌어."(웃음)

반생을 이야기하다 이따금 눈물을 보일 때도 있었다. "과부가 되고, 일에 치어 살다 보니 이 나이가 됐어. 불쌍한 여자야." 이 말 뒤에는 반드시 이어지는 말이 있다. "그래도 우토로였으니까 버텨 왔어. 따듯하고, 말도 통하고."

또 그녀의 자랑은 우토로에서 '제일 먼저 집을 지은 것'이었다. "고철상 수금은 내가 맡아서 주조+茶까지 다녔는데, 갔다 올 때마다 5만 엔씩 따로 챙길 수 있었어. 급할 때 필요했으니까 남편도 눈감아 주었어. 함께 모은 거나 마찬가지지. 그걸로 곗돈을 붓기도 해서 75만 엔을 모았어. 다 써 버리면 남는 게 없으니까, 그 돈으로 집을 짓기로 했지. 남편이 죽기 전에는 지금 이 집 앞에 빈 터가 있었고, 여긴 고철을 모아 두는 곳. 거길 깨끗이 치우고 우리 아버지가 아는 목수한테 견적을 받으니까 120만~130만 정도 필요하대. 돈이 모자라서 어머니한테 50만 엔을 빌렸어. '조금씩 일해서 갚겠다'고 했지. 그렇게 이 집을 지었어. 집을 짓는 동안은 말도 못하게 힘들었지. 돈이 없으니까 제사도 못했어. 아무 것도 살 수 없어서. 옛날엔 제사 때 쓰는 놋쇠 밥그릇과 국그릇, 수저를 잘 싸서 넣어 두고 열쇠를 채워 놨어, 제사가 있을 때만 꺼내서 깨끗이 닦았지. 거기에 음식을 준비해서 담고, 위패도 꺼내고, 제사가 끝나면 음식은 다 함께 먹었지. 아무 것도 살 수가 없어서 놋그릇만 꺼내 와서 울면서 닦았어. 먹던 반찬을 조금씩 담고, 원컵 소주만 놓고 제사를 드린 적도 있어. 아이들이 그걸 다 보았지."

집이 완공된 것은 29세 때다. 우토로에 뿌리를 내리고 남편의 가족과 아이들을 끝까지 보살피겠다는 다짐이었다. 기와지붕은 아니었지만 3평 남짓한 부엌과 장남을 위한 4평짜리 방도 따로 만들었다. 그 집을 바라보던 김군자는 어떤 표정을 지었을까.

한편으로 마을에서 제일 먼저 지은 집은 입지조건을 전혀 고려하지 않은

'개문발차'식 건축이었다. 우토로 마을에서도 가장 서쪽에 바닥면을 만들지 않고 지은 가옥이 김군자의 집이었다.

현관 앞에는 흙으로 작은 '둑'을 쌓았는데, 비가 제법 내리면 가차 없이 빗물이 안으로 들이쳐 집안은 온통 '진흙탕'이 되었다. 기후변동도 그 횟수에 가담했다. 큰 비가 올 때마다 다다미를 벗겨내 말리거나 새로 구입해 깔아야 하는 '숨바꼭질'이 계속되었다. 그러는 사이 거실에만 다다미를 깔고 다른 방은 콘크리트 합판 위에 양탄자를 깔고 살았다.

자녀들이 모두 독립해 나간 후에도 계속 혼자 지냈다. 그녀에게는 먼저 떠난 남편과 함께 지은 집이자 남편의 유물이며, 자신의 삶 그 자체였다. "이 집, 아무리 잊으려 해도 절대 잊지 못하지. 제사도 못 드리면서 지은 집이야. 포기하려 해도 절대 그럴 수가 없어."

집에 대한 마음은 재판에서 패소한 뒤 더욱 강해졌다.

"그 전까지는 여기서 나가라고 하면 어찌해야 하나 불안하기만 했지. 하지만 재판이 끝나니까 내 마음이 딱 굳어졌어. 이젠 불도저가 올 테면 와라, 그럼 내가 제일 앞에 나갈 테니까. 이 집을 내가 어떤 심정으로 지었는데. 나를 깔아뭉개고 이 집을 부숴라. 나는 너희들 앞에서, 너희들 손에 죽을 거다, 그 생각밖에 없었어."

우토로의 집들은 식민지주의라는 폭력에 농락당한 사람들의 '확실함'에 대한 희구 그 자체였다. 한국정부의 예산 결정은 큰 전환점이었지만, 그것은 집을 잃는 것을 의미했다. "다 함께 살기 위해서니까, 하는 수 없지 뭐." "이제 난 마음 정했어." 김군자는 스스로에게 말하고 있었지만 마음속에는 복잡한 심정이 뒤섞였을 것이다.

예산안 상정 후 기자회견이 열릴 때까지 얼마 남지 않았을 때였다.

때때로 먼 곳에 시선을 두던 그녀가 갑자기 내게 물었다. "아, 자네 <우리학교> 봤나?"

우토로에서 기획한 공동체상영회에서 봤다고 한다. 영화의 하이라이트는 수학여행 장면이었다. 목적지는 DPRK다. 니가타 항에서 '만경봉호'에 오른 재일 3세, 4세 고교생들이 태어나 처음으로 '조국'을 방문한다.(그 후 만경봉호는 일본정부가 입항을 금지한다) 항구에는 우익들이 몰려와 만경봉호 입항 반대 현수막을 들고 있었다. 욕설이 난무하는 가운데 일본을 떠나 바다를 건너 '조국'에 도착한 학생들.

튀어오를 듯 트랩을 내려온 학생들은 저마다 허리를 구부려 조국의 흙을 손바닥으로 확인했다. 일제강점으로 고향을 떠나 일본에 올 수밖에 없었고, 몇 세대에 걸쳐 일본 사회의 구성원으로 살아가는 사람들에게 일본 사회는 오로지 동화를 강요하거나 배제해 왔다. 그뿐인가, '북조선'에 관한 이슈가 터질 때마다 아무 관계도 없는 학생들을 불특정 다수가 공격대상으로 삼았다. 학생들이 손으로 확인한 것은 자신들을 아무 조건 없이 품어 주는 '조국'이었다.

김군자는 그 장면에서 쏟아지는 눈물을 참을 수 없었다고 한다. 강제 퇴거 소송으로 피고가 된 지 20여 년, 대법원에서 패소 판결이 나온 것도 7년이 지나 있었다. 그사이 주민들은 언제 집이 철거될지 모를 불안에 시달려 왔다. 고향땅의 정부가 나서 주어 이제야 겨우 위기에서 벗어날 길이 열렸다. 김군자 또한 그 학생들처럼 조국의 손길을 실감하고 있는 것 같았다. 조선학교 고교생들이 '조국'의 흙을 매만진 것처럼, 김군자도 자신의 집 다다미를 쓰다듬으며 말했다. "누가 뭐래도, 동포야, 민족이야."

'일본에서는 차별을 당하고, 조국에서는 버려졌다'—김군자를 비롯한 1세 여성들이 이렇게 토로하는 것을 나는 여러 번 들었다. 일본에서의 고단한 삶, 해방 후에도 차별을 당해 온 것보다 오히려 그녀의 응어리는 자신들을 버려둔 '조국'을 향해 있었다. 잠시 후 그녀가 나지막하게 속삭였다. "이제, 내 한이 다 풀렸어……."

한편 한국의 예산안 책정은 일본 사회가 '새로 태어날' 기회를 또 다시 놓쳐버린 것을 의미했다.

집회소에서 기자회견이 시작되자 김교일이 이렇게 말문을 열었다. "감사합니다!" 질문을 쏟아내는 기자들의 표정도 하나같이 밝았다. 토지 문제의 착지점이 보인다는 안도와 고양감이 충만했다.

약 보름 후인 11월 5일, 차년도 우토로 지원예산이 30억 원으로 확대, 일괄지원이 최종적으로 결정되었다. 12월 28일 심야에는 예산안이 가결되었다. 노무현정권의 마지막 '업무'였다.

배지원은 이 소식을 주민들에게 보고한 김교일 회장과의 통화를 잊지 못한다.

"일본어와 한국어가 막 뒤섞여서, 온 힘을 다해 '정말 고맙다', '너무 애썼다…' 김교일 씨와는 평소 일본어로 대화했는데, 이날은 우리말로 하셨어요. 감사합니다! 정말로, 수고하셨습니다!"

'KIN의 멤버들 모두가 미친 듯이 매달렸다'고 한 약 3년의 시간을 배지원은 이렇게 회상했다. "한국과 일본정부가 각각의 역할을 했습니다. 한국정부는 역사적 피해자로서 해외동포의 인간적 삶이라는 측면을 언급했고, 일본정부는 마치즈쿠리라는 행정서비스를 한다는 것이 공식 입장인 것으로 이해하고 있습니다. 표면상 표현이 어떠하든 한·일 시민들이 나서고 한국정부도 나섰으니, 일본정부도 나설 수밖에 없었던 문제 해결의 경로는, 우토로의 역사적 성격을 빼놓고는 설명할 수 없습니다. 양국 정부가 그것을 모를 리 없다고 생각합니다."

"그렇다고 '과거 청산'이 되었냐 하면, 그것은 그렇지 않다고 대답해야겠지요. 독일정부의 태도가 과거 청산의 표본이라고 한다면 한일관계에서의 과거 청산은 아직 되지 않았습니다. 과거 청산의 필요성, 전쟁의 무모함, 외국인의 인권문제 등 우토로는 굉장히 많은 메시지를 양국 시민들에게 전하는 곳이 될 수 있다고 생각합니다. 포기하지 않고 희망을 조금씩 만들어 나가야 합니다." 우토로운동을 어떻게 평가하는지 물으니 그녀는 두 가지를 얘기했다. "한일 역사문제에서 한일 시민의 연대로 양국 정부를 움직인 첫 운동이 아닌가 생각합니다. 또 한 가지는 보이지 않는 곳에서 '우토로를 살리자'는 하나의 목적을 위해 작은 통일이 시도되었다는 점입니다."

2007년 11월 17일, 조난城南근로자복지회관에서 <재외동포 NGO대회>가 개최되었다. 사실상 승리집회였다. 이날 호스트를 대표해 김교일이 인사말을 했다. 축배를 나눈 후라 얼굴이 붉어진 그는 만감이 교차하는 표정으로 마이크를 잡고 크게 외쳤다.

"저는 확신합니다.…… 사람은, 사람을 돕는 존재입니다!"

주민들의 심정이 담긴 <어머니의 노래>. 대법원 패소 판결이 나온 후, 그럼에도 우토로에 살면서 싸우겠노라 다짐한 단결집회에서 채택한 선언문이다. 오랫동안 우토로 마을 입구에 세워져 있었다.(2002년 7월 2일 촬영)

제8장
지금, 그리고 앞으로

한국에서 온 젊은이들과 만나 흥겨워 춤을 추는 강경남. 사람들이 꺼려 왔던 우토로가 이제는 국내외에서 평등과 평화를 추구하는 이들이 모이는 '공생'의 발신지가 되었다. 강경남은 이 변화가 얼마나 감개무량했을까.(2017년 9월 3일 촬영)

어쩔 수 없이 우토로를 떠나게 된 황순례.(2016년 5월 22일)

옛집의 철거가 공영주택 건설의 조건이었다. 가장 먼저 철거된 집은 강순악의 집이다.(2016년 6월 27일)

강제동원 노동자 1세 최중규는 토지 문제가 해결되는 것을 보지 못하고 90세로 타계했다.(2006년 12월 20일)

'우토로만의 모습'을 지키자며 지원자들이 정기적으로 개최한 '우토로 찻집'. (2019년 11월 24일)

화재현장에 서 있는 정우경. 모방범죄가 우려되지만 더욱 더 <우토로 평화기념관>을 통해 역사를 전해야 한다고 했다.(2022년 1월 6일)

토지 문제 해결로 간판들의 내용도 부드럽게 바뀌어 갔다.(2008년 2월 25일)

달라져 가는 '입간판'

2007년 11월 20일, 교토부지사 야마다 케이지山田啓二와 우지시장 구보타 이사무久保田勇가 국토교통성을 찾아갔다. 후유시바 테츠조冬柴鐵三 장관의 지시대로 지자체가 나서서 우토로의 주거환경 개선을 요청한 것이다.

《우토로는 전쟁 당시 국책사업인 비행장 건설로 인해 형성된 재일한국인·조선인들의 부락이다. 이후 장기간에 걸쳐 토지재판이 이어지면서 이곳의 주거환경 정비가 늦어졌고, 도로와 상하수도 정비가 불완전한 채 오늘에 이르렀다. 최근 대한민국 정부는 주민들의 숙원인 거주 공간 확보를 위한 지원요청을 받아들여, 우토로 주민들의 토지 매입을 지원할 예산안을 국회에 상정하였다.》한국정부보다 먼저 일본정부가 솔선해 교토부와 우지시에 지원을 바란다는 요청이었다.

12월 4일에는 국토교통성의 주거환경정비 실장이 현지를 시찰한다. '전후 보상이 아니라 주거환경정비 차원'이라 못을 박으며 '하루라도 빨리 문제 해결을 위해 노력하겠다'고 말했다. 이튿날 정부, 교토부, 우지시는 <우토로 지역 주거환경정비 검토 협의회>를 발족한다. 국가의 주도 아래 처음으로 지자체가 실태를 조사해 환경개선과 공영주택 건설에 협조하기로 한 것이다. 어디까지나 열악한 주거환경을 개선하기 위함이지 과거 청산은 아니라는 자세는 그 후로도 변함이 없었다.

12월 23일은 우토로 운동에서 주목할 날이다. 입간판들이 수거된 것이다.

한낮이 되기 전, 렌치와 펜치, 망치 같은 연장을 손에 든 우토로 남성들이 마당에 집합했다가 곳곳으로 흩어졌다. 자위대 기지 펜스와 전신주에 부착해 놓은 입간판들을 차례로 수거해 마당으로 옮겨 놓았다. 노련한 정비공이 순식간에 타이어를 해체하듯 지지대와 철판으로 분리된 간판들이 한 곳에 모아졌다.

초기에 만든 <개(경찰) 무단침입 금지>의 뒤를 이어 <수상한 자의 침입은

용서하지 않는다>, <강제철거 집행저지>, <철거업자 마음대로는 안 된다>를 비롯해 진퇴양난이었던 2000년대를 상징하는 <우토로에 사랑을>이란 문구도 보인다. 송진우와 가와모토 히데오도 간판 해체작업에 나섰다. 대부분 토목건설업으로 먹고 살아온 이들이다. 그들의 손놀림에 넋을 잃고 사진을 찍고 있자니 옆에서 사이토 마사키가 나직이 말한다. "역시, 전문가들이야."

투쟁을 하는 과정에서 태어난 간판들이 마을 서쪽에 준비된 창고로 옮겨졌다. 별도의 장소에 보관하는 것 아니었냐고 묻자 사이토 마사키가 말한다. "완전히 끝난 게 아닐지도 모르죠. 또 써야 될 때를 대비해 가까운 곳에 둬야지." 웃으며 말했지만 눈빛은 진지했다.

2008년 이후 입간판들은 주변과의 조화와 공생을 의식한 가벼운 일러스트와 '마을 이미지'를 이웃에 알릴 수 있는 내용으로 바뀌어 갔다. 주민들과 외부 지원자들의 협동, 그리고 남도 북도 아닌 동포를 위한 '작은 통일'이 이뤄낸 승리다. 거기에는 함께한 투쟁을 통해 손에 넣은 세계관과 신뢰로 가득했다. 토지를 소유하게 될 두 개의 일반재단법인도 발족되었다. <우토로 재단>은 한국정부가 관리하고, <우토로 민간기금재단>은 주민회에서 운영관리를 맡는다. 원화 하락으로 인해 매입 범위는 줄어들었지만, 마을 전체 면적의 약 30%인 남동쪽 토지 총 6,550㎡을 두 재단에서 순차적으로 매입했다.

그 사이 주민회는 <마치즈쿠리>의 기본 구상을 발표하고 입간판으로도 제작했다. '고령자와 장애인이 안심하고 살 수 있는 마을', '재일조선인의 문화와 생각을 미래로 이어가는 마을', '우토로뿐만 아니라 주변 이웃도 소중히 여기는 마을'을 만들자는 염원을 담았다.

몇 가지 장벽

그런데 사이토 마사키가 우려한 대로 '완전한' 해결이라고는 할 수 없었다.

한 가지는 우토로가 인종차별주의자들의 '표적'이 된 것이다. 애초부터 우토로는 온라인에서 혐오를 즐기는 이들의 먹잇감이었다. 군사비행장 건설에 명확한 '강제징용'이 없는 것과 동포의 '배신'으로 토지 문제가 복잡해진 경위만을 역사적 문맥에서 분리시키면 '자기책임론'으로 얼마든지 공격할 수 있었다. 게다가 퇴거 명령을 거부하며 행정투쟁을 해 왔던 우토로 운동은 '재일^{在日} 특권' 혹은 동화지구대책사업에서 '역차별 비판'도 가능한 '현대적 인종차별'이 될 가능성도 있다.

공영주택 건설로 우토로 주민의 거주문제를 '해결'한다는 안은 그들에게 더없는 '먹잇감'이다. 해결안이 알려진 이후 <재일특권을 용납하지 않는 시민모임(재특회)> 같은 우익단체가 수차례 시위를 벌였다. 2008년 12월부터 2015년 5월까지 '우토로'가 표적이 된 혐오시위만 13차례에 이른다. 우지시청과 가까운 오쿠보^{大久保} 역 주변, 우토로 주위에 몰려와 혐오시위를 벌이는가 하면 마을 안을 활보한 것도 수차례다.

그럼에도 주민들은 참았다. 현재 조선총련 미나미야마시로^{南山城}지부에서 지부위원장을 맡고 있는 김수환(金秀煥 1976년생)이 이곳에 부임한 2010년은 혐오시위가 끊이지 않은 시기였다. 지부 주최로 동포들이 우토로 마당에 모여 <꽃놀이 불고기 모임>을 할 예정이던 2014년 4월 13일에는 가두시위를 벌이겠다는 예고까지 했다.

재특회 멤버들은 2009년부터 이듬해까지 3회에 걸쳐 교토 조선제1초급학교(당시)에도 혐오시위를 벌인다. 김수환은 <교토 조선학교 습격사건> 당시 시위대와 맞서 싸운 학부모 중 한 사람이기도 하다. 동포들이 모이는 행사를 준비하며 '멋대로 오는 놈들한테, 우리가 주눅들 필요는 없다'는 생각에 결행했지만 결국 주민회에서 중지 요청이 들어온다. "사전에 주민회에 양해를 구했지만 아무래도 안 하는 것이 좋겠다고…" 혐오시위대와 맞설 만반의 준비를 한 카운터들은 김수환에게 대응 행동까지 알려 왔다. "우토로를 공격하는 시위대와 맞서 온 분들이고, 2009년에 있은 교토 조선학교 습격사건 때 함께했던 분들한테 '오면 곤란하다', '주민들이 힘들어진다'고 말해야 했다. 일종의 배신 같아서 괴로웠다. 주민들이 걱정한 것은 그 놈들의 공격보다 우지시와 교토부의 태도다. 만약 경찰이 오는 사태가 벌어지면 예정된 사업에서 손을 뗄 구실을 줄지도 모른다는 우려였다. 저는 지금도 그건 기우라고 생각하고, 행사를 중지한 것도 부끄럽게 생각하지만, 주민들한테는 행정기관에 대한 불신이 그만큼 깊었던 것이다."

혐오시위 영상은 동영상 사이트에 업로드되어 불특정 다수의 인종차별주의자들을 부추겼다. 온라인 공간에는 댓글들이 넘쳐났다. <우토로 박멸>, <애초부터 불법 점거>, <재일在日 특권>, <불법 점령>…….

우토로의 역사적 경위와 주민들의 인권보호 관점에서 기사를 쓰면 기자까지 중상비방의 표적이 되는 것은 물론이며, 동조하는 이들이 언론사에 전화와 메일로 항의하는 일도 잇달았다고 한다.

극우적인 언설에 위축되거나 마지못해 끌려가듯 언론의 축도 초점을 잃고 오른쪽으로 기울어 갔다. 인터넷 우익들의 주목을 피하기 위한 '잔꾀'인 듯 <재일한국·조선인이 많이 산다>, <재일코리안이 토지소유권이 없는 채 살고 있다>(아사히, 마이니치, 교토신문 등)처럼 첫 단락에서 역사적 경위를 설명하지 않는 기사가 '당연시'되었다. 현상을 역사적으로 따져 물어야 할 언론이 우토로를 단순한 '토지 문제'로 재단해버렸다. 그 중에는 <재일한국·조선인들의 불법 점거가 문제가 된 우지시宇治市 이세다伊勢田 우토로지구>(요미우리신문) 같이 재특회와 다를 바 없는 내용도 있었다.

또 한 가지 문제는 행정당국의 태도였다. 3자 협의회는 2011년 3월, 주민회 임원에게 공영주택 건설의 기본방침을 제시했다. 주요 포인트는 두 가지다. '가옥 철거 보상은 하지 않는다', '민간기금재단은 공영주택 부지를 장기간 무상으로 대여하라'는 것이다.

개량주택사업의 전제는 사유재산인 가옥의 해체와 철거이며 행정이 그것을 '보전'해야 함이 당연하다. 피차별 부락의 주거환경을 개선할 때도 행정 측은 빠짐없이 가옥과 토지를 매입하고 이전 보상까지 해 왔다. 이 당시 협

의회가 채택한 국가지원사업인 <소규모 주택지구 개량사업>에도 대상물
건의 매입이 내용에 포함되어 있었다. 그런데 협의회는 사업 시작부터 이
내용을 거부했다. 헌법 29조의 <재산권>이 우토로 주민에게는 존재하지
않는다고 선언한 것과 마찬가지다. 애초에 주민들과의 면담에서 '토지는
국가가 매입한다'고 말한 후유시바 테즈조 국토교통성 장관의 '약속'은 어
떻게 된 것인가.

  동일한 공영주택 건설사업에서 '불법 점거' 문제를 해결한 히가시쿠조東
九条 40번지와 이타미伊丹의 나카무라中村 지구 지자체에서는 '위로금' 명목
이나 소음피해 대책 등으로 보상이 실현되었다. 그런데 협의회는 그럴 의
지가 전혀 없었다. '주민들의 요청으로 실시하는 사업이니 협조해 달라, 철
거 보상은 교토부민과 우지시민이 납득하기 어렵다'는 것이 그들의 상투적
인 답변이었다. '불법 점거를 하고 있는 조선인에게는 한 푼도 줄 수 없다'
는 속내가 엿보인다. 그런데 협의회가 이러한 조건을 제시한 시점은 이미
주민 측이 토지매입을 완료한 상태였다. 더불어 주민과 서일본식산 사이에
는 공영주택 건설사업이 완료될 때까지 남은 토지 부분도 강제로 철거하지
않고 현상유지를 한다는 합의가 된 상황이었다. '불법 점거' 상태가 사실상
해소되어 있는 것이다.
  주민 측은 격하게 반발했지만 행정 측은 이 조건을 거부하면 사업이 '백
지화'된다고 단언했다. 공갈협박이다. 주민들 중에는 행정 측의 '입장'을 이
해한다는 사람도 있었다. 주위로부터 끊임없이 들어 왔던 '불법 점거', '온
갖 불평으로 얻은 땅', '고정자산세도 내지 않은……' 같은 중상비방이 내
면화된 것이다. 이 또한 차별의 결과이다. 게다가 협의회는 우토로 내 도로
와 공원조성을 위해 주민 측에 토지를 무상 양도하라고 요구했다. 마치 전
쟁기간에 벌였던 공출과도 같다. 이때까지 생활 인프라 정비조차 하지 않
았던 행정이 국내외에서 우토로에 집중되는 지원을 '공짜'로 빼앗으려 들
었다. 그럼에도 불구하고 주민들은 조건을 수용할 수밖에 없었다.

압도적인 힘의 비대칭 관계에서 약한 처지에 있는 이들에게 타협을 강요한 것은 지자체의 자살행위가 아닌가. 공영주택 임대료도 입주 5년 후에는 일반적인 공영주택 수준으로 내야 되었다. 주민들에게 연달아 비상식적인 양보를 요구하는 한편으로 주민들의 생활에 이익이 되는 것은 모두 차단시켰다. 공영주택이 건설되는 기간에 대체할 거주 공간을 제공하는 것 외에는 아무 것도 하지 않은 행정당국의 태도는 그야말로 철저했다. 그들은 '과거 청산'의 기회를 스스로 날려 버린 것이다. 협의회를 구성하고 있는 일본정부, 교토부, 우지시는 한국정부와 민간기금재단의 자금으로 건설되는 <우토로 평화기념관>과도 아무 관계가 없다고 줄곧 주장한다. 2021년 9월, 공영주택 준공식 전에 열린 고사를 앞두고 재단 측이 우지시에 의뢰한 축사조차도 보내지 않았다.

우토로 마을의 공영주택 건설에 적용된 정부지원제도는 소규모 피차별 부락을 대상으로 한 주거환경 정비사업을 모델로 하고 있다. '일본 국민'인 피차별 부락민들에게는 적극적인 조치로 '동화대책사업'을 실시해 왔음에도 마이너리티 집단에게는, 더구나 국적의 벽을 뛰어넘을 절호의 기회로 삼겠다는 발상을 협의회가 하지 않았던 것일까, 아니면 이 사업이 내포하는 역사적 가능성을 자각한 이가 없었던 것일까.

이 결과로 피해를 고스란히 입은 이가 황순례다. 함께 사는 아들들의 소득이 많아 공영주택에 입주 후 내야 할 임대료가 너무 많았다. 애초에 가족이 모두 살기에는 좁은 곳이었다. 하지만 나이가 더 들면 혼자서 지내는 일도 쉽지 않다. 그녀는 고심 끝에 우토로를 떠날 수밖에 없었다.

다가와 아키코의 말이다. "'우리 세대에서 시작한 일이니, 우리 세대에서 끝을 봐야지' 하셨는데, 그간의 투쟁은 아들이 아니라 황순례 씨가 늘 선두에서 싸웠어요. 어떤 의미에서는 제일 열심히 한 분이에요. 세대를 분리하는 것도 고민했지만 결국 단념한 겁니다."

철거가 개시되기 직전인 2016년 5월 22일, 황순례는 마을에서 이사를 나갔다. 주민들과 함께 다가와 아키코도 그녀를 배웅했다. "등을 쓰다듬으며 미안하다는 말밖에 할 수 없었습니다. '아냐, 아냐, 마음 쓸 것 하나도 없어' 라고 말하셨지만, 떠나고 싶지 않은 마음이 크다는 걸 알고 있었기에 괴로 웠어요." 황순례는 5년 후 병원에서 세상을 떠났다.

철거되는 가옥들

다음 달 6월, 철거가 시작되었다. 시영주택 제1동이 들어설 자리에서 가까운 강순악의 집이 맨 먼저 철거되었다. 현장에 가 보니 이웃에 사는 가와 모토 히데오가 현관 앞에 꺼내 놓은 의자에 앉아 며칠 후면 사라질 강순악의 집을 바라보고 있다. 눈이 마주치자 그가 먼저 말했다.

"하필이면 제일 튼튼한 집부터 철거할 게 뭐람…."

집 앞에는 강순악과 여동생 강도자가 함께 서 있다.

눈인사를 건네자 강순악이 말했다. "애들 여섯을 키운 집이야…. 섭섭하 긴 하지만, 다 같이 새 집으로 갈 수 있으니까…."

십여 년 전, 이 집에서 그녀를 인터뷰했던 일이 떠올랐다.

안방처럼 넓은 현관에 나뭇결이 아름다운 마루와 벽. 목재 절단면이 그대 로 살아 있는 기둥, 벽 중간의 몰딩에는 조각도 새겨져 있다. 민가라는 느 낌보다 료칸旅館 같았다. 물어 보니 '사찰건축 전문 목수에게 부탁했다'며 우쭐했었다. 다섯 살이던 그녀가 우토로에 왔을 때 할당된 집은 다른 사람 들과 똑같은 함바였다. 온 가족이 매달려 움막 같은 판잣집을 두 차례에 걸 쳐 다시 지었고, 세 번째로 지은 집이 이 집이었다.

"이 집을 짓고 3년째 되던 해에 눈을 감은 남편이 '목욕탕과 화장실만큼은 꼭 집 안에 만들어야 된다'고 했어. 죽을힘을 다해 일했지. 그러니 이 집은 절대로 떠나보내고 싶지 않아요." 남편이 세상을 뜬 후에는 아들과 함께 폐 기물 수거업을 하며 집을 짓느라 진 빚을 갚았다. 주로 수거한 것은 닌텐도 상품이었다. 트럭을 끌고 교토 시내에 있는 본사까지 가서 판매하지 못하는 카드나 화투, 장난감 등을 수거해 20kg짜리 자루에 담아 짐칸에 쌓았다. 중 노동으로 허리를 혹사한 탓에 당시에도 지팡이를 손에서 놓지 못했다.

철거가 시작되었다. 중장비 엔진의 회전음이 요란하게 나더니 거대한 쇠 집게가 입을 벌린다. 2층 부분에 쇠 손톱을 쑤셔 넣자 강순악의 표정이 일 그러지더니 순식간에 눈물이 터졌다. 작업이 중단되는 점심시간이 되자 그 녀는 태풍이 휩쓸고 지나간 후의 판잣집처럼 속을 훤히 드러낸 집안으로 들어가 구석구석을 애틋하게 바라보았다. "부수는 건 순식간이네……." 작 업이 다시 시작되었다. 요란한 엔진 소리와 실린더 소음, 목재들이 갈라지 는 소리가 울려대는 속에서 그녀는 집에게 말을 걸고 있었다. 들리지는 않 았지만 입모양을 보니 '고맙다'고 말하고 있었다.

잇달아 세상을 떠나는 주민들

2017년 12월에 시영주택 제1동이 완성되어 강순악과 그녀의 아들, 여동생 강도자 등 40세대 63명이 입주했다. 2023년에는 제2동이 완성되어 희망 하는 주민은 모두 입주하게 된다. '토지 문제'가 안착한 것이다.

대법원 판결이 나온 지 20여 년이 흘렀다. 그사이 1세들이 잇달아 세상을 떠났다.

최중규(崔仲圭)는 한국정부의 예산안이 통과되는 것을 보지 못하고 2006년 12월, 눈을 감았다.

우토로에서는 드문 강제징용 당사자로서 일본, 한국의 매스컴과 시민단 체 회원들에게 자신의 내력을 말해 온 인물이었다.

"너무 많은 시간이 흘러서, 다 잊어버렸어." 듣는 이의 생각을 살피기라도 하듯 웃고 난 후 "고생은 했지만, 아직 살아 있으니까…" 먼저 떠난 동포들 의 얼굴이 떠오르는지 먼 곳을 바라보았다. 농락당해 온 삶에서 배양된 것 일까, 어딘가 체념과 유머가 느껴졌다. 한국의 <일제강점하 강제동원피해 진상규명위원회>의 취재도 받았지만, 결국 피해자 신청은 하지 않았다. 이유를 물었지만 답을 하지는 않았다.

그는 짐승 같은 취급을 당하며 목숨을 부지했던 '수치'를 마음속에 품고 있는 것 같았다. 노동자합숙소 정화조 속에 숨어 온몸이 분뇨로 뒤덮인 채 도망친 경험을 담담히 말하던 모습이 떠오른다. 앓고 있던 암이 악화되어 입원했고 얼마 후 타계했다. 병상에서 잠시 의식이 돌아왔을 때 아내에게 남긴 말은 "이제 고향으로 간다, 사이토 씨와 다가와 씨에게 인사 전해 주게"였다고 한다.

최중규의 장례식은 마을 동쪽 끝 경사면에 지은 그의 '자택'에서 치러졌다. 현관에서 밖으로 통하는 좁은 골목만 확보되어 있고, 그 골목을 끼고 줄줄이 움막이 지어진 탓에 마당이 상당히 비좁았다. 증축한 곳에는 기둥과 철골이 튀어나와 있고, 질퍽대는 경사면에는 함석과 판자 조각들이 널려 있었다. 출관할 때 조금이라도 발을 헛디뎌 미끄러지면 튀어나온 철골에 부딪힐 수도 있어서 각별한 주의가 필요했다. 관을 든 손들이 앞뒤를 오가며 여러 번 각도를 조절해 봤지만 출관이 쉽지 않았다. 수없이 뿌리째 뽑혀 온 그의 고단한 삶이 '더 이상 집을 떠나지 않게 해 달라'고 애원하는 것 같았다.

문광자(文光子)는 한국에서 예산편성이 결정되는 것을 지켜보았다는 듯 2008년 1월에 눈을 감았다. 조선총련의 활동가로 '심지 곧은 사람'이었던 그녀에게, 한국정부가 나서서 사태가 해결된 것에 대한 심정을 듣고 싶었다. 정귀련(鄭貴連)도 2010년 11월에 세상을 떠났다.

그리고 김군자(金君子).

예산안이 확정된 이후로도 마을에 찾아가면 집에서 함께 술잔을 기울였다. 변함없는 반찬들이 차려졌고 뜨거운 물과 소주를 섞어 잔에 따랐다. 한 짐 덜었다는 표정이 인상적이었는데, 문득 이 말을 던지고는 먼 곳을 쳐다보았다. "죽기 전에 공영주택이 다 지어지면 좋겠지만, 그때까지 살아 있으려나. 이젠 남편을 빨리 만나고 싶어."

결국 혼자서는 지낼 수 없게 되어 이세다伊勢田 역 동쪽에 있는 고령자시설에 들어갔다. 문안을 가면 언제나 서늘한 미소로 반겨 주었는데 "이제 집에는 못 가겠지?"라는 말을 반복했다.

작았던 몸이 더 작아져 있었다. 기억의 서랍이 제대로 열리지 않았다. 때때로 시공간을 인식하는 감각이 흐려지는 것도 답답한 것 같았다. 갑자기 초조한 표정으로 내 손을 잡고는 "바보가 되어 버렸어" 하며 눈물이 그렁그렁 고인 채 웃던 모습을 마지막으로 2014년 4월에 타계했다.

2세 정준희(鄭準禧)는 2011년 4월에, 김교일(金教一)은 2016년 12월에 타계했다. 송진우(宋鎮佑)도 2017년 7월에, 그리고 1세인 신점순(辛点順)은 2018년 1월에 세상을 떠났다. 공영주택 제1동에 입주했던 나카모토 사치코(中元幸子)도 같은 해 2월 눈을 감았다.

마지막 남은 1세가 강경남(姜景南)이었다. 2015년 9월, 한국 MBC방송의 인기 프로그램인 <무한도전> 재외동포 특집으로 방송된 이후 그녀를 만나기 위해 우토로를 찾는 한국인들이 쇄도했다. 미나미야마시로南山城 동포생활상담센터가 2017년부터 방문자 집계를 시작한 계기가 된 것이 바로 이 붐이다. 2017년에만 약 1,000명 중 절반이 한국에서 온 사람들이다. 대부분은 강경남의 팬이었다.

김수환의 말이다. "조합이나 연구자, 활동가들이 오기는 했지만, <무한도전> 이후로 '평범한 시민'들이 많이 왔어요. 가족이 와서 '인사를 드리고 싶다'고 한 적도 있었죠. 어떤 사람이 찾아와도 절대 거절을 안 하셔요. '고마운 일이지, 좋잖아' 하시며 완전히 달라진 인생을 즐기셨어요. 한 번은 할매가 주무셔서 방문객을 그냥 돌려보낸 적이 있는데, 나중에 '무슨 짓을 한 거여?! 어렵게 온 분한테!' 하시며 엄청 화를 내셨어요. 제가 좀 바빠서 대꾸가 시원찮으니까 더 화가 나셔서는 '다신 안 와!' 하며 가시지만 다음 날엔 어김없이 또 오셔요."(웃음)

집회소는 물론 우토로 마당의 컨테이너에까지 강경남과 젊은이들이 함께 찍은 사진과 콜라주, 그림들이 있었다. 방문객들이 직접 만들어 만남의 증거로 남기고 간 것들이다. 그 중에는 박근혜정권이 무너진 계기가 된 '세월호 사건' 생존 학생들의 작품도 있었다. 2018년에 트라우마 치료의 일환으로 우토로에서 3일 동안 머물며 주민들과 만났다.

유모차를 밀며 산책하는 강경남의 모습은 마을 풍경의 일부였다. 사고를 염려해 가족들이 말리기까지 하루에도 몇 번씩 마을을 산책했다. "걸음걸이가 장단을 타는 것 같아요. 말투랑 걷는 리듬이 똑같았죠. 민요도 잘 부르셨어요. '우토로에서 배운 거야' 하셨는데, 그걸 누가 알려 주신 건지 진짜 궁금했어요." 김수환의 말이다.

강경남과 고락을 함께 해 온 동포들이 차례로 떠나갔다. 상담센터에 오면 연신 담배를 입에 물며 김수환에게 말한다. "길에 아무도 없어. 있어도 모르는 사람이야. 말도 안 걸어 줘."

그녀도 시영주택 제1동에 아들 김성근(金成根 1949년생)과 함께 입주했는데, 어느 사이엔가 옛 집으로 돌아왔다. "여긴 못 있겠다." 아들에게 자주 이렇게 말했다고 한다. 먼저 떠난 이들과 다시 만나 '투쟁의 결실'에 대해 얘기하고 싶었던 것일까. 2020년 11월 어느 날 아침, 자택에서 숨을 거두었다.

한 시대의 마지막을 알리는 강경남의 죽음에 재일동포와 민족단체, 일본인 지원자들은 물론 한국의 시민단체와 주요 인사들의 헌화가 이어졌다. 그 중에는 문재인대통령의 이름도 있었다. 노무현정권의 비서실장으로 청와대에서 토지 문제 해결의 결정타를 만든 인물이다. 빈소에 놓인 뜻밖의 헌화는 조문객들의 피사체가 되었다. 방안을 리드미컬하게 걸으며 강경남은 분명 이렇게 말했을 것 같다. "대통령? 만난 적도 없는데, 내가 알 게 뭐야!"

남은 이들의 심정

자기 집 방을 옮겨 다니듯 서로의 집을 오가고, 길바닥에서 화로에 둘러앉아 고기를 굽고 술잔을 나누었다. 지나가던 이에게도 자리를 권하고, 흥이 나면 노래와 춤이 자연스레 시작된다….

익숙했던 마을의 풍경이 한눈에 달라졌다. 침수 피해와 퇴거 위기에서 완전히 해방된 한편으로 '오고 가는' 모습은 줄어들었다. 우토로의 장점을 유지해 나가는 일이 앞으로의 과제다.

인근 공영주택 등으로 일시적인 이주가 시작된 후 <지키는 모임>에서 '우토로 찻집'을 기획했다. 시영주택 입주와 주민들의 고령화로 인한 커뮤니티의 퇴조를 막아 보려는 시도였다.

2021년 12월 5일은 제51회 찻집이 열리는 날이었다. 오후가 되자 주민들이 삼삼오오 집회소로 모여들었다. 지원자들이 차와 커피, 다과 등을 준비했지만, 이곳은 다름 아닌 '우토로'다. 지지미, 잡채, 나물 등 이날을 기다렸다는 듯 저마다 손수 만든 음식을 들고 왔다.

음식들이 긴 테이블에 차려지자 순간 분위기가 달라진다. 단거리 경주의 스타트 건이 울리기 직전이나 씨름이 시작되기 전 같은 '긴장감'이다. 자신이 만든 '작품'과 사람들의 젓가락 사이를 바쁘게 오가는 여성들의 시선. 어떤 음식이 '인기'가 있을지 신경이 쓰인 것이다. 집에서 키운 고추가 얼마나 매운지를 겨루느라 침을 튀어가며 수다를 떨었다던 어머니들의 모습을 보는 듯 했다.

찜닭을 준비해 온 이는 한금봉이다. 육수가 잘 밴 촉촉한 닭 가슴살은 맥주가 당기는 맛이다. 젓가락을 갖다 대자 이쪽을 응시하던 한금봉과 눈이 마주쳤다.

떡볶이와 미나리나물을 들고 온 이는 요리를 좋아하는 강도자다. 절묘한 매운맛의 비결을 묻자 시동이 걸렸다. 메뚜기, 우렁이, 가재……. 많은 2세들이 어린 시절에 놀이와 간식 채취를 겸해 잡았던 것들을 어떻게 먹었는지 수다가 시작된다.

"한번은 아들이 수로에서 가재를 잔뜩 잡아 온 적이 있어. 양동이로 한 가득이어서 대야에 넣고 간장으로 조렸지. 근데 아들이 '내가 잡아온 가재 어디 있어?' 하는 거야. 뚜껑을 열고 보여 줬더니 엉엉 울지 뭐야. '아들이 키우려고 잡아 온 가재를 삶아 먹는 엄마가 어딨어!' 하며 울고불고 야단이야. 나한테는 먹는 것이니 어쩌겠어. '그런 소리 말고 얼른 먹어 봐, 새우처럼 맛있으니까' 그랬더니 더 화를 내지 뭐야.(웃음) 흙내 안 나냐고? 대야에 물을 받아서 담가 놓으면 저절로 다 뱉어 내. 맛이 기가 막혀."

몇 시간에 걸친 수다가 끝나면 다 같이 뒷정리를 한다. 외부에서 온 지원자가 남은 음식을 타파 통에 담아서 '선물'로 나눠 주고 나니 이날 자리가 끝났다.

'현재 생활'에 대한 소감을 듣고 싶어서 한 집을 찾아갔다. 강도자는 수해와 퇴거 위기에서 벗어난 것에는 최대한 평가를 하면서도 공동주택의 불편함을 털어놓았다. "뭐, 평범한 주택단지야. 고생은 했지만 애들도 다 컸고, 빚도 다 갚았고, 죽기 전에 아파트에도 들어왔으니 자유롭게 살아. 마음먹기 달린 거 아니겠어. 그렇긴 해도 다들 서먹해져서. 문을 닫으면 혼자만의 세계가 되니까. 만나자고는 하지만 편하게 말은 못하지, 모두들 하는 일도 있으니까. 더 자주 모여서 우토로의 좋은 점을 알게 해야 하는데. 지금은 외부에서 온 사람들이 우토로의 좋은 점을 더 잘 알아. 모두 힘을 합쳐서 지킨 곳이고, 우익들이 돌아다녀도 신경 안 썼어. 마음은 다 같으니까."

현관에는 정성껏 돌보는 관엽 식물들이 나란히 놓여 있다. 베란다에도 화초들이 빛깔을 뽐내고 있고, 방안에 있는 어항에는 송사리가 헤엄쳤다. 화려한 열대어도 아니다. 새끼 때부터 돌봐 온 물고기다. "그래도 아파트는 싫어. 단독주택이면 답답하지 않아서 언제든 숯불도 피울 수 있잖아. 지난번엔 베란다에서 화로를 피웠는데, (시청 공무원한테) 한 소리 들었어. 베란다에서 화초를 키우는 것도 안 된대. 방수가공된 바닥이라 물을 뿌리면 아래층이 샌다나."

그녀의 언니 강순악은 바로 위층에서 산다. "힘들긴 해도 다 같이 들어와 살 수 있어서 다행이지. 모두 단결해서 지켰잖아. 복지(생활보호) 시절에도 모두 단결해서 시청 복도 같은 데서 연좌도 했고.(웃음) 그랬던 곳이 우리한테 주택을 만들어 주었다는 게 우습지. 하지만 이젠 사람들이 오고 가지를 않아. 옛날엔 우토로 전체가 커다란 집이라 서로 돕고 살았는데. 이웃끼리 불편할 때도 있었지만, '피장파장'이니 오래 담아 두지도 못해. 그러니 사소한 싸움은 났어도 따돌림 같은 건 없었어. 히라야마 마쓰오 같은 사람은 달랐지만.(웃음) 이젠 수해도 안 나겠지. 그래도 우리집은 철거되진 않았어. 거긴 전혀 방해가 안 되는 곳이라. 집들이 철거되는 걸 보고 한동안 건망증이 심해졌어. 많이 좋아지긴 했는데, 한때는 정말 아무 것도 기억을 못했거든."

제2동에 입주 예정인 한금봉은 현재도 김교일과 함께 지은 집에서 살고 있다. 중후하다랄 수밖에 없는 벽과 옻칠을 한 기둥을 눈으로 쓰다듬으며 그녀가 말했다. "이 집도 곧 없어지겠지. 슬프긴 해도 여러 사람 덕분에 지금이 있는 것이니까. 다들 열심히 했고, 슬픈 일도 기쁜 일도 함께했어요. 그러니 좋게 생각해야겠지. 남편도 갈 곳 없는 사람들을 길바닥으로 내모는 건 안 된다며 열심이었으니까. 그래도 서글퍼, 여긴 남편의 심정이 가득 담겨 있는 곳이라서."

정우경도 제2동이 완공될 때까지는 옛집에서 산다. "점수를 주면 60점쯤 될까. 이런 저런 생각은 많지만 절반은 단념했어. 그대로는 아무 것도 할 수 없었겠지. 다행인 건 이대로 살 수 있다는 것, 여기 우토로에 계속 살 수 있게 됐어. 나머지 불만은 집세야. 5년이 지나면 일반적인 집세를 내야 되니까. 일본사회가 점점 이상해지는 탓이겠지만, 그래도 역사를 생각해서 법을 너무 엄하게 적용하지 않으면 좋겠는데."

주민회 임원도 많이 달라졌다. 김교일이 타계한 후 회장을 맡았던 겐모토 아키오는 2018년에 회장에서 물러났고, 2021년에는 '길은 만들어 놓은 셈이다. 나머지는 다음 세대에게 넘겨야지'라며 민간기금재단의 이사장에서도 물러났다.

현재에 대한 느낌을 물었다. "전부 주민들의 땅이 돼서 무상으로 제공하는 것이 가장 좋지만 이런 형태로 연착륙했다. 그래도 갈 곳 없는 사람들이 여기에 살 수는 있게 되었다. 40세대 중 절반은 생활보호 대상자들이다.

100% 만족하는 건 아니지만, 5~60점 정도 될까. 국토교통성 장관이었던 후유시바 씨가 있었고, KIN의 멤버들, 배지원 씨도 있었고, 한국은 진보정권이었다. 또 2005년이었나, 오하타 코이치大畑康一가 <서일본식산> 사장이 된 것이 컸다. 그 사람은 강제로 고령자들을 쫓아냈다간 나중에 후세들이 가만 있지 않을 거라 생각했다. 덕분에 큰 목적은 달성했다. 수해대책도 세웠으니 이세다伊勢田 지역에도 공헌한 셈이다. 개인적으로는 한국의 민주화 운동과 지문 날인 거부에 참여하지 못한 아쉬움에 복수도 했고."

가네야마 겐이치는 민간기금재단 이사 중 한 사람이다. 기념관 건설을 도맡았고, 제2동의 전기공사도 수주했다. "원래는 아버지(김교일)와 어머니(한금봉)가 살 장소였다. 아버지가 (이 일을) 맡기신 거라 생각한다. 나는 현재의 종착점은 좋게 평가한다. 주민들만의 힘으로는 도저히 여기까지 올 수 없었다. 온 힘을 다해 애써 준 외부 사람들의 덕분이기도 하다. 주민들만 있었다면 무슨 수를 썼어도 여기에 살 수 없었을 것이다."

현재 주민회장을 맡고 있는 다나카 히데오(田中秀夫 서광수(徐光洙) 1948년생)는 곧 완공될 기념관에 기대를 걸었다. "재판에서 지고 그대로 있었다면 어찌 되었을까? 더는 이길 조짐이 안 보였으니까 다 같이 합의를 한 거다. 집이 철거되긴 하지만 이렇게라도 납득해 주었으니 그걸로 됐다고 생각한다. 화기애애하게 살고 있는 지금, 기쁜 쪽이 더 큰 것 아니겠나? 앞으로는 이곳의 역사를 전해야 한다. 우토로, 조선, 한국의 역사를 전하고 싶다."

'우토로 찻집'을 마련한 이들은 재판이 끝난 후 모인 지원자들이었다. <지키는 모임>도 새 얼굴들로 바뀌는 중이다. 요시다 야스오는 2016년, 고향인 구마모토熊本로 돌아가 하고 싶던 재즈클럽을 열었다. "지금 일본의 상황을 생각하면 결과는 만점이다. '1세들에게는 이미 늦었다'고 말하는 사람도 있지만, 나는 그렇지 않다고 본다. 수해나 다른 문제들도 있었지만, 1세들이 우토로의 옛집에서 돌아가신 것은 다행이다. 어쨌든 끝까지 관철시켰다. 그건 함께 고생한 나날들이 있었기 때문이다. 성공한 사람도 있고, 그렇지 않은 사람도 마찬가지다. 그러니 '고향' 아니겠나. 역시 우토로의 힘은 '도리보다는 이익'이었다는 것. 이익이란 말을 안 좋게 여기는 분위기도 있지만, 우토로 사람들은 그걸로 하나가 되었다. 폄하하는 게 절대 아니다. 각자 원하는 바가 달랐지만 결국 하나로 모아졌다. 최대공약수가 '우토로에 살고 싶다'였고, 투쟁하는 과정에서 아무도 그걸 방해하지 않았다. 앞으로는 기념관이다. 어떻게 할지는 2세, 3세들의 몫이지, 우리가 나설 무대는 아니다."

다가와 아키코의 평가는 기쁨과 통한을 오갔다. "결과적으로 양국 정부가 대화에 나서지는 않았지만 여러 시민들이 연대하고 노력했다. 가볍게 들릴지도 모르지만 우토로는 실제로 상황을 바꾸었고, 우토로를 지켜냈다. 굉장한 일 아닌가. 역시 우토로 사람들이 힘을 합쳐 결과를 얻어냈다. 지원자들도 우토로 운동이 정말 행복한 운동이었다고 생각한다. 곳곳에서 많은 사람들이 각자의 입장에서 고민하고 도와준 것이 결실을 맺었다. 그래도 내 맘속에는 60점이다. 노숙인은 나오지 않았지만, 행정 측의 조건을 받아들일 수밖에 없었다. 또 주변의 시선도 몰라보게 달라졌다. 1세들의 장례식에 많이 갔는데 그분들을 생각하면 너무 죄송하다. 그러니 100점은 아니다."

사이토 마사키의 평가는 냉정하고 명쾌하다. "일단은 이겼다. 강제 철거를 막았고, 계속 살 수 있게 되었다. '우토로를 지키겠다'는 주민들과의 약속은 최소한 달성하지 않았나 생각한다. 끝까지 지지 않은 이유? 계속 살았다는 것, 우토로가 이긴 이유는 거기에 다 있다."

그리고 덧붙여 말했다. "우리는 국제인권을 국내에서 실현시킨다는 관점에서 문제 제기를 했고, 인권위원회의 권고를 따르게 만들자는 의미로 운동을 해 왔다. 하지만 결국 일본은 국내법밖에는 생각을 안 한다. 퇴거비용을 보상하지 않은 것이 본보기다. 다수의 합의를 얻지 못한다며 소수파를 배제시키려고만 한다. 이것은 사회권규약 위반이다. 주거환경뿐만 아니라 의료복지나 주변과 함께 살기 위한 환경정비 등을 주장했는데, 주민 측 소유부분만 거주권이 보장되었다. 때문에 60점 정도 아닐까. 나머지 10점, 20점, 그 이상의 점수는 기념관과 제2동 완공에 달려 있다고 생각한다."

마을 주민들과 그들을 지원한 민족단체, 지역 밖의 재일동포, 일본 시민들, 그리고 한국의 활동가와 '과거 청산'을 요구하는 시민연대의 힘으로 사실상 대법원 판결을 뒤집었고, 강제 철거 집행을 막아냈다. 우토로의 투쟁은 그 자체가 희망이다. 한편으로 근본적 책임을 등한시한 일본정부, 일본 사회의 문제는 여전히 남아 있다. 일본 사회는 또 다시 식민지배와 침략전쟁의 책임을 총괄하지 않고, 반차별에 대한 규범을 세우는 것도 거부한 채 '과거의 노예'가 되는 길을 선택한 것이다.

헤이트 크라임(증오 범죄)

그것이 구체적인 형태로 분출한다. 2021년 8월 31일, 우토로를 노린 방화 사건이다.

마을 서쪽, '긴자 거리' 북쪽에 살고 있는 정우경은 사건 당시 집에서 TV를 보고 있었다. "4시가 지났을 때였나, '펑, 펑' 소리가 나서 문을 열어 보니 시커먼 연기가 굉장했어."

5시간 가까이 이어진 화재는 입간판 등을 보관해 놓은 창고와 빈집으로 번져 총 7채가 전소 혹은 반소되었다. 경찰은 서쪽에 있는 빈집을 발화지점으로 추정했지만 동쪽에 있는 가옥 2채에는 2세대(5명)가 살고 있었다. 사상자가 나오지 않은 것이 이상할 정도다. 당시에는 '방화'를 의심하는 관측은 없고 그저 자료가 불에 타 버린 '불행'으로만 끝내려는 느낌이었다.

그런데 사태가 급변한다. 나고야名古屋에 있는 민단과 관련시설에 방화를 한 혐의로 체포된 나라현奈良縣 거주 일본인 남성(당시 22세)이 범행을 자백한 것이다. 형사가 증거를 바탕으로 혐의를 추궁한 것도 아니고 묻지도 않은 사건을 스스로 '자백'했다. 실제로 우지시 경찰과 소방서는 처음부터 이 화재를 누전으로 인한 '실화(失火)'로 단정하고 애초의 발화지점인 창고 서쪽의 빈집만 중점적으로 조사했다. 빈집의 주민이었던 1세 김순애(金順愛 1920년생)는 이미 세상을 떠나 전기도 끊어진 상태였다. 그럼에도 이 집을 '발화지점'으로 본 이유는 드나드는 사람(≒친척이나 지역 주민)이 몰래 전기를 사용했다고 의심한 것이다. 우토로에 대한 편견, 조선인에 대한 편견이 깔려 있는 일종의 '인종 프로파일링(인종을 근거로 한 수사 대상 선별)'이 아니었을까.

범인은 출신지의 민단 건물에 방화한 혐의도 있었다. 이 책을 집필 중인 지금은 재판이 시작되기 전이어서 공식적인 진술내용은 알 수 없지만, 언론사 기자에게 조선인이 싫었고 공영주택 건설에 불만이 있었다고 말했다. '헤이트 크라임(증오 범죄)'이 틀림없다.

주민이 촬영한 영상에는 가정용 호스로 물을 뿌리고 있는 정우경에게 불이 붙은 건물의 주민이 "아버님, 위험해요! 빨리 피해요!"라고 외치는 모습도 담겨 있다. 솟구치는 불길을 가정용 호스로 상대하는 정우경의 모습은 마치 '레이시즘'이 제어불능으로 불타오르는 이 사회의 상징 같았다.

소실된 입간판만 36개다. 대법원 판결 이후 '토지 문제'에 빛이 보이기 시작할 무렵에 만든 간판들이며, 그 중에는 세월호 생존 학생들이 적은 시와 일러스트도 있었다.

당시 창고 입구에는 강경남의 사진과 1950년대 풍경이 담겨 있는 사진패널 외에도 <우토로는 재일동포의 고향>, <우토로를 없애는 것은 재일동포의 역사를 없애는 것>, <우토로를 없애는 것은 일본의 전후를 없애는 것>, <우토로를 없애는 것은 일본인의 양심을 없애는 것> 등의 간판들이 세워져 있었다. 아마도 범인은 간판들을 보고 라이터용 오일을 채운 빈 깡통에 불을 붙여 창고를 태웠을 것이다. 사람이 살아갈 수 있는 사회, 아무도 버려지지 않는 사회에 대한 '희망'에 불을 붙인 범인의 ― 그리고 일본 사회의 ― 황폐를 생각한다.

사건 직후 김수환은 몇몇 주민들에게 이런 말을 들었다. "방화 아닐까?" 역사적으로 축적된 주민들의 직감이다. 김수환은 '그래도 아니길 바랐다'

고 한다. 범인이 체포되었다는 소식이 전해지자 김수환이 본 것은 '역시, 맞다'며 개탄하는 주민들의 모습이었다. 2000년 이후 주민들은 마을 밖의 동포들, 일본인, 그리고 한국시민들과 연대해 대법원 판결을 사실상 번복시켰다. 그 과정에서 키워 온 일본 사회에 대한 신뢰, '지금보다는 나아질 것'이라는 희망이 뿌리째 흔들렸다.

정우경의 말이다. "그날 이후 밖에서 무슨 소리만 들려도 창문을 열어 봐야 안심이 된다. 그러나저러나 지금 시점에서 우토로가 혐오 범죄의 최전방이 되다니, 기념관을 짓는 것이 솔직히 불안하기도 하다. 그들이 어떻게 나올지 알 수 없으니 더 걱정이다." 전시물의 훼손만이 아니다. 이 사회의 다수자가 식민주의와 침략전쟁의 역사를 새길 전시관을 인정할지 우려한 것이다. 그러면서 그는 증오 범죄는 피해자를 침묵하게 만든다고 단호히 말했다. "그래도 역사는 소중하니까. 기념관은 중요하지. 우토로에 살고 있는 조선인뿐만 아니라 남과 북의 동포가 모두 고생을 했어. 역사를 알게 하는 일이 가장 중요해요. 전시물들을 믿고 보아 주길 바랍니다." 몇 명의 주민들이 같은 불안을 얘기했다.

용의자(당시)의 구속기한이 얼마 안 남은 12월 26일, 교토시 도시샤同志社 대학에서 <교토부·교토시에 유효한 헤이트 스피치 대책을 요구하는 시민모임> 등이 주최해 시민집회가 열렸다. 연말과 코로나 상황임에도 행사장 및 온라인으로 참여한 이들이 총 450명이었다.

언론의 무관심과 외형적으로는 '비거주 건물 방화'로 취급해 '해결'됐다고 할지 모를 검찰, 인종차별 인증을 피하는 형사사법에 대한 위기감 때문이었다. 우토로 출신이며 교토 조선 제1초급학교 졸업생이자, 재특회가 모교에 습격사건을 벌였을 때 변호인단으로도 참여한 구량옥(具良鈺)은 한국에서 온라인으로 집회에 참가했다. 습격사건 당시의 투쟁과 승리가 제어장치가 되지 못한 채 증오 범죄가 과격화되어 가는 현실에 분노했고, 그들을 포위하지 못하는 시민사회의 침묵에 답답함을 표출하며 우토로 출신, 재일조선인으로서 심정을 호소했다.

《부탁이 있습니다. 방화를 저지르는 혐오 범죄 범인이 있지만 그 이상으로 비열한 행위에 반대하는 강한 힘이 있다는 것을 우토로의 주민에게, 재일코리안들에게 알려 주십시오. 오늘 같은 집회도 그렇습니다. 지금까지 발표한 수많은 성명도 그 중 하나입니다. 재판이라는 공적 장소에서 눈길조차 받지 못했던 혐오 범죄 피해가 폭로되고, 차별에 저항한 사람들이 있음을 공식적인 문서기록으로 남기는 일도, 재판결과가 어떻든 의미 있는 일이라고 생각합니다. 가장 두려운 것은 사회의 무반응입니다. 여러분이 각자의 위치에서 이 문제에 관심을 갖고 널리 알리는 것이 '혐오 범죄를 용납하지 않겠다'는 강한 메시지가 되어 그들에게 전달될 수 있길 바랍니다.》

지금, 그리고 앞으로

화재현장 검증이 끝난 9월 중순, 김수환의 요청으로 모인 지원자들이 화마가 할퀴고 간 장소에서 간판들을 수거했다.

우토로를 지원하는 청년들이 불에 탄 기둥의 파편들과 녹슨 채 불길에 그을린 철판과 함석들, 어지럽게 내려앉은 기왓장들 사이에서 간판들을 꺼냈다. 불길에 변형된 철판에는 시간이 흘러 굳은 것 같은 핏빛과 검은색, 회색, 다갈색과 황토색이 뒤섞인 신음소리가 들리는 듯 무시무시했던 불길을 상상하게 했다.

<강제철거 절대 반대>, <우리는 굴하지 않고 우토로를 지키겠습니다>, <우토로에서 살아왔고 우토로에서 죽으리라>, <우토로에 사랑을> 그리고 어머니의 노래. 세월호 생존 학생이 쓴 시와 나비 그림들. 해방부터 1950년대까지 사진을 배경으로 한 '우토로의 원풍경'. 민족과 장애의 유무, 세대를 뛰어넘은 사람들이 서로 기대 웃고 있는 그림 아래 <앞으로는 웃음과 기쁨만이 있기를 / 앞으로도 연대가 넓어지기를>이라는 글도 있다─.

불에 타서 일부밖에 판별할 수 없는 문장들은 투쟁과 협동의 기록이자 '구 종주국'이 강요하는 현실을 거부하는 것이며, 지금은 아니어도 언젠가

는 가능할 '공생'에 대한 염원이다. 불길에 그을린 수많은 글과 그림들은 짓밟힌 '우리의 사회상'을, 퇴락한 이 사회를 다시 일으켜 세우도록 남은 이들에게 주는 과제 같았다.

12월 27일, 용의자는 비거주 건물 방화죄로 기소되었다. 검찰과 법원은 범행동기와 경위를 명확히 규명해 혐오 범죄의 동기가 있다면 그 또한 처벌해야 마땅하다. 피고인석에 앉아 있는 것은 용의자임과 동시에 인종·민족 차별에 '죄'를 묻지 않았던 일본의 사법이기도 하다.

김수환은 1세 할매가 살아 계셨다면 피고에게 이렇게 말했을 거란다.

"자네 말야, 왜 바보 같은 짓을 해서 인생을 망치려고 해! 다 용서했으니까, 역사를 처음부터 다시 배워서 새로 시작해 봐."

이미 세상을 떠난 몇몇 할매의 얼굴과 목소리, 몸짓이 떠오른다. 그 말씀 그대로다. 그리고 할매들은 대답할 틈도 안 주고 이렇게 말할 것이다.

"너희들도 말이다, 더는 기죽지 말고, 고개 들고 앞을 보고 걸어. 살아 있으면 어떻게든 살아가게 돼. 우리도 쭈—욱 그렇게 살아왔어. 이제부터라니까, 안 그래?"

나가며

출신을 숨기기만 했던 집안에서 더블 3세로 태어난 나에게 우토로의 기억을 발굴하는 일은 가슴 속에 흩어져 있던 퍼즐을 맞춰 가는 일이기도 했다. 토건업을 했던 부모와 한때는 일일노동자로 입에 풀칠을 한 나로서는 그분들의 이야기가 친근했고 쉽게 털어놓지 못하는 부분도 상상이 되었다.

우토로 민간기금재단에서 집필을 의뢰해 온 때가 2019년 무렵이었을 것이다. 당시 우토로에 관해서 쓴 원고는 잡지나 기관지(紙/誌), 신문 등을 포함해 400자 원고지 400매가 넘는 분량이었다. 꼴을 갖추어 정리할 기회를 모색하던 나는 '때맞춰 찾아온 기회'라 여겨 곧바로 수락했다. 2020년 말 강경남 할머니의 타계를 계기로 본격적인 집필에 들어갔는데 사실은 막막했다.

한 가지는 '덜어 내는' 작업에 대한 갈등이다. 비행장 건설 당시로부터 80년, 우토로에 함바가 설치된 것도 77년이 흐른 방대한 역사다. 이미 진행된 취재의 분량만도 단행본 한 권은 족히 넘었고, 게다가 이 책에 담을 새로운 취재도 필수여서 덜어 낼 분량이 만만치 않게 늘었다. 우토로에서 만난 이들의 표정과 증언은 덜어 내기엔 너무나도 '풍성'했다.

더불어 주민들의 체험을 시간 순으로 정리해야 하는 어려움이었다. 일상, 더구나 그곳에 사는 이들에게는 지극히 '평범한' 날들을 후세를 위해 기록하는 사람은 거의 없다. 하물며 우토로는 극빈의 부락이다. 글을 아는 비율이 낮은 이유도 있어서 우토로에는 '향토사가'도 없었다.

다만, 기록이 없다는 것과 우토로의 '고유성'이나 그곳에 산 이들의 '본질'을 환원시키는 일은 다르다고 생각한다. '기록자의 부재'뿐만 아니라 토지 문제가 복잡해진 원인도 마찬가지인데, 그것을 우토로와 주민들의 특수성으로만 귀결시키는 언설이 적지 않다. 그런데 여기에는 비난하는 측의 궤변과도 연결되는 '인과 관계의 혼동'이 존재한다. 문제로 삼아야 마땅한 원인은 역사적 경위와 패전 후에도 휘둘려온 구조적 폭력의 양과 질이다.

본질만 따지는 '특정 논리'는 레이시즘과 다를 바 없다.

이를 감안하더라도 한 분 한 분의 체험 시기가 애매한 것은 큰 과제였다. 그렇기 때문에 우토로 평화기념관(祈念館)의 전시물 선별과 집필이 동시에 진행된 것은 요행이었다. 주민들에게 기증받은 수많은 '보물 사진' 등의 역사자료가 있었기에 증언들을 시간 순으로 정리할 수 있었다.

다만 이 작업이 자료/사료만을 기준으로 증언을 선별한 것을 의미하지는 않는다. 어디까지나 주인공은 증언이다. 주민들 간에도 증언 내용이 차이가 있어 어느 쪽이 사실인지 확정하기가 불가능하다. 전쟁 중 B29기가 인근에 추락한 일화나 미군과의 실랑이에 관한 문광자 씨의 증언이 달라진 것도 그러한 예인데, 다른 의견을 배치하거나 별도의 설명글로 보충해 호도를 방지한 다음 증언은 덜어 내지 않고 그대로 실었다. '착각'이나 '선입견'으로 끝내지 않고 왜 차이가 발생했는지, 왜 증언이 변천되었는지 상상해 보는 노력이야말로 시대에 농락당한 그, 그녀들의 '사실'에 다가가는 길을 여는 것이라 생각했기 때문이다.

남겨진 이가 역사를 마주할 때 가장 중요한 것은 객관적 사실 이상으로 증언자들에게 있어서의 진실이라고 생각한다. 오해를 두려워하지 않고 말하면 증언들이 사실일 필요는 없다고 나는 생각한다. '조서 작성 같은 정확성에 연연하지 않는다'는 점에 집착한 이유는, 떠올리고 싶지도 않은 기억을 들춰낸 증언자의 말을 '사실'로 가는 이정표로 삼지 않고, 마치 경찰이나 검찰의 취조처럼 질문을 던져 증언자와 증언에서 '흔들림 없는 사실' 외에는 삭제해 버리는 매스 미디어(mass media)적 태도 — 제1장에서 문광자 씨의 노여움이 바로 이런 점에 있었다 — 에 대한 나의 '이의 제기'이기도 하다.

민관을 불문하고 '있었던 일'을 '없었던 일'로 만드는 이들의 발호(跋扈)는 끝을 모른다. 역사를 알아 가는 일은 과거와 대화하고 타자와 함께 살아갈 내일을 지향하는 것과 다름없는데, 역사개찬(改竄)주의자들에게 '역사'란 눈엣가시 같은 이들을 멸시하고, 재갈을 물리고, 타자 없는 세계에서 자기도취에 빠지는 도구에 지나지 않는다. 전체상에서 사건만을 도려내어 증언들의 세세한 부분을 의심하며 허언(虛言)의 침입로를 확장시키고 결국에는 근본적인 사건 자체를 부정해 버린다. 우토로를 '宇土口'로 부르며 그 역사를 부정한 사람들의 '논법'이 전형적인 사례다. 그들의 상투적 수단에 저항하며 타자와 연결하기 위한 언어를 어떻게 자아낼 것인가. 이 책을 집필하면서 보다 더 강해진 물음이며, 먼저 떠난 분들에게서 받은 과제이기도 하다.

더불어 본문에서는 언급하지 않았지만 직접, 간접으로 '증언'을 해 주신 아래 분들도 이미 세상을 떠났다.

김임생金壬生, 김지형金知亨, 전정년田丁年, 오타 다카시太田孝, 변삼섭卞三燮, 문동기文東起, 김충곤金忠坤, 정굉열鄭宏烈, 하병욱河炳旭, 정대수鄭大秀, 석옥선石玉先, 김량자金良子, 정광자鄭光子, 이명례李明禮, 가네무라 다케오金村武夫. 이분들의 이름을 기록하며 명복을 빌고 싶다.

집필을 마치고 '사람은 말로써, 특히 먼저 떠난 이들에게서 받은 말로 만들어지는 존재'임을 새삼 느낀다. 집필 작업은 그, 그녀들과 나의 한 갈무리를 의미한다. 그 헛헛함이 집필 지연의 원인이기도 했지만, 이제는 문자로 다시 태어난 증언들이 한 사람에게라도 더 많이 가 닿기를 소망한다. 그리고 나 자신도 남겨진 이로서 그분들에게 받아든 말을 자아내 가고 싶다.

취재에 응해 주셨던 모든 주민, 관계자 여러분, 전면적으로 후원해 주신 우토로 민간기금재단에 감사를 드립니다. 특히 김수환 씨, 그의 수고가 없이는 이 책이 나오지 못했을 것이다. 20년 동안 때마다 가르침을 주신 다가와 아키코田川明子 씨, 사이토 마사키斎藤正樹 씨, 요시다 야스오吉田泰夫 씨. 80년대 우토로 지원운동의 공백을 메우는 데는 다케하라 하치로竹原八郎 씨의 존재가 컸다. 전은휘 씨의 정성어린 연구 성과에서도 많이 배웠다. 마츠시타 요시히로松下佳弘 씨, 미즈노 나오키水野直樹 씨, 문경수文京洙 씨의 전문적인 지견은 이번에도 큰 도움이었다. 정미영鄭美英 씨, 곽진웅郭辰雄 씨, 황영치黄英治 씨, 다니가와 마사히코谷川雅彦 씨, 도오하라 아키라遠原輝 씨에게도 신세를 졌다. 언제나 수많은 사진을 제공해 주는 분은 나카야마 카즈히로中山和弘 씨. 느긋하게 기다려 주신 三一書房의 고수미高秀美 씨, 고츠가이 이사오小番伊佐夫 씨. '작은 통일'과 '공생'을 실현하며 대법원 판결을 타파한 모든 분들, 특별히 '또 하나의 세계'로 가는 여정에서 먼저 세상을 떠나신 분들에게 이 책을 바칩니다.

2022년 3월 1일
나카무라 일성(中村一成)

주요 참고문헌

【서적】

- 朝日新聞社編著 『イウサラム隣人――ウトロ聞き書き』 議会ジャーナル 1992

- 地上げ反対！ウトロを守る会『ウトロ　置き去りにされた街』 かもがわ出版 1997

- 鵜飼正樹、高石浩一、西川祐子『京都フィールドワークのススメ　あるく　みる　きく　よむ』 昭和堂 2003

- 久御山町史編さん委員会編『久御山町史2』 久御山町 1989

- 林屋辰三郎、藤岡謙二郎編『宇治市史4』 島田正夫 1987

- 日産車体株式会社社史編纂委員会『日産車体三十年史』 日産車体 1982

- ————『日産車体五十年史』 日産車体 1999

- 朴張植編『京都韓国民団史』在日本大韓民国民団京都府地方本{部 1999

- 松下佳弘『朝鮮人学校の子どもたち　戦後在日朝鮮人教育行政の展開』 六花出版 2020

- 呉圭祥『ドキュメント在日本{朝鮮人連盟』 岩波書店 2009

- ————『ドキュメント在日朝鮮統一民主戦線１９０５‐１９５５』 ハンマウム出版 2021

- 水野直樹、文京洙『在日朝鮮人　歴史と現在』 岩波書店 2015

- 文京洙『新・韓国現代史』 岩波書店 2015

- 小熊英二、姜尚中編『在日一世の記憶』 集英社 2008

- 姜徳相聞き書き刊行委員会『時務の研究者　姜徳相』 三一書房 2021

- 田中宏『「共生」を求めて』 解放出版社 2019

【논문】

- 千本秀樹「京都府協和会と宇治の在日朝鮮人」 『歴史人類』第16号 1988 173p~215p

- 金基淑「チャングの響く街ウトロー地域社会との共生をめぐる在日韓国・朝鮮人の模索」 『人間学研究2』 京都文教大学人間学研究所 二〇〇一年, 一~一五頁

- 斎藤正樹「ウトロ――強制立退きから新しいまちづくりへ」 『コリアン・コミュニティ研究』№1 二〇一〇年, 三七~四四頁

- 全ウンフィ「京都府宇治市の地域新聞『洛南タイムス』における在日及び圏内在日集住地区・ウトロに関する記事一覧（1946～2010）」 『空間・社会・地理思想』一八号, 二〇一五年, 五九~九〇頁

- ————「戦後宇治市の地域新聞にみる在日像の変遷過程―不法占拠区への空間的黙認はいかに続いたか」『コリアン・スタディーズ』6, 二六~四一頁

- ————「「朝鮮」はいかにして「私たちの問題」となったか――一九七〇年代後半以後の宇治市における日本人支援者の形成」

- 『都市文化研究』Vol.20 2018. 54~67p
- ――――「宇治市A地区にみる高度成長期以降の「不法占拠」の存続要因」 『都市文化研究』 23号 2021. 3~14p

【책자, 뉴스레터, 그 외】

- 地上げ反対！ウトロを守る会『チャンゴの聞こえる町　ウトロ、この土地に生きる』（未刊行。内容 の多くは前掲『ウトロ　置き去りにされた街』に収録）
- 龍谷大学同和問題研究委員会『高瀬川を歩くⅣ――ウトロと日本(の戦後処理』 龍谷大学 2006
- 戦争遺跡に平和を学ぶ京都の会『一九四五年「墜落B‐29 搭乗員虐殺　大阪事件」ＧＨＱ法務局 調査部報告. No340. 文書（第一次翻訳）』, ＮＤ
- 松下佳弘「宇治市ウトロ地区における朝鮮人教育施(設の経過（1945年~55年）」（「世人権研究第 三部会ＦＷ」の資料） 2017年 10月
- 学習集会実行委員会事務局『オンドル』一号～二号, 1979
- 山城朝鮮問題を考える会『オンドル』 同会, 四号～一〇号, 一二号～一四号 1979年~1985年
- ――――『ウトロの歴史』 1985
- ――――『ウトロの水道問題とは』 1986
- 地上げ反対！ウトロを守る会『ウトロニュース』一号～三九号, 一九八九年～二〇〇一年一一月
- ――――『写真集　この地に生きる　ウトロ1988年秋‐1989年夏(撮影・小川省平)』, ＮＤ
- ウトロ町内会、地上げ反対！ウトロを守る会『MESSAGE from ウトロ』 一九九〇年八月
- ウトロを守る会『ウトロニュース』四一号～四六号, 二〇〇四年三月～二〇〇八年一月
- ウトロ町づくり協議会『在日コリアン・コミュニティの持続型居住を実現する住環境整備計画策定 活動　活動報告書』 2010年
- ――――『ウトロ地区のこれまでの歩みとこれからのまちづくり　国土交通省　平成21年度住ま い・まちづくり担い手支援事業「在日コリアン・コミュニティの持続型居住を実現する住環境整備 計画策定活動」活動報告集』 2010
- 洛南タイムス社（現・洛タイ新報社）『洛南タイムス』（現『洛タイ新報』. 『宇治新報』『新宇 治』を含む）
- 城南新報社（現・洛タイ新報社）『城南新報』（現『洛タイ新報』）
- 京都新聞社『京都新聞』
- 朝日新聞社『朝日新聞』
- 毎日新聞社『毎日新聞』
- 지구촌동포연대（ＫＩＮ）　「제5차〈ＫＩＮ 네트워크 포럼〉'역사청산! 거주권보장! 우토로 국제대 책회의' 활동이야기～ＫＩＮ의 우토로 살리기 운동 중간 정리 보고서」2014년
- ＰＯＷ研究会　http://www.powresearch.jp/jp/index.html

글쓴이 나카무라 일성(中村 一成)

저널리스트. 1969년생. 『마이니치신문』 기자를 거쳐 2011년부터 프리 저널리스트로 활동.
재일조선인과 이주자, 난민을 둘러싼 문제와 사형 문제가 주요 테마. 영화평 집필도 하고 있다.
저서로는 『声を刻む 在日無年金訴訟をめぐる人々』(インパクト出版会 2005),
『ルポ 京都朝鮮学校襲撃事件―〈ヘイトクライム〉に抗して』(岩波書店 2014),
『ルポ 思想としての朝鮮籍』(岩波書店 2017),
『映画でみる移民 / 難民 / レイシズム』(影書房 2019),
『「共生」を求めて 在日とともに歩んだ半世紀』(編著, 田中宏著, 解放出版社 2019) 등이 있다.

옮긴이 정미영(鄭美英)

2017년부터 <도서출판 품>을 차리고 재일(在日)과 관련된 책을 번역, 출판하고 있다.
번역서로는
『보쿠라노 하타』 (우리들의 깃발) 1권, 2권(朴基碩 글, 2018)
『르포 교토 조선학교 습격사건-'증오범죄에 저항하며'』(中村 一成 글, 2019)
『저 벽까지』(黃英治 글, 2020)
『꽃은 향기로워도』(金滿里 글, 2020)이 있다.

우토로, 여기 살아왔고 여기서 죽으리라

초판2쇄 | 2022년 10월 9일
글 쓴 이 | 나카무라 일성(中村 一成)
옮 긴 이 | 정미영

펴 낸 곳 | 도서출판 품
주   소 | (10884)경기도 파주시 안개초길 12-1, 302
등   록 | 2017년 9월 27일 제406-2017-000130호(2017.9.19.)
          031-946-4841 poombooks2017@gmail.com

편   집 | 강샘크리에이션
표   지 | 콩보리
인   쇄 | 다해종합기획

이 책은 三一書房출판사의 『ウトロ ここで生き、ここで死ぬ』 한국어 완역본입니다.

* 잘못 만들어진 책은 구입하신 서점에서 교환해 드립니다.

교토부 [京都府]
우토로 마을 위치

마이즈루

아야베

교탄바

난탄

교토

시가

가메오카

효고

무코

우지

구미야마

조요

오사카

미나미야마시로

우지

우토로 마을

긴테츠 교토선(京都線)
이세다(伊勢田) 역

우토로 평화기념관